Des charpentiers et des maçons œuvrant à la construction d'une église

Verrière des miracles de Notre-Dame (détail), XIIe siècle, cathédrale Notre-Dame, Chartres.

Sociétés et cultures de l'Europe médiévale

***Le Serment du Jeu de Paume*, le 20 juin 1789**

Dessin de Jacques Louis David, 1791, musée du Château de Versailles.

Révolutions, libertés, nations, à l'aube de l'époque contemporaine

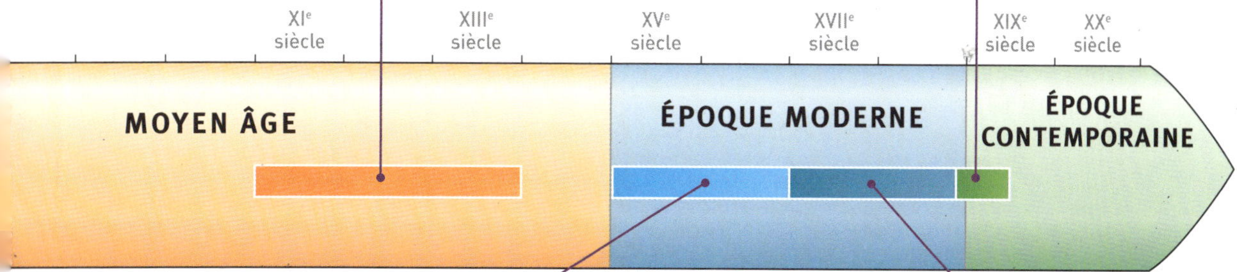

L'élargissement du monde et les hommes de la Renaissance

Les progrès de la navigation

Premières Œuvres de Jacques de Vaulx, 1583, BNF, Paris.

L'essor d'un nouvel esprit scientifique

Un couple de savants du XVIIIe siècle, les Lavoisier

Huile sur toile de J.-L. David, 1788, the Metropolitan Museum of Art, New York.

Histoire 2de

PROGRAMME 2010

Sous la direction de :

Sébastien Cote
Agrégé d'histoire
Professeur en classes préparatoires au lycée Joffre, Montpellier (34)

Joëlle Alazard
Agrégée d'histoire
Professeure en classes préparatoires au lycée Faidherbe, Lille (59)

Éric Godeau
Agrégé d'histoire
Professeur dans l'académie de Paris (75)

Delphine Lécureuil
Agrégée d'histoire
Professeure au lycée Jules Guesde, Montpellier (34)

Catherine Pidutti
Agrégée d'histoire
Professeure au lycée Edgar Quinet, Paris (75)

Jean-Marcel Guigou
Certifié d'histoire-géographie
Professeur au lycée Jacques-Feyder, Épinay-sur-Seine (93)

Claire Quincy
Agrégée d'histoire
Professeure au lycée Jules Guesde, Montpellier (34)

Nathan

Présentation de votre manuel

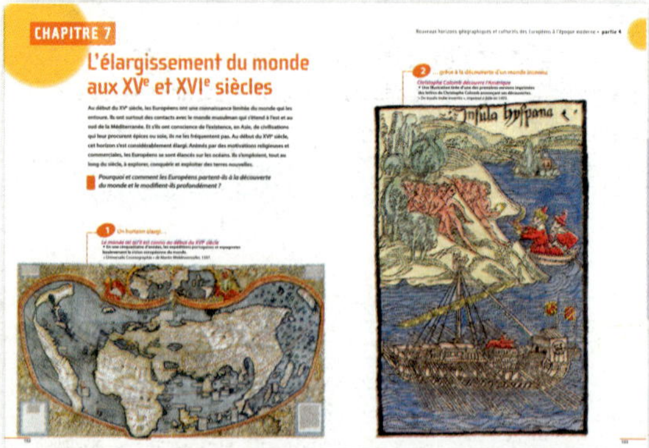
CHAPITRE 7
L'élargissement du monde aux XVe et XVIe siècles

L'ouverture de chapitre

- Une introduction pour présenter le sujet
- Les questions clés du chapitre
- Deux grands documents qui illustrent la problématique

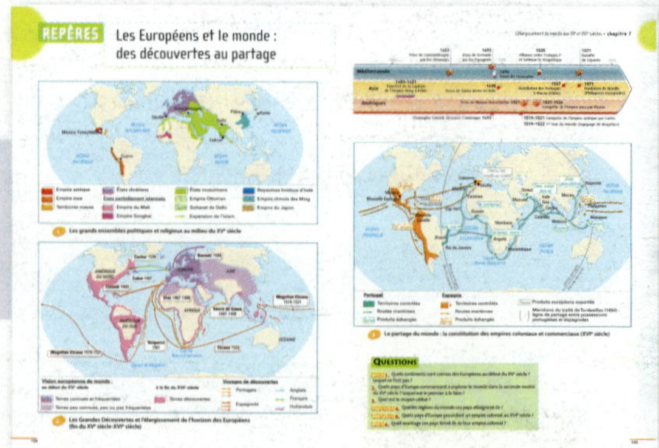
REPÈRES
Les Européens et le monde : des découvertes au partage

Les pages Repères

- Une frise chronologique pour se repérer dans le temps
- Une ou plusieurs cartes pour se repérer dans l'espace
- Des questions pour aider à la lecture des cartes

DOSSIER
Les Grandes Découvertes

Les Dossiers

- Un ensemble documentaire sur un thème large du programme
- Une introduction problématisée
- Des documents variés
- Un questionnement progressif et structuré

ÉTUDE
México : conquête et colonisation (XVe-XVIe siècles)

Les Études

- Un ensemble documentaire pour étudier une situation précise ou un événement historique listé dans le programme
- Une introduction problématisée
- Des documents variés
- Un questionnement organisé en thèmes

© Nathan 2010 - ISBN : 978-2-09-172811-7 25, avenue Pierre de Coubertin, 75013 Paris

Les cours

- Un cours complet, clair et structuré, en double page
- Des documents iconographiques pour illustrer le cours
- Les notions clés en vocabulaire
- Des biographies

Les pages Histoire des arts

- Un essentiel pour découvrir l'œuvre étudiée
- De grands et beaux documents
- Un questionnement structuré pour faire le lien entre art et histoire

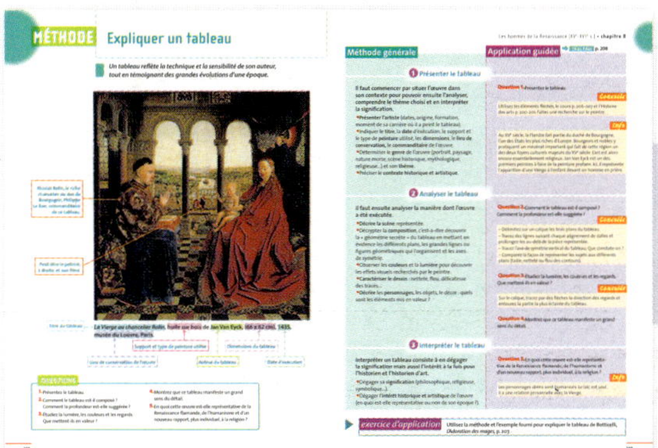

Les pages Méthode

- La méthode générale
- Une application guidée sur un document
- Un exercice d'application

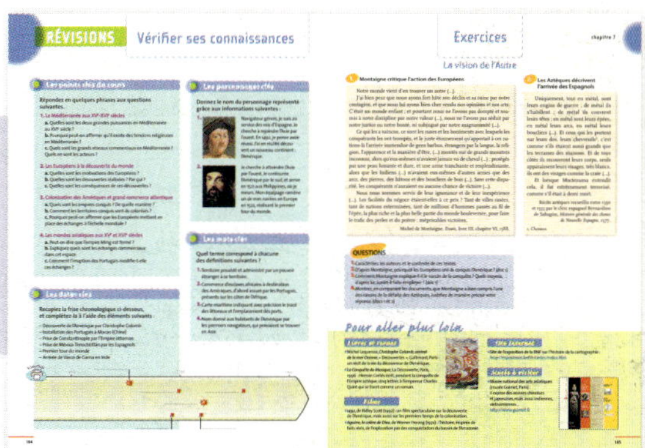

Les pages Révisions

- Des exercices de vérification des connaissances
- Un exercice plus transversal qui reprend les problématiques du chapitre
- Des pistes de lecture, des suggestions de films, de sites internet, de musées

À la fin du manuel

SOMMAIRE Les Européens dans l'histoire du monde

PARTIE INTRODUCTIVE
Les Européens dans le peuplement de la Terre

CHAPITRE 1

PARTIE 2
L'invention de la citoyenneté dans l'Antiquité

CHAPITRE 2

CHAPITRE 3

PARTIE 3
Sociétés et cultures de l'Europe médiévale (XIe-XIIIe siècles)

CHAPITRE 4

CHAPITRE 5

Sociétés et cultures rurales en Europe 108

CHAPITRE 6

Sociétés et cultures urbaines 132

PARTIE 4

Nouveaux horizons géographiques et culturels des Européens à l'époque moderne

CHAPITRE 7

L'élargissement du monde aux XVe et XVIe siècles 152

CHAPITRE 8

Les hommes de la Renaissance (XVe-XVIe siècles) 186

CHAPITRE 9

L'essor d'un nouvel esprit scientifique et technique (XVIe-XVIIIe siècles) 212

SOMMAIRE

HISTOIRE DES ARTS

MÉTHODE

PROGRAMME

HISTOIRE 2de

Les Européens dans l'histoire du monde

B.O. spécial, n° 4, 29 avril 2010

Introduction

Le fil conducteur du programme

Le programme invite à replacer l'histoire des Européens dans celle du monde, de l'Antiquité au milieu du XIXe siècle. Cette approche ne se fait pas seulement sous l'angle d'une étude des héritages ou des fondements du monde d'aujourd'hui ; il faut aussi faire sentir aux élèves que des pans du monde du passé ont été « perdus » ou qu'il n'en reste plus que quelques traces. Ils comprendront ainsi qu'il est impossible d'appréhender ce passé à travers le prisme exclusif du présent.

Le programme d'Histoire place clairement au cœur des problématiques les femmes et les hommes qui constituent les sociétés et y agissent. Le libre choix laissé entre plusieurs études doit permettre en particulier de montrer la place des femmes dans l'Histoire de ces sociétés.

Une réflexion à différentes échelles dans le temps mais aussi dans l'espace

L'inscription des questions dans des temporalités différentes est une des nouveautés majeures du programme. Certaines s'inscrivent dans le temps long, d'autres dans des temps plus courts, ce qui permet de faire la part de l'événement et des structures, des ruptures et des continuités, des permanences et des mutations. Le programme joue ainsi clairement sur les différentes échelles du temps. Cela impose des repérages temporels précis. Il joue aussi sur différentes échelles de l'espace, du local au mondial.

Un travail sur les sources faisant une large place à l'histoire des arts

Le travail sur les sources est essentiel, car il fonde la démarche historique. Il doit permettre aux élèves de s'exercer à une réflexion critique sur des sources de nature différente. C'est une étape vers la maîtrise progressive des outils et des méthodes de l'historien : il s'agit de faire comprendre que l'Histoire n'est pas écrite une fois pour toute mais qu'elle reste une construction.

Parmi ces sources, les différentes formes de production artistique doivent trouver toute leur place. Dans le cadre de chacun des cinq thèmes, il convient d'intégrer l'analyse historique d'une ou plusieurs œuvres d'art.

Thème introductif – Les Européens dans le peuplement de la Terre (*4 heures*)

Question obligatoire	Mise en œuvre
La place des populations de l'Europe dans le peuplement de la Terre	– Les populations de l'Europe dans les grandes phases de la croissance de la population mondiale et du peuplement de la Terre, de l'Antiquité au XIXe siècle. – L'émigration d'Européens vers d'autres continents, au cours du XIXe siècle : une étude au choix d'une émigration de ce type.

Thème 2 – L'invention de la citoyenneté dans le monde antique (*7-8 heures*)

Questions obligatoires	Mise en œuvre
Citoyenneté et démocratie à Athènes (Ve-IVe siècles avant J.-C.)	– La participation du citoyen aux institutions et à la vie de la cité : fondement de la démocratie athénienne. – La démocratie vue et discutée par les Athéniens.
Citoyenneté et Empire à Rome (Ier- IIIe siècles)	– L'extension de la citoyenneté à la Gaule romaine : les Tables claudiennes. – L'extension de la citoyenneté à l'ensemble de l'Empire : l'édit de Caracalla.

Thème 3 – Sociétés et cultures de l'Europe médiévale du XIe au XIIIe siècles (*8-9 heures*)

Question obligatoire	Mise en œuvre
La chrétienté médiévale	La question traite de la place fondamentale de la chrétienté dans l'Europe médiévale en prenant appui sur deux études : – un élément de patrimoine religieux au choix (église, cathédrale, abbaye, œuvre d'art, etc.), replacé dans son contexte historique ; – un exemple au choix pour éclairer les dimensions de la christianisation en Europe (évangélisation, intégration, exclusion, répression, etc.).

On traite une question au choix parmi les deux suivantes :	Mise en œuvre
Sociétés et cultures rurales	– La vie des communautés paysannes (travail de la terre, sociabilités, etc.). – La féodalité (réalités, imaginaire et symbolique).
Sociétés et cultures urbaines	– L'essor urbain. – Étude de deux villes en Europe choisies dans deux aires culturelles différentes.

Thème 4 – Nouveaux horizons géographiques et culturels des Européens à l'époque moderne
(*10-11 heures*)

Question obligatoire	Mise en œuvre
L'élargissement du monde (XVe-XVIe siècles)	La question traite des contacts des Européens avec d'autres mondes et de l'élargissement de leurs horizons géographiques en prenant appui sur une étude obligatoire : – de Constantinople à Istanbul : un lieu de contacts entre différentes cultures et religions (chrétiennes, musulmane, juive) ; sur une étude choisie parmi les deux suivantes : – un navigateur européen et ses voyages de découverte ; – un grand port européen ; et sur une autre étude choisie parmi les deux suivantes : – une cité précolombienne confrontée à la conquête et à la colonisation européenne ; – Pékin : une cité interdite ?
On traite une question au choix parmi les deux suivantes :	**Mise en œuvre**
Les hommes de la Renaissance (XVe-XVIe siècles)	Une étude obligatoire : – un réformateur et son rôle dans l'essor du protestantisme ; et une étude choisie parmi les deux suivantes : – un éditeur et son rôle dans la diffusion de l'humanisme ; – un artiste de la Renaissance dans la société de son temps.
L'essor d'un nouvel esprit scientifique et technique (XVIe-XVIIIe siècles)	Deux études choisies parmi les trois suivantes : – un savant du XVIe ou du XVIIe siècle et son œuvre ; – les modalités de diffusion des sciences au XVIIIe siècle ; – l'invention de la machine à vapeur : une révolution technologique.

Thème 5 – Révolutions, libertés, nations, à l'aube de l'époque contemporaine
(*15-16 heures*)

Questions obligatoires	Mise en œuvre
La Révolution française : l'affirmation d'un nouvel univers politique	La question traite de la montée des idées de liberté avant la Révolution française, de son déclenchement et des expériences politiques qui l'ont marquée jusqu'au début de l'Empire. On met l'accent sur quelques journées révolutionnaires significatives, le rôle d'acteurs, individuels et collectifs, les bouleversements politiques, économiques, sociaux et religieux essentiels.
Libertés et nations en France et en Europe dans la première moitié du XIXe siècle	– Un mouvement libéral et national en Europe dans la première moitié du XIXe siècle. – 1848 : révolutions politiques, révolutions sociales, en France et en Europe. – Les abolitions de la traite et de l'esclavage et leur application.

CHAPITRE 1

La place de l'Europe dans le peuplement de la Terre

De l'Antiquité jusqu'au XVIIIe siècle, la croissance de la population mondiale est lente, malgré quelques phases d'accélération, comme entre le XIe et le XIIIe siècles en Europe. En dépit d'une forte natalité, la surmortalité empêche toute augmentation rapide.

À partir du XIXe siècle, et particulièrement en Europe, l'augmentation de l'espérance de vie, alors que la natalité reste élevée, entraîne une très forte croissance de la population. Cette situation nouvelle entraîne de nouveaux flux de migration, en particulier vers les États-Unis. Ces migrations modifient en partie la carte de la répartition de la population mondiale.

Quelle part l'Europe prend-elle dans l'évolution et la répartition de la population mondiale jusqu'au XIXe siècle ?

1 Avant le XIXe siècle, des familles nombreuses surtout rurales.

Famille de paysans au XVIIe siècle
Huile sur toile de Louis Le Nain, 1648, musée du Louvre, Paris.

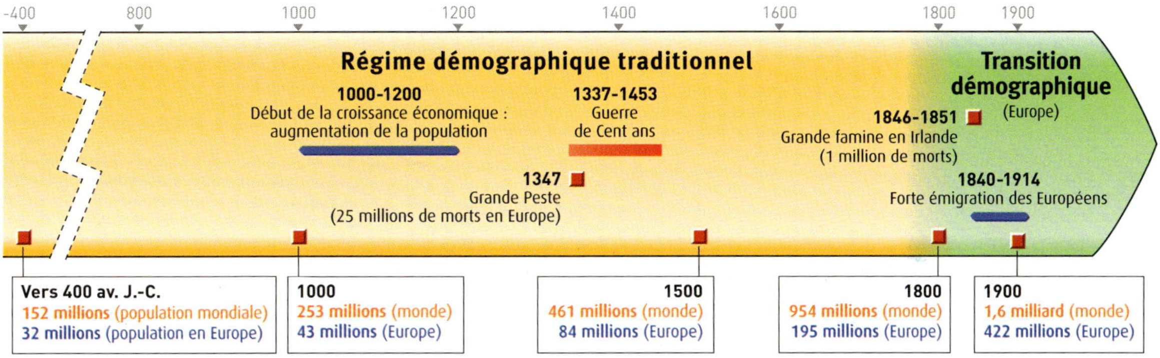

2 Au XIXe siècle, la pauvreté engendre l'émigration.

Arrivée de migrants aux États-Unis vers 1905

• À leur arrivée à New York, les migrants sont dirigés vers Ellis Island où sont installés depuis 1892 les services de l'immigration des États-Unis.
Photographie d'Edwin Levick.

DOSSIER Les Européens dans la population mondiale de l'Antiquité au XVIIe siècle

COURS p. 18-19

De l'Antiquité jusqu'au début du XVIIe siècle, la population mondiale augmente lentement : de 250 millions d'habitants au début de l'ère chrétienne, elle passe à 682 millions en 1700. Cette faible croissance s'explique par une forte mortalité, en particulier des jeunes enfants. En outre, les populations majoritairement rurales sont touchées par la guerre, la famine et des épidémies : la peste noire, arrivée en Europe en 1347, décime un tiers de la population.

Pourquoi la croissance démographique est-elle lente de l'Antiquité à la fin du XVIIe siècle ?

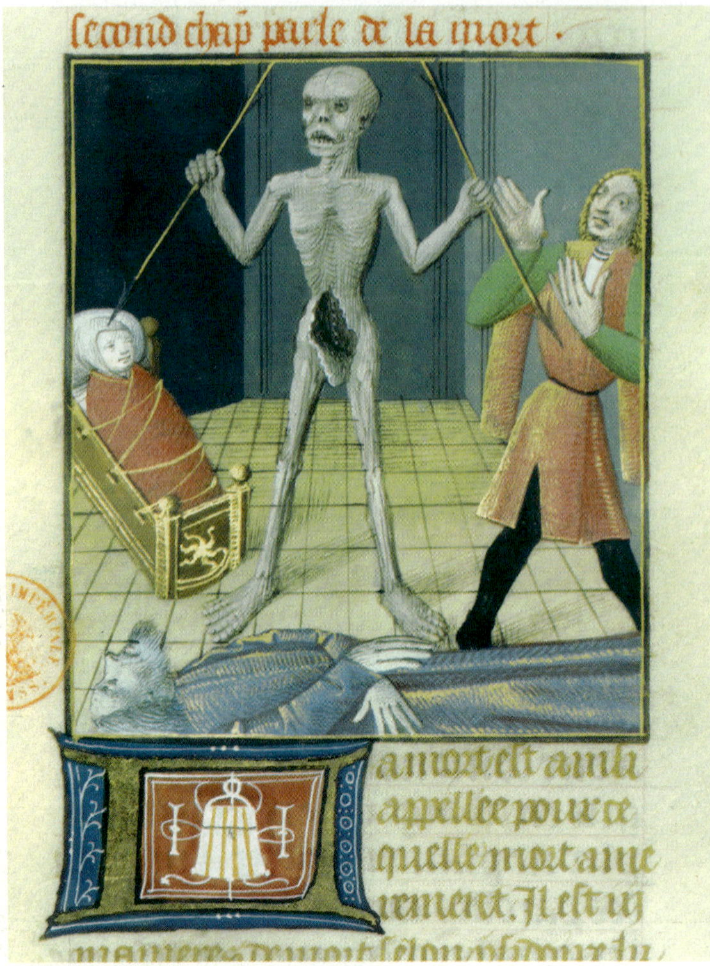

2 La mort à tous les âges de la vie

« Allégorie de la Mort », *enluminure, 1480, BNF, Paris.*

1 La peste noire à Florence (XIVe siècle)

Quant au traitement de la maladie, il n'était point d'ordonnance médicale ou de remède efficace qui pût amener la guérison ou procurer quelque allègement. (...) Les guérisons étaient rares, et, dans les trois jours qui suivaient l'apparition des symptômes déjà signalés, et plus ou moins vite selon le cas, mais généralement sans fièvre et sans autre trouble apparent, presque tous les gens atteints décédaient. L'intensité de l'épidémie s'accrut du fait que les malades, par leur commerce journalier[1], contaminaient les individus encore sains.

D'après Boccace, « La vie à Florence en 1348-1349 », extraits du *Décaméron* (écrit vers 1350-1353).

1. *Rencontres quotidiennes.*

3 Une cause de surmortalité : la famine

Cette année-là aussi [1316], (...) en raison des pluies torrentielles et du fait que les biens de la terre furent récoltés dans de mauvaises conditions et détruits en maints endroits, il se produisit une disette[1] de blé (...). Et le peuple commença en bien des endroits à manger peu de pain, parce qu'il n'y en avait pas et beaucoup mélangeaient comme ils le pouvaient des fèves, de l'orge, des vesces[2] et tous les grains qu'ils réussissaient à se procurer et ils en faisaient du pain qu'ils mangeaient. En raison des intempéries et de la famine intense, les corps commencèrent à s'affaiblir et les infirmités à se développer et il en résulta une mortalité si forte qu'aucun être alors vivant n'en avait jamais vu de semblable ou n'en avait jamais entendu parler.

Gilles Le Muisit, abbé de Saint-Martin de Tournai (1272-1352).

1. *Manque de nourriture, terme utilisé pour une situation moins grave que la famine.*
2. *Végétaux comestibles.*

4 **La guerre, un fléau pour les populations**

« Le Pillage de la cuisine », *peinture de Francesco Simonini (XVIIIe siècle) d'après une gravure de J . Callot, 1633, musée historique Lorrain, Nancy.*

5 Vie et mort dans une famille du XVIIe siècle

Pierre Audouys est un bourgeois qui vit à Angers au XVIIe siècle. Il décrit sa famille.

Naissance de ma fille aînée. Le 9 mars 1668, ma femme accouche assez heureusement d'une fille. Elle fut le (10 mars) envoyée en nourrice[1] à Beaulieu.

Naissance de mon fils aîné le 23 février 1669. Il fut le lendemain envoyé en nourrice. Mort de mon fils Jean le 13 avril.

Naissance de ma fille Anne le 5 mai 1670.

Naissance de mon fils René-Jean le 10 septembre 1671. Le lendemain porté en nourrice à Soulaines, il n'y vécut qu'un jour.

Naissance de mon troisième fils Jean le 12 juillet 1673. Porté le lendemain en nourrice.

Naissance de mon fils Pierre le 12 janvier 1675. Il fut envoyé le lendemain en nourrice. Mort de mon fils Pierre (4 septembre 1679).

Naissance de mon second fils Pierre (29 octobre 1681) et fut envoyé le vendredi suivant en nourrice à Écouflant. Sa mort le mardi 4 novembre 1681.

Le 7 mai 1682, ma femme fit une fausse couche, sans qu'elle eût pu douter de s'être blessée qu'en éternuant.

Le jeudi 20 mai 1683, ma femme accoucha à neuf heures sonnant, d'une fille qui fut nommée Perrine. Et le 22 envoyée en nourrice. Mort de ma fille Perrine le 15 juin 1684.

Extraits du mémorial de Pierre Audouys, cité dans F. Cadilhon et L. Coste, *L'Europe des XVIIe et XVIIIe siècles*, « Textes et documents », Presses universitaires de Bordeaux, 2008.

1. *Pratique consistant pour les familles de la bourgeoisie à envoyer leurs enfants à la campagne pour y être élevés dans les premiers temps.*

6 Une faible croissance de la population jusqu'à la fin du XVIIe siècle

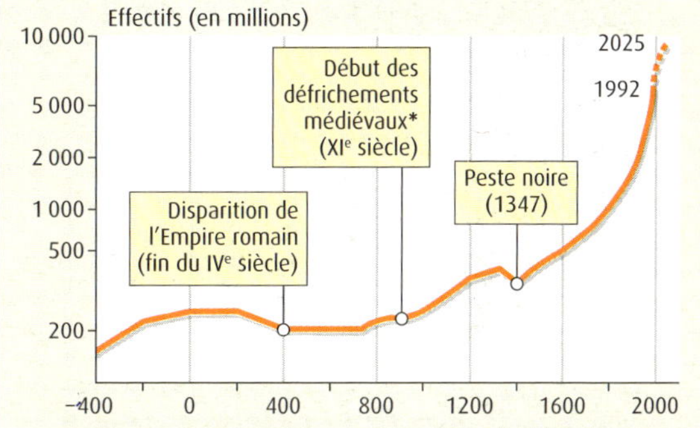

* *Mise en culture de nouvelles terres après destruction de la forêt.*

Questions

▶ **Analyse des documents**

DOC 2 **1.** Comment ce document illustre-t-il la place de la mort dans la société jusqu'au XVIIe siècle ?

DOCS 1, 3 ET 4 **2.** Quelles sont les causes de la forte mortalité d'après ces documents ? **3.** Pourquoi l'épidémie de peste est-elle si violente ?

DOC 5 **4.** Combien y a-t-il eu de naissances et de décès dans la famille de ce bourgeois du XVIIe siècle ?

DOC 6 **5.** Quels sont les effets de la mortalité sur la courbe de l'évolution de la population ?

▶ **BILAN**

Pourquoi la population mondiale augmente-t-elle lentement jusqu'au XVIIe siècle ?

DOSSIER La croissance démographique aux XVIIIe et XIXe siècles

COURS p. 18-19

À partir de 1750 et tout au long du XIXe siècle, la croissance de la population mondiale s'accélère et devient continue. Ce changement est dû à l'augmentation de la population en Asie et surtout en Europe, qui débute sa transition démographique. En effet, en raison de la croissance agricole et des progrès médicaux, la mortalité baisse, alors que, dans le même temps, la natalité reste élevée. L'**accroissement naturel** augmente donc fortement. Du fait de cette explosion démographique, l'Europe passe de 125 millions d'habitants en 1700 à 400 millions en 1900. Elle devient alors une des régions les plus peuplées du monde.

Pourquoi la croissance de la population s'accélère-t-elle au XIXe siècle ?

VOCABULAIRE

- **Accroissement naturel ou solde naturel**
Différence entre le taux de mortalité et le taux de natalité.
- **Taux de mortalité infantile**
Nombre de décès des enfants nés vivants avant qu'ils aient atteint l'âge de 1 an.

1 La croissance de la population mondiale (1700-1900)

Régions (en milions)	1700	1800	1900
Asie	436	646	902
Europe	125	195	422
Afrique	106	101	118
Amérique du Nord	2	5	90
Amérique centrale et du Sud	10	19	75
Océanie	3	2	6
Total mondial	**682**	**968**	**1 613**

Population et société, *n° 394, octobre 2003.*

2 Le recul de la mortalité infantile en France

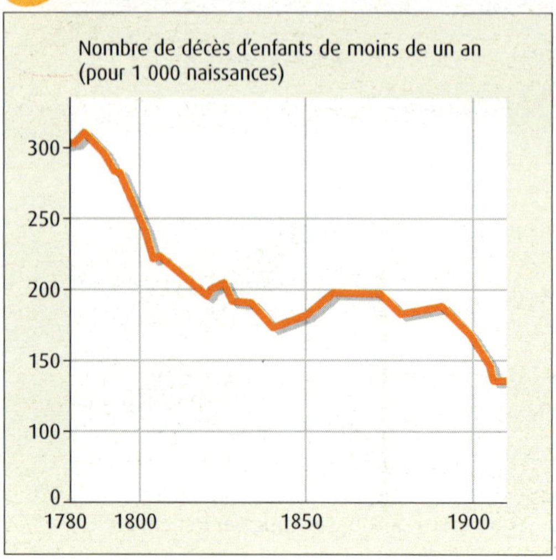

L'Histoire *n° 262, février 2002.*

3 La transition démographique

a. Schéma théorique

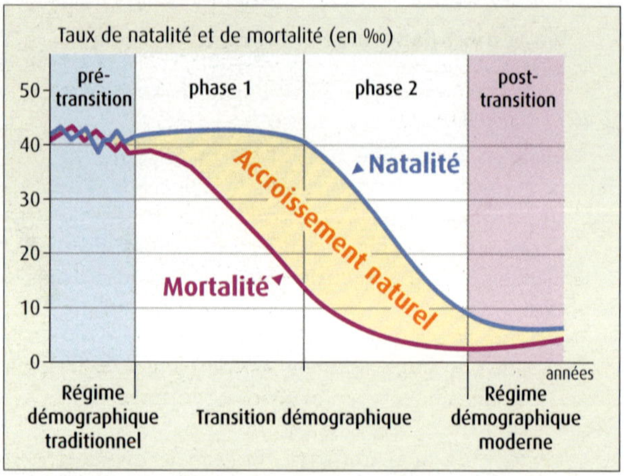

b. La Suède, un cas exemplaire

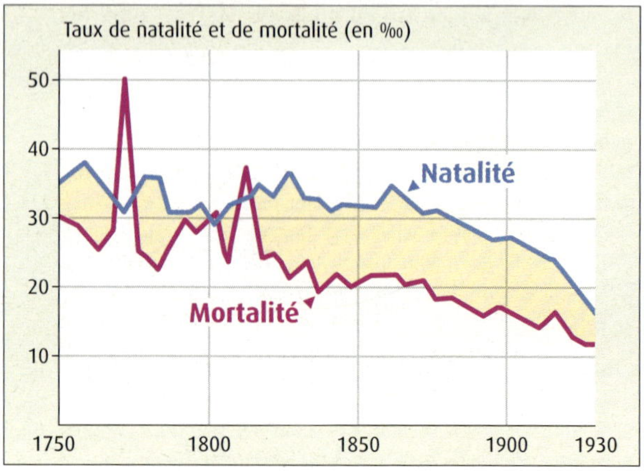

D. Noin, Géographie de la population, *Colin, 2005.*

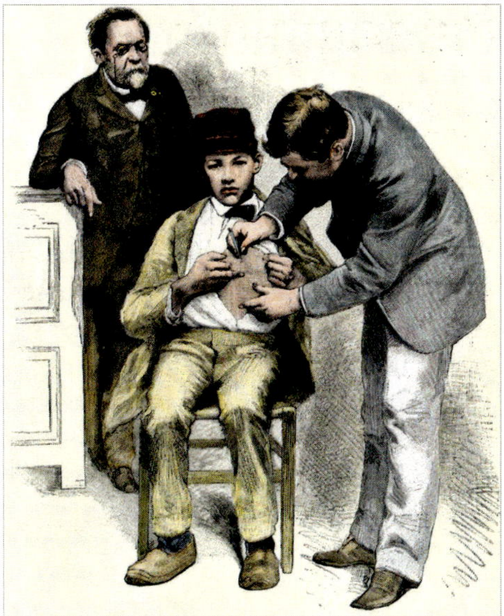

4 Les débuts de la vaccination contre la rage

● **Pasteur assiste à une vaccination contre la rage, années 1880.** *Couverture du journal* L'illustration, *7 novembre 1885, gravure en couleurs.*

5 Les progrès de la médecine : le principe de l'antisepsie

Cette eau, cette éponge, cette charpie[1] avec laquelle vous lavez et vous recouvrez la plaie, y déposent des germes, qui, vous le voyez, ont une facilité extrême de propagation dans les tissus, et entraîneraient infailliblement la mort des opérés dans un temps très court si la vie ne s'opposait à la multiplication des germes.

Mais hélas ! Combien de fois cette résistance vitale est impuissante (...). Si j'avais l'honneur d'être chirurgien (...), non seulement je ne me servirais que d'instruments d'une propreté parfaite, mais après avoir nettoyé mes mains avec le plus grand soin et les avoir soumises à un flambage rapide, (....) je n'emploierais que de la charpie, des bandelettes, des éponges préalablement exposées dans un air porté à une température de 130° à 150°.

Conférence de Pasteur devant l'Académie de médecine, 1878.

1. *Fils provenant de vieux linges et utilisés comme pansement.*

6 Les progrès de l'agriculture

Publicité pour la Société Dabadie, vers 1880-1890.

QUESTIONS

▶ Analyse des documents

DOC 1 **1.** Montrez qu'il y a une forte augmentation de la population mondiale au cours du XIXe siècle. **2.** Quelles sont les régions du monde qui contribuent le plus à cette hausse ?

DOC 3 **3.** Analysez l'évolution de la natalité et de la mortalité en Suède. **4.** Qu'est-ce qui explique son explosion démographique au XIXe siècle ?

DOC 2 **5.** En 1780, 3 enfants sur 10 décèdent avant l'âge de un an. Qu'en est-il en 1900 ?

DOCS 4, 5 ET 6 **6.** Quelles sont, d'après ces documents, les causes de la baisse de la mortalité en Europe ? Justifiez votre réponse.

▶ BILAN

Répondez à la problématique « Pourquoi la croissance de la population du monde et particulièrement de l'Europe s'accélère-t-elle au XIXe siècle ? » en rédigeant deux paragraphes :
– un paragraphe descriptif qui montre l'accélération de la croissance de la population mondiale au XIXe siècle ;
– un paragraphe explicatif qui présente les causes de ce phénomène.

DOSSIER La répartition de la population mondiale jusqu'au XIXe siècle

COURS p. 18-19

De l'Antiquité jusqu'au XIXe siècle, la répartition de la population mondiale est très inégale mais assez stable : les fortes concentrations de population se trouvent dans la vallée de l'Indus et du Gange, en Chine maritime et en Europe de l'Ouest. De nouveaux foyers apparaissent entre le XVIe et le XIXe siècles, comme le golfe de Guinée en Afrique et le nord-est des États-Unis, mais ils restent secondaires. C'est au cours du XIXe siècle que les migrations viendront en partie modifier cette répartition.

La forte croissance de la population au XIXe siècle s'accompagne, surtout en Europe, d'une hausse du **taux d'urbanisation**. Les villes comptent, en 1900, environ 224 millions de personnes, soit 13,5 % de la population mondiale. Cependant, l'immense majorité de la population reste rurale.

Quels sont les permanences et les changements de la répartition du peuplement ?

VOCABULAIRE

- **Taux d'urbanisation**
Rapport entre la population résidant en ville et la population totale.

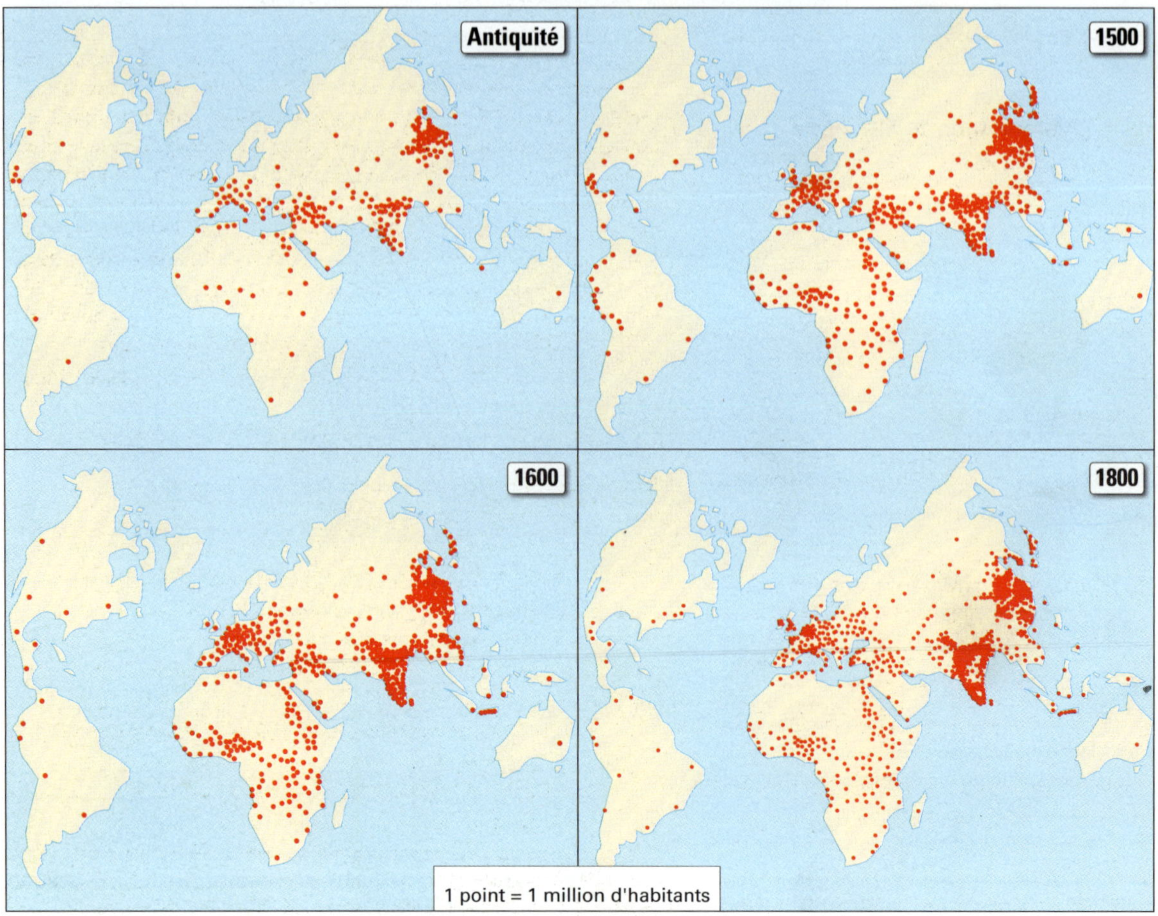

1 **Une répartition très inégale de la population mondiale au cours des siècles**

2 Une rue à Berlin en 1910

● **Une rue près de la station ferroviaire de Friedrichstrasse avec son pont de chemin de fer surplombant la rue.** *Carte postale.*

3 L'urbanisation au XIXe siècle

Taux d'urbanisation (en %)	1800	1850	1910
Allemagne	9	15	49
Angleterre	28	45	75
France	12	19	38
Europe	12	19	41
États-Unis	5	14	42
Monde	3	6,4	13,6

D'après P. Bairoch, De Jéricho à Mexico, villes et économie dans l'histoire, *Gallimard, 1985 et D. Noin,* Géographie de la population, *Colin, 2005.*

5 Une forte croissance des villes des pays industrialisés au XIXe siècle

Population (en millions d'habitants)	1850	1900	1930
Londres	2,3	6,6	8,2
New York	0,7	4,2	10,3
Paris	1,3	3,3	5,6
Berlin	0,4	1,9	4,2
Tokyo	0,6	1,8	4
Chicago	–	1,7	4,3
Philadelphie	0,4	1,6	2,7

4 La croissance de Lyon au XIXe siècle

Depuis quarante ans, un flot continu de Savoyards, de Dauphinois, d'Auvergnats, de Suisses et d'Italiens se porte sur Lyon. Et l'accroissement se poursuit d'une façon régulière. Chaque jour, des industries nouvelles se créent, recrutant sans peine des milliers de bras venus de tous les points de l'immense région que parcourent le Rhône, la Saône et la Loire. L'invention du fil aérien et la possibilité d'amener des Alpes la force emmagasinée par la houille blanche[1] ont donné un élan inouï à la création des lignes de tramways. Les communes de la périphérie se sont accrues. Villeurbanne, qui n'avait que 5 000 habitants avant la guerre de 1870, atteint peut-être 50 000 aujourd'hui. Lyon est une énorme agglomération de près de 600 000 âmes.

D'après V.-E. Ardouin-Dumazet, *Voyage en France*, 1896.

1. *Électricité.*

QUESTIONS

▶ Analyse des documents

DOC 1 **1.** Quels sont les principaux foyers de peuplement dans l'Antiquité ?

2. Quels sont les principaux foyers de peuplement en 1800 ?

3. Quels sont les nouveaux foyers de population ?

DOCS 2, 3 ET 5 **4.** À l'aide d'exemples précis, montrez qu'il y a une forte urbanisation au cours du XIXe siècle.

DOCS 3, 4 ET 5 **5.** Quels sont les pays et les villes qui bénéficient le plus de cette forte croissance urbaine ?

DOC 4 **6.** Comment expliquer la croissance de Lyon au XIXe siècle ?

▶ BILAN

Rédigez deux paragraphes sur la répartition de la population mondiale au XIXe siècle : dans le premier, vous montrerez la relative stabilité du peuplement de la planète ; dans une deuxième partie vous mettrez en évidence le changement dans le rapport ville-campagne en Europe et aux États-Unis.

COURS

1. Croissance et répartition de la population mondiale et européenne

DOSSIER p. 12-13
DOSSIER p. 14-15
DOSSIER p. 16-17

Quels sont les rythmes de la croissance de la population mondiale ? Comment se répartit-elle ?

1. *Évolution de la population mondiale (en millions)*

	Monde	Europe
Antiquité	252	43
500	207	41
1000	253	43
1250	417	86
1500	461	84
1700	682	125
1800	954	195
1900	1 634	422

Population et société, *n° 394, octobre 2003.*

A Jusqu'à la fin du XVIIe siècle, une croissance lente

De fortes variations

• En Europe, la population baisse à la fin de l'Antiquité en raison des multiples guerres liées à la chute de l'Empire romain. **Elle augmente** au contraire **assez nettement entre le XIe et le XIIIe siècles, période de croissance économique. Elle diminue** fortement ensuite **à cause de l'épidémie de peste** qui touche l'Europe **en 1347**.

Un faible accroissement naturel

• Cette croissance lente s'explique par un **accroissement naturel très faible** (< 0,5 % par an). **La natalité est très élevée** (de l'ordre de 35 à 40 ‰) car il n'y a pas de contrôle des naissances. **La mortalité est également très élevée** (40 ‰) en raison d'une très forte **mortalité infantile** : les familles sont nombreuses mais un enfant sur trois meurt avant 5 ans et un sur deux seulement atteint l'âge de 20 ans (doc 2). Ainsi, l'**espérance de vie** est courte (moins de 30 ans) et la population jeune.

• **La mort est donc très présente**, d'autant qu'il y a aussi des **crises de surmortalité** qui reviennent régulièrement avec les guerres (guerre de Cent Ans entre la France et l'Angleterre de 1337 à 1453), les épidémies (grande peste en Europe en 1347) et les famines ; les trois étant souvent associées.

B Du XVIIIe au XIXe siècles, une croissance plus rapide

L'accélération de la croissance démographique

• **À partir du XVIIIe siècle, la croissance s'accélère** : la population mondiale passe de 461 millions d'habitants en 1500 à presque 1 milliard en 1800. À partir de cette date, la croissance de la population s'accélère encore : il a fallu toute l'histoire de l'humanité jusqu'à 1800 pour atteindre 1 milliard, mais ensuite seulement 130 ans pour atteindre 2 milliards.

• **Cette évolution globale est très inégale dans l'espace.** Elle a surtout lieu en **Chine**, où la population passe de 150 millions d'habitants en 1700 à 415 millions en 1900, et dans les pays européens qui vivent leur **révolution industrielle** et dont la population est multipliée par 3 en 200 ans.

Les facteurs de la croissance

• **Cette explosion démographique** du XIXe siècle en Europe **est due à la baisse très forte de la mortalité** dans les pays concernés. Cette baisse est le résultat de plusieurs facteurs. Tout d'abord, elle s'explique par les **progrès de la médecine** (vaccination…) et de l'hygiène qui provoquent la **disparition des grandes vagues épidémiques**, en particulier de la peste, et une nette baisse de la mortalité infantile. D'autre part, les **progrès de l'agriculture** font quasiment disparaître les famines, et les populations, moins touchées par les guerres, **connaissent une amélioration générale de leurs conditions de vie**.

• Alors que la mortalité diminue, **la natalité se maintient à un niveau élevé** : l'accroissement naturel augmente. Cette explosion démographique du XIXe siècle est la première phase d'une évolution générale appelée **transition démographique**.

VOCABULAIRE

• **Accroissement naturel**
Différence entre le taux de natalité et le taux de mortalité.

• **Espérance de vie**
Indicateur qui mesure la durée probable d'existence d'un être humain en fonction des conditions d'existence de la population dans laquelle il vit.

• **Exode rural**
Départ des populations des campagnes vers les villes.

• **Migration**
Déplacement de population.

• **Mortalité infantile**
Nombre de décès des enfants nés vivants avant qu'ils aient atteint l'âge de 1 an.

• **Révolution industrielle**
Passage d'une société agraire et artisanale à une société industrielle et commerciale.

• **Transition démographique**
Passage d'un régime démographique stable (taux de mortalité fort, taux de natalité fort et accroissement naturel faible) à un autre régime démographique stable (taux de natalité faible, taux de mortalité faible et accroissement naturel faible).

C Permanences et mutations de la répartition de la population

Une répartition de la population assez stable

• **La répartition de la population évolue assez peu au cours de la période**, et la croissance démographique renforce les foyers existants. Dans l'Antiquité, la population se concentre autour de la Méditerranée, au Moyen-Orient, en Inde (vallée de l'Indus et du Gange) et en Chine du Nord. En 1800, le **foyer asiatique**, Inde et Chine, est étendu à toute la Chine maritime et inclut la Japon et la Corée. L'**Europe** connaît un déplacement de son centre de gravité, de la Méditerranée vers l'Europe du Nord-Ouest. Le foyer moyen-oriental devient très secondaire tandis qu'**apparaît le foyer du nord-est du continent américain**, résultat des **migrations** européennes.

L'urbanisation au XIXe siècle

• Apparues dès l'Antiquité, les **villes européennes** prennent un **nouvel essor entre le XIe et le XIIIe siècles. Cette urbanisation s'amplifie au XIXe siècle** avec la révolution industrielle et l'**exode rural**. Les populations rurales quittent les campagnes et la misère, attirées par les perspectives de travail dans les villes.

• Alors que l'Asie demeure rurale, **les pays européens et les États-Unis connaissent un spectaculaire développement du monde urbain.** Des villes nouvelles (Los Angeles, Chicago…) se créent aux États-Unis, tandis qu'en Europe, les villes plus anciennes voient leur population augmenter largement (Londres, Paris…).

2. *Une mortalité infantile fréquente*

• **Avant le XVIIIe siècle, la mortalité infantile est forte en Europe. Au XVIe siècle en France, par exemple, près d'un enfant sur trois meurt avant l'âge de un an.**
Danse macabre : l'enfant, *fin XVe siècle, BNF, Paris.*

3. *L'urbanisation aux États-Unis : la ville verticale*

• **La ville de New York et le port de Manhattan en 1908.**

ÉTUDE

L'émigration irlandaise, une émigration de la misère

COURS p. 26-27

L'Irlande est au XIXe siècle le pays d'Europe où l'émigration par rapport à la population totale est la plus forte. Il s'agit pour l'essentiel d'une émigration liée à la pauvreté qui s'accélère avec la famine de 1846 causée par la maladie de la pomme de terre (1 million de morts). Cette émigration est essentiellement à destination de l'Amérique du Nord et particulièrement des États-Unis.
Ces émigrants pauvres, pour la plupart catholiques dans un pays protestant, connaissent d'abord une intégration difficile. À partir de 1870, leur implication politique leur permet de s'intégrer à la société américaine et de prendre le contrôle de nombreuses municipalités (dont New York en 1880).

Quelles sont les causes et les implications de l'émigration irlandaise au XIXe siècle ?

1 Les Irlandais : une émigration de masse vers les États-Unis

(en millions)	**Population totale de l'Irlande**	**Nombre de départs d'Irlande** (estimation)	**Migrants irlandais arrivés aux États-Unis** (estimation)
1820-1859 *dont 1846-1854 (maladie de la pomme de terre)*	8 (1846)	3,25 *dont 1,75*	1,9 *dont 1,02*
1860-1900	4,5 (1900)	4	1,25

3 Une raison pour partir : la famine

● Distribution de vêtements aux victimes de la famine en 1849.
*Gravure de l'*Illustrated London News.

2 Le rêve du migrant : l'ascension sociale

*L'histoire de Paddy O'Dougherty est rapportée par le journal new-yorkais l'*Illustrated News *en 1853. Arrivé seul et pauvre en Amérique, il trouve du travail sur les chantiers de construction de ponts.*

C'est alors que nous voyons Paddy faire son chemin dans le Nouveau Monde, poursuivant sa route, ne s'occupant que de ses affaires, travaillant dur, mais avec un salaire qui s'élevait progressivement. Six mois plus tard, Paddy envoya chez lui de l'argent pour faire venir sa femme. Neuf mois après le jour de son arrivée, il put faire déménager sa femme et sa famille dans une humble habitation qu'il avait entièrement payée de ses gains. (...) Huit ans après s'être engagé à 40 cents par jour chez Timothy Brown, Paddy O'Dougherty était à la tête d'une fortune de 100 000 dollars, il possédait une maison de campagne à un jet de pierre de son premier chantier dont Timothy Brown était l'intendant à deux dollars par jour et, bien que son nom soit si vulgaire, on voit peu de gentlemen dans Water Street plus affables, polis ou intelligents et plus dignes du nom de gentlemen que ce même Paddy O'Dougherty.

Cité dans Jeanine Brun, *America ! America ! Trois siècles d'émigration aux États-Unis (1620-1920)*, Gallimard, 1980.

4 Du rêve américain à la réalité

• À leur arrivée, les immigrés s'entassent dans des quartiers où rien n'est prévu pour les accueillir (égouts, eau courante...). En 1890, le journaliste Jacob Riis publie un reportage photographique, « Comment vit l'autre moitié », pour dénoncer cette situation. De nouvelles normes de construction seront imposées au début du XXe siècle.
Jacob Riis, Lower East Side, *1897.*

5 L'intégration par la politique aux États-Unis

À partir des années 1870-1880, les Irlandais mettent en place des organisations politiques qui leur permettent de conquérir les municipalités de Boston, Philadelphie et New York.

Les Irlandais ont régulièrement tendance à déménager vers des quartiers plus agréables de la ville. (...) Comme presque tous les politiciens locaux sont d'origine irlandaise, et comme c'est sur les Irlandais qu'ils peuvent compter le mieux et le plus sûrement, ils font les plus grands efforts pour retenir dans la circonscription les restes de la population irlandaise. Les églises catholiques de ces secteurs qui ont fait construire d'énormes bâtiments craignent de se retrouver en plan et elles poussent dans le même sens. C'est une règle établie dans la 8e circonscription que personne ne peut obtenir un emploi sans s'engager à demeurer électeur de la circonscription tant qu'il l'occupera.

Jeanine Brun, *America ! America ! Trois siècles d'émigration aux États-Unis (1620-1920)*, Gallimard, 1980.

QUESTIONS

▶ Une forte émigration irlandaise aux États-Unis

DOC 1 **1.** Montrez qu'il y a une forte croissance de l'émigration irlandaise vers les États-Unis au cours du siècle. Comparez-la à la population de l'Irlande en 1900. Qu'en concluez-vous ?

DOCS 2 ET 3 **2.** Comment peut-on expliquer cette forte émigration des Irlandais ?

▶ Les difficultés des nouveaux migrants

DOC 4 **3.** Montrez que les conditions de logement des migrants irlandais sont difficiles à leur arrivée.

▶ L'intégration des Irlandais

DOCS 2 ET 5 **4.** Quels éléments montrent l'intégration des Irlandais à la société américaine à la fin du XIXe siècle ?

5. Qu'est-ce qui a permis leur intégration ?

▶ BILAN

D'après les indications données par les documents, faites le récit de l'itinéraire d'un Irlandais qui aurait quitté son pays au moment de la famine pour s'installer aux États-Unis.

ÉTUDE

L'émigration italienne vers l'Europe et l'Amérique

COURS p. 26-27

Au XIXe siècle, l'Italie est en Europe la deuxième région d'émigration. Jusqu'aux années 1880, ce sont surtout les Italiens du Nord qui émigrent, essentiellement vers les pays européens, dont la France. Après 1880, l'émigration provient davantage d'Italie du Sud, peu touchée par l'industrialisation et où subsiste une grande pauvreté rurale. Ces populations partent principalement outre-Atlantique (Argentine, Brésil, États-Unis), mais la France reste un pays d'accueil majeur. Leur intégration n'est pas toujours facile.

Quelles sont les causes et les difficultés de l'émigration italienne au XIXe siècle ?

A Les causes du départ

1 Une forte émigration tournée vers l'Europe et l'Amérique

Pays d'accueil	Nombre d'émigrés italiens (1876-1915)
Royaume-Uni	69 483
Benelux	37 489
France	1 715 566
Allemagne	1 225 847
Suisse	1 340 292
Autres pays	1 748 709
Europe	**6 137 386**
Canada	148 565
États-Unis	4 156 944
Amérique du Nord	**4 305 509**
Brésil	1 225 171
Argentine	1 795 916
Venezuela	20 740
Autres pays	18 700
Amérique du Sud	**3 317 281**
Océanie	**18 437**
Afrique	**237 966**
Asie	**11 081**
Émigration totale	**14 027 660**

Lorenzo Prencipe (Centro Studi Emigrazione – Roma), Conférence pour Approches, Cultures & Territoires, Marseille, 20 octobre 2009.

2 La croissance démographique de l'Italie

	1861	1871	1881
Population en millions	22	27	28,9

3 La modernisation des transports favorise le départ

Fédération italienne des ouvriers émigrés et de leur famille, 1908.

4 Partir pour s'enrichir

• **Ces pages sont extraites du *Livre de l'immigrant*, un manuel pour apprendre la langue anglaise à l'usage des migrants italiens.**
La première page, à gauche, illustre « l'arrivée » du migrant aux États-Unis, la deuxième page montre « le retour au pays » du migrant enrichi.
Musée américain en Grande-Bretagne, Bath.

a. « L'arrivée »

b. « Le retour au pays »

5 Les migrants italiens, des paysans pauvres

• **Des paysans italiens partent du port de Livourne.**
« Les Émigrants », *huile sur toile de Raffaele Gambogi, Museo Civico Fattori, Livourne.*

6 Migration temporaire, migration définitive

L'émigration temporaire se compose de paysans, de maçons, de tailleurs de pierre, de mineurs, de chauffourniers[1] qui se rendent en France, en Autriche, en Suisse, dans les Balkans et même en Russie et en Scandinavie pour les gros travaux de terrassement et de construction. Ils partent au début du printemps et rentrent lorsque l'approche de l'hiver rend impossible les travaux en plein air (...). L'émigration permanente au contraire est plus influencée par le facteur économique. Le plus gros contingent est fourni par les classes agricoles, des agriculteurs, des travailleurs de la terre, des journaliers[2] qui quittent l'Italie et se dirigent de préférence vers la République de la Plata[3], le Brésil, vers les États-Unis, vers le Canada, suivant l'importance de la demande de main-d'œuvre dans ces pays là.

G. Sensini, *Les variations de l'économie italienne dans le dernier tiers du XIXe siècle*, Rome, Ermanno Loescher, 1904.

1. Ouvrier travaillant dans les entreprises de production de chaux.
2. Ouvrier agricole qui travaille à la journée.
3. Argentine.

QUESTIONS

▶ Partir

DOC 1 **1.** Quelle est la grande période de départ des Italiens ?

2. Quelles sont les principales régions d'arrivée des migrants italiens ?

▶ Pourquoi partir ?

DOCS 1 ET 2 **3.** Quel est le lien entre la forte émigration et la croissance de la population italienne ?

DOCS 5 ET 6 **4.** Quel type de population est particulièrement poussé à partir ?

DOCS 3 ET 4 **5.** Quels autres éléments peuvent inciter au départ ?

DOCS 4 ET 6 **6.** Ces migrations sont-elles toujours définitives ?

B Une intégration difficile

7 Le *padrone system*

Les émigrés avaient des difficultés à s'insérer dans le monde du travail américain dont ils connaissaient mal les habitudes et plus simplement parce qu'ils ne parlaient pas anglais. Pour trouver un emploi, ils avaient souvent recours à l'aide d'intermédiaires italiens, les *padroni*, qui connaissaient la langue et le pays et agissaient en tant qu'agents recruteurs auprès des entreprises américaines. Le rôle du *padrone* d'ailleurs pouvait être plus large puisque l'entreprise se déchargeait très souvent sur lui de toutes les responsabilités annexes à l'embauche, et que d'un autre côté il avait la confiance de ses compatriotes. Il pouvait ainsi fournir le transport jusqu'au lieu de travail, le logement et la nourriture sur place, percevoir le salaire et éventuellement le faire parvenir jusqu'en Italie lorsqu'ils s'agissaient de travailleurs isolés, sans compter les services plus personnels, conseils pour la famille, rédaction de courrier ou tout autre aspect de la vie quotidienne.

R. Rougé, « La communauté italienne aux États-Unis au tournant du siècle : continuité et diversité », *in* J. Cazemajou (dir.), *L'Immigration européenne aux États-Unis : 1880-1910*, Presses universitaires de Bordeaux, 1986.

8 Le rejet des migrants et de leur culture aux États-Unis

En 1909, un spécialiste américain de l'éducation donne un point de vue très radical sur l'assimilation des populations immigrées.

Ces Européens du Sud et de l'Est sont d'un type très différent des Européens du Nord qui les ont précédés. Ils sont analphabètes, dociles, ils manquent d'autonomie et d'esprit d'initiative, ils n'adhèrent pas à la conception anglo-saxonne de la loi, de l'ordre et du gouvernement : leur arrivée a terriblement dilué notre race nationale et corrompu notre vie politique. (...) Partout, ces gens-là ont tendance à s'installer en groupes ou en colonies et à apporter ici leurs coutumes nationales et leurs rites religieux. Notre tâche est de briser ces groupes et ces colonies, d'assimiler, d'amalgamer ces gens, d'en faire une partie de la race américaine et d'implanter chez leurs enfants, dans la mesure du possible, la conception anglo-saxonne de la bonne conduite, de la loi, de l'ordre et du gouvernement par le peuple, et de faire naître chez eux le respect profond des institutions démocratiques et des éléments de notre vie nationale que nous, en tant que peuple, estimons d'être révérés.

Ellwood C. Cubberly, *Changing Conceptions of Education*, Boston, 1909.

9 « Little Italy », le quartier italien de New York

- Le marché de Mulberry Street, dans le quartier italien de New York, 1900.

10 Les massacres d'Aigues-Mortes en France (1893)

● **La Compagnie des salins du midi (exploitation du sel) emploie de nombreux ouvriers italiens et joue sur la concurrence entre ouvriers français et italiens pour baisser les salaires. Cela provoque des heurts violents alimentés aussi par le rejet des immigrés. En août 1893, les émeutes contre les Italiens font au moins huit morts et des dizaines de blessés. C'est le massacre d'étrangers le plus violent du XIXe siècle.** Le Petit Parisien, *1893.*

11 Une hostilité affichée à l'égard des Italiens

Si vous passez un jour, à l'heure de midi, vers Mont-Saint-Martin, ou Villerupt, près d'une des nombreuses cantines italiennes, votre odorat est désagréablement chatouillé par des odeurs d'abominables ratatouilles. Des vieilles sordides, à la peau fripée et aux cheveux rares, font mijoter des fritures étranges dans des poêles ébréchées. Et les bêtes mortes de maladie, à des lieux à la ronde, ne sont pas enfouies, elles ont leur sépulture dans les estomacs des Italiens, qui les trouvent excellentes pour des ragoûts dignes de l'enfer.

L'Est républicain, juillet 1905, *in* P. Milza, *Voyage en Ritalie*, Payot, 2004.

12 Le maintien d'un mode de vie italien

● **Restaurant et magasin d'alimentation italiens à Jœuf (Lorraine) en 1903. En Lorraine, les immigrés italiens travaillent surtout dans l'industrie sidérurgique (travail des métaux) et minière.**

QUESTIONS

▶ **Des difficultés aux États-Unis...**

DOCS 7, 8 ET 9 **7.** Montrez que les Italiens vivent isolés du reste de la population aux États-Unis. **8.** Comment réagissent-ils face à cet isolement ?

DOC 8 **9.** Que reproche l'auteur aux Italiens ? **10.** D'après lui, comment doit se faire l'assimilation des nouveaux migrants ?

▶ **... mais aussi en France**

DOC 10 **11.** Quel événement est ici relaté ?

DOCS 10, 11 ET 12 **12.** Que nous apprennent ces documents sur les relations entre Français et Italiens ?

▶ **BILAN**

Un immigrant italien aux États-Unis raconte à un journaliste son histoire. Écrivez son récit en invoquant les causes de son départ et les difficultés rencontrées sur place.

COURS

2. Les migrations européennes au XIXe siècle

ÉTUDE p. 20-21
ÉTUDE p. 22-25

Pourquoi y a-t-il eu une forte émigration européenne au XIXe siècle ?

A Une forte mobilité européenne

De nombreux départs

• Au XIXe siècle, la population européenne connaît **une forte mobilité** qui se manifeste à la fois par des **flux massifs d'émigration hors d'Europe** (55 millions de départs entre 1820 et 1920) et par **des flux internes au continent européen**. Tous les pays d'Europe, à l'exception de la France, sont concernés par cette émigration de masse qui touche dans un premier temps les Européens du Nord et de l'Est, puis dans les années 1890, les Européens du Sud.

Des facteurs économiques et sociaux

• C'est **la révolution industrielle et l'explosion démographique** de l'Europe qui provoquent ces migrations. Les postes de travail créés par le développement industriel n'absorbent pas le trop-plein de main-d'œuvre lié à la forte croissance démographique européenne. **La pauvreté des populations rurales et la crise économique** de la fin du siècle (Grande dépression des années 1870-1890) provoquent de nombreux départs.

1. *L'incitation au départ*
• **Affiche publicitaire vantant le faible prix de la traversée vers l'Australie depuis l'Angleterre, début du XXe siècle.**

B Une émigration massive hors d'Europe

D'importantes migrations transocéaniques

• Entre 1820 et 1920, **33 millions d'Européens arrivent aux États-Unis, 16 millions en Amérique latine**. Aux États-Unis, la migration est importante entre 1900 et 1914 (1 million d'entrées par an). Après la Première Guerre mondiale, elle se ralentit en raison de la mise en place de politiques migratoires plus restrictives (lois de 1920 et 1924).

• Les migrations des Européens **vers les colonies** sont plus faibles. 600 000 Européens s'installent en Algérie. Au début du XXe siècle, 900 000 Britanniques partent vers leurs colonies (Inde, Nouvelle-Zélande, Australie…).

Pourquoi migrer ?

• **Les gouvernements des pays d'accueil ont favorisé l'immigration**. L'Argentine, par exemple, envoie des agents dits « racoleurs » pour recruter en Europe les futurs exploitants des terres vierges. Aux États-Unis, la révolution industrielle a besoin de bras.

• **Les gouvernements des pays de départ sont aussi favorables à l'émigration.** Ainsi, le Royaume-Uni veut peupler son empire. C'est aussi l'occasion pour des États de se débarrasser de populations pauvres sans travail et sans ressources.

• Enfin, grâce au progrès technique, les **compagnies maritimes** peuvent proposer des tarifs de traversée très bas (doc 1), même si les conditions sont très pénibles pour les troisièmes classes.

• **Du point de vue individuel, les motivations sont multiples**. Elles sont surtout économiques (famine irlandaise de 1846-1851), mais aussi politiques ou religieuses comme pour les juifs de Russie fuyant les persécutions, ou encore plus personnelles, liées à l'esprit d'aventure et à l'attrait pour de nouveaux mondes.

VOCABULAIRE

• **Émigration**
Action de quitter son pays natal.

• **Immigration**
Action d'arriver dans un pays d'accueil.

• **Xénophobie**
Haine de l'étranger.

La France : une exception en Europe

• La France est le seul pays à connaître une **baisse précoce de la natalité**, ce qui explique son manque de main-d'œuvre dès le XIXe siècle. Ainsi, alors que les autres pays d'Europe sont des terres d'émigration, elle devient un **pays d'immigration**. Le nombre d'étrangers résidant en France est sans cesse à la hausse au cours du siècle (doc 2). Jusqu'au début du XXe siècle, les Belges sont les plus nombreux, suivis par les Italiens puis les Polonais et les Espagnols dans l'entre-deux-guerres.

2. *Les étrangers en France de 1851 à 1911*

1851	379 289
1876	801 754
1891	1 130 211
1911	1 332 000

C Les difficultés d'intégration des migrants

Des populations qui subissent un fort rejet

• Les migrants européens ont parfois des **difficultés à s'intégrer à la société** qui les accueille. Aux États-Unis, cette hostilité se nourrit de l'**incompréhension** à l'égard de populations qui sont pauvres et acceptent tous les travaux, et qui, pour la plupart, ne sont ni anglophones, ni protestantes, contrairement aux premiers migrants d'Europe du Nord. Elle se manifeste parfois par des **émeutes violentes**.

• On retrouve les mêmes phénomènes en France où la cohabitation n'est pas toujours facile, en particulier pendant les périodes de chômage. **Xénophobie** et **inquiétude sociale** entraînent des violences envers les étrangers, par exemple contre les Italiens dans le Midi, à Aigues-Mortes en 1893.

Une intégration finalement réussie

• Malgré ces difficultés initiales, les migrants, souvent regroupés en quartiers par nationalités (par exemple les Italiens de « Little Italy » à New York) **s'intègrent progressivement** dans la société au fur et **à mesure que leur niveau de vie s'améliore**, même s'ils gardent des particularités nationales.

3. *L'émigration européenne au XIXe siècle*

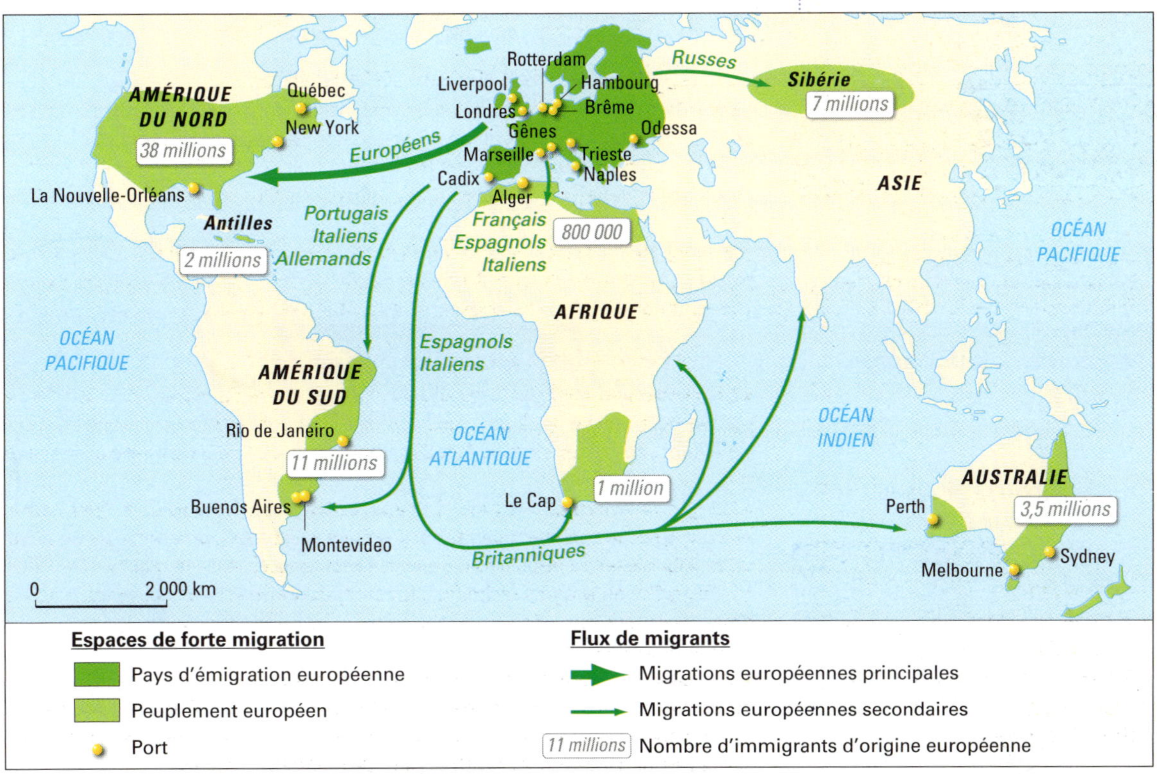

MÉTHODE Expliquer un tableau statistique

Un tableau statistique rassemble des données numériques qui servent à quantifier un phénomène dans le temps et/ou dans l'espace. Il peut représenter une répartition, au sein d'un ensemble donné, une comparaison, une évolution sur une période définie.

La population de quelques pays d'Europe entre 1600 et 1800

(en millions d'habitants)	Vers 1600	Vers 1700	Vers 1800
France	19	21	29
États allemands	18	10	22
États italiens	12	11,5	17
Espagne	8	6	11
Angleterre	4,5	5,5	10

Estimations sur des territoires correspondant aux frontières actuelles.
François Lebrun, Le XVIIe siècle, *A. Colin, 1967.*

Il s'agit uniquement de pays européens.

Il s'agit de statistiques évolutives qui veulent mettre en lumière des phénomènes de longue durée.

Nos connaissances sont parfois partielles car les recensements étaient alors incomplets ou inexistants.

François Lebrun est un historien spécialiste de démographie historique.

QUESTIONS

1. Présentez le document.
2. Comment évolue la population de ces pays entre 1600 et 1800 ?
3. Pourquoi le cas de la France est-il particulier ?
4. Quelle anomalie les Etats allemands présentent-ils ? Comment l'expliquer ?
5. Quels sont l'intérêt et les limites de ce document ?

Méthode générale

Application guidée

1 Présenter le tableau statistique

Un tableau se lit à la fois de manière verticale et horizontale.

- Indiquer le **thème**, le type de tableau (de répartition, de comparaison, d'évolution), l'auteur et la source.
- Repérer les **indicateurs** retenus pour construire le tableau, les unités employées et les limites chronologiques (s'interroger sur leur choix et leur pertinence).

Question 1. Présentez le document.

Conseil

– Utilisez les éléments fléchés du tableau.
– Pourquoi avoir retenu ces pays et ces trois dates ?
– Quelle est l'unité employée ? Est-ce une valeur brute (ex : tonnes, dollars...) ou une valeur relative (exprimée en % ou en indice) ?

2 Analyser le tableau statistique en répondant aux questions

Analyser un tableau consiste à décrire les phénomènes représentés et à les expliquer en mobilisant ses connaissances.

- Décrire les **faits majeurs** ou la **tendance générale** avant d'entrer dans le détail.
- Repérer les **phases de l'évolution** d'un phénomène. Montrer les ruptures de rythmes (ralentissement, accélération...).
- Dans le cas d'un tableau de comparaison, mettre en relation les différents phénomènes ou évolutions décrits.
- Pour rendre les données parlantes, effectuer **quelques calculs simples** : transformer des données exprimées en valeur absolue en pourcentage, calculer un taux de variation en utilisant la formule :

$$\frac{\text{valeur d'arrivée (VA)} - \text{valeur de départ (VD)}}{\text{valeur de départ (VD)}} \times 100.$$

- Confronter les phénomènes décrits avec les **connaissances personnelles** pour les expliquer.

Question 2. Comment évolue la population de ces pays entre 1600 et 1800 ?

Conseil

Calculez la croissance en pourcentage de la population de chaque pays au XVIIe siècle, puis au XVIIIe siècle. Que constatez-vous ?

Exemple de calcul du taux de variation pour la France :

Au XVIIe siècle : $\frac{(21-19)}{19} \times 100 = 10{,}5$ %.

Question 3. Pourquoi le cas de la France est-il particulier ?

Conseil

– Quelle place la France occupe-t-elle dans la hiérarchie des puissances en 1600, 1700 et 1800 ?
– Pour l'expliquer, utilisez vos connaissances en évoquant le changement de régime démographique qui se produit vers 1740-1750.

Question 4. Quelle anomalie les États allemands présentent-ils ? Comment l'expliquer ?

Conseil

Formulez des hypothèses à partir de ce que vous savez des fléaux qui touchent l'Europe à cette époque.

3 Conclure

Conclure permet de montrer l'intérêt du document et de mettre en évidence ses éventuelles limites.

- Envisager éventuellement les **conséquences** des phénomènes décrits et expliqués.

Question 5. Quels sont l'intérêt et les limites de ce document ?

Conseil

Concernant les limites, interrogez-vous sur le choix des intervalles très longs (un siècle) : que peuvent-ils dissimuler ? Demandez-vous si ce tableau ne néglige pas d'autres puissances européennes.

exercice d'application

Analyser l'immigration européenne aux États-Unis en répondant aux questions ci-dessous.

L'immigration aux États-Unis au XIXe siècle

Origine des migrants	1820-1839	1840-1859	1860-1879	1880-1899	1900-1919
Britanniques	100 680	663 890	1 111 400	1 139 600	841 390
Allemands	130 470	1 361 500	1 475 500	2 024 200	502 900
Irlandais	222 280	1 685 000	849 680	1 079 700	511 300
Russes	366	943	36 800	632 800	2 608 000
Italiens	2650	10 120	56 150	871 400	3 160 400
Total Europe	**522 000**	**3 988 000**	**4 129 000**	**8 942 800**	**14 549 700**

US Department of Homeland Security.

1. Présentez le document.
2. Combien de migrants d'origine européenne arrivent aux États-Unis entre 1820 et 1919 ?
3. Décrivez et expliquez l'évolution générale des flux d'Européens vers les États-Unis (1820-1919).
4. Comparez les arrivées de migrants en fonction de leur pays d'origine et leur évolution.
5. Quel est l'intérêt de ce document ?

MÉTHODE Faire une recherche internet pour réaliser un exposé

Internet constitue une ressource d'une grande richesse, très utile pour élaborer un exposé. Il est essentiel d'apprendre à l'utiliser.

L'immigration italienne aux États-Unis et ses traces actuelles

Pensez à faire une recherche d'images ou de vidéos sur le sujet.

▲ Capture d'écran de la recherche Google

Attention, le site de *Wikipedia* apparaît en premier, mais est constitué de contributions d'internautes. Mesurez sa fiabilité en recoupant avec d'autres sources.

Les sites des académies, réalisés par des professeurs, constituent souvent des sources fiables. N'hésitez pas à les consulter.

Allez visiter cette rubrique, vous trouverez des témoignages d'immigrants, des photographies d'époque...

www.italien.ac-versailles.fr

▲ Le site des professeurs d'italien de l'Académie de Versailles

Le site d'Ellis Island ▶

www.ellisisland.org

Méthode générale

Application guidée

1 Réfléchir au sujet et identifier les mots clés

Il faut commencer par identifier le sujet et préciser la recherche.

- **Réfléchir au sujet** : qui ? quoi ? où ? quand ? comment ?
- Déterminer la **problématique** de la recherche à partir de cette analyse du sujet.
- Identifier les **mots clés** qui vont permettre de faire la recherche sur internet. Supprimer par exemple tous les mots inutiles.
- Afin d'ouvrir la recherche, trouvez des **synonymes** sur www.crisco.unicaen.fr/dicosyn.html pour chaque mot-clé.

1. Analysez le sujet et dégagez ses enjeux.

Conseil

– Analysez les termes : « immigration italienne », « traces actuelles ».
– Qu'implique le mot de liaison « et » ?
– Précisez le thème à étudier ainsi que les limites géographiques et chronologiques du sujet.

2. Quels sont les mots clés pour cette recherche ?

Conseil

Tapez sur Google « Italiens aux États-Unis » puis « immigration italienne aux États-Unis ». Quel choix est le plus pertinent ? Pourquoi ?

2 Identifier les supports de recherche et les sites à utiliser

La recherche peut être lancée à partir de différents supports.

- Un **moteur de recherche** comme *Google* qui cherche les mots clés dans les pages web de sa banque de données contenant des sites web.
- Un **répertoire de sites** comme *Yahoo* qui classe les sites par catégorie ou par thème.

Lorsque la recherche est lancée, il faut identifier les sites à utiliser.

- Regarder si le site est institutionnel (.org) ou émanant d'un particulier, d'une association, d'un journal.

3. Lancez la recherche et dressez la liste des sites utilisables en les identifiant.

Conseil

– Utilisez les éléments fléchés p. 30 pour identifier les sites intéressants. Sur le site Wikipédia, utilisez la rubrique « Sources », en fin d'article.
Vous pouvez par exemple aller visiter le site sur la conférence du Festival de la géographie de Saint-Dié sur l'émigration italienne.
– Méfiez-vous des sites qui peuvent paraître très riches mais qui ne sont pas forcément objectifs.

3 Chercher et traiter l'information

Sélectionner les informations répondant au sujet et s'assurer de leur fiabilité.

- Se demander qui écrit ? à qui ? pourquoi ?
- Recouper les informations de même nature sur les différents sites visités.
- Vérifier si l'auteur du site indique la source de sa documentation.

Internet permet de varier les types d'informations.

- Chercher à la fois des données chiffrées, des cartes, des images, des documents sonores et vidéos.
- Une grande partie des recherches doit se faire **en utilisant des outils plus traditionnels** (livres, encyclopédies, revues...).

4. Posez-vous des questions précises :
• Combien y a-t-il eu d'arrivées de migrants italiens aux États-Unis au XIXe siècle? Combien d'Américains sont d'origine italienne aujourd'hui ?
• Dans quelles villes ou régions se sont-ils installés ? Leur présence est-elle encore visible ?
• Quelle a été leur influence dans la culture américaine ?

Conseil

– Cherchez l'existence de quartiers italiens ou *Little Italy*.
– Interrogez-vous par exemple sur les habitudes alimentaires, le cinéma, l'architecture.

RÉVISIONS Vérifier ses connaissances

Les points clés du cours

Répondez en quelques phrases aux questions suivantes.

1. Croissance et répartition de la population mondiale depuis l'Antiquité jusqu'au XIXe siècle

a. Pourquoi la croissance démographique est-elle faible entre l'Antiquité et le XVIIe siècle ?
b. Pourquoi la croissance démographique s'accélère-t-elle à partir du XVIIIe siècle ?
c. Quels sont les principaux foyers de peuplement jusqu'au XVIIIe siècle ?
d. Quels sont les nouveaux foyers au XIXe siècle ?

2. Les migrations européennes au XIXe siècle

a. Dans quelles régions du monde les migrants européens se rendent-ils principalement au XIXe siècle ?
b. Quels sont les principaux facteurs des migrations du XIXe siècle ?
c. Expliquez, au choix, les causes de l'émigration irlandaise ou italienne.
d. Pourquoi la France est-elle un cas à part au XIXe siècle ?

Les dates clés

Recopiez la frise chronologique ci-dessous et complétez-la.

Coloriez la période de faible croissance démographique en bleu et celle de forte croissance démographique en rouge. Indiquez ensuite sur la frise :

– la période de croissance démographique du Moyen Âge ;

– la grande peste en Europe ;

– la période de forte émigration européenne vers les États-Unis ;

– la grande famine en Irlande.

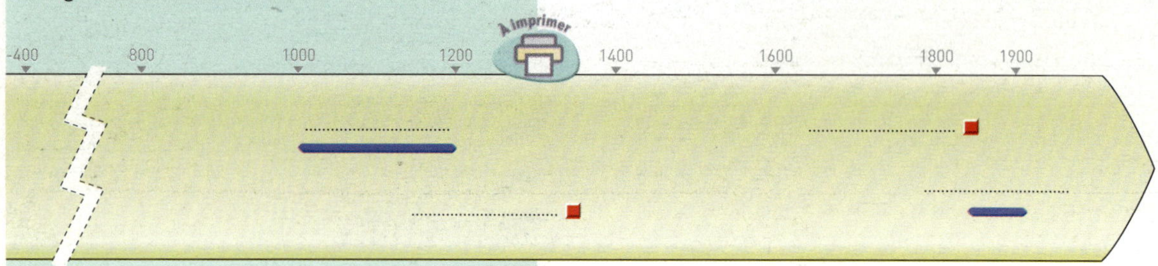

Les mots clés

1. Quel terme correspond à chacune des définitions suivantes ?

a. Déplacement des populations des campagnes vers les villes et dépeuplement des campagnes.
b. Différence entre le taux de natalité et le taux de mortalité.
c. Déplacements de population d'un pays dans un autre, dans le but de s'y établir.
d. Passage d'un régime démographique stable (taux de mortalité fort, taux de natalité fort et accroissement naturel faible) à un autre régime démographique stable (taux de natalité faible, taux de mortalité faible et accroissement naturel faible).

2. Définissez les termes suivants.

a. Taux de mortalité infantile
b. Famine
c. Espérance de vie
d. Xénophobie

Les chiffres clés

Répondez aux questions suivantes.

1. À combien s'élève la population européenne en 1500 ? En 1800 ?
2. Combien d'Européens environ sont morts de la Grande Peste au XIVe siècle ?
3. Quel est le taux de mortalité infantile en France au XVIIe siècle ?
4. Combien d'Irlandais sont morts de la famine en Irlande au XIXe siècle ?
5. Combien d'Italiens ont quitté leur pays à la fin du XIXe siècle ?
6. Combien d'Européens ont migré aux États-Unis entre 1820 et 1920 ?

Exercices

La natalité et la mortalité en France et en Angleterre entre 1750 et 1900

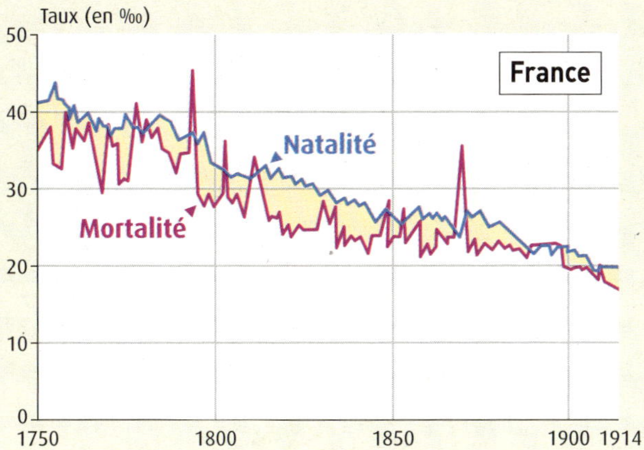

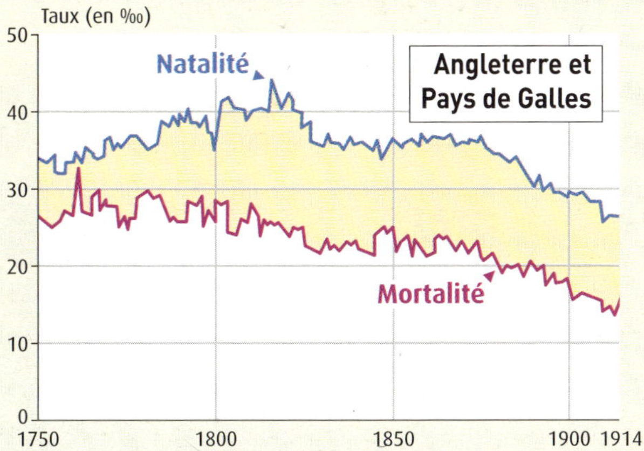

QUESTIONS

1. Analysez les courbes de natalité et de mortalité de l'Angleterre : pourquoi y a t il une forte croissance démographique au XIXe siècle ?

2. Montrez que l'évolution de la population de l'Angleterre est conforme à celle de l'ensemble des pays européens.

3. En quoi l'évolution de la population française est-elle particulière ?

4. D'après vos connaissances, quelles sont les conséquences de ces évolutions sur les migrations de la France et de l'Angleterre ?

Pour aller plus loin

Livres et revues

- Frank Mac Court, *Les Cendres d'Angela*, J'ai lu, 2000.
- Émile Témine, *France, terre d'immigration*, Découvertes, Gallimard, 1999.
- Catherine Rollet, *La Population du monde, 6 milliards et demain ?*, Larousse, 2004.
- Nancy Green, *L'Odyssée des émigrants, Et ils peuplèrent l'Amérique*, Découvertes Gallimard, 1994.
- *TDC*, « L'immigration en France », n° 936, 15 mai 2007.

Films

- Charles Chaplin, *L'Émigrant*, 1917.
- Elia Kazan, *America America*, 1964.
- Francis Ford Coppola, *Le Parrain*, 1973.
- Martin Scorsese, *Gangs of New York*, 2002.

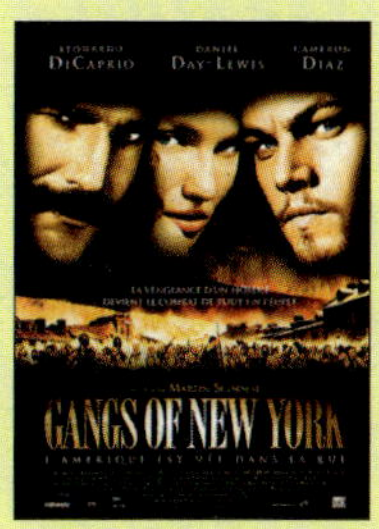

Sites Internet

- www.histoire-immigration.fr
- www.ellisisland.org

Musée à visiter

- **Cité nationale de l'histoire de l'immigration**, Palais de la Porte Dorée, Paris.

PARTIE 2

L'invention de la

Au début du Ve siècle avant J.-C., à Athènes, les Grecs inventent la démocratie. La cité est désormais gouvernée par l'ensemble de ses citoyens. Néanmoins, la citoyenneté y demeure restreinte à une minorité. À partir du Ier siècle avant J.-C., la cité de Rome, à la tête d'un vaste empire, diffuse son propre modèle de citoyenneté. Dans l'Empire romain, la citoyenneté est progressivement ouverte à tous car elle est conçue comme un moyen d'intégration.

Qu'est-ce qu'être citoyen à Athènes aux Ve et IVe siècles avant J.-C. ? Pourquoi et comment la citoyenneté se diffuse-t-elle dans l'Empire romain ?

1 L'Acropole, espace majeur de la citoyenneté athénienne

• L'Acropole est la colline sacrée d'Athènes, où les citoyens honorent leur déesse protectrice Athéna.

citoyenneté dans l'Antiquité

2 **Le forum à Rome, centre de la vie urbaine et politique pour les citoyens romains**

● **Le forum est le lieu de rencontre privilégié des citoyens. Ils s'y rassemblent lors des cérémonies publiques, religieuses et des spectacles.**

3 **La glorification de la démocratie à Athènes**

● **Dans la partie supérieure de cette stèle du IVᵉ siècle avant J.-C. est sculptée une allégorie de la démocratie couronnant le peuple.**

« Décret contre la tyrannie » *(détail), stèle de marbre, 336 av. J.-C., musée de l'Agora, Athènes.*

CHAPITRE 2

Citoyenneté et démocratie

Dans la cité d'Athènes, au Ve siècle avant J.-C., se met en place un régime politique nouveau : la démocratie. Athènes devient ainsi une cité gouvernée par l'ensemble de ses citoyens. Chaque citoyen peut et doit participer à la vie politique, judiciaire et religieuse, ainsi qu'à la défense de la cité. Toutefois, seule une petite minorité de la population athénienne jouit des droits civiques et politiques.

Qu'est-ce qu'être citoyen dans la cité démocratique d'Athènes aux Ve et IVe siècles avant J.-C. ?

1 Tous les citoyens peuvent participer à la vie politique...

Athéna, déesse protectrice d'Athènes, veille au déroulement d'un tirage au sort

• Chaque année, des citoyens sont tirés au sort pour participer au gouvernement démocratique de la cité. *Coupe attique à figures rouges, vers 480 avant J.-C., Kunsthistorisches Museum, Vienne.*

à Athènes (Ve-IVe siècles av. J.-C.)

2 … et doivent se consacrer à la défense de la cité.

Guerriers grecs (hoplites) s'affrontant

● **Pour défendre la cité, les citoyens sont mobilisés comme soldats.**

Vase Chigi, vers 640 avant J.-C., Musée national de la Villa Giulia, Rome.

REPÈRES

Athènes : une cité dans un monde de cités

Aux Ve et IVe siècles avant J.-C., le monde grec est composé d'une multitude de petits États appelés cités, possédant leur propre régime politique et leurs lois. Le territoire des cités est en général restreint, le plus souvent inférieur à 100 km². Athènes, avec plus de 2 500 km², fait figure d'exception.
À Athènes sont concentrées les activités politiques et civiques. La ville est dominée par la colline de l'Acropole qui accueille les temples les plus importants comme le Parthénon, pour la plupart dédiés à la déesse protectrice de la cité, Athéna.

1 L'Empire athénien au Ve siècle avant J.-C.

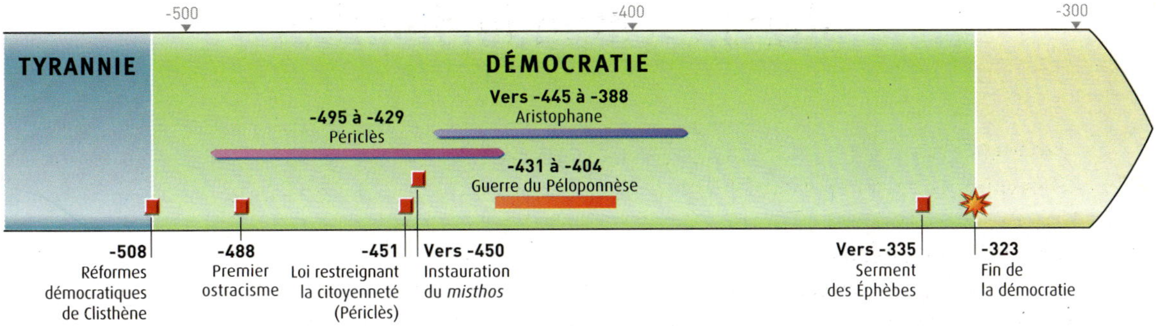

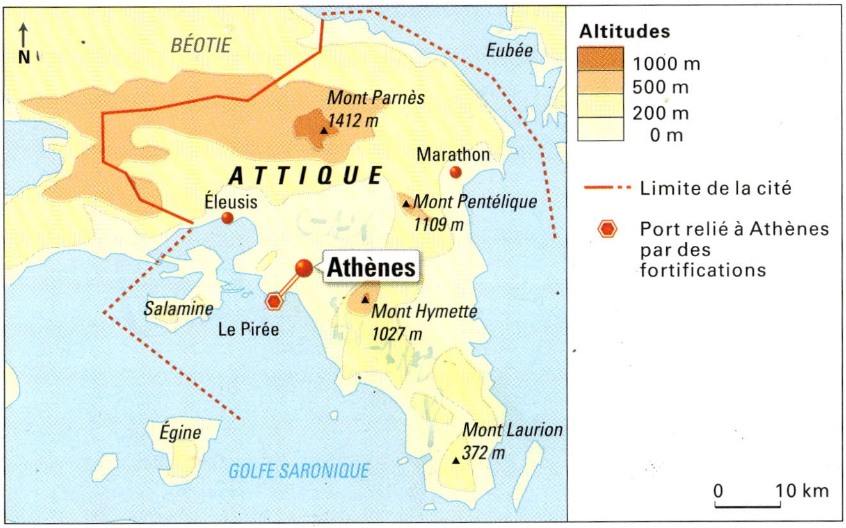

QUESTIONS

DOCS 1 ET 2

1. Où se trouve la cité d'Athènes ? **2.** Se réduit-elle à la ville d'Athènes ? Justifiez votre réponse.

DOC 3

3. Décrivez l'organisation de la ville d'Athènes. Pourquoi peut-on dire qu'elle constitue le centre de la vie politique et religieuse de la cité ?

2 La cité d'Athènes

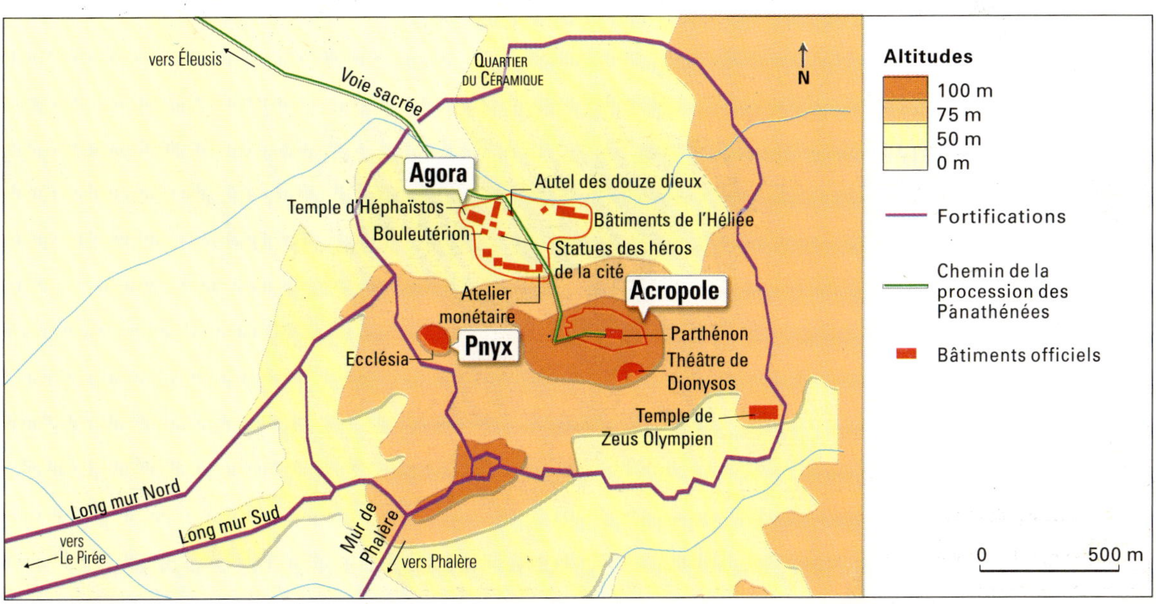

3 Plan d'Athènes aux Ve et IVe siècles avant J.-C.

DOSSIER Citoyens et non-citoyens à Athènes aux Vᵉ et IVᵉ siècles avant J.-C.

COURS p. 42-43

Les citoyens athéniens, c'est-à-dire ceux qui participent à la vie politique, ne représentent qu'une partie des habitants de la cité. Femmes, enfants, esclaves et métèques sont exclus de la citoyenneté.

En quoi l'accès à la citoyenneté est-il limité aux Vᵉ et IVᵉ siècles avant J.-C. ?

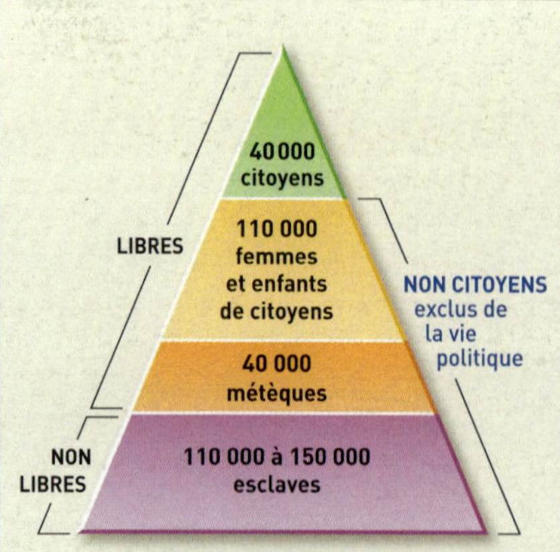

1 Population de l'Attique au milieu du Vᵉ siècle av. J.-C.

2 Devenir un citoyen athénien : l'éphébie

Prennent part à la vie politique ceux qui sont nés de parents ayant tous deux droit de cité. Les jeunes gens sont inscrits au nombre des habitants d'un dème[1] à l'âge de 18 ans. Au moment de cette inscription, les habitants du dème, après serment, décident par un vote, premièrement s'ils ont l'âge exigé par la loi – en cas de décision contraire, ils retournent parmi les enfants – ; deuxièmement s'ils sont de condition libre et de naissance légitime. (...)

Ces chefs, après avoir réuni les éphèbes, commencent à faire avec eux la tournée des sanctuaires, puis se rendent au Pirée où ils tiennent garnison (...). Ils passent ainsi la première année de l'éphébie. La seconde année, une assemblée du peuple est tenue au théâtre et les éphèbes y montrent au peuple les manœuvres apprises. Ils reçoivent alors de la cité un bouclier rond et une lance, patrouillent aux frontières du pays et tiennent garnison dans les forts. À l'expiration de ces deux années, ils sont désormais confondus avec les autres citoyens.

Aristote, *La Constitution d'Athènes*, XLII, IVᵉ siècle avant J.-C.

1. *Circonscription administrative de base de la cité.*

3 Être une femme à Athènes

a. *Une femme utile à la cité*

Dans cette comédie d'Aristophane, l'héroïne, Lysistrata, regroupe les femmes de citoyens sur l'Acropole où elles exigent de leurs maris qu'ils fassent la paix avec les Spartiates.

À l'âge de sept ans, je portais déjà les objets sacrés d'Athéna ; à l'âge de dix je préparais la farine des gâteaux pour Athéna notre patronne (...). Grande fille, enfin, et jolie, je devins canéphore[1] et portais un collier de figues sèches. Ne dois-je pas à ma cité quelques bons conseils ? Ne me reprochez pas d'être née femme, quand je vous apporte une meilleure politique qu'à présent. Je paie d'ailleurs mon tribut en mettant au monde des hommes.

Aristophane, *Lysistrata*, 411 avant J.-C.

1. *Porteuse de corbeille contenant des objets sacrés.*

b. *Des travaux féminins*

• Des femmes filent la laine et rangent les étoles fabriquées.
Vase attique à figures noires, vers 550-530 av. J.-C., Metropolitan Museum of Art, New York.

4 Être un métèque à Athènes

a. *Pourquoi faut-il s'intéresser aux métèques ?*

Pour ajouter aux ressources de la cité, nous ferions bien de nous intéresser aux métèques ; car nous avons en eux, je crois, une de nos meilleures sources de revenus, puisque, se nourrissant eux-mêmes et ne recevant aucun *misthos*[1] de l'État, ils payent encore une taxe de résidence. Pour leur témoigner notre intérêt, je crois qu'il suffirait de supprimer toutes les mesures qui, sans rien rapporter à l'État, semblent être des marques de mépris (...). Puis, comme nous avons à l'intérieur des murs un grand nombre d'emplacements libres, que l'État permette que ceux d'entre eux qui en feront la demande et qui en seront jugés les plus dignes possèdent les terrains sur lesquels ils auront bâti. Je crois que, dans ces conditions, il y aura beaucoup plus d'étrangers, et plus recommandables, qui demanderont à habiter à Athènes.

Xénophon, *Les Revenus*, II, IVe siècle av. J.-C.

1. *Indemnité versée aux citoyens participant à la vie politique de la cité.*

b. *Un artisan armurier*

• **Les métèques jouent un rôle économique majeur à Athènes, comme artisans ou commerçants.**
« Forgeron dans sa forge », *coupe à figures rouges, vers 510 av. J.-C., Antikensammlung, Berlin.*

5 Être un esclave à Athènes

a. *Une justification de l'esclavage*

L'usage que nous faisons des esclaves ne s'écarte que peu de l'usage que nous faisons des animaux : le secours que nous attendons de la force corporelle pour la satisfaction de nos besoins indispensables provient indifféremment des uns ou des autres, aussi bien des esclaves que des animaux domestiques. La nature tend assurément à faire les corps d'esclaves différents de ceux des hommes libres, accordant aux uns la vigueur requise pour les gros travaux et donnant aux autres la station droite et les rendant impropres aux besognes de ce genre, mais utilement adaptés à la vie du citoyen, qui se partage elle-même entre les occupations de la guerre et celles de la paix.

Aristote, *Politique*, I, II, vers 330 av. J.-C.

b. *Riche citoyen suivi d'un esclave*

Détail d'une amphore à figures rouges, Ve s. av. J.-C., Musée national, Copenhague.

QUESTIONS

Analyse des documents

DOC 1 **1.** Calculez la proportion de citoyens et de non-citoyens à Athènes au milieu du Ve siècle avant J.-C.

DOC 2 **2.** Quelles sont les conditions à remplir pour devenir citoyen ?

DOC 3 **3.** Quel est le rôle des femmes à Athènes ?

DOC 4 **4.** Donnez la définition d'un métèque. **5.** Montrez comment les métèques sont considérés et quels sont leur statut et leur utilité pour la cité d'Athènes.

DOC 5 **6.** Comment les esclaves sont-ils considérés ? **7.** Comment cela est-il justifié ? **8.** Quel est le rôle respectif des esclaves et des citoyens ?
9. Comment l'artiste représente-t-il le statut d'infériorité de l'esclave ?

BILAN

Justifiez les affirmations suivantes :
– L'accès à la citoyenneté à Athènes est limité.
– La citoyenneté s'acquiert par la naissance.
– Les femmes n'ont pas qu'une fonction domestique.
– L'existence des esclaves et des métèques est indispensable au bon fonctionnement de la cité.

1. Être ou ne pas être citoyen

REPÈRES p. 38-39
DOSSIER p. 40-41
DOSSIER p. 44-45

En quoi la citoyenneté athénienne est-elle limitée aux Vᵉ et IVᵉ siècles avant J.-C. ?

A La communauté des citoyens

Athènes, une cité dans un monde de cités

- Le monde grec antique est constitué de **très nombreuses cités**, c'est-à-dire d'États indépendants, possédant leur propre régime politique et leurs lois.
- Chaque cité est constituée d'un centre urbain principal où vit la majorité de la population et où se déroulent l'essentiel des activités politiques, et d'un territoire qui l'entoure, regroupant les terres cultivées. On peut aussi y trouver des villages ou même de petites villes, comme Eleusis ou Marathon, dans le cas d'Athènes.

Une citoyenneté qui s'acquiert par la naissance

- Pour les Grecs, la cité désigne avant tout la « communauté des **citoyens** ». À Athènes, au Vᵉ siècle avant J.-C., on compte environ 40 000 citoyens, soit une minorité de la population de l'Attique.
- Au début du Vᵉ siècle, il suffit d'être le fils d'un citoyen athénien pour le devenir à son tour. **En 451 avant J.-C., Périclès fait adopter un décret** qui impose, pour devenir citoyen, d'être **né de l'union légitime d'un père citoyen et d'une mère, fille de citoyen.**
- À l'âge de dix-huit ans, ceux qui répondent à ces critères, après vérification, sont inscrits sur les **registres du dème**, la circonscription administrative de base de la cité. Après une **période de formation militaire et civique de deux ans**, l'**éphébie**, les jeunes adultes deviennent pleinement citoyens (doc 1).
- **La citoyenneté s'acquiert donc par la naissance.** Toutefois, elle est exceptionnellement accordée par un vote des citoyens à des étrangers, en récompense d'éminents services rendus à la cité.

1. *Un éphèbe*
Coupe attique à figures rouges, Vᵉ siècle av. J.-C., musée Vivenel, Compiègne.

Être citoyen, un statut privilégié

- **L'exercice des fonctions politiques est réservé aux citoyens**, ce qui les distingue des autres habitants de la cité. Les citoyens sont protégés par la loi et peuvent intenter une action en justice. Ils sont seuls à pouvoir posséder une terre et la transmettre par héritage. Ils ont aussi le droit de participer aux fêtes religieuses. Enfin, en cas de besoin, la cité peut leur apporter une aide financière ou en nature (ex : distributions de grain en période de pénurie). Au IVᵉ siècle avant J.-C., la caisse du *théôrikon*, à l'origine créée pour permettre aux citoyens pauvres d'aller au théâtre, devient une caisse d'assistance.
- Mais dans certains cas, les citoyens peuvent être frappés d'**atimie**, c'est-à-dire privés de leurs droits, notamment pour faute commise à l'encontre de la cité (faux témoignage, désertion de l'armée, dettes envers l'État…).

B Les exclus de la citoyenneté

L'immense majorité de la population athénienne est exclue de la citoyenneté et donc de la vie politique.

Les femmes des citoyens

- **Les Athéniennes ne sont pas des citoyennes à part entière.** Elles ne participent pas à la vie politique, ne peuvent pas intenter d'action en justice et n'ont pas le droit

VOCABULAIRE

- **Cité**
En grec, *polis*. État indépendant composé d'un centre urbain principal et du territoire qui l'entoure.
- **Citoyen**
Désigne à Athènes celui qui bénéficie du droit de cité et participe, à ce titre, à son gouvernement.
- **Éphébie**
Période de formation militaire et civique de deux ans (entre 18 et 20 ans) marquant le passage à l'âge adulte et l'accès à la citoyenneté. Elle n'est attestée avec certitude que pour le IVᵉ siècle.
- **Métèque**
Étranger de condition libre n'ayant pas le statut de citoyen mais autorisé à résider sur le territoire de la cité, moyennant le versement d'une taxe de résidence, le *métoikion*.

d'être propriétaires. Elles vivent sous l'autorité d'un tuteur : leur père ou leur frère, puis leur mari.

- Le plus souvent, les femmes s'occupent des enfants, des tâches domestiques et, quand elles en ont, supervisent le travail des esclaves.
- Néanmoins, elles jouent un rôle important dans la vie de la cité car elles sont **indispensables à la transmission de la citoyenneté** depuis la loi de Périclès et sont chargées d'un certain nombre de **fonctions religieuses**.

Les métèques

- Les **métèques** sont des individus **libres, étrangers à la cité,** mais qui, résidant à Athènes, en tirent un **statut particulier**. Exclus de la vie politique et du droit de propriété foncière, ils sont soumis essentiellement à deux obligations. Ils doivent verser chaque année à la cité une somme d'argent, le *métoikion*, et doivent trouver un citoyen qui se porte garant d'eux.
- En retour, ils acquièrent une place dans la cité. Ils peuvent ainsi avoir **accès à la justice** en cas de besoin. Ils sont **associés à la communauté civique lors de certaines fêtes religieuses** et peuvent participer à la **défense de la cité**. Les métèques jouent un rôle primordial dans la **vie économique**, notamment comme artisans ou commerçants.

Les esclaves

- Les esclaves sont **totalement exclus de la vie civique et n'ont aucun droit**. Appartenant à des particuliers ou bien à la cité, ils sont considérés comme des **biens matériels** qui peuvent être vendus, loués ou encore transmis par héritage.
- L'esclavage est en Grèce une réalité commune ; on estime qu'au Ve siècle, à Athènes, **près d'un habitant sur deux est esclave**. Le travail de ces esclaves, domestique, agricole, artisanal, dans les mines ou sur les chantiers permet à de nombreux citoyens de se consacrer à la vie politique et à la défense de la cité.
- Ils peuvent être mobilisés pour faire la guerre en cas d'extrême nécessité.

Périclès *Biographie*

vers 495-v.429 av. J.-C.

Homme politique athénien, il domine la vie politique pendant quinze ans de 443 à sa mort en 429 av. J.-C. Il développe la puissance athénienne et stimule la vie intellectuelle et artistique, notamment en ordonnant de gigantesques travaux sur l'Acropole (Parthénon).

2. *Un citoyen, sa femme et son esclave*

- **L'esclave puise le vin mêlé d'eau dans un cratère afin de remplir la coupe tendue par son maître. La femme s'occupe des travaux domestiques.**

Bas-relief de Thasos, 480-450 av. J.-C., Musée archéologique, Istanbul.

DOSSIER

Le « métier » de citoyen à Athènes

COURS p. 42-43
COURS p. 52-53

Les citoyens athéniens ont un statut privilégié qui leur confère des droits. Ce statut avantageux suppose en retour qu'ils se soumettent à un certain nombre d'obligations. Si les citoyens sont tous égaux devant la loi, riches et pauvres n'ont pas toujours les mêmes droits et devoirs.

Quels sont les droits et les devoirs du citoyen athénien ?

1 Les droits et les devoirs des citoyens

Droits et devoirs	Citoyens pauvres	Citoyens de condition aisée	Citoyens les plus riches
Politiques En théorie :	• Accès aux assemblées (*Ecclésia, Boulè*, Héliée) • Accès possible à presque toutes les magistratures par élection ou tirage au sort • Facilité de participation : indemnité versée aux citoyens occupant des fonctions publiques (*misthos*)		
En pratique :	Exclusion du tirage au sort pour certaines magistratures (ex. : archontes)		Magistratures les plus importantes exercées par les plus riches en raison des frais qu'elles occasionnent
Militaires	Service militaire de deux ans (éphébie)		
	• Rameurs • Fantassins légers	• Hoplites	• Cavaliers • Liturgies militaires (ex. : armement d'un navire)
Religieux	Participation aux grandes fêtes de la cité		
			Liturgies religieuses (ex. : chorégies)
Autres	• Propriété et transmission d'un lot de terre de la cité • Possibilité d'intenter une action en justice comme victime ou pour défendre l'intérêt commun		

2 La participation du citoyen à la vie politique

Thucydide rapporte le discours prononcé par Périclès à l'occasion des obsèques officielles des morts athéniens de la première année de la guerre du Péloponnèse.

Ceux qui participent au gouvernement de la cité peuvent s'occuper aussi de leurs affaires privées et ceux que leurs occupations professionnelles absorbent, peuvent se tenir fort bien au courant des affaires publiques. Nous sommes en effet les seuls à penser qu'un homme ne se mêlant pas de politique mérite de passer, non pour un citoyen paisible, mais pour un citoyen inutile. Nous intervenons tous personnellement dans le gouvernement de la cité au moins par notre vote ou même en présentant à propos nos suggestions. Car nous ne sommes pas de ceux qui pensent que les paroles nuisent à l'action. Nous estimons plutôt qu'il est dangereux de passer aux actes, avant que la discussion nous ait éclairés sur ce qu'il y a à faire.

Thucydide, *Histoire de la guerre du Péloponnèse*, fin du Ve siècle avant J.-C.

3 Le serment des éphèbes, une obligation pour les jeunes citoyens

Après avoir accompli leur formation militaire au service de la cité (éphébie), les futurs citoyens, après la remise d'un bouclier et d'une lance, prêtent le serment suivant.

Je ne déshonorerai pas les armes sacrées ; je n'abandonnerai pas mon compagnon de combat là où je serai en ligne ; je combattrai pour la défense de ce qui est prescrit par les dieux et par les hommes ; je ne laisserai pas ma patrie amoindrie, mais plus grande et plus forte, dans la mesure de mes forces et avec l'aide de tous ; j'obéirai à ceux qui, tour à tour, exercent le pouvoir avec sagesse, aux lois établies et à celles qui seront établies avec sagesse. Si quelqu'un veut renverser ces lois ou les enfreindre, je ne le permettrai pas mais je les défendrai dans la mesure de mes forces et avec l'aide de tous et je respecterai les cultes ancestraux. Que connaissent ce serment les dieux (...), les bornes de la patrie, les blés, les orges, les vignes, les olives, les figues.

Inscription grecque du IVe siècle avant J.-C.

4 Citoyens faisant un sacrifice en l'honneur d'Apollon

• **Les viandes des animaux sacrifiés sont présentées au-dessus de l'autel.** *Cratère grec du peintre de Pothos, vers 430 av. J.-C.*

6 Des citoyens sur une trière athénienne

• **Les citoyens les plus pauvres sont rameurs.** *Kylix à figures noires, vers 520-500 av. J.-C., British Museum, Londres.*

5 Les liturgies, une obligation des citoyens riches

Le philosophe Socrate dialogue avec un riche citoyen.

D'abord, je te vois obligé à offrir souvent de grands sacrifices, sinon tu te mettrais en mauvais termes avec les dieux et avec les hommes, je crois ; ensuite il te sied de recevoir beaucoup d'hôtes étrangers, et non sans magnificence ; enfin, il te faut offrir à dîner à tes concitoyens et leur rendre service, sinon tu n'auras personne pour toi. De plus, j'observe que la cité t'impose dès maintenant de lourdes dépenses : élever des chevaux, faire les frais d'un chœur, d'une fête sportive, d'une haute charge, et si la guerre éclate, je sais qu'on t'imposera de faire armer des trières, de verser des contributions extraordinaires, telles que tu auras du mal à faire face à ces dépenses. Et dans tous ces cas où tu passeras pour t'acquitter insuffisamment de ces obligations, je sais que les Athéniens te puniront aussi sévèrement que s'ils t'avaient pris à voler leurs biens.

Xénophon, *Économique*, II, vers 390 avant J.-C.

Questions

▶ Analyse des documents

DOC 1 **1.** Quels sont les droits du citoyen athénien ?

DOC 2 **2.** Peut-on être un bon citoyen sans s'occuper de politique ? Justifiez votre réponse.

DOCS 1 ET 6 **3.** Quelles sont les différentes catégories de citoyens-soldats ? **4.** Comment expliquez-vous cette diversité ?

DOC 3 **5.** Quelles règles de combat le soldat s'engage-t-il à respecter ? **6.** Que fait-il serment de défendre et de respecter ?

DOC 5 **7.** Quelle définition peut-on donner des liturgies d'après ce texte ? **8.** Montrez qu'il s'agit d'un devoir.

DOCS 1, 5, 6 **9.** Tous les citoyens ont-ils les mêmes droits et devoirs ?

DOCS 1, 3, 4 ET 5 **10.** Pourquoi peut-on dire que le citoyen a des devoirs religieux ?

▶ BILAN

Vous êtes un citoyen, soit riche, soit pauvre (à vous de choisir). Vous rencontrez un étranger et lui expliquez quels sont vos droits et vos devoirs.

DOSSIER

Athènes : une cité démocratique

COURS p. 52-53

À Athènes, tous les citoyens sont appelés à participer au gouvernement de la cité. Les pratiques politiques comme le tirage au sort ou le vote à la majorité permettent aux citoyens d'exercer les responsabilités à tour de rôle et de prendre part aux grandes décisions.

Quel est le fonctionnement de la démocratie athénienne ?

1 Le fonctionnement de la démocratie athénienne au IVe siècle

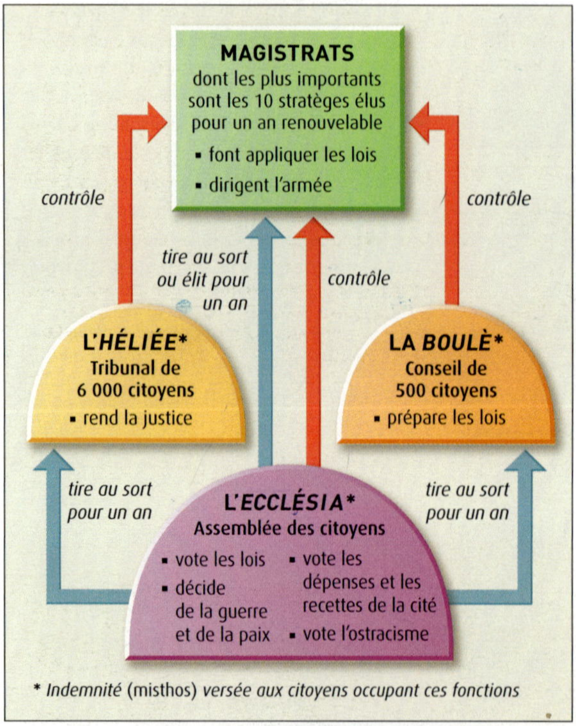

2 L'ostracisme, une pratique démocratique

Aristide (540-468 avant J.-C.), homme politique athénien, fait l'objet d'une procédure d'ostracisme en 482 av. J.-C.

Pour en revenir à Aristide, voici ce qui lui arriva. Au début, son surnom [le Juste] le faisait aimer ; plus tard il le fit haïr, surtout par la faute de Thémistocle[1], qui répandait dans les masses le bruit qu'Aristide avait aboli les tribunaux, pour tout juger et décider par lui-même, et qu'il s'était procuré ainsi, sans attirer l'attention et sans employer de gardes du corps, un pouvoir monarchique. (...) Voici le schéma de ce qui se passait. Chacun prenait un tesson [*ostrakon*] et écrivait le nom de celui des citoyens qu'il voulait éloigner, puis il le portait en un endroit de l'Agora entouré d'un cercle de barrières. Les magistrats comptaient d'abord le nombre total de tessons : si les votants étaient moins de 6 000, la procédure d'ostracisme était abandonnée. Puis les tessons correspondant à chacun des noms étaient séparés les uns des autres et celui qui avait été inscrit le plus grand nombre de fois, le héraut[2] le proclamait banni pour dix ans, sans perdre la jouissance de ses biens.

Plutarque (50-125 ap. J.-C.), *Vie d'Aristide*, VII, Ier-IIe siècle après J.-C.

1. *Homme politique qui fit d'Athènes la plus grande puissance navale grecque, ostracisé en 471 av. J.-C.*
2. *Crieur public chargé des proclamations officielles.*

3 Scène de vote à l'Héliée

● **Le tribunal populaire de l'Héliée juge les affaires politiques et privées.**
Coupe attique à figures rouges, vers 480-470 av. J.-C., musée des Beaux-Arts, Dijon.

4 Les objets de la démocratie

▼ **a.** *Les jetons de l'Héliée*

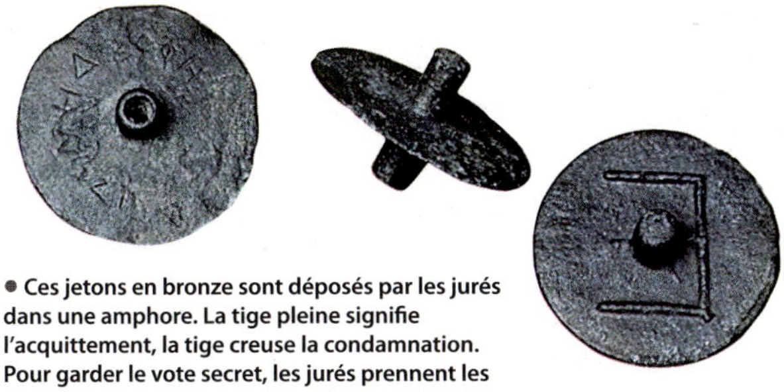

• **Ces jetons en bronze sont déposés par les jurés dans une amphore. La tige pleine signifie l'acquittement, la tige creuse la condamnation. Pour garder le vote secret, les jurés prennent les deux sortes de jetons par leurs deux extrémités.**
Musée de l'Agora, Athènes.

▶ **b.** *La clepsydre*

• **Cette horloge à eau est utilisée dans les assemblées et les tribunaux athéniens pour veiller à ce que le temps de parole attribué aux orateurs soit équitable.**
Musée de l'Agora, Athènes.

▲ **c.** *Un tesson d'ostracisme*

• **Tesson servant à voter l'exil d'un citoyen estimé dangereux pour la démocratie.**
Ostrakon *d'Aristide le Juste (482 av. J.-C), musée de l'Agora, Athènes.*

5 L'art de la parole

Isocrate (436-338 avant J.-C.) est un orateur athénien, fondateur d'une école de rhétorique où les jeunes Athéniens viennent apprendre l'art de l'éloquence.

Notre cité a tenu en honneur l'art de la parole, cet art que tous désirent posséder en même temps qu'ils jalousent ceux qui sont capables de l'exercer. (...) Ceux qui, dès la prime enfance, ont été élevés en hommes libres, ce n'est pas au courage, à la richesse, aux biens de cet ordre qu'on les reconnaît, ce sont avant tout leurs paroles qui les révèlent. C'est la pierre de touche la plus sûre pour reconnaître l'éducation de chacun d'entre nous, et ceux qui manient bien l'art de la parole ont non seulement puissance dans leurs cités mais honneurs chez les autres hommes.

Isocrate, *Panégyrique*, IVe siècle av. J.-C.

QUESTIONS

▶ Analyse des documents

DOC 1 **1.** Quelle institution détient l'essentiel du pouvoir ? Justifiez votre réponse. **2.** Montrez que le régime athénien est une démocratie directe (voir définition p. 52). **3.** Quel système est mis en place pour permettre à tous les citoyens de participer à la vie politique ? **4.** Quel est le mode de désignation le plus fréquemment utilisé ?

DOC 2 **5.** Pourquoi les citoyens athéniens veulent-ils ostraciser Aristide ? **6.** Décrivez la procédure de l'ostracisme. En quoi est-elle une procédure démocratique ?

DOCS 1, 3, 4 **7.** Qui rend la justice à Athènes ? **8.** Pourquoi peut-on dire que la justice est rendue de façon équitable ?

DOC 5 **9.** Montrez que le fonctionnement de la démocratie à Athènes privilégie néanmoins certains citoyens.

▶ BILAN

À l'aide des documents et du cours p. 52-53, rédigez une réponse argumentée à la question : « Quel est le fonctionnement de la démocratie athénienne ? » en employant les termes suivants : *Ecclésia*, *Boulè*, Héliée, magistrats, citoyens, démocratie directe, tirage au sort, élection, ostracisme, art de la parole.

DOSSIER Les Panathénées, expression de la religion de la cité

COURS p. 52-53

Les Grandes Panathénées sont célébrées tous les quatre ans en l'honneur d'Athéna, déesse protectrice de la cité. Quatre jours durant se succèdent des sacrifices d'animaux, des jeux et des concours. Le dernier jour, une procession réunissant des citoyens, des filles de citoyens et des représentants des cités alliées se rend à l'Acropole pour offrir à la statue en bois d'Athéna un voile, le *péplos*, tissé et brodé par de jeunes Athéniennes, les ergastines. Cette procession a été représentée sur la frise sculptée par Phidias, sur le mur intérieur du Parthénon. La représentation des Athéniens sur un monument religieux est nouvelle et traduit la dimension à la fois religieuse et politique de cette fête.

Pourquoi la fête religieuse des Panathénées est-elle en même temps une fête civique ?

QUESTIONS

▶ Analyse des documents

1. Pourquoi la fête des Panathénées est-elle l'une des principales fêtes de la cité d'Athènes ? Quels en sont les différents moments ?

2. En vous aidant du plan d'Athènes p. 39, décrivez le parcours de la procession.

3. Pourquoi peut-on dire que la frise du Parthénon donne l'image d'une cité unie dans le culte de la déesse Athéna ?

4. Qui prend en charge l'organisation et les frais occasionnés par la fête ?

5. Où et selon quels principes la viande des animaux sacrifiés est-elle distribuée ?

▶ BILAN

À l'aide du travail qui vient d'être fait, décrivez le déroulement de la fête des Panathénées et expliquez pourquoi il s'agit d'une fête à la fois religieuse et civique.

1 La procession des Panathénées (fragments de la frise du Parthénon)

▲ a. ***Cavaliers***

Fragments de la frise des Panathénées, British Museum, Londres.

▲ b. ***Porteurs et porteuses d'offrandes***

Fragment de la frise des Panathénées, musée de l'Acropole, Athènes.

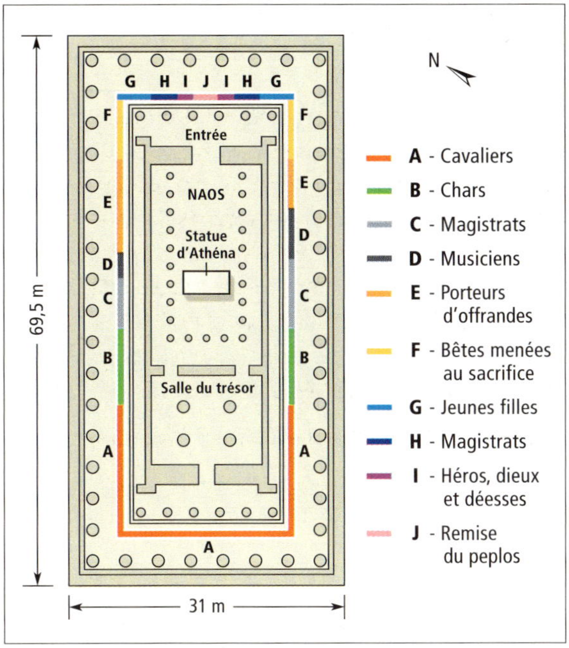

2 La frise dans le Parthénon

• Longue de 160 mètres et haute de 1 mètre, la frise du Parthénon a été sculptée dans le marbre sur la partie supérieure du mur intérieur du Parthénon par Phidias et les élèves de son atelier vers 440 avant J.-C. Elle représente la procession des Panathénées et comporte plus de deux cents figures.

3 Décret relatif à l'organisation des Panathénées

Le peuple décide selon l'avis du Conseil que les hiéropes[1] offriront comme par le passé deux sacrifices après avoir (...) acheté de concert avec les préposés à cet achat les bœufs. Les hiéropes, une fois la procession conduite, sacrifieront toutes ces bêtes près du grand autel d'Athéna, gardant l'une des plus belles pour l'autel d'Athéna Niké ; une fois faits les sacrifices à Athéna (...), ils distribueront au peuple athénien au Céramique[2] les viandes des bêtes achetées (...), comme lors des autres distributions de viandes, ils distribueront les parts par dèmes en proportion des habitants envoyés par chacun à la procession ; pour les dépenses de la procession, pour la cuisine, pour la parure du grand autel, pour les autres dépenses relatives à la fête et aux réjouissances nocturnes, il sera donné cinquante drachmes[3] ; les hiéropes préposés aux Panathénées annuelles célèbreront de la plus belle façon les fêtes nocturnes, en l'honneur de la déesse, ils feront partir la procession dès le lever du soleil, punissant conformément aux lois ceux qui n'obéiront pas aux ordres.

Inscription grecque, 330 avant J.-C.

1. *Magistrats, au nombre de dix, chargés des affaires sacrées à Athènes.*
2. *Quartier du nord-ouest d'Athènes abritant de nombreux artisans.*
3. *Monnaie athénienne.*

c. *Génisses conduites au sacrifice*
Fragment de la frise des Panathénées, musée de l'Acropole, Athènes.

d. *La remise du péplos*
Fragment de la frise des Panathénées, British Museum, Londres.

Le théâtre à Athènes : la démocratie vue et discutée par les Athéniens

Quelles sont la place et la fonction du théâtre à Athènes ?

L'ESSENTIEL SUR... Le théâtre à Athènes

La place et l'organisation des représentations théâtrales

▶ Les représentations théâtrales occupent une place centrale dans la vie de la cité. Elles s'intègrent aux **fêtes religieuses en l'honneur du dieu Dionysos** : les Grandes Dionysies.

▶ Chaque année, **neuf tragédies et trois comédies font l'objet d'un concours**. Les représentations ont lieu au théâtre de Dionysos pour les citoyens, les métèques ou les étrangers de passage et peut-être les femmes. Une indemnité versée aux citoyens pauvres leur permet d'y assister.

▶ Un haut responsable de la cité désigne les riches citoyens qui financent les spectacles, reçoit les candidatures des poètes désireux de concourir, choisit les acteurs et le chœur. Un jury de citoyens tirés au sort récompense les meilleures pièces.

Les acteurs

▶ Il n'y a jamais plus de trois **acteurs** sur scène, tous des hommes. Le plus important est payé par la cité. Chaque acteur, masqué, joue plusieurs rôles. Le **chœur, composé de citoyens**, est un personnage collectif traduisant les sentiments et les réactions des spectateurs.

Le rôle du théâtre

▶ Le théâtre, comme l'Assemblée, est un lieu où l'on **débat de la vie de la cité** à travers les œuvres représentées. Le spectateur y réfléchit et forge sa propre opinion.

1 Des acteurs tenant leur masque

« Cratère de Pronomos » *(détail), vers 410 av. J.-C., Musée national d'archéologie, Naples.*

2 Le meilleur régime politique

Thésée, héros fondateur mythique de la communauté athénienne, s'adresse au porte-parole de Thèbes.

THÉSÉE : Cette cité n'est pas gouvernée par un seul homme : elle est libre. Le peuple y est roi ; chacun reçoit le pouvoir à tour de rôle, pour un an. Elle n'accorde aucun privilège à la fortune, mais le pauvre et le riche y possèdent des droits égaux.

LE HÉRAUT THÉBAIN[1] : (...) La cité dont je viens est gouvernée par un seul homme, non par la multitude. Il n'y a personne qui, par son éloquence, la flatte, l'exalte et dans son intérêt particulier la tourne et la retourne. (...) D'ailleurs, comment le peuple, incapable de raisonnements droits, pourrait-il conduire une cité dans le droit chemin ? (...)

THÉSÉE : Il n'est rien de plus funeste, pour une cité, qu'un tyran. Et tout d'abord, il n'y a pas de loi commune à tous, un seul a la puissance ; la loi est sa possession exclusive : l'égalité n'existe plus. Avec des lois écrites, le faible et le riche ont des droits égaux. Il est permis aux plus faibles de répondre à l'homme favorisé de la fortune, quand il les insulte. (...) Alors qui désire parler se met en lumière ; qui ne le veut pas se tait. Où trouver plus d'égalité entre les citoyens ?

Euripide, (484-406 av. J.-C.), citoyen athénien, grande figure de la tragédie antique, *Les Suppliantes*, 423 avant J.-C.

1. *Ambassadeur de la cité de Thèbes.*

3 Le théâtre de Dionysos à Athènes

Les gradins du théâtre de Dionysos pouvaient accueillir 17 000 personnes. L'*orchestra*, circulaire et en terre battue, a été modifié à l'époque romaine. Seuls les sièges d'honneur étaient en pierre. Les gradins étaient en bois.

4 Une critique de la démocratie athénienne

Démos, personnage qui symbolise le peuple, est tombé sous l'influence d'un démagogue, un tanneur qui gouverne par le mensonge et la flatterie. Un serviteur de Démos propose à un charcutier de prendre la place du tanneur. Aristophane s'en prend dans sa pièce à Cléon, riche tanneur athénien, excellent orateur, qui domine la vie politique pendant sept ans jusqu'à sa mort en 422 avant J.-C.

PREMIER SERVITEUR : (...) Pour gouverner le peuple, il ne faut pas un homme pourvu d'une bonne culture et d'une bonne éducation. Il faut un ignorant doublé d'un coquin (...).

LE CHARCUTIER : Mais je ne vois pas comment je serai capable de gouverner le peuple.

PREMIER SERVITEUR : Rien de plus bête. Ne cesse pas de faire ce que tu fais. Tu n'as qu'à tripatouiller les affaires, les boudiner toutes ensemble, et quant au peuple, pour te le concilier, il suffit que tu lui fasses une agréable petite cuisine de mots. Pour le reste, tu as ce qu'il faut pour le mener, à savoir : une voix de canaille, une origine misérable, des manières de vagabond. Je te dis que tu as tout ce qu'il faut pour la politique.

Une comédie d'Aristophane (vers 445-388 av. J.-C.), citoyen athénien, grande figure de la comédie antique, *Les Cavaliers*, 424 avant J.-C.

QUESTIONS

• Présenter les œuvres

1. **DOCS 2 ET 4** De quand datent ces œuvres ? Qui sont leurs auteurs ?
2. **DOCS 1 ET 3** Où les pièces de théâtre sont-elles jouées ? Par qui ? À quelle occasion ?

• Analyser les œuvres

3. **DOC 2** Quel est le régime politique défendu par chacun des personnages ? Justifiez votre réponse. Quels sont leurs arguments ?
4. **DOC 4** Quelles critiques Aristophane fait-il de la vie politique athénienne ?

• Faire le lien entre art et histoire

5. Pourquoi peut-on dire que les représentations théâtrales sont un reflet du fonctionnement de la cité athénienne ?
6. Comment la démocratie est-elle vue et discutée par les Athéniens lors de ces représentations ?

COURS

2. Le citoyen dans le régime démocratique athénien

REPÈRES p. 38-39
DOSSIER p. 44-45
DOSSIER p. 46-47
DOSSIER p. 48-49
HISTOIRE DES ARTS p. 50-51

Comment le citoyen athénien participe-t-il à la vie démocratique de la cité ?

A Le citoyen défend la cité et honore ses dieux

Le citoyen-soldat

• Entre dix-huit et vingt ans, le futur citoyen effectue un **service militaire**, l'éphébie, lors duquel on lui enseigne le maniement des armes et la solidarité au combat. **Il s'engage alors par serment à défendre le territoire, les dieux et les lois de sa cité.**
• Les citoyens servent dans l'armée en fonction de leur fortune car ils doivent financer leur équipement. Les plus riches sont **cavaliers**, puis viennent les **hoplites** (doc1), tandis que les plus pauvres sont employés comme **rameurs.**

Les liturgies

• **Les citoyens les plus riches doivent prendre en charge certaines dépenses de la cité** comme l'équipement d'un navire de guerre, les représentations théâtrales données lors des grandes fêtes religieuses. Ce mode de financement est appelé liturgie.

La religion et la vie civique

• Les grandes fêtes religieuses comme celle des **Panathénées**, organisées en l'honneur d'Athéna, déesse protectrice de la cité, rythment la vie des Athéniens et sont l'occasion d'affirmer leur unité. Dans le cadre des fêtes dédiées à Dionysos, la cité organise des concours dramatiques. Ces **représentations théâtrales** ont pour vocation de **faire réfléchir le citoyen sur son rôle dans la cité et sur son régime politique.**
• Les citoyens assument les fonctions de prêtre, gèrent les sanctuaires et l'organisation des manifestations religieuses. Ils sont tenus de participer à ces fêtes, au même titre qu'à la défense de la cité et à la vie politique.

1. *Un hoplite partant pour la guerre*
• **Le citoyen-soldat examine le foie d'un animal pour interroger les dieux sur les événements à venir.** *Amphore, Ve siècle av. J.-C., Martin von Wagner Museum, université de Würzburg.*

VOCABULAIRE

• **Démagogie**
Fait de manipuler le peuple (*démos*) en tenant le discours qu'il souhaite entendre et en faisant semblant de défendre ses intérêts.

• **Démocratie**
Du grec *démos*, le « peuple » et *kratos*, « le pouvoir ». Régime politique où le pouvoir appartient à l'ensemble des citoyens. Au Ve siècle avant J.-C., le régime politique athénien est une démocratie directe dans laquelle chaque citoyen participe par son vote à la prise de décision, sans aucun intermédiaire.

• ***Ecclésia***
Assemblée du peuple qui se réunit quarante fois par an à Athènes, sur la colline de la Pnyx, et à laquelle tous les citoyens peuvent participer.

• **Hoplite**
Citoyen-soldat à pied, armé d'un bouclier (*hoplon*), d'une lance et d'une épée.

B Les citoyens gouvernent leur cité

Une démocratie directe

• Le régime athénien repose sur la toute-puissance de l'***Ecclésia*** ou Assemblée des citoyens, qui se réunit sur la colline de la Pnyx et décide de la politique intérieure et extérieure ainsi que des finances de la cité. **Tout citoyen peut se rendre à l'Assemblée, prendre la parole et proposer une loi.** La *Boulè* ou Conseil des 500, dont les membres sont tirés au sort chaque année parmi les citoyens âgés de plus de trente ans, rédige alors un projet de loi. Ce dernier revient devant l'*Ecclésia* où il est discuté puis voté à main levée, à la majorité des votants.
• **L'Assemblée peut aussi condamner à dix ans d'exil**, par un vote secret, **tout citoyen soupçonné de menacer la démocratie** : c'est l'**ostracisme**.
• Le régime athénien est donc une **démocratie directe** car le citoyen participe par son vote à la prise de décision, sans intermédiaire.

Les magistrats

• Les décisions de l'Assemblée sont exécutées par les **magistrats**, le plus souvent tirés au sort, mais parfois élus quand leur charge demande des compétences particulières. Pour éviter toute tentative d'abus de pouvoir, ils ne sont désignés que pour un an et leurs actes sont étroitement contrôlés. Les plus importants sont les **stratèges** qui dirigent l'armée et jouent un rôle majeur dans la politique intérieure de la cité.

Le tribunal populaire

• Le **tribunal de l'Héliée** est composé de **6 000 citoyens tirés au sort** chaque année parmi ceux qui sont âgés de plus de trente ans. Il juge les affaires privées et politiques et peut casser dans certains cas une loi adoptée par l'*Ecclésia*.

Un idéal d'égalité

• L'idéal athénien est celui de l'**égalité** face à la loi et de l'**égale participation de tous les citoyens au pouvoir.**
• **Vers 450 avant J.-C., Périclès crée le système du *misthos***, une indemnité versée au départ aux membres de l'Héliée puis à ceux de la *Boulè* et au IVe siècle aux citoyens qui se rendent à l'*Ecclésia*. Cela permet d'**associer les plus pauvres au gouvernement de la cité**.
• **Le tirage au sort est le mode de désignation le plus fréquent à Athènes.** Son utilisation repose sur l'idée que n'importe quel citoyen est apte à exercer une fonction politique et que tous les citoyens se valent. Il est jugé plus démocratique que l'élection car il donne à tous la possibilité de participer au gouvernement de la cité.

Une démocratie en débat ?

• À la fin du Ve siècle, certains adversaires de la démocratie lui reprochent de donner trop de pouvoir au peuple. Peu éduqué, celui-ci se laisserait gouverner par la **démagogie**. Des révolutions tentent alors, mais sans succès, de renverser la démocratie. Au IVe siècle, si la vie politique reste agitée, il ne se trouve plus personne dans la cité pour souhaiter abolir la démocratie. **En 323 avant J.-C.**, la fin du régime démocratique est la conséquence d'une défaite militaire d'Athènes contre la Macédoine qui impose une tyrannie.
• **Si en théorie, la démocratie est l'affaire de tous, dans les faits, la vie politique est dominée par les plus riches car ils ont du temps à consacrer aux affaires de la cité.** Ils sont aussi plus instruits dans l'art de la parole, ce qui leur permet souvent d'imposer leurs idées à l'Assemblée. Enfin, si tous les citoyens ont le droit de se rendre à l'*Ecclésia*, ceux qui habitent loin ne peuvent pas toujours le faire.

VOCABULAIRE

• **Magistrat**
À Athènes, dirigeant de la cité exerçant une partie du pouvoir exécutif. Il est élu ou tiré au sort parmi les citoyens de plus de trente ans pour un an.

• **Ostracisme**
Procédure qui consiste à appeler une fois par an l'ensemble des citoyens athéniens à se réunir sur l'Agora. Chacun des présents doit inscrire sur un tesson de poterie (*ostrakon*) le nom de l'homme dont les ambitions semblent menacer la démocratie. Celui qui recueille le plus grand nombre de suffrages est exilé pour dix ans.

2. *Les lieux de la vie civique à Athènes*

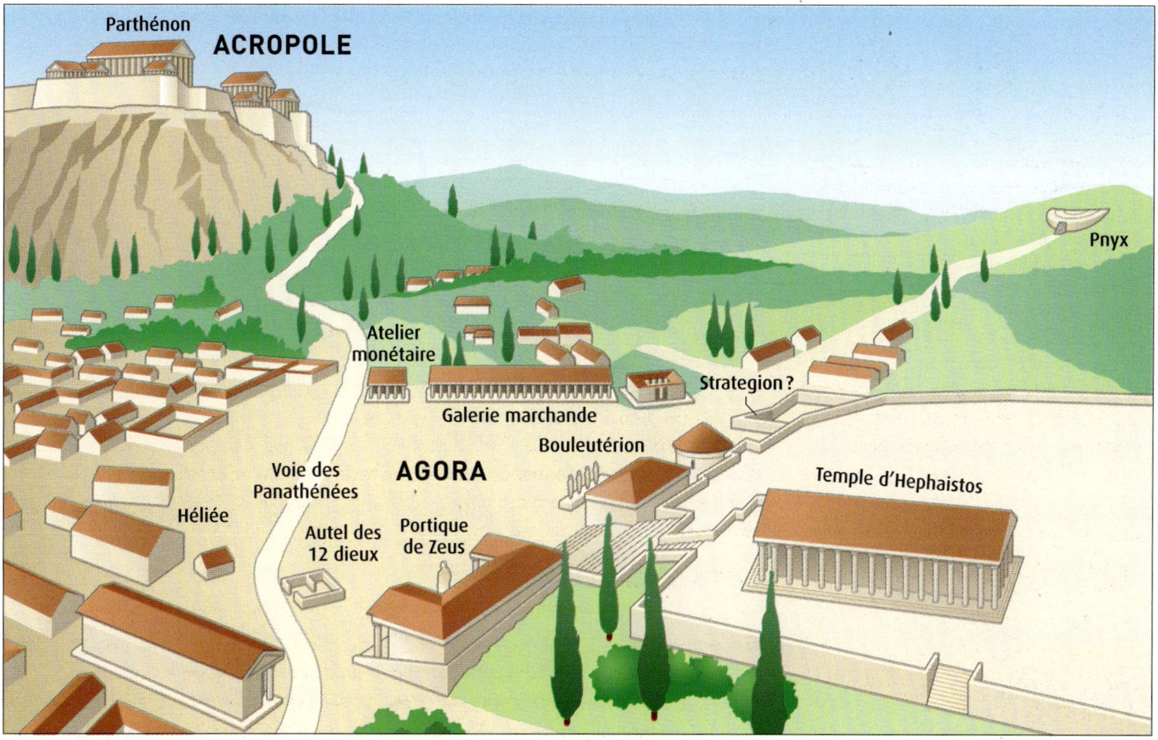

MÉTHODE Lire et présenter un texte

Les textes sont une source essentielle de la connaissance historique. Savoir présenter un texte historique permet de mieux le comprendre.

Titre donné à l'extrait par l'auteur du manuel

Périclès fait l'éloge de la démocratie athénienne.

Introduction présentant le contexte

Extrait du discours de Périclès à l'occasion des obsèques officielles des morts athéniens de la première année de la guerre du Péloponnèse (431-430 avant J.-C.). Les Spartiates dévastent alors l'Attique.

Après l'inhumation, un citoyen désigné par la cité pour ses qualités intellectuelles et la considération dont il jouit, fait l'éloge des morts dans un discours approprié à la circonstance. (...)

Passage du texte qui a été supprimé

« À quel régime devons-nous notre grandeur ? À quelles institutions ? À quels traits de notre caractère national ? Voilà ce que je veux exposer devant vous, avant d'aborder l'éloge des morts. Je pense qu'il convient, en cette circonstance, que ces choses-là soient dites et que vous tous, les citoyens comme les étrangers, qui êtes ici assemblés, aurez intérêt à les entendre. La constitution qui nous régit n'a rien à envier à celles de nos voisins. Loin d'imiter les autres peuples, nous leur offrons plutôt un exemple. Parce que notre régime sert les intérêts de la masse des citoyens et pas seulement d'une minorité, on lui donne le nom de démocratie. Mais si, en ce qui concerne le règlement de nos différends particuliers, nous sommes tous égaux devant la loi, c'est en fonction du rang que chacun occupe dans l'estime publique que nous choisissons les magistrats de la cité, les citoyens étant désignés selon leur mérite plutôt qu'à tour de rôle. D'un autre côté, quand un homme sans fortune peut rendre quelques services à l'État, l'obscurité de sa condition ne constitue pas pour lui un obstacle. Nous nous gouvernons dans un esprit de liberté et cette même liberté se retrouve dans nos rapports quotidiens, d'où la méfiance est absente. (...) Nous obéissons aux magistrats qui se succèdent à la tête de la cité, comme nous obéissons aux lois, à celles surtout qui assurent la protection des victimes de l'injustice et à ces lois non écrites qui attirent sur ceux qui les transgressent le mépris général. »

La source mentionne l'auteur, le titre de l'ouvrage, l'endroit de l'ouvrage dont est issu l'extrait, sa date de rédaction et ici le traducteur, l'éditeur actuel et la date d'édition.

Thucydide, *Histoire de la guerre du Péloponnèse*, II, 34-37, fin du Vᵉ siècle avant J.-C., trad. Denis Roussel, Gallimard, 1964.

QUESTIONS

1. Qui est l'auteur de ce texte ?
2. Justifiez l'affirmation suivante : ce texte est extrait d'un ouvrage d'histoire.
3. Dans cet extrait, Thucydide retranscrit un discours politique prononcé par Périclès. En une phrase, expliquez qui est Périclès. À qui son discours est-il destiné ? Quel en est le thème ?
4. À quelle date le texte a-t-il été rédigé ? Quand les événements relatés se sont-ils déroulés ? Quel est le contexte historique de ce texte ?
5. En vous aidant des renseignements fournis et des questions ci-dessus, rédigez un texte d'une dizaine de lignes présentant le document.

Méthode générale

Application guidée

TEXTE p. 54

Pour présenter un texte, il faut déterminer avec soin les éléments suivants.

1 L'auteur du texte

Il est important de savoir qui est l'auteur pour comprendre son point de vue.

- L'auteur peut être un **individu** ou un **groupe**. Généralement, il est nommé à la fin du document.
- Mettre en valeur ce qui, dans sa biographie, permet de **comprendre le document**. Se demander s'il est contemporain, témoin ou acteur des faits relatés.

Question 1. Qui est l'auteur de ce texte ?

Info

Thucydide est un aristocrate athénien, né vers 460 av. J.-C., partisan de la démocratie et grand admirateur de Périclès. Il devient stratège en 424 pendant la guerre du Péloponnèse (431- 404 av. J.-C.) qui oppose Athènes et Sparte, mais est exilé à la suite de la défaite d'Amphipolis la même année. Il ne rentre à Athènes qu'en 404 et meurt peu après.

2 La nature du texte et son thème

Connaître la nature du texte permet de mieux cerner son destinataire, de définir son objectif : informer ou convaincre, par exemple.

Il existe différents types de textes :
- les **textes politiques** (discours, programmes d'un parti...) ;
- les **textes officiels ou juridiques** (lois, constitutions...) ;
- les **textes religieux** (Bible, Coran...) ;
- les **témoignages** (mémoires, correspondances privées...) ;
- les **textes littéraires** (romans, pièces de théâtre...) ;
- les **textes d'historien** ;
- les **articles de presse**...

Il faut déterminer le thème (idée générale) abordé par le texte en une ou deux phrases.

Question 2. Justifiez l'affirmation suivante : ce texte est extrait d'un ouvrage d'histoire.

Info

Thucydide commence son ouvrage en expliquant sa méthode : « J'ai prêté aux orateurs les paroles qui me paraissaient les mieux appropriées aux diverses situations où ils se trouvaient, tout en m'attachant à respecter autant que possible l'esprit des propos qu'ils ont réellement tenus. (...) J'ai évité de prendre mes informations du premier venu et de me fier à mes impressions personnelles (...) j'ai procédé chaque fois à des vérifications aussi scrupuleuses que possible. »

Question 3. Dans cet extrait, Thucydide retranscrit un discours politique prononcé par Périclès. En une phrase, expliquez qui est Périclès. À qui son discours est-il destiné ? Quel en est le thème ?

3 La date et le contexte

Déterminer le contexte est essentiel pour comprendre le texte et nécessite des connaissances sur la période étudiée.

- Repérer la date de rédaction du document et celle des faits relatés qui ne sont pas toujours les mêmes.
- Déterminer le contexte, c'est-à-dire les circonstances dans lesquelles le texte a été écrit et/ou dans lesquelles les événements décrits ont pris place. Ne retenir que ce qui est en rapport avec le thème du document.

Question 4. Quels sont la date (de rédaction et des faits relatés) et le contexte historique ?

Info

Thucydide a écrit son ouvrage pendant les vingt dernières années de sa vie. Organisé en huit livres, il ne raconte qu'une partie du conflit : les années 431 à 411. Le deuxième livre dont est issu le texte relate les événements des trois premières années de la guerre.

Question 5. En vous aidant des renseignements fournis et des questions ci-dessus, rédigez un texte d'une dizaine de lignes présentant le document.

exercice d'application — Utilisez la méthode et l'exemple fourni pour présenter le document 2 p. 50.

RÉVISIONS Vérifier ses connaissances

Les points clés du cours

Répondez en quelques phrases aux questions suivantes.

1. Être ou ne pas être citoyen

a. Qu'est-ce qu'une cité ? Décrivez celle d'Athènes.

b. Comment s'acquiert la citoyenneté à Athènes ? En quoi confère-t-elle un statut privilégié ?

c. Qui sont les exclus de la citoyenneté ? Pourquoi sont-ils nécessaires au bon fonctionnement de la cité ?

2. Le citoyen dans le régime démocratique athénien

a. Quels sont les devoirs du citoyen ? Sont-ils les mêmes pour un citoyen riche et un citoyen pauvre ? Justifiez votre réponse.

b. Pourquoi le régime politique athénien peut-il être qualifié de démocratie directe ?

c. Citez deux mesures mises en œuvre à Athènes pour favoriser l'égale participation des citoyens à la vie politique.

d. En quoi la démocratie est-elle sujet de débat pour les Athéniens ? Comment le théâtre en est-il le reflet ?

Les dates clés

Recopiez la frise chronologique ci-dessous et complétez-la en indiquant :

- les dates de début et de fin de la démocratie
- la loi restreignant la citoyenneté
- l'instauration du *misthos*
- la guerre du Péloponnèse
- le premier ostracisme
- les dates de Périclès

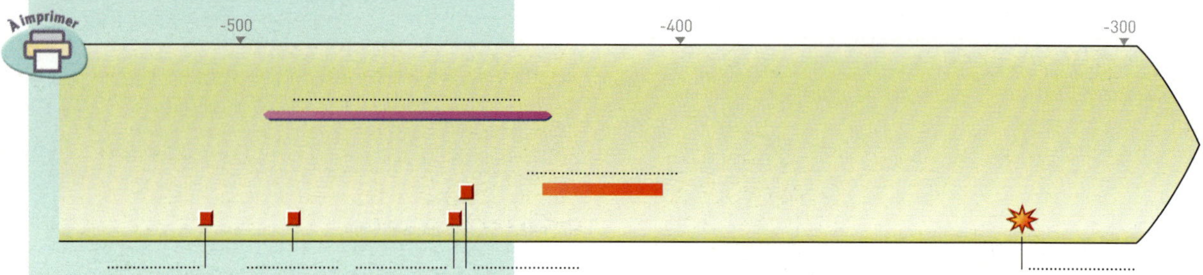

Les personnages clés

Qui suis-je ?

1. 

Je suis un homme politique athénien, issu d'une grande famille aristocratique à qui l'on doit l'instauration du *misthos*, une loi sur le droit de cité et l'embellissement de la cité d'Athènes.

2. 

Je suis un auteur de comédie athénien. Je porte dans mes pièces un regard critique sur le fonctionnement de la démocratie.

Les mots clés

Quel terme correspond à chacune des définitions suivantes ?

1. Membre du *démos*. Il peut décider de la politique de la cité mais doit aussi la défendre.
2. Période de formation militaire indispensable à l'acquisition complète de la citoyenneté.
3. Étrangers domiciliés à Athènes, soumis à une taxe.
4. Régime politique où le pouvoir appartient à l'ensemble des citoyens.
5. Assemblée siégeant sur la colline de la Pnyx à laquelle tous les citoyens peuvent participer.
6. Procédure qui condamne à dix ans d'exil toute personne jugée dangereuse pour la démocratie.
7. Fait de manipuler le peuple en tenant le discours qu'il souhaite entendre et en faisant semblant de défendre ses intérêts.

Exercices

La démocratie discutée

Pour ou contre la démocratie

Hérodote imagine ici un débat contradictoire à travers lequel ses personnages s'interrogent sur le meilleur des régimes politiques.

Otanès engageait à remettre à la disposition de tous les Perses la direction des affaires ; il disait : (...) « le gouvernement du peuple porte tout d'abord le plus beau nom qui soit – égalité – ; en second lieu, il ne commet aucun excès dont un monarque se rend coupable ; le sort distribue les charges, le magistrat rend compte de ses actes, toute décision y est portée devant le peuple. Donc, voici mon opinion : renonçons à la monarchie et mettons le peuple au pouvoir, car seule compte la majorité. » (...)

Mais Mégabyze voulait que l'on confiât les affaires à une oligarchie. Il disait : « Quand Otanès vous presse de donner au peuple le pouvoir, il s'écarte de l'avis le plus sage. Car il n'est rien de plus insolent qu'une multitude bonne à rien. Et, à coup sûr, échapper à l'insolence d'un tyran pour tomber dans celle d'une populace effrénée est chose qu'on ne saurait aucunement tolérer. L'un, s'il fait quelque chose, le fait en connaissance de cause ; l'autre n'est même pas capable de cette connaissance. Comment en effet, l'aurait-elle, n'ayant reçu aucune instruction, ni rien vu de bien par elle-même, bousculant les affaires où elle se jette sans réflexion, pareille à un fleuve torrentueux. (...) Que ceux-là qui veulent du mal aux Perses, que ceux-là donc usent de la démocratie ; mais nous, choisissons un groupe d'hommes parmi les meilleurs et investissons-les du pouvoir ; car, certes, nous serons nous-mêmes de leur nombre, et il est dans l'ordre de la vraisemblance que les hommes les meilleurs prennent les meilleures décisions. »

Hérodote (vers 484 – vers 425 av. J.-C.), *Histoires*, Livre III, 80-81, trad. Ph. Legrand, Les Belles lettres, 1949.

Hérodote — *Biographie*

(vers 484 - vers 425 av. JC)

Grec originaire d'Halicarnasse en Asie mineure, Hérodote est le premier historien dont nous ayons conservé l'œuvre. Son ouvrage, les *Histoires*, est centré sur les guerres médiques qui opposent les Grecs aux Perses dans la première moitié du Vᵉ siècle avant J.-C. Il y livre aussi l'histoire de nombreuses cités et expose les manières de vivre de peuples grecs et non grecs.

QUESTIONS

1. Présentez le texte et son auteur.
2. Quels sont les trois régimes politiques dont il est question dans ce texte ? Donnez-en une rapide définition.
3. Quel est celui qui est défendu par Otanès ? Par Mégabyze ? Quels sont leurs arguments ?
4. Quelle critique Mégabyze fait-il du régime défendu par Otanès ?
5. Qu'est-ce que ce texte nous révèle des débats qui agitent la cité d'Athènes à propos de la démocratie ?

Pour aller plus loin

Livres et revues

- Pierre Brulé, *Périclès, l'apogée d'Athènes*, Gallimard, coll. « Découvertes », n° 217, 1994.
- Textes et Documents pour la classe, *Le Siècle de Périclès*, n° 916, 15 mai 2006.

Sites Internet

- Site du musée de l'Acropole, à Athènes
  http://www.theacropolismuseum.gr

- Site du Metropolitan Museum, à New York
  http://www.metmuseum.org/Works_of_Art/greek_and_roman_art
- Site du British Museum, Londres
  http://www.britishmuseum.org
  Voir la salle 18 consacrée à la frise du Parthénon et la salle 19 sur Athènes.

Musées à visiter

- Musée du Louvre à Paris, département des Antiquités grecques
  http://www.louvre.fr

CHAPITRE 3

Citoyenneté et Empire à Rome du Ier au IIIe siècle

L'Empire romain se met en place progressivement à partir de 27 avant J.-C. Auguste, le premier empereur, va peu à peu concentrer l'essentiel des pouvoirs. Le citoyen romain se trouve alors dépossédé de ses pouvoirs politiques. La citoyenneté romaine demeure pourtant un statut juridique porteur de privilèges.

Dans un Empire étendu à toute la Méditerranée, cette citoyenneté est largement accordée aux peuples soumis par Rome. Elle assure ainsi la cohésion de l'ensemble de ces territoires peuplés de quelques 70 millions d'habitants.

Comment peut-on définir le statut du citoyen romain ?
Pourquoi et comment la citoyenneté romaine se diffuse-t-elle dans l'Empire ?

1 Les citoyens honorent l'empereur…

Arc de triomphe d'Orange édifié entre 12 et 25 ap. J.-C. et dédié à l'empereur Tibère.

2 … qui aide les citoyens pauvres.

L'empereur Marc Aurèle (161-180) distribue de l'argent aux citoyens romains.
Relief en marbre de l'arc de Constantin à Rome (IIe-IVe siècle après J.-C.), Rome.

REPÈRES

L' Empire Romain au début du IIIe siècle après J.-C.

À la fin du IIe siècle après J.-C., l'Empire romain atteint son apogée : Rome est devenue un empire qui borde l'ensemble du bassin méditerranéen. À partir d'Auguste, tous les territoires situés hors d'Italie sont organisés en provinces. On distingue les provinces sénatoriales dont le gouverneur est nommé par le Sénat de Rome, des provinces impériales dont le gouverneur est choisi par l'empereur. Ces provinces regroupent des communautés très diverses ; la plupart sont organisées en cités sur le modèle hérité des Grecs.

1 La Gaule romaine au début du IIIe siècle

QUESTIONS

DOC 2 **1.** Quelle est l'étendue de l'Empire romain au début du IIIe siècle ?

DOC 1 **2.** Quelles provinces composent la Gaule romaine ?

DOCS 1 ET 2 **3.** Quels sont les types de province de l'Empire ?

DOC 3 **4.** D'après la chronologie, à quelle date l'ensemble de la Gaule est-elle conquise ?

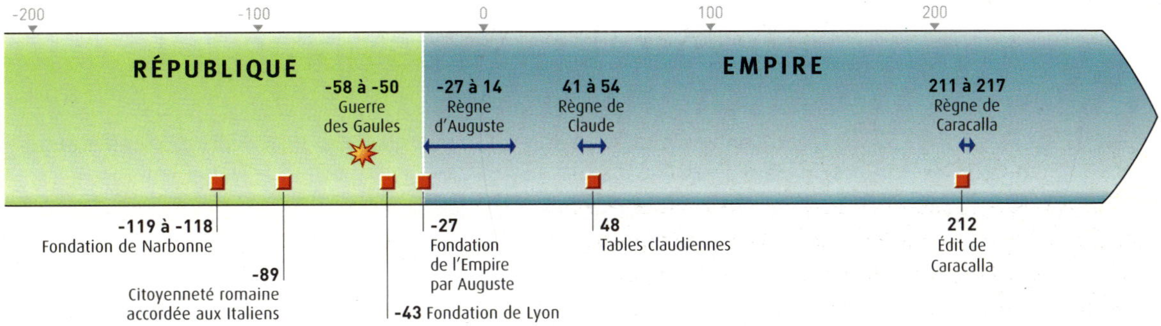

2 **L'Empire romain au début du IIIe siècle**

DOSSIER

Être citoyen dans l'Empire romain aux Ier et IIe siècles après J.-C.

COURS p. 64-65

La citoyenneté romaine assure à son détenteur des privilèges vis-à-vis des autres populations de l'Empire. Le citoyen romain détient ainsi un statut juridique particulier : il bénéficie de la protection judiciaire de l'empereur, il est dispensé du paiement de certains impôts et peut même recevoir à l'occasion des cadeaux de l'empereur (argent, céréales).
Les Romains ont une conception ouverte de la citoyenneté. Ainsi, les étrangers de condition libre peuvent devenir citoyens selon des modalités variées (décision de l'empereur, service militaire…). Les esclaves, s'ils sont affranchis par un citoyen romain, deviennent également citoyens à part entière.

Comment devient-on citoyen romain ? Qu'implique ce statut ?

1 L'accès à la citoyenneté par l'affranchissement et la faveur impériale

Pline le Jeune (62-114 ap J.-C.), gouverneur de Bithynie, une province impériale sur la mer Noire, écrit à l'empereur Trajan.

Pline à l'empereur Trajan. Seigneur, mis en danger de mort, l'an passé, par une maladie très grave, j'ai eu recours à un médecin ; ce n'est que par un bienfait de ta bienveillance que je peux le remercier de sa sollicitude et de son zèle. Je te prie donc de lui donner la cité romaine. Il est en effet de condition pérégrine[1], ayant été affranchi par une pérégrine. Il a pour nom Harpocras, il eut pour patronne Thermutis, femme de Théon, qui est morte depuis longtemps. Je te prie par la même occasion d'accorder le droit des Quirites[2] aux affranchies d'Antonia Maximilla, femme très distinguée : Hédia et Antonia Harméridès. C'est à la demande de leur patronne que je t'en prie.

Pline à l'empereur Trajan. Je te rends grâce, Seigneur, de ce que tu as accordé sans retard le droit des Quirites aux affranchies d'une femme qui est mon amie et la cité romaine à Harpocras, mon médecin.

Pline le Jeune, *Correspondance*, début du IIe siècle ap. J.-C.

1. *Étranger.*
2. *La citoyenneté romaine.*

2 L'accès à la citoyenneté par le service militaire

L'empereur Nerva Trajan Auguste (...)

Aux cavaliers et aux fantassins qui ont servi dans les quatre ailes et les onze cohortes (...) stationnées en Rhétie sous les ordres de Tiberius Julius Aquilinus, qui ont accompli vingt-cinq ans de service ou plus, sont aptes au congé honorable[1] et sont désignés ci-dessous, à eux-mêmes, à leurs enfants et à leurs descendants,

Donne la cité romaine et le droit de mariage avec les épouses qu'ils auront au moment où la cité leur a été conférée ou, s'ils sont célibataires, avec celles qu'ils épouseront plus tard, pourvu que chacun n'en ait qu'une.

Décision de l'empereur Trajan (98-117), 107 après J.-C.

1. *Quittent l'armée.*

3 Les modes d'accès à la citoyenneté romaine (Ier, IIe siècle)

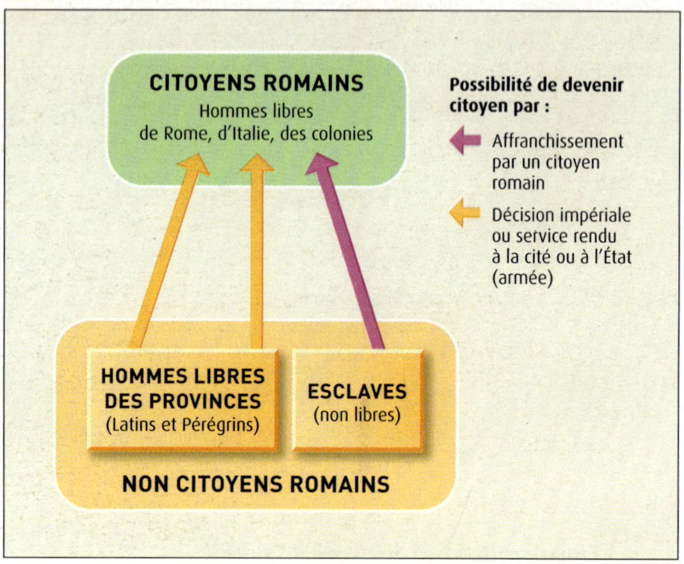

4 **L'empereur distribue de l'argent aux citoyens romains**

● **À l'occasion de célébrations et de grandes fêtes, les empereurs avaient l'habitude de distribuer de l'argent aux citoyens de Rome.**
Relief en marbre de l'arc de Constantin à Rome, IIe-IVe siècle après J.-C., Rome.

5 La citoyenneté protège

Juif de la province de Cilicie mais citoyen romain, Paul de Tarse est arrêté et emprisonné à Jérusalem.

Le tribun[1] commanda de faire entrer Paul dans la forteresse, et de lui donner la question par le fouet, afin de savoir pour quel motif ils criaient ainsi contre lui. Lorsqu'on l'eut exposé au fouet, Paul dit au centenier[2] qui était présent : « Vous est-il permis de battre de verges un citoyen romain, qui n'est pas même condamné ? » À ces mots, le centenier alla vers le tribun pour l'avertir, disant : « Que vas-tu faire ? Cet homme est romain. » Et le tribun, étant venu, dit à Paul : « Dis-moi, es-tu romain ? – Oui », répondit-il. Le tribun reprit : « C'est avec beaucoup d'argent que j'ai acquis ce droit de citoyen. – Et moi, dit Paul, je l'ai par ma naissance. » Aussitôt ceux qui devaient lui donner la question se retirèrent.

Paul de Tarse (10-65), *Actes des Apôtres 22*, 1er siècle ap. J.-C.

1. *Gouverneur de la province.*
2. *Officier.*

6 Être citoyen dans l'Empire : un rôle politique limité

Le peuple qui, jadis, octroyait des commandements, des consulats[1], des légions et bien d'autres choses encore, ne se mêle plus aujourd'hui de rien et n'aspire qu'à deux choses : du pain et les jeux du cirque.

Juvénal (v. 60-v. 130), *Satires*, édition les Belles lettres, 1931.

1. *Magistrature suprême sous la république romaine.*

Questions

▶ **Analyse des documents**

DOC 1 **1.** Quelle est la demande de Pline le Jeune et la réponse de l'empereur ?

DOC 2 **2.** Quelle est la décision prise par l'empereur Trajan ?

DOCS 1, 2 ET 3 **3.** Comment qualifieriez-vous l'accès à la citoyenneté ?

DOC 6 **4.** Quelle est l'évolution du rôle politique du citoyen romain ?

DOCS 4 ET 6 **5.** Montrez que le document 4 illustre l'analyse de Juvénal.

DOC 5 **6.** Pourquoi peut-on dire que la citoyenneté romaine assure une protection au citoyen ?

▶ **BILAN**

À l'aide des documents et de vos connaissances, rédigez trois paragraphes sur le citoyen romain, selon le plan suivant :
– **premier paragraphe** : les modes d'accès à la citoyenneté ;
– **deuxième paragraphe** : les droits du citoyen romain, un statut protégé ;
– **troisième paragraphe** : un statut soumis à l'empereur.

1• L'Empire romain et les cités du Ier au IIIe siècle après J.-C.

REPÈRES p. 60-61
DOSSIER p. 62-63
COURS p. 66-67

Comment fonctionne l'Empire romain ?

A L'administration de l'Empire romain

Au centre du pouvoir, l'empereur

• En 31 avant J.-C, après des années de guerres civiles qui ensanglantent la fin de la **République**, Octave, vainqueur de son rival Antoine à la bataille d'Actium, s'empare du pouvoir. En 27, le **Sénat** de Rome lui accorde le surnom d'**Auguste**. En 23, il lui confirme l'**imperium**, lui donnant un pouvoir inégalé.

• Progressivement, le *princeps* – premier des citoyens – concentre tous les pouvoirs. **Chef unique des armées**, il désigne les titulaires des principales **magistratures** de Rome, peut modifier la composition du Sénat, contrôle la production des lois.

• L'autorité de l'empereur repose aussi sur le fait qu'il apparaît comme l'**élu des dieux**. Il contrôle d'ailleurs la vie religieuse à Rome et devient l'objet d'un **culte**. Après sa mort, il est divinisé. Le **culte impérial** est un ciment de l'Empire et témoigne de la loyauté des citoyens à travers l'Empire.

• La dignité impériale devient héréditaire dans la famille d'Auguste avec la transmission du pouvoir à son fils adoptif Tibère, associé préalablement à son pouvoir, en 14 ap. J.-C. Il fonde ainsi la **première dynastie impériale de Rome**, les Julio-Claudiens, qui restent au pouvoir jusqu'en 68 ap. J.-C.

Le gouvernement impérial

• Cependant, Auguste est soucieux de ne pas apparaître aux yeux des Romains comme un monarque. **Il conserve donc les institutions civiques romaines tout en les vidant de leur contenu républicain**. Par exemple, le Sénat peut voter des décrets mais l'empereur contrôle son recrutement. Toutefois, seul le Sénat peut diviniser un empereur après sa mort.

• Au cours du Ier siècle, l'empereur se dote d'une **administration de plus en plus étoffée** qui lui permet de mieux gouverner. Il nomme des fonctionnaires dans Rome (les préfets) pour relayer son action. Une **véritable cour** se met en place et à la fin du Ier siècle, l'empereur Domitien (81-96) fait édifier un palais sur la colline du Palatin à Rome.

• Certains empereurs ont aussi recours à la force et à l'intimidation pour mater leurs opposants car les complots sont fréquents dans l'entourage des empereurs. Ainsi, Tibère (14-37 ap. J.-C.) multiplie les arrestations et les exécutions à la fin de son règne. Certains empereurs sont assassinés, comme Caligula en 41 ap. J.-C.

L'administration des provinces

• L'Italie mise à part, l'Empire se divise en deux types de provinces (> Repères p. 56-57). Les **provinces sénatoriales**, dont le gouverneur est nommé par le Sénat, sont, la plupart du temps, pacifiées et donc dépourvues de troupes mais elles peuvent ponctuellement être le théâtre de troubles nécessitant la présence de l'armée. Les **provinces impériales**, généralement de conquête plus récente, sont administrées directement par l'empereur par le biais d'un gouverneur. Les provinces payent des impôts à Rome.

• L'Égypte, essentielle pour l'approvisionnement de Rome en blé, est le domaine réservé du *princeps*.

Auguste — *Biographie*

63 av. J-C.-14 ap. J.-C.

Fils adoptif de César, il s'impose dans les guerres civiles de la fin de la République contre son rival Antoine (31 av. J.-C.). Il devient alors le premier personnage de l'État romain. Le Sénat de Rome lui attribue le nom d'Auguste en 27 au moment où il fonde un nouveau régime, l'Empire. Il est à l'origine de la première dynastie impériale, les Julio-Claudiens.

VOCABULAIRE

• **Colonie**
Cité fondée par Rome après transfert de population et attribution des terres aux futurs habitants.

• **Culte impérial**
À la fois les hommages rendus à l'empereur de son vivant et le culte rendu aux empereurs morts, divinisés sur une décision du Sénat.

• **Empereur**
À l'origine, surnom que les soldats décernent à leur général victorieux. Depuis Auguste, titre donné au détenteur du pouvoir suprême dans l'Empire romain.

B Les cités dans l'Empire romain

Le maintien de la cité

- L'Empire ne fait pas disparaître la cité, composée d'un centre urbain et d'un territoire rural. On peut parler, pour décrire l'Empire, d'une **fédération de cités**.
- La cité demeure le **cadre de la vie politique, sociale et religieuse**. La citoyenneté locale est maintenue : tout individu vit selon le statut de sa communauté, ce qui représente une très grande variété de cas au sein d'une même province.

Une hiérarchie de statuts

- La hiérarchie des cités se définit en fonction de leur statut juridique (doc 1). Au sommet se trouvent les **cités de droit romain**. Leurs habitants ont le droit de cité romain et peuvent briguer des magistratures à Rome, voire entrer au Sénat. Au Ier siècle, toute l'Italie est concernée. Il faut y ajouter les **colonies** romaines et les **municipes** romains des provinces.
- On distingue ensuite les **cités latines** (colonies ou municipes). Leurs habitants ont des droits spécifiques. Ainsi, un magistrat d'une cité latine obtient le droit de cité romain en quittant sa fonction et peut le transmettre à toute sa famille.
- Enfin, il existe des **cités pérégrines** (étrangères). Les plus nombreuses, elles conservent leur propre droit de cité.

Le fonctionnement de la cité

- Quel que soit leur statut, on retrouve dans les cités de l'Empire trois organes traditionnels de l'organisation civique. Des **magistrats** exercent les pouvoirs exécutifs. Ils sont nommés tous les ans par l'**Assemblée des citoyens**. La **curie** (ou Sénat local) représente le pouvoir législatif et vote des décrets. Elle est formée de notables locaux nommés à vie.
- Les cités de l'Empire jouissent d'une **très large autonomie**. Les magistrats rendent la justice, gèrent les finances et font régner l'ordre public, les curies votent des décrets. L'autorité impériale n'intervient qu'en cas de crise grave et pour vérifier les finances de la cité à partir du IIe siècle.

VOCABULAIRE

- **Imperium**
Pouvoir sacré, fondement du pouvoir de l'empereur.
- **Magistrature**
Fonction politique chargée du pouvoir exécutif.
- **Municipe**
Cité promue par Rome au droit latin ou romain.
- **République**
Régime politique fondé en 509 avant J.-C. qui disparaît avec Auguste.
- **Sénat**
Assemblée formée d'anciens magistrats. Organe essentiel du fonctionnement de la République, il donne son avis par des *senatus-consulte*.

La famille impériale en procession
Frise supérieure sud de l'autel de la Paix, 13 av. J.-C., Rome.

(1) Auguste
(2) Agrippa, gendre d'Auguste
(3) Caius, petit-fils d'Auguste
(4) Julie, fille d'Auguste ou Livie sa femme
(5) Tibère, fils adoptif d'Auguste

COURS

2• Être citoyen romain

REPÈRES p. 60-61
DOSSIER p. 62-63
COURS p. 64-65

*Comment devient-on citoyen romain ?
Qu'implique ce statut ?*

A Être citoyen romain, un statut ouvert

La citoyenneté romaine

• La citoyenneté romaine n'est pas une indication de nationalité mais un ensemble de droits et de privilèges. **Tout homme libre de la cité de Rome est citoyen** (> Cours p. 64-65). Le citoyen romain se distingue donc des **esclaves** mais aussi des autres hommes libres de l'Empire, dits **pérégrins** (étrangers). Les **femmes** sont exclues de la citoyenneté.

• À la différence des cités grecques, **Rome se montre généreuse dans l'octroi du droit de cité**. Pourtant, jusqu'au IIIe siècle, ce droit ne concerne qu'une élite de la population de l'Empire et son obtention est très réglementée. Lors des recensements (doc 1), le citoyen romain est identifié par son nom (***tria nomina***) : prénom, nom et surnom. Les usurpations sont contrôlées et sévèrement punies.

1. *Le recensement des citoyens*
Relief dit de Domitius Ahenobarbus, vers 100 av. J.-C., musée du Louvre, Paris.

Les différents modes d'accès à la citoyenneté

• L'obtention de la citoyenneté est automatique par l'**hérédité** : les enfants nés d'un mariage romain sont citoyens romains. Elle est aussi acquise automatiquement par l'**affranchissement** : l'esclave, dénué de tout droit, devient citoyen romain lorsque son maître, lui-même citoyen, l'affranchit. Enfin, le **service militaire** et la **gestion d'une cité dans les provinces** assurent quasi automatiquement la citoyenneté à toute la famille. L'acquisition de la citoyenneté peut se faire aussi par l'**intermédiaire de l'empereur**. Ainsi, les empereurs ont pu l'octroyer en période de guerre pour s'allier les élites des régions conquises ou en récompense de services rendus pendant la guerre.

B Être citoyen romain, un statut privilégié

Droits et devoirs du citoyen

• La citoyenneté romaine assure à celui qui la possède un **statut juridique privilégié**, unifié dans tout l'Empire et qui prime sur les droits locaux. Ainsi, le citoyen bénéficie d'une **garantie judiciaire** : il ne peut être jugé que devant des magistrats romains et il peut recourir au jugement de l'empereur en dernier recours. Il bénéficie aussi du droit romain : le droit de mariage, le droit de propriété et de léguer ses biens à ses héritiers.

• Le citoyen romain a aussi des obligations. Il doit effectuer le **service militaire** (doc 2) : il sert dans la légion, son service est plus court et mieux rémunéré que celui des autres soldats. Le citoyen ne paie pas d'impôt direct, à l'inverse des non-citoyens. En revanche, il paie des **impôts indirects** comme, par exemple, 5 % sur les héritages.

VOCABULAIRE

• **Forum**
Place publique où se trouvent rassemblés les édifices correspondant aux pouvoirs sous la République, dont la Curie, lieu de réunion des sénateurs.

C Être citoyen romain, un statut soumis à l'empereur

La perte des droits politiques pendant la période impériale

• Les citoyens romains avaient, sous la République, le droit de vote et d'élection à la magistrature. Ils participaient aux institutions civiques : comices, sénat et magistrature. Les citoyens les moins riches se réunissaient dans les comices, des assemblées populaires qui élisaient les magistrats et votaient les lois (*plebiscites*). Les citoyens les plus riches pouvaient accéder aux magistratures supérieures (consuls) et au Sénat (assemblée composée de magistrats en fin de fonction).

- Sous l'Empire, les comices de Rome ne se réunissent plus ; **le peuple ne vote donc plus**. Les plébiscites disparaissent progressivement au profit de la législation édictée par le prince. À la fin de l'Empire, le pouvoir est concentré entre les mains de l'empereur et de son administration (> Cours p. 64-65).
- Toutefois, **un empereur n'est pas un tyran**. Il doit respecter le Sénat et savoir s'entourer de conseillers pour gouverner au mieux. Il doit aussi montrer qu'il se soucie du bien-être du peuple.

L'empereur, garant du bien-être du peuple

- Pour les citoyens habitant Rome, l'empereur se conduit en père attentionné : il a reçu le titre de **père de la Patrie**. Il écoute les doléances du peuple, subvient à ses besoins par le service de l'annone (des **distributions gratuites de blé** réservées aux citoyens les moins riches). Il fait des dons à son peuple (distribution d'argent, par exemple). À Rome, l'empereur construit de **grandioses édifices** (**forum**, thermes, temples etc.) et organise des cérémonies à grand spectacle comme les jeux du cirque (doc 3).

2. *Le soldat-citoyen*
Stèle du légionnaire Largennius, Ier siècle ap. J.-C., Musée archéologique de Strasbourg.

3. *Maquette de Rome au IVe siècle après J.-C.*
- **Les empereurs embellissent la ville de Rome et créent des bâtiments pour mettre en valeur leur pouvoir et contenter le peuple.**
Musée de la civilisation romaine, Rome.

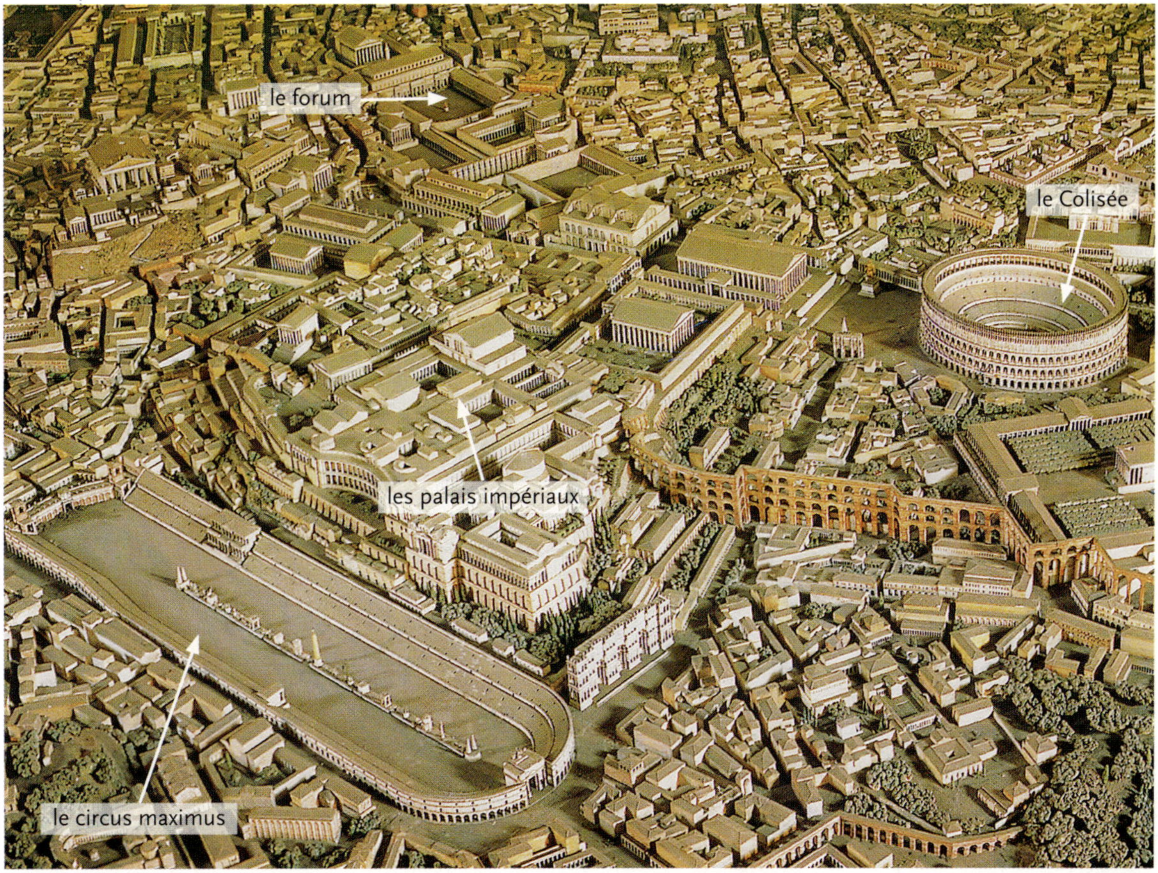

ÉTUDE

Les Tables claudiennes (48 ap. J.-C.)

COURS p. 72-73

En 48 après J.-C., l'empereur Claude prononce un discours devant le Sénat romain afin que soit donné aux élites de la Gaule romaine le droit d'entrer au Sénat. L'inscription en bronze appelée « Tables claudiennes », retrouvée en partie à Lyon au XVIe siècle, nous livre la plus grande partie de ce discours.
En effet, à l'exception de la Narbonnaise et de quelques colonies, les citoyens romains de la Gaule n'ont qu'une citoyenneté incomplète qui ne leur donne pas accès au Sénat romain. Claude, né à Lyon, cherche par cette mesure à rallier à l'Empire l'élite de la Gaule.

Quelle est la portée des Tables claudiennes dans l'histoire de la citoyenneté romaine ?

Claude (10 av. J.-C.-54 ap. J.-C.)

Biographie

Né à Lyon, il devient empereur en 41 ap. J.-C. Grand bâtisseur, il mène aussi une politique extérieure active (conquête de la Bretagne) et ouvre le Sénat aux provinciaux.

1 Les Tables claudiennes, Ier siècle

Tables Claudiennes, Ier siècle, musée de la Civilisation gallo-romaine de Lyon.

2 Extrait des Tables claudiennes

Certes, ce fut une initiative hardie que prirent mon grand-oncle maternel, le divin Auguste[1], et mon oncle Tibère César[2], lorsqu'ils voulurent que toute la fleur des colonies[3] et des municipes[4], de n'importe quelle région, s'agissant bien entendu de personnalités honorables et riches, puisse entrer dans cette curie[5] (...). Mais je ne crois pas qu'il faille repousser les provinciaux, pourvu qu'ils puissent faire honneur à la curie. (...) Et si vous approuvez qu'il en soit ainsi, que désirez-vous d'autre, sinon que je vous montre du doigt que le sol même qui se trouve au-delà de la Narbonnaise vous envoie déjà des sénateurs, puisque nous avons dès maintenant dans notre ordre des personnalités de Lyon, dont nous n'avons pas à regretter la présence ? Timidement, certes, Pères conscrits[6], j'ai dépassé les bornes provinciales qui vous sont accoutumées et familières, mais c'est ouvertement que doit être plaidée maintenant la cause de la Gaule chevelue[7]. Et si on considère que ses habitants ont fait pendant dix ans la guerre au divin Jules[8], il faut aussi mettre en regard les cent années d'immuable fidélité et d'obéissance plus qu'éprouvée, en de nombreuses circonstances critiques pour nous.

Inscription Tables claudiennes, Ier siècle.

1. *Empereur fondateur de l'Empire (27-14).*
2. *Empereur (14-37).*
3. *Cité fondée ou refondée par Rome après transfert de population et attribution des terres aux futurs habitants.*
4. *Cité promue par Rome au droit latin ou romain.*
5. *Assemblée du Sénat de Rome.*
6. *Sénateurs.*
7. *Gaule sous domination de Rome mais dont les peuples ne sont pas totalement romanisés.*
8. *Guerre de conquête de la Gaule par Jules César (58-50 av. J.-C.).*

3 L'opposition à la proposition de Claude

Les principaux habitants de la Gaule chevelue, qui depuis longtemps avaient obtenu des traités et le titre de citoyens, désiraient avoir dans Rome le droit de parvenir aux honneurs. Cette demande excita de vives discussions et fut débattue avec chaleur devant le prince. (...) Était-ce donc peu que des Vénètes et des Insubres[1] eussent fait irruption dans le Sénat ; et fallait-il y faire entrer en quelque sorte la captivité elle-même avec cette foule d'étrangers ? À quels honneurs pourraient désormais prétendre ce qui restait de nobles et les sénateurs pauvres du Latium[2] ? Ils allaient tout envahir, ces riches dont les aïeuls et les bisaïeuls, à la tête des nations ennemies, avaient massacré nos légions, assiégé le divin Jules auprès d'Alésia[3]. (...) Qu'ils jouissent, après cela, du nom de citoyens ; mais les décorations sénatoriales, mais les ornements des magistratures, qu'ils ne fussent pas ainsi prostitués[4].

(...) Un senatus-consulte[5] fut rendu sur le discours du prince, et les Éduens[6] reçurent les premiers le droit de siéger dans le Sénat. Cette distinction fut accordée à l'ancienneté de leur alliance, et au nom de frères des Romains, qu'ils prennent seuls parmi tous les Gaulois

Tacite (55-120), *Annales*, 23-25.

1. *Peuples de Gaule cisalpine (plaine du Pô), région créée en 81 av. J.-C.*
2. *Région d'Italie centrale dont la capitale est Rome.*
3. *Victoire de Jules César à Alésia (52 av. J.-C.) : victoire décisive contre la Gaule coalisée derrière Vercingétorix.*
4. *Dégradés.*
5. *Texte émanant du Sénat et ayant force de loi sous l'Empire.*
6. *Peuple gaulois de la vallée de la Saône.*

5 Un citoyen gallo-romain de Narbonnaise

● **Caius Julius Pacatianius, né à Vienne, fit une brillante carrière de fonctionnaire impérial. Il fut procurateur, c'est-à-dire gouverneur de la Maurétanie tingitane (Maroc). Il porte la toge du citoyen romain.** *IIe siècle, musée d'Archéologie et des Beaux-Arts, Vienne.*

4 Quelques exemples de la présence des Gaulois au Sénat

Sous le règne de l'empereur	Nombre de sénateurs dont l'origine est connue	Sénateurs gaulois	
		nombre	en %
Nerva (96-98)	165	20	12
Trajan (98-117)	231	27	11
Hadrien (117-138)	199	18	9

● **Avant 48, l'entrée au Sénat est impossible pour la plupart des citoyens romains originaires de Gaule.** *J.-P. Martin,* Société et religions dans les provinces romaines d'Europe centrale et occidentale, *Sedes, 1991.*

QUESTIONS

▶ Les raisons de la proposition de l'empereur Claude

DOCS 1 ET 2 **1.** À quelle assemblée l'empereur s'adresse-t-il ? Dans quel but ?
2. Quels arguments avance-t-il pour défendre sa proposition ?

▶ La situation de la Gaule romaine

DOCS 1 ET 2 **3.** Quels sont les provinciaux déjà admis au Sénat d'après l'empereur et pourquoi ?
4. Que veut dire Claude quand il déclare vouloir plaider « la cause de la Gaule chevelue » ?

▶ La portée de la décision de Claude

DOC 3 **5.** Quels sont les réactions et les arguments du Sénat ? Pourquoi ?
DOC 3 ET 4 **6.** Qui de Claude ou du Sénat emporte la décision ?
DOC 5 **7.** Que nous apprennent la tenue et la carrière de ce notable gaulois sur ses rapports avec Rome ?

▶ BILAN

Rédigez un court texte après avoir classé les informations selon les thèmes suivants :
a. la décision de l'empereur et ses raisons ;
b. les résistances des élites romaines ;
c. les conséquences de la mesure.

ÉTUDE

L'édit de Caracalla (212 ap. J.-C.)

COURS p. 72-73

En 212 ap. J.-C., l'empereur Caracalla décide d'accorder le droit de cité à tous les hommes libres de l'Empire. L'édit de Caracalla apparaît comme l'aboutissement d'une lente évolution fondée sur une conception ouverte de la citoyenneté. Avant cette date, malgré une extension progressive, les citoyens romains restent minoritaires dans l'Empire, peut-être près de 6 millions sur 70 millions d'habitants. L'édit marque donc la fin de la suprématie du citoyen romain sur les autres citoyens de l'Empire.

Quelle est la portée de l'édit de Caracalla dans l'histoire de la citoyenneté romaine ?

1 Les Sévères, une dynastie originaire de l'Afrique romaine

• **Septime Sévère (né à Leptis Magna en Afrique, empereur 193-211), Julia Domna (Syrienne), leurs deux fils Caracalla et, masqué, Geta.**
Staatliche museum, Berlin.

Caracalla (188-217 ap. J.-C) — *Biographie*

Proclamé empereur en 211 avec son frère, Geta, il le fait assassiner en 212. La même année, il accorde le droit de cité romaine à tous les habitants libres de l'Empire. Il mène des guerres de conquêtes, en particulier en Germanie. Il fait construire à Rome de nombreux monuments, dont les thermes qui portent son nom.

2 L'édit de Caracalla (212 ap. J.-C.)

D'une manière générale, c'est à la divinité qu'il faut avant tout reporter et les causes et les raisons des choses ; et moi aussi, comme il se doit, je voudrais rendre grâces aux dieux immortels pour m'avoir sauvé d'un tel complot tramé contre ma vie. Voilà pourquoi j'estime pouvoir accomplir de manière si magnifique et si digne des dieux un acte qui convienne à leur majesté, en ralliant à leur culte, comme Romains, autant de fois de dizaines de milliers de fidèles qu'il en viendra chaque fois se joindre à mes hommes. Je donne donc à tous ceux qui habitent l'Empire le droit de cité romaine, étant entendu que personne ne se trouvera hors du cadre des cités, excepté les déditices[1]. Il se doit en effet que la multitude soit non seulement associée aux charges qui pèsent sur tous, mais qu'elle soit désormais aussi englobée dans la victoire. Et le présent édit augmentera la majesté du peuple romain : il est conforme à celle-ci que d'autres puissent être admis à cette même dignité que celle dont les Romains bénéficient depuis toujours.

Constitution antonine,
trad. J. Modrzejewski *in* Girard & Senn,
Les Lois des Romains, Naples, 1977.

1. *Peu clairement identifiés, on les considère souvent comme les vaincus résidant dans l'Empire qui ne sont pas des esclaves.*

3 Une interprétation de la décision de Caracalla

Il [l'empereur Caracalla] se fit une occupation de dépouiller, spolier et pressurer tout le reste de l'humanité, les sénateurs pas moins que les autres... Il y eut les fournitures qu'il fallut livrer en grande quantité en toute occasion, gratuitement et parfois même contraints à des dépenses supplémentaires ; il les prodiguait aux soldats ou alors les vendait au détail ; il y eut les cadeaux qu'il exigea des citoyens riches et des différentes communautés, les impôts, ceux qu'il promulgua et le dixième qui remplaça le vingtième sur les affranchissements et sur les biens laissés en héritage et toute forme de legs. Il abolit, en effet, le droit de succession et l'immunité fiscale[1] qui avait été accordée aux proches du défunt. Ce fut la raison pour laquelle il attribua à tous les habitants de son empire le droit de cité romaine, officiellement pour les honorer, en fait dans le but d'augmenter par ce moyen ses revenus, dans la mesure où les pérégrins ne paient pas la plupart de ces impôts.

Dion Cassius (155-229 ap. J.-C.),
Histoire romaine, Loeb, 1968.

1. *Le fait de ne pas payer d'impôt.*

4 Un monument de reconnaissance pour Caracalla

• **L'arc de triomphe de Volubilis (Maroc, près de Meknès) construit en 216-217 pour Caracalla par les élites de la cité.**

5 La diffusion de la culture romaine

• **Mosaïque du IIIe siècle représentant Virgile écrivant l'*Énéide*, retrouvée en Tunisie (Sousse). Poète latin (70-19 av. J.-C.), Virgile raconte, dans ce poème épique, le récit mythique de la fondation de Rome.** *Musée national du Bardo, Tunis.*

QUESTIONS

▶ Les raisons de l'extension de la citoyenneté à tous les habitants de l'Empire

DOC 2 **1.** Comment l'empereur explique-t-il sa décision ?

DOC 1 **2.** En quoi l'origine de la famille des Sévères peut-elle avoir influencé la décision de l'empereur Caracalla ?

DOC 3 **3.** D'après l'auteur de ce texte, pourquoi Caracalla a-t-il pris cette décision ?

▶ Les conséquences de l'édit de Caracalla

DOC 4 **4.** Que prouve la construction de l'arc de triomphe quant à la réaction des habitants de l'Empire ?

DOC 5 **5.** Pourquoi cette mosaïque montre-t-elle la diffusion de la culture romaine en Afrique du Nord ?

▶ BILAN

Imaginez et rédigez le débat entre deux citoyens romains au moment de la décision de Caracalla : défendez successivement le point de vue pour puis contre la mesure prise. Faites-les ensuite débattre des conséquences de cette décision dans les provinces.

COURS

3• La citoyenneté, outil de la romanisation de l'Empire

REPÈRES p. 60-61
COURS p. 64-65
ÉTUDE p. 68-69
ÉTUDE p. 70-71

En quoi l'accès à la citoyenneté est-il un aspect de la romanisation de l'Empire ?

A La romanisation par l'extension de la citoyenneté

L'extension de la citoyenneté jusqu'à la fin de la République

• À partir du IVe siècle avant J.-C., **Rome est une cité au sens grec du terme** : le citoyen romain est celui de la cité de Rome. Le territoire conquis par la cité-État s'étend ensuite à la péninsule italienne puis au-delà des Alpes (création de Narbonne en 118 avant J.-C.) et en Afrique (Carthage 123 avant J.-C.). Cependant, les peuples conquis n'ont pas les droits politiques romains. Ce sont des alliés autonomes qui ont pour seul devoir de combattre aux côtés de Rome.

• En 89 avant J.-C., les alliés italiens de Rome s'insurgent contre cette situation. Malgré la victoire de Rome, **les cités italiennes reçoivent toutes la citoyenneté romaine**. Le territoire civique de Rome s'étend alors à toute l'Italie péninsulaire et à quelques territoires hors d'Italie, colonies ou municipes.

1. *L'empereur Claude (10 av. J.-C.-54 ap. J.-C.)*
Musée du Vatican.

L'extension de la citoyenneté sous l'Empire

• Sous l'Empire, les habitants des provinces manifestent leur volonté d'intégration ; leurs cités reçoivent alors la citoyenneté romaine soit en devenant des municipes, soit en obtenant le titre de colonie. La citoyenneté progresse partout mais à un rythme différent selon les empereurs, plus ou moins favorables à son extension.

• En l'an 212 après J.-C., l'empereur Caracalla octroie la **citoyenneté à tous les habitants de l'Empire**. Cette décision est donc l'aboutissement d'une longue évolution commencée au Ier siècle avant J.-C. C'est cependant une mesure révolutionnaire puisque la citoyenneté n'est plus réservée à une élite. Désormais, il n'y a plus de distinction juridique entre les hommes libres : **tous sont citoyens**.

B La romanisation par l'adoption du modèle romain

Les élites provinciales deviennent romaines

• Les cités sont soumises à Rome mais ont leurs propres institutions, calquées sur celles de Rome. Il s'agit de l'**assemblée des citoyens** dont le pouvoir est limité mais qui élit les magistrats. Le **conseil** (ou **curie**) compte une centaine de membres, désignés à vie, chargés de tous les problèmes concernant la vie municipale. Enfin, les **magistrats** sont désignés annuellement. On peut citer par exemple, les édiles chargés de l'ordre public, de la surveillance des marchés et de l'entretien des rues et des places ou les questeurs chargés des finances. Les magistrats supérieurs des cités de province sont appelés *duumvirs*.

• La **participation aux charges de magistrats** assure aux grandes familles la citoyenneté romaine et l'accès au Sénat de Rome. Ainsi, en 48 après J.-C., les citoyens romains de la Gaule obtiennent sur décision de l'empereur Claude (> doc 1) le droit d'entrer au Sénat de Rome. Ces élites adoptent les ***tria nomina*** (nom, prénom, surnom), l'**usage du latin** et le **port de la toge**.

• La citoyenneté romaine confère un statut tout en préservant la participation à la vie de la communauté d'origine. Ces nouveaux citoyens romains ont donc le plus souvent une **double attache** : une attache dans leur province et une attache à Rome (docs 2 et 3).

VOCABULAIRE

• **Romanisation**
Processus par lequel Rome intègre progressivement les provinces conquises et qui passe par l'accès à la citoyenneté des élites et l'adoption de la civilisation romaine. Cela permet à Rome de contrôler un vaste empire avec un nombre réduit de soldats.

Un mode de vie dont le modèle est Rome

• La ville est au cœur de la **romanisation**. En effet, l'urbanisme reproduit le **modèle de Rome** et traduit l'uniformité des institutions et de la civilisation dans tout l'Empire. Ainsi, lors de la création d'une ville, son plan est organisé autour de deux axes perpendiculaires, le *cardo* et le *decumanus*. À chaque extrémité des deux voies sont élevées des **portes monumentales**. Le **forum** est situé à l'intersection des deux voies principales. Autour du forum, se trouvent le **temple** dédié au culte impérial et les bureaux des magistrats.

• Les citoyens se rassemblent sur le **forum** lors des cérémonies publiques, comme la proclamation des décisions de l'assemblée locale, ou lors des cérémonies religieuses, en particulier celle du **culte impérial**. Les édifices publics (temples, théâtres, amphithéâtres, cirques) mais aussi les aqueducs et les rues sont construits aux frais des notables qui doivent aussi offrir les jeux et les spectacles comme le fait l'empereur à Rome.

• Ce mode de vie urbain et citoyen est le signe de la **romanisation des provinces de l'Empire**. Mais si elle est très achevée dans les villes et parmi les élites, la romanisation touche peu les campagnes et la grande majorité des habitants.

2. *Théâtre de Leptis Magna*
● **Le théâtre de Leptis Magna, ville antique de Tripolitaine (Libye), Ier siècle ap. J.-C.**

3. *Les jeux du cirque*
Parterre de mosaïque de la fin du IIe siècle ap. J.-C., musée de la Civilisation gallo-romaine, Lyon.

MÉTHODE Expliquer un texte historique

Pour expliquer un texte historique il faut utiliser ses connaissances personnelles pour l'analyser, le critiquer et en montrer l'intérêt.

Discours d'un citoyen romain d'une cité grecque sous l'empereur Antonin (138-161 ap. J.-C.)

Voici ce qui de beaucoup, entre toutes choses, mérite le plus d'être vu et admiré : c'est ce qui concerne le droit de cité. Quelle grandeur de conception ! Rien jamais n'a ressemblé à cela. En effet, vous avez séparé en deux groupes tous ceux qui étaient sous votre pouvoir – par ces mots, je désigne l'ensemble du monde civilisé ; à la partie qui avait la meilleure grâce, la noblesse et les capacités les plus grandes, vous avez donné la plénitude des droits politiques ou même la communauté de race : pour le reste, vous l'avez soumis et réduit à l'obéissance. Ni la mer ni l'étendue d'un continent ne peuvent être un obstacle à l'accession à la citoyenneté ; dans ce domaine l'Asie n'est pas séparée de l'Europe. Tout se trouve ouvert à tous ; il n'est personne digne du pouvoir ou de la confiance qui reste un étranger (...).

Comme nous l'avons dit, vous avez, en hommes généreux, distribué à profusion la cité. Vous n'en avez pas fait un objet d'admiration en refusant de la partager avec quelqu'un d'autre ; au contraire, vous avez cherché à en rendre digne l'ensemble des habitants de l'Empire ; vous avez fait en sorte que le nom de Romain ne fût pas celui d'une cité, mais le nom d'un peuple unique (...). Vous avez fait passer la ligne de partage entre les Romains et les non-Romains. (...) Depuis que ce partage est réalisé, nombreux sont ceux qui, dans chaque cité, sont les concitoyens de vous-mêmes autant que de ceux issus de leur propre race, bien que quelques-uns d'entre eux n'aient encore jamais vu votre cité. Il n'est pas besoin de garnisons dans leurs acropoles, car, partout, les hommes les plus importants et les plus puissants gardent pour vous leur propre patrie.

P. Aelius Aristide, *Éloge de Rome* (144 ap. J.-C.), traduction extraite de A.Michel, *La philosophie politique à Rome d'Auguste à Marc Aurèle*, Paris, A.Colin, 1969.

L'auteur évoque la citoyenneté romaine complète, y compris le droit d'exercer des magistratures à Rome et donc de participer au Sénat.

Race ici signifie *peuple*.

La domination romaine s'étend à tout le pourtour méditerranéen, en Europe comme en Asie.

QUESTIONS

1. Présentez le document en insistant sur l'auteur et le contexte.
2. Quelles sont, d'après le texte, les différences entre les cités grecques et la cité romaine ?
3. Définissez la nature de la citoyenneté romaine et expliquez le point de vue de l'auteur.
4. Quel est l'intérêt de ce texte ? Quelle critique peut-on en faire ?

Méthode générale

Application guidée

TEXTE p. 74

1 Présenter le texte

Lire le texte plusieurs fois pour repérer les passages importants et vérifier que le vocabulaire est compris, puis commencer par présenter le texte, ce qui permet de mieux le comprendre.

- Indiquer la **nature** du texte, l'**auteur**, la **date**, le contexte, le thème et le destinataire (voir méthode 54-55).
- Ne retenir que les éléments nécessaires à la compréhension du texte.

Question 1. Présentez le document en insistant sur l'auteur et le contexte.

Info

P. Aelius Aristide (117-180) a vécu sous le principat d'Antonin (138-161). C'est un citoyen romain, orateur grec renommé, venu à Rome pour prononcer son discours, peut-être devant l'empereur. Son origine grecque est importante à noter pour comprendre le texte.

2 Analyser le texte en répondant aux questions

Lire toutes les questions pour bien en comprendre le sens et éviter de se répéter. Pour chaque question, chercher les réponses dans le texte et mobiliser les connaissances correspondantes.

- Chercher quelle partie du texte est concernée par la question.
- Relever et citer les **passages importants** puis mobiliser les connaissances pour expliquer les faits auxquels l'auteur fait référence, les **allusions** ou les **non-dits**. Ces faits peuvent éventuellement êtres complétés ou critiqués, en essayant d'être le plus précis possible.
- Mettre en évidence les **idées**, le **point de vue** de l'auteur ainsi que ses **arguments**.
- Prêter attention au **ton** et au **vocabulaire** utilisés par l'auteur.
- **Éviter de paraphraser** le texte (c'est-à-dire se contenter de répéter ce qui est écrit) ou d'utiliser le texte comme simple prétexte à une récitation du cours.

Question 2. Quelles sont, d'après le texte, les différences entre les cités grecques et la cité romaine ?

Conseil

Relevez dans le texte les passages qui permettent de répondre à cette question. Expliquez par exemple les éléments soulignés en rouge à l'aide de vos connaissances sur la cité athénienne (chapitre 2) et la cité romaine (chapitre 3). Comparez les modes d'accès à la citoyenneté à Athènes et à Rome. Où est-elle la plus généreusement accordée ?

Question 3. Définissez la nature de la citoyenneté romaine et expliquez le point de vue de l'auteur.

Conseil

Montrez que, d'après l'auteur, la citoyenneté romaine est un honneur qui permet l'intégration des provinciaux et cherchez les éléments du cours qui le prouvent.

3 Conclure

La dernière question peut amener à conclure l'explication en faisant un bilan et en la replaçant dans un savoir plus général sur la période.

- Montrer l'**intérêt** historique et / ou la portée du texte (son impact).
- **Critiquer** le document (erreurs, oublis, partis-pris...).

Question 4. Quel est l'intérêt de ce texte ? Quelle critique peut-on en faire ?

Conseil

Montrez que l'éloge est à la fois juste et très exagéré, ce qui s'explique par l'origine de l'auteur et sa position au moment du discours.

exercice d'application

Utilisez la méthode et l'exemple fourni pour expliquer le texte de Tacite sur les tables claudiennes (doc 3 p. 69). Relevez les phrases qui méritent une explication et entraînez-vous à trouver les parties du cours qui permettent de les comprendre.

RÉVISIONS Vérifier ses connaissances

Les points clés du cours

1. Recopiez et complétez le tableau suivant.

	Le citoyen romain
Mode d'acquisition de la citoyenneté et évolutions	
Exclus de la citoyenneté	
Droits et devoirs du citoyen	
Participation du citoyen à la vie politique	

2. Répondez en quelques phrases aux questions suivantes.

1. Être citoyen romain

a. Comment devient-on citoyen au début de l'Empire ?

b. De quelle protection le citoyen romain bénéficie-t-il ?

c. Comment se traduit la soumission du citoyen romain sous l'Empire ?

2. La citoyenneté, outil de romanisation de l'Empire

a. Qu'est-ce qui a permis la romanisation des élites provinciales ?

b. Quels sont les éléments architecturaux qui font des villes de l'Empire des « petites Rome » ?

Les personnages clés

Qui suis-je ?

1. 

Je suis le fondateur de l'Empire romain.

2. 

Empereur, j'ai octroyé aux notables de la Gaule romaine le droit d'accéder au sénat de Rome.

3. 

Empereur, j'ai étendu à tous les habitants de l'Empire la citoyenneté romaine.

Les mots clés

Recopiez le tableau suivant et complétez-le :

– en indiquant chaque fois que possible le ou les documents du chapitre qui y font référence ;
– en donnant la définition du terme.

	Documents de référence	Définition
Citoyen		
Magistrat		
Sénat		
Romanisation		

Les dates clés

Recopiez la frise chronologique ci-dessous et complétez-la à l'aide des éléments ci-dessous.

– Dates de la fondation de l'Empire
– Le droit de cité accordé aux Italiens
– Les Tables claudiennes
– L'édit de Caracalla
– Les règnes des empereurs Claude et Caracalla

À imprimer

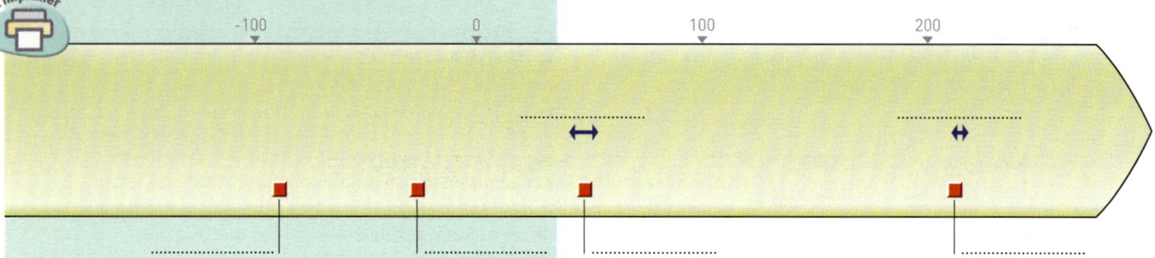

Exercices

Conquêtes et romanisation de l'Empire romain

1 La pacification des conquêtes romaines

Tacite fait la biographie d'Agricola, son beau-père, gouverneur de Bretagne de 77 à 83/84. Ce dernier achève la conquête romaine de la Bretagne.

Vint l'hiver, qui fut entièrement consacré à la mise en œuvre d'initiatives très salutaires pour des gens disséminés et incultes et d'autant plus portés à faire la guerre. Agricola voulait les habituer à vivre paisiblement et à occuper agréablement le temps libre. Il les y invitait individuellement. Il aidait des collectivités à édifier des temples, à aménager des places publiques, à construire de vraies maisons. Il félicitait les plus entreprenants et s'en prenait aux récalcitrants. Ainsi le désir de se faire mieux voir que les autres tint lieu de contrainte. De plus, il faisait initier les enfants des notables aux arts libéraux et préférait aux acquis culturels des Gaulois les dispositions naturelles des Bretons : eux qui naguère méprisaient notre langue, ne désiraient-ils pas maintenant, à tout prix, la parler couramment ? Par la suite, cela fit bien de s'habiller comme nous et beaucoup adoptèrent la toge. Peu à peu, les Bretons se laissèrent aller à l'attrait des vices à découvrir sous les portiques, dans les thermes et le raffinement des festins. L'inexpérience leur faisait appeler civilisation ce qui amputait leur liberté.

Tacite, *Vie d'Agricola*, XXI, 97.

2 L'empereur Claude défend son projet de sénateurs gaulois devant le Sénat hostile, en 48 ap. J.-C.

Mes ancêtres, dont le plus ancien, Clausus, d'origine sabine, fut admis simultanément au droit de cité romaine et au patriarcat, m'encouragent à adopter la même politique, en transportant ici tout ce qui sera trouvé remarquable ailleurs.

Qu'est-ce qui a causé la perte des Lacédémoniens et des Athéniens, malgré leur valeur militaire, sinon leur habitude d'écarter les vaincus comme les étrangers ? Notre fondateur Romulus a eu assez de sagesse pour avoir eu le même jour nombre de peuples d'abord ennemis et ensuite concitoyens. Des étrangers ont régné sur nous. Confier des magistratures à des fils d'affranchis n'est pas, comme la plupart le croient à tort, une innovation, mais une pratique fréquente de l'ancien régime populaire.

Rappelant ensuite la guerre des Gaules, Claude ajoute :

Il n'en est aucune qui ait été liquidée en moins de temps que celle que nous avons faite aux Gaulois. Depuis lors, la paix a été continue et confiante. Désormais, mêlés aux nôtres par les mœurs, les métiers, les alliances, qu'ils nous infusent leur or et leurs richesses au lieu de les posséder séparément !

Tacite (55-120), *Annales*

QUESTIONS

1. Faites une recherche sur l'auteur de ces textes.
2. Quel point de vue est donné dans le document 1 sur la civilisation romaine et sur celle du pays conquis ?
3. Relevez les différentes actions menées par Agricola pour pacifier la Bretagne (doc 1).
4. Qu'est-ce que le document 1 révèle sur les effets de la romanisation ?
5. À l'aide de vos connaissances, expliquez quel est le projet défendu par Claude devant le Sénat. Quels sont ses arguments ? (doc 2)
6. Montrer que la diffusion de la citoyenneté est un outil de la romanisation, mais que ce n'est pas le seul (doc 2).

Pour aller plus loin

Livres et revues

- Claude Nicolet, *La Cité et le citoyen dans l'Antiquité*, La Documentation photographique, n° 8001.
- *TDC*, « Rome au temps de l'Empire », n° 966, 15 décembre 2008.

Films

- *Quo Vadis*, Mervyn Le Roy, 1951.
- *Gladiator*, Ridley Scott, 2000.

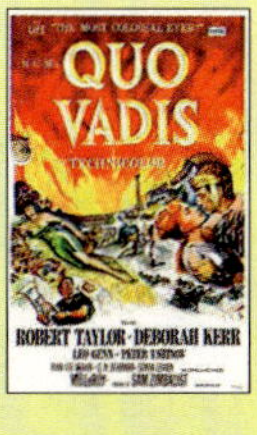

Sites Internet

- Site : Memo, le site de l'histoire.
- Site du British Museum (Londres) : http://www.britishmuseum.org

Musées à visiter

- Musée du Louvre à Paris, département des Antiquités grecques et romaines (http://www.louvre.fr)
- Musée de la Civilisation gallo-romaine de Lyon : lieu de conservation des Tables Claudiennes (http://gal.erasme.org/fourviere)

PARTIE 3

Sociétés et cultures de

La période qui s'étend du XIe au XIIIe siècles est un temps de prospérité pour l'Occident médiéval : la production céréalière augmente, tout comme la population. Si les sociétés sont majoritairement rurales et paysannes, l'essor du commerce permet l'affirmation de bourgeoisies marchandes dans les villes. L'Europe est alors massivement chrétienne et le salut des hommes est confié au clergé. L'Église encadre les fidèles dans cette vie terrestre en vue de la vie éternelle.

Comment le christianisme structure-t-il la vie des Occidentaux ? Comment s'organisent la société et l'économie de l'Occident médiéval ?

1 Une Europe massivement chrétienne

Mosaïque de Jésus-Christ avec la Vierge et saint Minias (6 x 4 m) , 1297, San Miniato al Monte, Florence, Italie.

l'Europe médiévale (XIe-XIIIe s.)

2 Une société majoritairement rurale

(A) La moisson.
(B) Le foulage des blés.
(C) La fabrication de tonneaux.
(D) La vendange.
Statues du baptistère de Parme par Benedetto Antelami (1150-1230), entre 1196 et 1214.

3 Une société urbaine en mutation

• Les corporations de métiers s'unissent pour offrir des vitraux où leurs activités sont représentées dans les cathédrales. Ici sont figurés des charpentiers et des maçons œuvrant à la construction de l'église.
« Construction de la cathédrale, maçons et charpentiers », *verrière des miracles de Notre-Dame (détail), XIIe siècle, cathédrale Notre-Dame, Chartres.*

REPÈRES

L'Europe occidentale du XIe au XIIIe siècles

1 L'Occident au milieu du XIIIe siècle

QUESTIONS

DOC 1

1. Quelle est la forme politique dominante en Europe ?
Que nous apprend cette carte sur les villes de Gênes et Venise ?

DOC 2

2. Quelle est la religion dominante en Europe ?
Pourquoi peut-on parler d'une extension du catholicisme au cours de la période ?

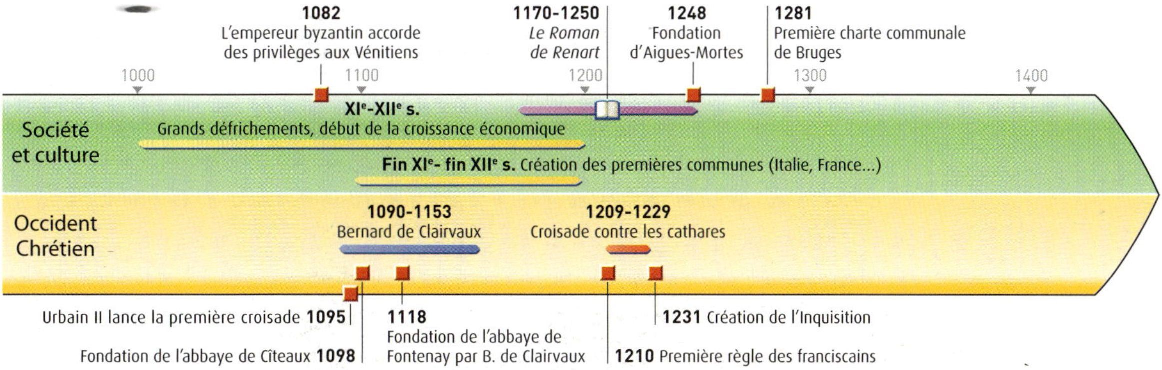

2 **Le christianisme en Occident (XIe-XIIIe siècles)**

CHAPITRE 4

La chrétienté médiévale

Entre les XIe et XIIIe siècles, l'Europe médiévale est massivement chrétienne : les minorités religieuses sont rares et l'Église affirme sa domination sur l'Occident. Seule l'Espagne, disputée entre chrétiens et musulmans, fait exception. Durant cette période, les églises et les abbayes se multiplient, et le clergé guide les fidèles pour leur permettre de gagner la vie éternelle.

Comment le christianisme organise-t-il la vie des fidèles européens du XIe au XIIIe siècles ?

1 L'Église encadre le peuple chrétien…

La consécration de Cluny par le pape Urbain II (1095)

● L'abbaye de Cluny a été fondée au Xe siècle. En 1095, la nouvelle église de l'abbaye est consacrée. Le pape, à gauche, consacre l'autel face à l'abbé et aux moines, à droite. Il est aussi entouré d'évêques, de clercs et de fidèles. *Enluminure, BNF, Paris.*

2 … dans l'attente du Jugement dernier

Une représentation du Jugement dernier

• **Le Christ, ressuscité après sa crucifixion, revient sur terre pour juger les âmes des mortels. Ceux-ci, figurés par des corps nus, sortent des tombeaux.**
Psautier d'Ingebruge de Danemark, XIIIe s., musée Condé, Chantilly.

DOSSIER

Le clergé encadre les fidèles

COURS p. 86-87

Dans l'Occident médiéval, 5 à 10 % de la population est composée de **clercs**. Alors que le clergé régulier vit dans des monastères et prie pour le **salut** des fidèles, le clergé séculier est au contact des **laïcs** : il est celui qui veille sur le peuple et lui donne les moyens d'atteindre le salut.

Comment le clergé médiéval assure-t-il l'encadrement de la société chrétienne ?

1 L'organisation du clergé séculier

• **Le clergé séculier est très structuré pour bien assurer la célébration du culte et assister les fidèles.**
(1) L'évêque commande aux autres clercs. (2) Le prêtre.
(3) Le diacre. (4) Le sous-diacre, entouré par les ordres mineurs qui aident à la célébration de la messe et à l'encadrement des fidèles : (5) le portier, (6) le lecteur, (7) l'exorciste et (8) l'acolyte.
Sacramentaire de Marmoutier à l'usage d'Autun, vers 845, Bibliothèque municipale d'Autun.

VOCABULAIRE

• **Clercs**
Hommes qui consacrent leur vie à Dieu et à l'Église. L'ensemble des clercs forme le clergé. On distingue le clergé régulier qui vit dans les monastères et le clergé séculier, au contact des laïcs.

• **Laïcs**
Chrétiens n'appartenant pas au clergé.

• **Salut**
Accès de l'homme à la vie éternelle après la mort.

2 Assurer le respect des lieux chrétiens : les églises et les cimetières

Les cimetières sont, à partir du XIe siècle, situés près des églises, au cœur de la communauté rurale. L'Église doit souvent rappeler les comportements non chrétiens à éviter dans ces lieux.

Les cimetières doivent être tenus propres et fermés pour ne pas être salis par les porcs ou par d'autres animaux.

Il faut excommunier ceux qui auraient construit de nouvelles bâtisses dans les cimetières.

Si certains ont soustrait une partie du cimetière et se la sont appropriée, ils doivent être avertis de la rendre, et s'ils refusent, il faut les dénoncer à l'évêque.

De même, nous interdisons la tenue de plaids séculiers[1] dans l'église ou le cimetière, ou pendant les processions ou les rogations[2], ou la vente d'articles dans l'église ou sous son portique. Sont aussi prohibées les chorégies[3] dans l'église ou sous son portique, dans le cimetière, aux processions ou aux rogations. Sous le portique de l'église ou dans le cimetière, surtout à l'heure de la messe, il ne faut pas se livrer au commerce. De la même manière, les mimes, bouffons, histrions, acrobates ne doivent pas exercer leurs jeux et amusements dans l'église ou sous son portique, ou dans le cimetière.

Guiard de Laon, Statuts synodaux du diocèse de Cambrai, vers 1245.

1. *Cour ou assemblée publique.*
2. *Prière de demande ; désigne aussi les prières des trois jours qui précèdent l'Ascension.*
3. *Chorale.*

3 Un évêque célébrant la messe

(1) Mitre et crosse, attributs de l'évêque soulignant l'étendue de son pouvoir. (2) Geste de bénédiction. (3) Sur l'autel, le pain et le vin consacrés lors de la messe : c'est le sacrement de l'eucharistie (partage du pain et du vin, symboles du corps et du sang du Christ, rappel de son dernier repas).
Bibliothèque Sainte-Geneviève, Paris.

5 Le clergé doit être irréprochable : la « réforme grégorienne »

À partir du XIe siècle, les papes engagent la « réforme grégorienne » (du nom du pape Grégoire VII). Il s'agit ici de surveiller les bonnes mœurs du clergé pour qu'il soit digne de guider les chrétiens vers le salut.

1. Qu'aucun clerc ne porte les armes.

2. Qu'aucun laïc, simple clerc ou seulement sous-diacre, ne soit élu évêque.

3. Que personne n'achète pour lui-même une prébende[1] ; et si un tiers ou ses parents l'ont fait pour lui, qu'ils la remettent à l'évêque. (...)

4. Que personne n'exige désormais le droit de sépulture[2].

5. Qu'aucun prêtre, diacre ou sous-diacre (...) ne se lie d'une union de fornication ; sinon, qu'il soit complètement écarté de son canonicat[3].

6. Qu'il ne soit permis à aucune femme d'habiter dans la maison des clercs. (...)

7. Qu'il ne soit permis à aucun clerc, désormais, d'obtenir deux prébendes dans deux cités, puisqu'il ne peut avoir deux églises attitrées. (...)

Extraits des décrets du concile de Clermont, 1095.

1. *Revenu lié à une charge ecclésiastique (prêtre, par exemple).*
2. *Argent versé en échange d'une inhumation chrétienne.*
3. *Dignité ecclésiastique.*

4 Le clergé limite la violence dans la société

Confrontée à la violence des chevaliers, l'Église essaie, à partir du Xe siècle, de protéger les clercs et les laïcs sans défense : c'est le temps de la paix de Dieu.

1. Je n'envahirai d'aucune manière une église. Je n'empiéterai pas sur les aîtres[1] de l'église. (...)

2. Je n'assaillirai pas de clerc et de moine ne portant pas d'armes séculières[2] ni de gens marchant avec eux sans armes. (...)

3. Je ne m'emparerai pas du bœuf, de la vache, du porc, (...) de l'âne et de l'ânesse, et du fardeau qu'ils portent. (...)

4. Je ne m'emparerai pas du paysan, de la paysanne, des serviteurs et des marchands. Je ne prendrai pas leurs deniers (...) et je ne les fouetterai pas. (...).

6. Je n'incendierai ni ne détruirai les maisons. (...)

Burchard, archevêque de l'église de Lyon, a établi ce pacte de paix au concile[3] de Verdun, en présence de ses évêques (...) qui tous ensemble ont prononcé la formule d'excommunication : « celui qui ne tiendra pas cette paix (...), qu'il n'entre plus dans l'église avec les chrétiens, qu'il n'ait plus leur compagnie, qu'il ne reçoive plus le corps et le sang du Seigneur jusqu'à ce qu'il jure cette paix. Nous n'ordonnons pas de jurer ce sacrement à ceux qui ne sont pas cavaliers et ne portent pas les armes. »

Accord de Verdun-sur-le-Doubs, 1021-1022.

1. *Le terrain délimité par des croix qui entoure une église et peut servir de cimetière.*
2. *Laïques.*
3. *Assemblée d'évêques.*

QUESTIONS

▶ Analyse des documents

DOC 1 **1.** Montrez que le clergé séculier est un monde hiérarchisé.

DOCS 1 ET 3 **2.** Pourquoi la célébration de la messe est-elle centrale dans la vie des communautés chrétiennes ? Qui l'assure ?

DOC 4 **3.** Qui doit être protégé d'après ce texte ? Qui prend ces engagements ? Quels en sont les objectifs ? **4.** À quelles sanctions s'exposent ceux qui les refusent ?

DOCS 2 ET 4 **5.** Montrez que le clergé impose un comportement chrétien dans les espaces considérés comme sacrés.

DOC 5 **6.** Quelles sont les différentes pratiques condamnées par ces décrets ? Qu'est-ce que cela montre du clergé avant la « réforme grégorienne » ?

▶ BILAN

Comment les membres du clergé doivent-ils veiller sur les fidèles et assurer l'encadrement de la société chrétienne ? Rédigez votre réponse en utilisant les termes suivants : sacrements – évêque – prêtre – messe – violence – paix – « réforme grégorienne ».

COURS

1. Le clergé dans l'Occident médiéval

DOSSIER p. 84-85
ÉTUDE p. 98-99

Comment s'organise le clergé dans l'Occident médiéval ?

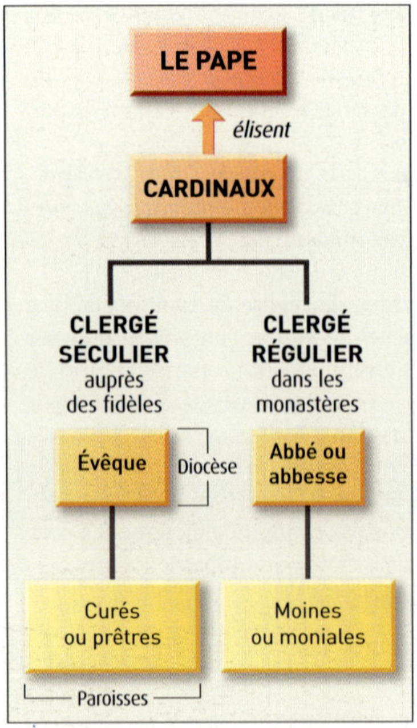

1. *L'organisation du clergé*

A Le fonctionnement du clergé

L'Église dans la société

- **Les clercs sont les hommes voués au service de l'Église**. Le clerc doit être un homme libre et avoir assimilé les rudiments de l'apprentissage scolaire. Les clercs se distinguent des **laïcs** qui forment le reste de la société.
- Si les clercs sont issus de groupes sociaux très divers, **l'Église est très riche dans la société médiévale.** Elle possède des terres sur lesquelles travaillent des paysans ; elle perçoit une taxe spécifique, la **dîme**, et reçoit des dons, notamment des élites de la société qui veulent assurer leur salut.

Au contact des fidèles, le clergé séculier

- Le clergé séculier, c'est-à-dire les clercs qui vivent « dans le siècle » parmi les laïcs, s'occupe des fidèles et administre les **sacrements**. **Le clergé séculier est un monde extrêmement hiérarchisé.**
- À la tête de l'Église, le pape, élu par des cardinaux, gouverne l'Église et peut convoquer des **conciles**. La chrétienté est divisée en **diocèses** dirigés par les **évêques**. Les diocèses sont divisés en **paroisses**, confiées à des **prêtres** sous le contrôle des évêques.

Dans les monastères, le clergé régulier

- Si les moines les plus anciens et prestigieux sont des ermites vivant seuls, loin des hommes, au XIe siècle, **les moines d'Occident vivent en communauté dans des monastères**, dirigés par un supérieur élu (l'abbé) auquel ils doivent obéissance.
- Le moine s'éloigne du monde pour chercher Dieu. Les moines suivent la **règle** de saint Benoît, rédigée au VIe siècle. Leur journée est rythmée par les **heures** qui rassemblent les moines pour la prière. Ils s'adonnent aussi au **travail manuel** au sein du monastère et à la **lecture** personnelle des **textes saints**. La viande leur est interdite et le vin consommé avec mesure ; les repas sont pris en silence.

B Le renouvellement des ordres monastiques

La puissance de l'ordre de Cluny

- La période est marquée par la **puissance des moines de Cluny** (Bourgogne). Fondée en 910 par le duc d'Aquitaine, l'abbaye est protégée par le pape. Les clunisiens perfectionnent le chant et la prière des morts. Ils attirent les dons des élites soucieuses de leur salut.
- **Au début du XIIe siècle, on compte plus de 1 400 monastères clunisiens.** La troisième église de Cluny, consacrée par le pape en 1095, est la plus grande d'Occident.

De nouveaux ordres aux XIe et XIIe siècles

- **Les clunisiens se voient vite reprocher leur enrichissement et leur éloignement de la règle de saint Benoît.** La fin du XIe et le XIIe siècle sont marqués par l'apparition de **nouveaux moines vivant dans des conditions plus austères**, en montagne ou dans des milieux hostiles, qu'il leur faut aménager.
- Les **chartreux** sont fondés par Bruno en 1084 et les **cisterciens** par Robert de Molesme en 1098. Après quelques difficultés, les cisterciens deviennent, grâce à l'action de **Bernard de Clairvaux**, un des ordres les plus présents en Occident.

VOCABULAIRE

- **Concile**
Assemblée d'évêques et d'abbés réunis pour délibérer sur des questions religieuses.
- **Croisade**
Expédition militaire et religieuse organisée par les chrétiens pour délivrer les lieux saints.
- **Dîme**
Taxe d'environ 10 % des revenus versée à l'Église pour l'entretien du clergé, des lieux de culte et l'assistance aux pauvres.
- **Heures**
Prières quotidiennes du chrétien organisées en sept ou huit temps.
- **Ordre**
Communauté de moines ou de frères qui obéissent à la même règle.

Les ordres mendiants apparaissent au XIIIe siècle

• Au début du XIIIe siècle apparaissent les **ordres mendiants**, appelés ainsi car leurs religieux vivent de la mendicité. Parmi eux, l'ordre des **franciscains** est fondé par François d'Assise (1182-1226) et celui des **dominicains** par Dominique de Guzman (1170-1221).
• Les frères mendiants parcourent les villes pour propager la parole de Dieu et enseigner. Ils sont fortement soutenus par la papauté (doc 2).

C Une Église plus puissante

Le pape à la tête de la chrétienté

• Au XIe siècle, **une partie du clergé séculier est critiquée** pour son immoralité et son incompétence. **Le pape engage donc un mouvement de réforme.** Il condamne des pratiques jusque-là acceptées, comme la simonie (l'achat de fonctions religieuses) et le nicolaïsme (le concubinage des prêtres).
• Grâce à cette **réforme grégorienne**, le pape, à la tête d'une nouvelle Église, cherche à apparaître, en tant que représentant de Dieu, comme supérieur à tous les rois et princes.

De la paix de Dieu à la croisade

• L'Église cherche à s'affirmer vis-à-vis des puissants. Elle impose ainsi la **paix de Dieu** aux hommes d'armes pour **réduire la violence** dans la société.
• Enfin, pour exporter la violence en dehors de la chrétienté et protéger les pèlerins se rendant à Jérusalem, **le pape Urbain II lance la première croisade en 1095**.

VOCABULAIRE

• **Réforme grégorienne**
Du nom du pape Grégoire VII (1073-1085). Politique menée entre le XIe et le XIIIe siècles par la papauté pour améliorer le fonctionnement et la moralité de l'Église.

• **Règle**
Texte qui définit strictement la vie des moines : heures de lever, de prière, de lecture, de travail manuel, de coucher. Depuis le IXe siècle, les moines suivent la règle de saint Benoît.

• **Sacrements**
Les sept actes religieux institués par l'Église pour permettre à l'homme de se rapprocher de Dieu (voir p. 88-89).

2. *La création de l'ordre franciscain*
● **En 1210, le pape Innocent III reconnaît la règle de saint François d'Assise.**
Fresque de Giotto, nef de l'église haute d'Assise, 1297.

DOSSIER

Vivre en chrétien (XIe-XIIIe siècles)

COURS p. 94-95

Au Moyen Âge, la religion est présente à chaque instant de la vie. L'année est rythmée par les fêtes religieuses, alors que les **sacrements** dispensés par le clergé sont des étapes importantes de la vie de tous les laïcs. Les fidèles, angoissés par leur sort après la mort, doivent se comporter en respectant les recommandations de l'Église s'ils veulent gagner la vie éternelle.

Comment les chrétiens espèrent-ils gagner leur salut ?

1 Une année rythmée par le calendrier chrétien

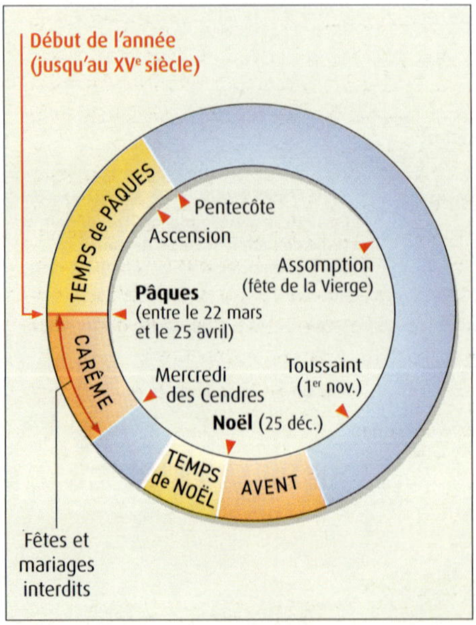

VOCABULAIRE

• Sacrement
Rite permettant la rencontre entre Dieu et le fidèle par l'intermédiaire du prêtre. L'Église a institué sept sacrements : le baptême, l'eucharistie (partage du pain et du vin, symboles du corps et du sang du Christ, rappel de son dernier repas ou Cène), la confirmation, la pénitence (pardon accordé après un péché), le mariage, l'ordre (pour devenir prêtre) et l'onction des malades (pour se préparer à la mort).

3 Le sacrement du baptême

« Décrets de Gratien », *XIIIe s., Bibliothèque municipale, Laon.*

2 Le sacrement du mariage

Que les prêtres interdisent à leurs fidèles d'échanger le consentement de mariage sinon en présence du prêtre de l'un d'entre eux, dans un lieu fréquenté et public, et devant tous. (...) Que soient excommuniés[1] et dénoncés comme tels ceux qui contractent des mariages clandestins et que soit aussi dénoncé comme excommunié le prêtre qui célèbre de tels mariages.

Statuts synodaux du diocèse de Cambrai, vers 1245.

1. Exclusion de la communauté des fidèles (l'excommunié ne peut plus recevoir l'eucharistie ni être enterré dans un cimetière).

4 La pratique de la charité

● **La charité est la vertu fondamentale pour les chrétiens. C'est un acte qui apporte du bien aux autres.**
Bible de Floreffe, XIIe siècle, British Museum, Londres.

5 La confession et la pénitence

Que tout fidèle des deux sexes, parvenu à l'âge de discrétion[1], confesse fidèlement tous ses péchés, sans témoin, à son propre curé, à tout le moins une fois par an, et qu'il s'attache à accomplir selon ses forces la pénitence à lui imposée, recevant respectueusement le sacrement de l'eucharistie, au moins à Pâques, sauf si, sur le conseil de son propre curé, quelque cause raisonnable le conduit à s'en abstenir pour un temps ; qu'autrement pendant sa vie l'accès de l'église lui soit interdit, et qu'à sa mort il soit privé de sépulture chrétienne. Si quelqu'un, pour un motif valable, veut confesser ses péchés à un prêtre étranger[2], qu'il demande d'abord et obtienne la permission de son propre curé.

Canon du concile de Latran IV, 1215.

1. *« Âge de raison », 7 ans.*
2. *Extérieur à la paroisse.*

6 Le pèlerinage

● **Sur le chapeau de ce pèlerin, une coquille symbolise le pèlerinage de Saint-Jacques-de-Compostelle, où aurait été retrouvée la tombe de l'apôtre Jacques.**
(1) La besace contenant la nourriture du marcheur.
(2) Le bourdon ou bâton de pèlerin.
Fresque, XIIIe s., Villeneuve d'Aveyron.

Questions

▶ **Analyse des documents**

DOC 1 **1.** Quelles sont les deux grandes fêtes chrétiennes rythmant l'année du fidèle ? Comment appelle-t-on chaque temps de préparation précédant la fête ?

DOC 3 **2.** Expliquez ce qu'est le baptême. Qui est le personnage en blanc ? Décrivez l'enluminure (action, personnages).

DOCS 2, 3 ET 5 **3.** Quel est le rôle du prêtre auprès des fidèles ? Montrez son importance dans la vie quotidienne du croyant.

DOC 5 **4.** Pourquoi est-il nécessaire de se confesser ?

DOC 4 **5.** Quels sont les actes de charité attendus de la part de tout chrétien ?

DOC 6 **6.** Quels sont les objets du pèlerin ? Pourquoi a-t-il besoin de se faire reconnaître ?

▶ **BILAN**

Un chrétien explique à un prêtre tout ce qu'il a fait au long de sa vie pour gagner son salut. Faites-en le récit.

ÉTUDE

L'hérésie cathare et sa répression (XIe-XIIIe siècles)

COURS p. 94-95

Parmi les **hérésies** médiévales, le **catharisme** est celle qui menace le plus l'Église. Au début du XIIe siècle, les cathares s'implantent dans le sud du royaume de France et en Italie du Nord. Ils contestent l'autorité de l'Église et refusent les sacrements. Au début du XIIIe siècle, le pape Innocent III décide d'éliminer l'hérésie et lance une **croisade**. Dans le même temps, l'**Inquisition** traque les hérétiques.

Comment l'Église lutte-t-elle contre l'hérésie cathare ?

1 Les croyances cathares s'opposent à l'Église de Rome

Souvenirs de la prédication[1] de Pierre et Jacques Authié[2].

[L'inquisiteur] me demanda ce que disaient les hérétiques [Pierre et Jacques Authié] au sujet de l'Église romaine, et je répondis qu'ils disaient qu'elle n'avait pas le pouvoir de remettre les péchés, parce que, disaient-ils, elle était souillée et ne montrait que mauvaises actions et mauvais exemples, qu'elle ne suivait pas la voie du Salut, mais bien celle de la perdition. Ils disaient aussi que le pain posé sur l'autel et béni des paroles même dont le Christ les bénit au jour de la Cène avec ses apôtres n'était pas le vrai corps du Christ (...).

Personne ne doit adorer la croix, et (...) le signe de la croix ne peut en aucun cas servir à quelque chose, puisque sur la croix-Dieu a souffert mort et grande honte. (...) Pour ce qui était du baptême, ils disaient également que c'était de manière ignare et en dépit des divines ordonnances[3] qu'il était pratiqué dans l'Église romaine.

Déposition de Pierre de Gaillac devant l'inquisiteur Geoffroy d'Ablis, inquisiteur du début du XIVe siècle dans le comté de Foix.

1. *Parole d'un clerc à destination des laïcs pour enseigner les vérités de la foi et la manière de vivre en bon chrétien.*
2. *Prédicateurs cathares.*
3. *Recommandations.*

VOCABULAIRE

- **Catharisme :** Pour l'Église, hérésie qui affirme l'existence de deux principes éternels, le bien et le mal, en lutte pour le monde. Du mal procède tout ce qui existe matériellement, du bien, le monde invisible des esprits.
- **Croisade :** Expédition militaire chargée de défendre la foi chrétienne contre les infidèles ou les hérésies.
- **Hérésie :** Doctrine religieuse condamnée par l'Église.
- **Inquisition :** Tribunal ecclésiastique créé par le pape en 1231 et chargé d'enquêter et d'éliminer l'hérésie.

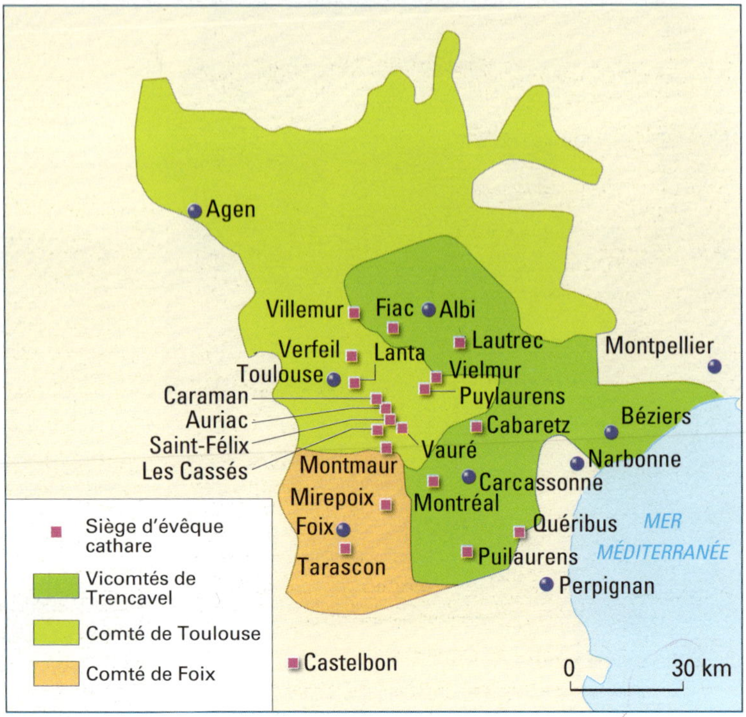

2 L'implantation de l'Église cathare dans le sud de la France

- **Grâce à l'appui des élites locales, l'Église cathare prospère et s'implante durablement, au grand jour, dans le sud du royaume de France.**

3 **Le château cathare de Queribus (Aude)**

● Ce château, tombé en 1255, est l'un des derniers bastions de la résistance cathare lors de la croisade.

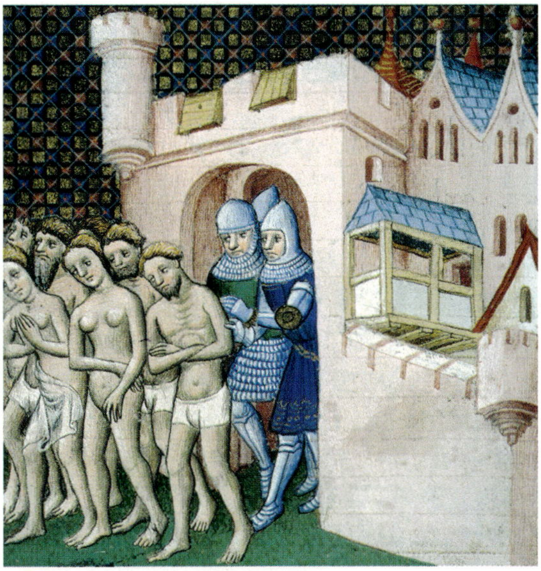

5 **La répression des cathares**

● L'Église, submergée par le nombre de fidèles cathares, fait appel à des chevaliers du royaume de France. En 1209, le pape Innocent III lance une croisade en Languedoc ; le 15 août de cette même année, les croisés prennent la ville de Carcassonne et en chassent les hérétiques. *Enluminure des* Grandes Chroniques de France, *British Library, Londres.*

4 L'Inquisition interroge les hérétiques (1245-1246)

L'Inquisition est créée par le pape en 1231. Les inquisiteurs procèdent à des enquêtes et interrogent longuement les accusés. L'Inquisition est cependant moins meurtrière que la croisade et recourt assez peu à la peine de mort.

Du Mas-Saintes-Puelles, l'année du Seigneur 1245, le 13 de calendes de juillet.

Raimonde, femme de Guillaume Gasc (...) dit qu'elle a vu, il y a une cinquantaine d'années environ, plusieurs hérétiques habitant au Mas au vu de tout le monde. C'est alors que le témoin fut faite hérétique et c'est Ysarn de Castres qui l'a faite hérétique. Elle demeura là avec les hérétiques comme hérétique vêtue pendant deux ans. Ensuite, elle fut convertie à la foi catholique. Elle ne vit pas d'ailleurs d'hérétiques, n'en adora point et n'entendit pas leurs prédications. C'est saint Dominique[1] qui la réconcilia[2]. Mais ensuite elle vit des hérétiques, en adora et crut qu'ils étaient de bons hommes, et elle reçut les croix de l'évêque de Toulouse[3], qu'elle porta cependant toujours recouverte en dehors de sa maison.

Cartulaire ou histoire diplomatique de saint Dominique, éd. Balme et Lelaidier, Paris, 1893.

1. *Dominique de Guzman (1170-1221), fondateur de l'ordre des dominicains.*
2. *Réconcilier avec Dieu signifie quitter l'hérésie pour revenir à l'Église.*
3. *En signe de sa réconciliation avec l'Église catholique.*

Questions

▶ L'hérésie cathare et son expansion

DOC 1 **1.** Que reprochent les cathares à l'Église ? Quelles pratiques remettent-ils particulièrement en cause ? Pourquoi est-ce une critique fondamentale de l'Église ?

DOC 2 **2.** Où s'implantent massivement les cathares ?

▶ La répression du catharisme

DOC 5 **3.** Comment le pape entend-il lutter contre les hérétiques cathares ?

DOCS 3 À 5 **4.** La croisade est-elle parvenue à éliminer totalement l'hérésie ?

DOC 4 **5.** Montrez qu'il s'agit d'un document judiciaire. Quel est le parcours religieux de cette femme ?

▶ BILAN

Rédigez une page sur l'hérésie cathare et sa répression. Vous expliquerez d'abord qui sont les cathares et comment ils ont pu développer leur Église. Vous montrerez ensuite les difficultés rencontrées par l'Église pour éliminer cette hérésie et décrirez les méthodes employées.

ÉTUDE

L'évangélisation des Slaves et des peuples du Nord (XIe-XIIIe siècles)

COURS p. 94-95

Entre les XIe et XIIIe siècles, la croissance et le dynamisme de la chrétienté occidentale encouragent l'Église à prolonger l'action d'**évangélisation** entreprise envers les Slaves, les peuples scandinaves et les Baltes durant les siècles antérieurs. Des **ordres missionnaires** et **militaires**, comme les Porte-Glaive ou les Teutoniques, sont les fers de lance de cette évangélisation. Cependant, les résistances s'avèrent nombreuses.

Comment l'Église tente-t-elle de convertir les peuples de l'est et du nord de l'Europe ?

VOCABULAIRE

- **Évangélisation**
Annonce des Évangiles (« la Bonne nouvelle ») pour convertir au christianisme.
- **Missions**
Voyages de clercs ayant l'évangélisation pour objectif.
- **Ordres militaires**
Ordres religieux armés destinés à la protection du clergé et des fidèles chrétiens contre les infidèles ou les païens à partir du XIe siècle.

1 Les progrès de l'évangélisation en Baltique

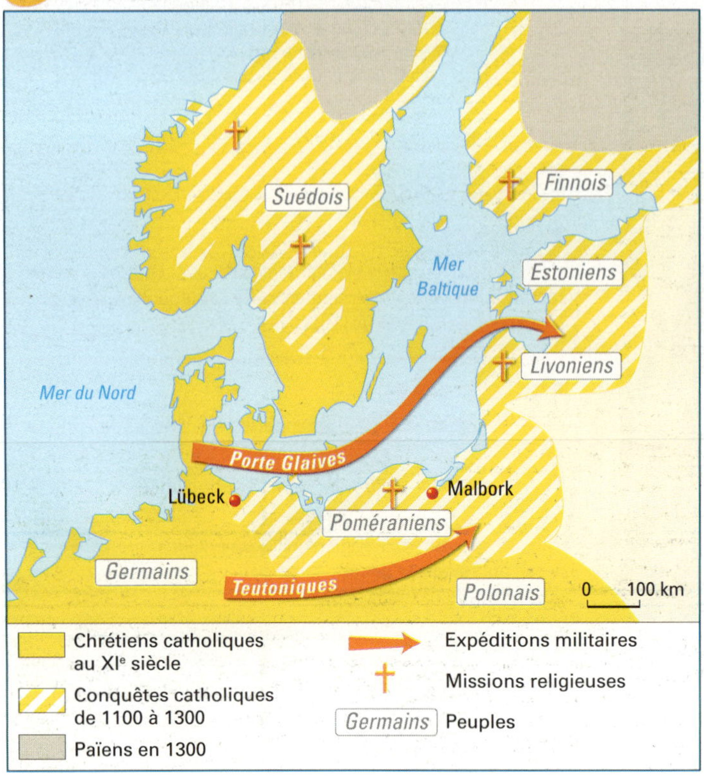

2 La conversion des Slaves de Lübeck (1156)

Pendant notre trajet, nous arrivâmes d'aventure à un bois, le seul de cette terre, qui n'est que plaine étendue. Là, parmi de très vieux arbres, nous vîmes les chênes sacrés qui étaient consacrés au dieu de cette terre, Proven, qu'entouraient un espace consacré et une palissade en bois, soigneusement construite, et dans laquelle s'ouvraient deux portes. Outre les pénates et idoles[1] dont chaque place regorgeait, l'endroit était le sanctuaire général de cette terre. (...)

L'évêque nous exhorta à y pénétrer sans crainte pour détruire le bois sacré. Lui-même, sautant de cheval, brisa de son épieu la façade admirable des portes et, pénétrant dans l'enclos, nous en arrachâmes les pieux que nous disposâmes autour des arbres ; mettant le feu à ces tas de bois, nous en fîmes un bûcher, non sans craindre que les habitants ne se soulevassent pour nous massacrer, mais Dieu nous protégea. (...)

Le dimanche suivant, tout le peuple se réunit sur la place de Lübeck ; l'évêque s'y rendit et exhorta la foule à abandonner ses idoles pour honorer le dieu unique, qui est aux cieux, et à recevoir la grâce du baptême pour renoncer aux œuvres du mal, à savoir les pillages et les meurtres des chrétiens. et J. Favier.

Chroniques d'Helmod, traduit du latin par O. Guyotjeannin, *Archives de l'Occident*, Fayard, 1992.

1. *Les pénates sont les dieux protégeant la maison ; les idoles sont les figures représentant les dieux.*

3 La forteresse teutonique de Malbork (Poméranie)

• Le château, dont la construction a débuté en 1270, est le siège de l'ordre des chevaliers Teutoniques qui se lancent à la conquête de nouvelles terres à évangéliser. La ville s'appelle alors Marienbourg.

4 Les difficultés de l'évangélisation de la Suède

Il vous faut montrer plus de respect à l'égard des évêques, prêtres, moines et autres religieux, que le Seigneur de sa propre bouche a enseigné à respecter en disant : « Celui qui vous entend, c'est moi qu'il entend ; celui qui vous méprise, c'est moi qu'il méprise » et « celui qui vous touche, il touche la pupille de mes yeux ». D'où il ne fait aucun doute que ceux qui les persécutent et pillent ou usurpent leurs biens, persécutent le Christ et commettent le crime de sacrilège en usurpant ou pillant leurs biens. (...) La loi, tant du Nouveau que de l'Ancien Testament, enseigne de verser les dîmes[1] aux prêtres et autres desservants des églises. (...) Car ceux qui auront fidèlement versé la dîme de leurs biens pourront mériter les biens terrestres et célestes et seront toujours dans l'abondance.

Pape Alexandre III, *Lettre au roi suédois Knut Eriksson*, 6 juillet 1171-1180.

1. Évoquée par l'Ancien Testament, la dîme est l'impôt en nature versé à l'Eglise, correspondant en théorie à un dixième des récoltes.

5 Les résistances au christianisme

Voici l'arbitrage rendu en 1276 entre l'évêque de Münster et les Frisons, peuple germanique (Allemagne du Nord actuelle, Danemark et Pays-Bas), dont la conversion forcée avait commencé sous le règne de Charlemagne, à la fin du VIIIe siècle.

Si on a brûlé ou détruit une église au point qu'il faille la reconsacrer[1], on sera tenu de la réparer entièrement et condamné de quarante marcs d'amende à l'évêque.

Si l'on est entré dans une église en armes, ou avec des bâtons ou des hommes d'armes, on sera puni par une amende de dix marcs. (...) Si on tue un prêtre, soixante marcs, un diacre, cinquante, un sous-diacre, quarante, un acolyte, trente-six marcs. Mutilation d'un prêtre dans ses membres principaux, vingt marcs pour en être absous.

Traduit du latin par O. Guyotjeannin et J. Favier, *Archives de l'Occident*, Fayard, 1992.

1. Dédier de nouveau à Dieu.

QUESTIONS

▶ **L'évangélisation et ses moyens**

DOC 1 **1.** Quels sont les progrès de l'évangélisation entre 1000 et 1300 ?

DOCS 1, 2 ET 3 **2.** Quels sont les acteurs de cette évangélisation ?

DOCS 1, 2, 3 ET 5 **3.** Comment agissent-ils ?

▶ **Les résistances à l'évangélisation**

DOCS 2, 4 ET 5 **4.** Les résistances proviennent-elles uniquement de terres qui viennent juste d'être évangélisées ?

DOC 4 **5.** Pourquoi l'intervention du pape auprès du roi Knut Eriksson témoigne-t-elle des difficultés importantes rencontrées par le clergé chrétien en Suède ?

DOCS 4 ET 5 **6.** Détaillez la nature des résistances rencontrées dans ces régions.

▶ **BILAN**

Les terres nouvellement évangélisées sont-elles facilement dominées par les chrétiens ? Vous répondrez en utilisant les termes suivants : ordres militaires – Teutoniques – évêque – idoles – dîmes – résistances.

COURS

2. Une société qui vit au rythme du christianisme

DOSSIER p. 88-89
ÉTUDE p. 90-91
ÉTUDE p. 92-93

Comment le christianisme organise-t-il toute la vie au Moyen Âge ?

A Le christianisme, fondement de la société

Préparer au salut

- **Le christianisme** permet à l'homme d'endurer son quotidien parfois difficile. La vie terrestre n'est qu'un épisode durant lequel le croyant doit se préparer à la vie éternelle.

Organiser l'espace et le temps

- L'Église **quadrille l'Europe** avec son **réseau de diocèses et de paroisses** ; l'église et le cimetière sont au cœur du village. Les cloches rythment la journée, la messe dominicale clôt la semaine, l'année est organisée autour de grandes fêtes (Pâques, Noël et la Pentecôte sont les plus importantes). Le calendrier chrétien, plus dense durant les mois d'hiver, s'adapte aux activités agricoles, moins nombreuses à cette époque.
- L'Église est aussi présente par son **assistance aux pauvres et aux malades**. Les clercs, notamment les réguliers, sont aussi les premiers enseignants et au XIIIe siècle, les **universités** voient le jour dans les grandes villes d'Europe.

Une chrétienté en expansion

- **L'évangélisation se poursuit en direction des populations d'Europe du Nord.** De nouveaux diocèses apparaissent et des **ordres militaires**, comme les Teutoniques, appuient les efforts de l'Église lorsqu'elle est confrontée à des résistances et n'hésitent pas à recourir aux armes.

1. *Le mariage*
● La jonction des mains des époux est le symbole du mariage religieux conclu en présence du prêtre et des deux familles.
« Décrets de Gratien », *XIIIe s., Bibliothèque Municipale, Laon.*

B Les croyances et les rites du christianisme

Les dogmes

- L'essentiel du **dogme** est condensé dans le ***Credo*** (« je crois ») : c'est la croyance en un Dieu unique en trois personnes (le Père, le Fils et l'Esprit). Jésus se serait incarné pour sauver tous les hommes condamnés par le péché d'Adam.
- **D'autres prières sont essentielles : le *pater*** (« Notre-Père ») **ou l'*ave Maria*** (« Je vous salue Marie »). Le prêtre célèbre la messe en latin, faisant appel aux chants facilement mémorisés, mais la **prédication** est souvent dans la langue locale. Il célèbre la messe dos aux fidèles, tous tournés vers le Seigneur.

Les sacrements

- **Au nombre de sept**, ils constituent des moments de passage : le **baptême** et la **confirmation** marquent l'appartenance à la communauté chrétienne, le **mariage** permet aux époux d'échanger leur consentement devant le prêtre (doc 1), l'**extrême-onction** lave des péchés afin de gagner la vie éternelle (doc 3). Les dimanches et les jours de fête, les chrétiens reçoivent l'**eucharistie** : c'est la **communion**. Au XIIIe siècle, la confession et la **pénitence** doivent être faites au moins une fois par an, avant Pâques. Le **sacrement de l'ordre** permet de devenir prêtre.

Culte des saints et pèlerinages

- La vie quotidienne est marquée par le **culte des saints** et la **vénération des reliques** (doc 2). Celles-ci, précieusement conservées, sont exhibées lors des fêtes et les fidèles en attendent des miracles.
- De **nombreux pèlerins** se rendent par ailleurs vers les principaux sanctuaires chrétiens pour préparer leur salut : Rome, Saint-Jacques-de-Compostelle, Jérusalem.

VOCABULAIRE

- **Dogme**
Doctrine religieuse fondamentale.
- **Eucharistie**
Sacrement de la communion, délivrée lors de la messe : partage du pain et du vin, symboles du corps et du sang du Christ, rappel de son dernier repas (la Cène).
- **Évangélisation**
Annonce des Évangiles (« la Bonne nouvelle ») pour convertir au christianisme.
- **Hérésie**
Doctrine religieuse condamnée par l'Église.
- **Inquisition**
Tribunal ecclésiastique créé par le pape et chargé d'enquêter et d'éliminer l'hérésie.
- **Ordres militaires**
Ordres religieux armés destinés à la protection du clergé et des fidèles chrétiens contre les infidèles ou les païens à partir du XIe siècle.

C Une christianisation imparfaite ?

La persistance des superstitions

- Depuis les origines, l'Église **lutte contre les superstitions populaires**. Celles-ci amalgament le naturel et le surnaturel dans un contexte où Dieu est toujours aux prises avec le diable. Les événements, comme la paix, la guerre ou la famine sont souvent interprétés comme les conséquences de l'action directe de forces magiques ou des astres.

Les hérésies

- Alors qu'elles restaient auparavant cantonnées à des débats entre savants, à partir du XIe siècle, **des hérésies se répandent dans la population**. Elles révèlent souvent une contestation de l'Église. Certains hérétiques lui refusent son rôle de médiatrice entre Dieu et les hommes, rejetant la croix, les sacrements, les reliques. Le clergé est critiqué pour sa richesse, on refuse de lui payer la dîme.
- Si elles disparaissent souvent rapidement, **certaines hérésies résistent et se répandent** : c'est le cas notamment de celle des **cathares**.

La répression des hérésies

- La surveillance de la foi appartient d'abord aux **évêques** dans leurs diocèses. Ils interrogent et punissent les hérétiques, comptant sur la **prédication** pour éviter ou corriger ces déviances.
- Mais devant le succès des cathares, notamment dans le sud du royaume de France, le pape fait appel au roi et à ses chevaliers. En 1209, le pape Innocent III lance une croisade pour éliminer le catharisme en Languedoc. Cette expédition militaire est très violente et fait de nombreuses victimes. Cependant, elle ne parvient pas à venir à bout de cette hérésie.
- Au XIIIe siècle, la papauté crée l'**Inquisition**. Confiée aux ordres mendiants, elle enquête et interroge de manière minutieuse les hérétiques. Les condamnations sont variées (prison, pénitence…) et peuvent aller jusqu'à la mort. L'Inquisition permet d'éradiquer peu à peu le catharisme.

VOCABULAIRE

- **Prédication**
Parole d'un clerc à destination des laïcs pour enseigner les vérités de la foi et la manière de vivre en bon chrétien.
- **Reliques**
Restes du corps d'un saint (ou d'un martyr) vénéré par les chrétiens.

2. ***Reliquaire de Sainte-Foy de Conques***
Xe siècle, trésor de l'abbatiale de Sainte-Foy.

3. ***Le dernier sacrement : l'extrême-onction***
« Eldrad mourant reçoit les derniers sacrements », *fresque romane byzantine, fin du XIe siècle, abbaye de Novalesa, Piémont (Italie).*

Le tympan roman de l'abbatiale de Conques (XIIe siècle)

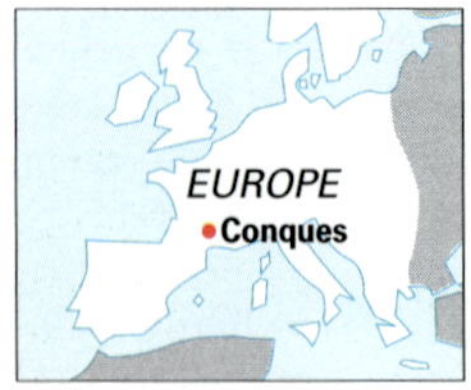

Comment l'art roman témoigne-t-il des représentations de l'au-delà ?

L'ESSENTIEL SUR… Le tympan de l'abbatiale de Conques

L'abbaye de Conques

▶ L'abbaye de Conques a été fondée au IXe siècle. Construite aux XIe et XIIe siècles, l'église abbatiale Sainte-Foy de Conques est une étape essentielle sur la **route française du pèlerinage de Saint-Jacques-de-Compostelle**. Elle est célèbre pour les sculptures de son tympan et la statue reliquaire de Sainte-Foy (doc 2 p. 95).

L'art roman

▶ L'art roman apparaît dès la **fin du Xe siècle**. Cet art utilise la **pierre taillée** et la **peinture polychrome** pour souligner la gloire et la majesté de Dieu et faire de l'église un espace sacré.

La fonction du tympan

▶ La sculpture romane se caractérise par une grande liberté des formes et la place laissée à l'**imaginaire chrétien**. Elle se développe principalement sur les **chapiteaux** et les **tympans**. Le tympan accueille les fidèles à l'entrée de l'église. Son décor est très soigné.

▶ Celui de Conques est l'un des plus célèbres de France : extrêmement bien préservé, il réunit **124 personnages** rappelant aux fidèles ce qu'est le **Jugement dernier**.

I Un détail du tympan : la pesée des âmes

Les entrées du paradis et de l'enfer :
(1) La résurrection des morts (les corps sortent des tombes).
(2) La pesée des âmes.
(3) Les élus sont accueillis.
(4) Les damnés s'engouffrent dans la gueule du Léviathan (monstre marin mentionné dans la Bible), poussés par une créature démoniaque.

2 Le tympan de Conques

① Jésus-Christ « roi et juge ».
② Marie, saint Pierre et l'abbé Dadon, fondateur de l'église de Conques.
③ Abraham accueille les élus, accompagné des prophètes de l'Ancien Testament sur sa gauche et des prophètes du Nouveau Testament sur sa droite.
④ La pesée des âmes.
⑤ Satan au centre des enfers.
⑥ Un damné rôtit dans les enfers.
⑦ Ivrogne pendu tête en bas et vomissant son vin.

Tympan de l'abbatiale (6,70 x 3,10 m).

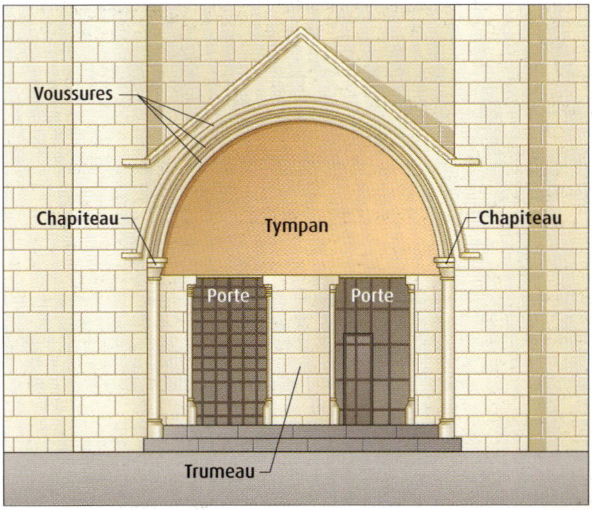

Questions

Présenter l'œuvre

1. Présentez les documents (nature, date, lieu) en rappelant ce qu'est le Jugement dernier.

Analyser l'œuvre

2. Comment l'espace du tympan a-t-il été organisé ? Quelles sont ses principales figures ?

3. Pourquoi le Christ est-il représenté ici ? Observez ses mains. Que fait-il ? (doc 2)

4. Comment oppose-t-on le monde des élus et des damnés dans cet ensemble de sculptures ?

Faire le lien entre art et histoire

5. Expliquez l'emplacement du tympan dans l'église et la fonction d'une telle représentation dans un contexte où les fidèles sont souvent illettrés.

ÉTUDE

Une abbaye cistercienne, Fontenay

COURS p. 86-87

En Occident, depuis le début du IXe siècle, les moines vivent selon la **règle** de saint Benoît. Peu à peu pourtant, le respect de la règle se relâche. En 1098, des moines décident de revenir à une application plus stricte et ils fondent le monastère, puis l'**ordre** de Cîteaux. Isolés du monde, au centre d'une vaste exploitation qu'ils ont entièrement aménagée, les moines peuvent se consacrer entièrement à Dieu. Prière et travail rythment leur vie. L'abbaye de Fontenay, fondée en 1118 par Bernard de Clairvaux en Bourgogne, offre l'un des exemples les mieux conservés de l'architecture cistercienne.

Quelles sont les différentes fonctions de l'abbaye et les activités des moines à l'intérieur de celle-ci ?

VOCABULAIRE

- **Règle**
Texte qui définit strictement la vie des moines (activités, horaires). Depuis le IXe siècle, les moines suivent la règle de saint Benoît.
- **Ordre monastique**
Communauté religieuse reconnue et instituée par le pape.

1 Le décor des églises selon Bernard de Clairvaux

Bernard est un noble né en Bourgogne vers 1090. Vers l'âge de 20 ans, il rentre au nouveau monastère de Cîteaux : il est séduit par la recherche d'une vie monastique rude loin des agitations du monde. Il diffuse rapidement l'ordre de Cîteaux et devient l'un des hommes les plus écoutés de la chrétienté du XIIe siècle.

Je dois vous reprocher un abus à mes yeux plus grave, quoique devenu si fréquent qu'on n'y prête plus attention : vous donnez à vos églises des proportions gigantesques, les décorez avec somptuosité, les faites revêtir de peintures qui détournent irrésistiblement sur elles l'attention des fidèles (...). J'admets que vous le faites pour la gloire de Dieu. Mais dites-moi, vous qui pratiquez la pauvreté de l'esprit, que vient faire tant d'or dans un sanctuaire ? (...) Mais surtout, quel rapport avec votre vie de pauvres, de moines, de spirituels ?

Extrait de Bernard de Clairvaux, *Lettre à l'abbé de Saint-Thierry*, 1125.

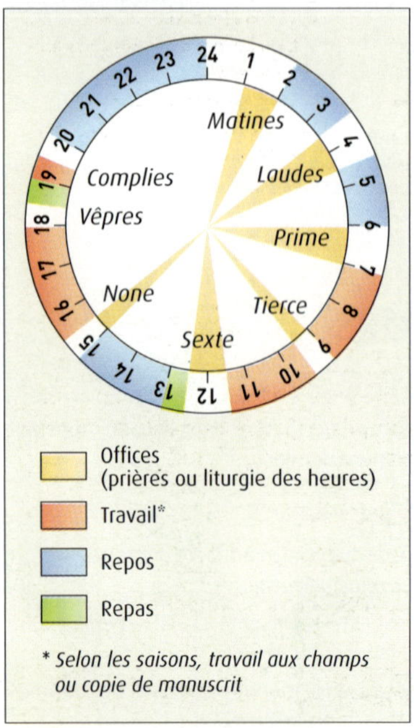

2 La journée d'un moine de l'abbaye

- **La règle de saint Benoît, rédigée au VIe siècle, organise la vie des moines.**

3 Le cloître

- **Les quatre galeries du cloître s'étendent sur 36 et 38 m. Le cloître est une image de perfection ; ses galeries sont empruntées par les moines pour se rendre d'un bâtiment à l'autre et doivent favoriser la méditation et la prière.**

4 L'abbaye de Fontenay

1. L'église
2. Le cloître
3. La chapelle des pèlerins
4. Le colombier
5. La salle capitulaire (salle de réunion des moines) au rez-de-chaussée
6. Le dortoir à l'étage
7. Le chauffoir, seule salle chauffée
8. Le réfectoire et la cuisine
9. La salle de travail des copistes
10. L'infirmerie
11. La forge et les moulins
12. L'hospice (accueil des pauvres et des pèlerins)

5 La nef de l'église

QUESTIONS

▶ L'organisation de la vie des moines

DOCS 2 ET 4 **1.** Montrez que l'abbaye est un lieu de prière mais aussi un lieu de travail. **2.** Combien de fois par jour le moine est-il amené à prier ? Quel est le nombre d'heures consacré à la prière en une journée ? **3.** Combien d'heures le moine consacre-t-il au travail et quelle peut être la nature de ses travaux ?

▶ L'abbaye, un lieu dédié à la prière

DOC 1 **4.** Que condamne Bernard de Clairvaux dans cette lettre ? Pourquoi ?

DOCS 1, 3, 4 ET 5 **5.** Comment les thèses de Bernard de Clairvaux se retrouvent-elles dans le décor de l'abbaye ? **6.** Que doit favoriser la sobriété du décor ?

▶ BILAN

Rédigez une page sur l'abbaye cistercienne de Fontenay en montrant qu'elle est un lieu de spiritualité mais aussi un lieu de travail devant permettre l'autonomie de la communauté monastique.

ÉTUDE

La cathédrale de Reims, chef-d'œuvre de l'art gothique

COURS p. 86-87
COURS p. 94-95

L'art gothique triomphe dans les grandes villes du nord de la France au milieu du XIIe siècle, avant de se répandre sur une large partie du continent. La cathédrale de Reims, dédiée à la Vierge et servant au sacre des rois de France, largement reconstruite au XIIIe siècle, est emblématique de ce nouvel art chrétien. Cette reconstruction, permise par des dons mais aussi par l'accroissement des revenus de l'Église, témoigne également de la croissance économique médiévale.

Pourquoi la cathédrale de Reims apparaît-elle comme un chef-d'œuvre de l'art gothique ?

1 Façade de Notre-Dame de Reims

• Célèbre pour la hauteur de ses tours (81,50 m), la façade est organisée en quatre niveaux et rythmée par la présence de nombreuses statues et de larges vitraux.

(1) Tours (2) Galerie des rois (3) Grande rosace (4) Portails

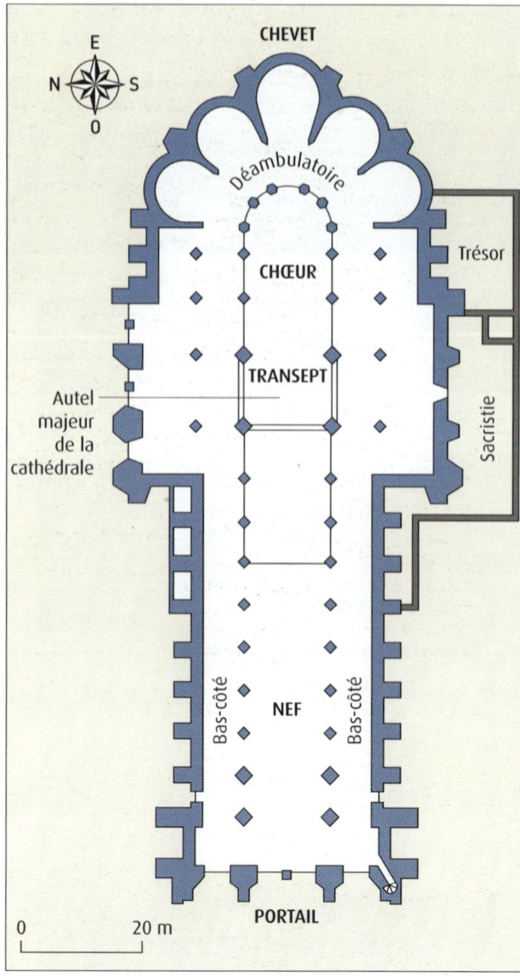

2 Le plan de la cathédrale

• L'édifice gothique constitue un univers clairement hiérarchisé : la nef rassemble les fidèles alors que les clercs officient dans le chœur ; à la croisée du transept se situe l'autel majeur.

3 Vue de la nef et des vitraux

• Les ouvertures larges et nombreuses permettent de mieux diffuser la lumière. L'art du vitrail se développe et permet d'inonder l'édifice de couleurs douces et changeantes. Le diamètre de la grande rosace représentée ici est de 12,50 m.

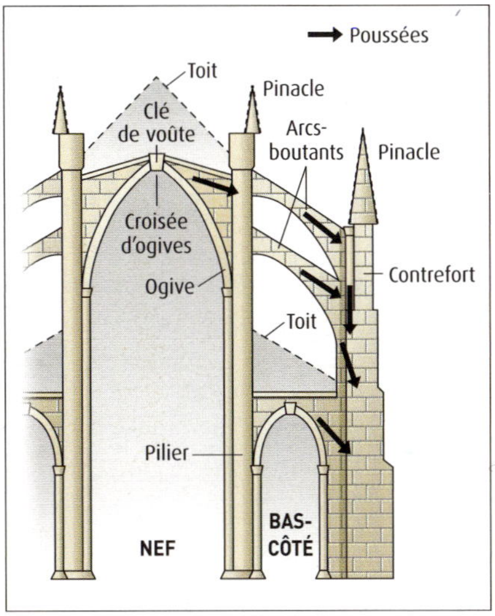

4 L'architecture d'une église gothique

• Par la croisée d'ogives (arc brisé) et l'arc-boutant, la poussée de la voûte s'effectue vers les contreforts extérieurs. On peut alors construire des églises très hautes et le mur intérieur peut être percé de larges fenêtres.

5 L'ange au sourire

• Située sur le portail de gauche, cette statue, représentative de l'art gothique, témoigne d'une vision rassurante de l'au-delà.

Questions

▶ Une nouvelle architecture religieuse

DOCS 1 À 4 **1.** Quels éléments montrent les dimensions imposantes de la cathédrale de Reims ? **2.** Quelles sont les innovations qui ont permis cette révolution architecturale ? **3.** Que nous indique ce type de construction gigantesque sur les moyens et les objectifs de l'Église dans l'Occident du XIIIe siècle ?

▶ Douceur et lumière de l'art gothique

DOCS 3 ET 4 **4.** Quelle place la lumière tient-elle dans cette cathédrale ? Comment est-ce techniquement possible ?

DOC 5 **5.** Comparez cette statue avec celles du tympan de Conques (p. 96-97). Comment a évolué la représentation de l'au-delà ?

6. Comparez l'édifice avec l'église abbatiale de Fontenay (> Étude p. 98-99) : en quoi peut-on parler de rupture ?

▶ BILAN

Un paysan champenois du XIIIe siècle se rend à Reims et pénètre pour la première fois dans la cathédrale gothique nouvellement construite. Faites le récit de sa découverte et expliquez les sentiments qui l'animent.

Représenter la Passion du Christ (Duccio,

Comment la Passion du Christ inspire-t-elle ce peintre de la fin du

« Scènes de la Passion du Christ », *détrempe sur bois de Duccio di Buoninsegna (2,12 x 4,25 m), Sienne, à présent conservée au musée de l'Œuvre de la cathédrale.*

15. Christ reconduit devant Pilate	16. Flagellation	19. Montée au calvaire	20. Crucifixion	22. Mise au tombeau	23. Saintes femmes au tombeau	26. Apparition du Christ aux pèlerins d'Emmaüs
14. Christ devant Hérode	17. Couronnement d'épines	18. Pilate se lavant les mains		21. Déposition de la croix	24. Descente aux limbes	25. Apparition à Marie-Madeleine
1. Entrée du Christ à Jérusalem	2. Lavement des pieds	5. Le pacte de Judas	7. Arrestation du Christ	8. Le Christ devant Anne	11. Le Christ frappé	12. Le Christ au prétoire
	3. La Cène	4. Le discours après la Cène	6. Prière au jardin des Oliviers	9. Premier reniement de Pierre	10. Le Christ devant Caïphe	13. Le premier interrogatoire par Pilate

1308-1311)

Moyen Âge ?

Questions

• Présenter l'œuvre

1. Présentez l'œuvre de manière complète (nature, peintre, technique et support, dimension, date, lieu d'élaboration et de conservation).

• Analyser l'œuvre

2. Comment Jésus entre-t-il dans Jérusalem ? Combien compte-t-on de disciples autour de lui lors de la Cène, son dernier repas ? Comment Jésus est-il reconnu et arrêté par les Romains ?

• Faire le lien entre art et histoire

3. Montrez que les panneaux expriment l'intensité dramatique de la Passion ; prêtez attention à la succession des scènes et aux personnages.

L'ESSENTIEL SUR...
La Passion du Christ de Duccio

Duccio di Buoninsegna (Sienne vers 1255/1260-vers 1318/1319)

▶ Duccio est le grand peintre de Sienne de la fin du XIIIe siècle et l'un des maîtres majeurs du **gothique** toscan. Son art annonce celui de la Renaissance : la **redécouverte de la perspective** est amorcée et les figures peintes se meuvent plus naturellement.

La technique employée : la détrempe sur bois

▶ Le terme italien *tempera*, « **détrempe** » désigne une substance que l'on ajoute aux pigments de couleur pour que ceux-ci adhèrent au support : œuf, lait, gomme, cire ou résines peuvent être employés. La détrempe est la **technique qui domine la peinture sur bois** jusqu'au milieu du XVe siècle.

▶ Le bois est plongé dans l'eau, longuement séché puis enduit d'un aplat de colle en plusieurs couches. Poncé, il présente une surface plane qui peut recevoir les dessins préparatoires à la composition puis les pigments colorés naturels (végétaux ou minéraux) liés à la substance.

La composition des panneaux

▶ La Passion représente **l'ensemble des souffrances du Christ**, de l'entrée à Jérusalem et de son dernier repas avec les disciples (la Cène) jusqu'aux souffrances qui ont précédé la mise au tombeau et la résurrection (flagellation, crucifixion). Sauf pour *L'entrée à Jérusalem* et *La crucifixion*, **chaque panneau comprend deux scènes.**

MÉTHODE Lire et expliquer une enluminure

L'image est une source d'information pour l'historien : elle peut beaucoup apprendre sur une période, infirmer ou confirmer des informations tirées de textes ou de documents archéologiques.

Étienne Harding et Henri Ier offrent la maquette de leur abbaye à la Vierge

Enluminure cistercienne, tirée de Commentaire sur Jérémie de saint Jérôme, *XIIe siècle, Bibliothèque municipale de Dijon.*

QUESTIONS

1. Présentez le document.

2. Identifiez et décrivez les figures représentées.

3. Comment l'enlumineur a-t-il rappelé la hiérarchie des différents personnages ?

4. Décrivez le décor.

5. Quelles sont la signification et la fonction de cette enluminure ?

Méthode générale

Application guidée

1 Présenter l'enluminure

Les peintures médiévales qui illustrent les manuscrits sont appelées enluminures (du latin *lumen* signifiant « lumière », car ces images éclairent le texte et le complètent).

- Présenter le document en tenant compte de sa **nature précise**, du **type de manuscrit** dans lequel il a été inséré.
- Replacer l'image dans son **contexte** pour lui donner du sens, s'interroger sur ceux qui ont eu **accès à cette image** et sur les raisons pour lesquelles elle a été fabriquée.

Question 1. Présentez le document.

Conseil

– Tenez compte du caractère religieux de l'image et de la nature de la scène qui exprime un acte de piété (attachement fervent à Dieu et à la religion).
– D'où est-elle issue ? Qui est son auteur ? À qui est-elle destinée ?
– Replacez l'image dans le contexte religieux de l'époque.

Info

Cette enluminure est une image de dédicace. La dédicace est la cérémonie par laquelle on dédie un lieu de culte à Dieu, à la Vierge ou à un saint.

2 Décrire l'enluminure

Pour comprendre une enluminure, il faut commencer par la décrire de façon précise, identifier sa composition et s'interroger sur la volonté de l'enlumineur, ce qu'il s'attache à mettre en valeur, les effets visuels recherchés.

- **Décrire** l'enluminure plan par plan et voir s'il y a des jeux de symétrie.
- Identifier et décrire les **personnages**, les **objets**, les **symboles** ainsi que le **décor**.
- Prêter attention aux **couleurs utilisées** : sont-elles nombreuses ?
- Essayer d'adopter un **vocabulaire précis** : utiliser les termes suivants après avoir cherché, si nécessaire, leur sens dans un dictionnaire : proportions, majesté, déférence, piété, crosse, auréole, tonsure...

Question 2. Identifiez et décrivez les figures représentées.

Conseil

– Aidez-vous du fléchage pour identifier les personnages. Quel est leur rôle ? Comment leur fonction est-elle symbolisée dans l'image ?
– Décrivez leurs gestes et attitudes, la position des corps, la direction des visages et des regards, les sentiments exprimés.

Question 3. Comment l'enlumineur a-t-il rappelé la hiérarchie des différents personnages ?

Conseil

Examinez la taille, la position des corps, leur place dans la composition de l'image.

Question 4. Décrivez le décor.

Conseil

Ce décor est-il réaliste ? Sait-on où se déroule la scène ? L'enlumineur a-t-il disposé de nombreux objets derrière les personnages ? Les couleurs employées sont-elles nombreuses ?

3 Interpréter l'enluminure

Il faut ensuite aller au-delà de la description pour interpréter l'enluminure. Rechercher son sens religieux et historique.

- Pour les images anciennes et à plus forte raison les images de dévotion (qui témoignent du culte rendu à Dieu, à la Vierge, à un saint...), essayer de comprendre **comment elles étaient reçues par les contemporains**, l'effet qu'elles pouvaient alors produire sur les fidèles.

Question 5. Quelles sont la signification et la fonction de cette enluminure ?

Info

L'enluminure est codifiée selon les règles de l'image de dédicace qui veut que les dédicants apparaissent toujours avec l'objet ou le bâtiment qu'ils ont offert, en position d'infériorité par rapport à l'autorité ou au saint personnage auquel ils s'adressent.

RÉVISIONS Vérifier ses connaissances

Les points clés du cours

Répondez en quelques phrases aux questions suivantes.

1. Le clergé médiéval

a. Quel est l'ecclésiastique chargé de la surveillance du diocèse ? Quel est celui qui encadre les fidèles dans la paroisse ?

b. Quelle est la règle suivie par les moines d'Occident depuis le IXe siècle ?

c. Pourquoi les ordres mendiants introduisent-ils une rupture dans le monde des moines ?

d. Comment le pape affirme-t-il son pouvoir à la tête du monde chrétien ?

e. Pourquoi peut-on parler d'Église conquérante entre le XIe et le XIIIe siècles ?

2. Une société qui vit au rythme du christianisme

a. Comment le christianisme donne-t-il des repères dans l'espace et dans le temps ?

b. Quelles sont les nouvelles populations évangélisées dans l'Europe des XIe-XIIIe siècles ?

c. Quelle prière résume le dogme fondamental ?

d. Que sont les sacrements ? Comment rythment-ils la vie du fidèle ?

e. Pourquoi les hérésies menacent-elles l'ordre imposé par l'Église ?

f. Quels sont les acteurs de la répression des hérésies ?

Les personnages clés

Qui suis-je ?

1. 

Né vers 1090, je suis rentré au nouveau monastère de Cîteaux pour y appliquer le plus strictement possible la règle bénédictine. J'ai diffusé l'ordre cistercien en Europe et j'ai conseillé les hommes les plus puissants de la chrétienté.

2. 

Issu d'une riche famille d'Ombrie, j'ai eu une jeunesse fougueuse avant d'abandonner toute ma fortune et de me consacrer au service des pauvres. Fondateur des franciscains, je suis considéré comme saint par l'Église catholique depuis 1228.

Les mots clés

Quel terme correspond à chacune des définitions suivantes ?

1. Territoire sur lequel vivent les fidèles qui fréquentent une même église.
2. Au nombre de sept, ils permettent à l'homme de se rapprocher de Dieu tout au long de sa vie.
3. Clergé vivant au contact du peuple.
4. Texte définissant la vie quotidienne de chaque moine dans une abbaye, pouvant varier selon l'ordre monastique.
5. Tribunal ecclésiastique créé par le pape pour enquêter sur les hérésies et punir les hérétiques.
6. Décoré de sculptures, j'accueille le fidèle lors de son entrée dans les églises romanes.
7. Action de conversion au christianisme.

Les dates clés

Recopiez la frise chronologique ci-dessous, complétez-la à l'aide des éléments indiqués :

– Urbain II prêche la croisade à Clermont
– Fondation de l'abbaye de Fontenay
– Création de l'ordre des franciscains
– Croisade contre les cathares

À imprimer

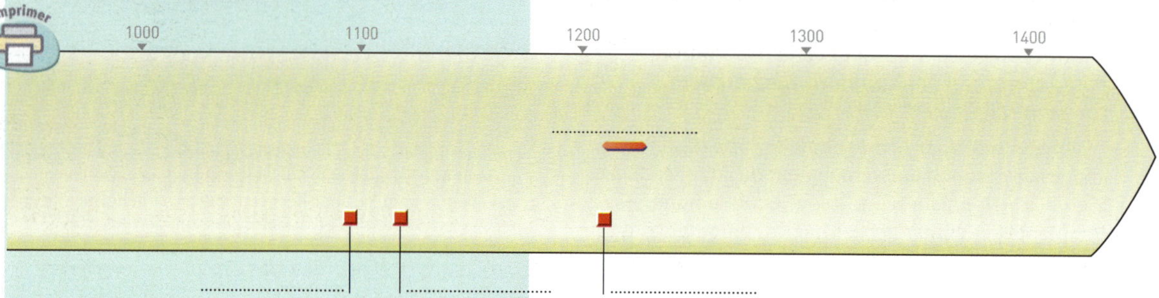

Exercices

Le rôle de l'Église dans la société médiévale

La Mère Église entourée des deux ordres de la société, les clercs et les laïcs

Exultet *de l'abbaye du Mont-Cassin, vers 1087, Bibliothèque vaticane, Rome.*

QUESTIONS

1. Présentez le document.
2. En vous référant à la méthode p. 104-105, décrivez l'enluminure de manière organisée : lieu et décor, personnages, composition de la scène.
3. Comment distingue-t-on les clercs des laïcs ? Pourquoi sont-ils ici séparés ?
4. Comment le peintre souligne-t-il l'importance de l'Église ?

Pour aller plus loin

Livres et revues

- A. Erlande-Brandeburg, ***Quand les cathédrales étaient peintes***, « Découvertes », Gallimard, 1993.
- L. Pressouyre, ***Le Rêve cistercien***, « Découvertes », Gallimard, Paris, 1990.
- *L'Histoire* n° 217, « **L'âge d'or des grandes abbayes** », janvier 1998.
- *L'Histoire* n° 249, « **Les bâtisseurs de cathédrales,** » décembre 2000.
- *Les collections de L'Histoire*, n° 26, « **Le Moyen Âge des hérétiques** », 2004.
- *L'Histoire* n° 305, « **Dieu au Moyen Âge** », janvier 2006.

À écouter

- Hildegarde von Bingen, ***Symphoniae, Sequentia***, Deutsche Harmonia Mundi.
- Dir. Antoine Guerber, ***Carmina Gallica, chansons latines du XIIe s.***, Diabolus in Musica, Alpha 037, Abeille musique, 2002.

Lieux à visiter

- Musée national du Moyen Âge, thermes (Paris) http://www.musee-moyenage.fr/
- Les abbayes de Fontenay (Côte d'Or), de Senanque (Vaucluse), du Thoronet (Var), de Fontevraud (Maine-et-Loire).
- La basilique de Vézelay (Yonne), l'église de Saint-Savin sur Gartempe (Vienne).
- La basilique de Saint-Denis (Seine Saint-Denis) et les nombreuses cathédrales de France et d'Europe.

CHAPITRE 5

Sociétés et cultures rurales en Europe du XIe au XIIIe siècles

Cadre de vie de l'immense majorité de la population européenne, le monde rural est la base de la société médiévale. La terre est la principale source de richesse et de pouvoir : travaillée par les paysans, elle est dominée par les seigneurs. Propre à l'Occident médiéval, la féodalité est un système de relations complexes à la fois économiques, politiques et symboliques de la vie en société. Entre le XIe et le XIIIe siècles, d'importantes transformations viennent modifier l'équilibre de la société médiévale.

Comment s'organise la société rurale médiévale ? Comment expliquer l'essor rural qui a marqué l'Occident entre le XIe et le XIIIe siècles ?

1 Des sociétés structurées par le travail de la terre….

Le calendrier des travaux agricoles

1. Mars : taille de la vigne
2. Juin : coupe et récolte des foins
3. Juillet : moissons
4. Septembre : vendanges et foulage du raisin
5. Octobre : semailles
6. Novembre : récolte des glands

Calendrier-martyrologe de l'abbaye de Saint-Germain-des-Prés, 1267-1279, BNF, Paris.

2 …. et marquées par le poids de la féodalité et de la chevalerie

Combat de chevaliers lors d'un tournoi

● **En période de paix, les tournois sont l'occasion de réaffirmer les vertus chevaleresques : courage, vaillance, honneur.** *Miniature extraite du* Codex Manesse, *compilé et illustré de 1305 à 1340, Allemagne, université d'Heidelberg.*

DOSSIER

Seigneurs et paysans (XIe-XIIIe siècles)

COURS p. 116-117

Entre le XIe et le XIIIe siècles, une société hiérarchisée et inégalitaire se met en place en Europe. Les paysans, qu'ils soient libres ou serfs, représentent plus des neuf dixièmes de la population, travaillent beaucoup pour se nourrir et s'acquitter des charges diverses qu'ils doivent aux seigneurs. Possesseurs des terres, ces derniers exercent un pouvoir économique et social. La seigneurie traduit une domination du seigneur sur le paysan.

Comment les seigneurs exercent-ils leur domination sur les paysans ?

1 Agent seigneurial surveillant le travail des paysans

Psautier de la reine Mary, *1310-1320, British Library, Londres.*

2 Charges et corvées des paysans

Le premier service de l'an, [les paysans] le doivent à la Saint-Jean [le 24 juin], ils doivent les prés faucher, puis rassembler, appareiller et tasser le foin au milieu. Quand ils les auront assemblés, ils les doivent porter au manoir (...). Après, ils doivent curer le canal. (...) Et vient ici le mois d'août : ils doivent faucher les blés, les rassembler (...), les porter à la grange. (...) Après vient la Notre-Dame en septembre où il convient de fixer le porcage[1]. Si le vilain a huit pourceaux, il en prendra les deux plus beaux et l'autre après sera au seigneur (...). Et après vient la Saint-Denis [9 octobre] où les vilains sont étonnés qu'il leur faille payer le cens[2]. (...) À Noël, ils doivent des gelines[3], s'ils ne les rendent bonnes et fines, le prévôt[4] prendra des gages.

La Complainte des vilains de Verson, XIIIe s.

1. Droit seigneurial sur les porcs. 2. Redevance foncière due au seigneur qui possède la terre. 3. Poules. 4. Celui qui exerce la justice seigneuriale.

VOCABULAIRE

- **Seigneurie**
Territoire sur lequel le seigneur exerce son pouvoir. Un seigneur peut être un noble, un bourgeois ou bien une institution religieuse (un monastère par exemple).
- **Serf**
Personne non libre qui dépend étroitement de son seigneur, auquel il doit des redevances spécifiques.

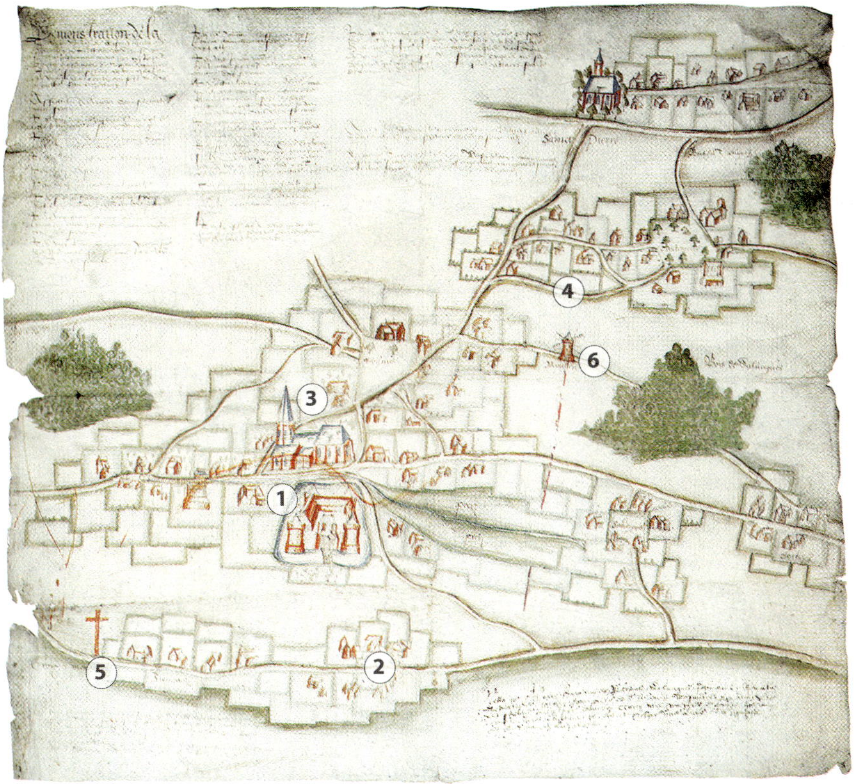

3 La seigneurie de Wismes, dans le nord de la France

Plan du XIVe siècle.

● **La seigneurie est divisée en deux parties : la réserve (exploitée par le maître directement) et les tenures (portions occupées et cultivées par des paysans qui versent des redevances au seigneur).**

(1) Le château du seigneur	(3) L'église	(5) Le gibet, pouvoir de justice
(2) Les maisons des paysans	(4) Les routes et chemins	(6) Le moulin

Questions

▶ Analyse des documents

DOCS 1, 2 ET 5 **1.** Relevez les différentes manières dont s'exerce la domination du seigneur.

DOC 3 **2.** Identifiez sur ce plan les lieux qui montrent que la seigneurie est à la fois un espace habité, un territoire agricole et un lieu où s'exerce la domination seigneuriale.

DOC 4 **3.** Quelles motivations poussent les moines de Saint-Denis à affranchir leurs serfs ?

4. De quelles charges les paysans seront-ils désormais dispensés ?

▶ BILAN

Rédigez un premier paragraphe expliquant comment s'organise la seigneurie, puis un second montrant le rapport de domination qui lie seigneurs et paysans.

4 Les moines de Saint-Denis affranchissent leurs serfs

L'affranchissement est une pratique par laquelle un seigneur limite ou supprime les droits qu'il exerçait auparavant sur une terre et ses habitants, les serfs. Cette pratique se répand à partir du XIIe siècle.

Ayant en outre pris le conseil de bonnes gens, nous avons affranchi et affranchissons, par piété, nos hommes de corps [les serfs] des villages de la Garenne, soit de Villeneuve, de Gennevilliers, d'Asnières, de Colombes, de Courbevoie et de Puteaux (...). Nous les avons délivrés à perpétuité de toutes les charges de servitude auxquelles ils nous étaient tenus auparavant, c'est-à-dire du formariage[1], du chevage[2], de la mainmorte[3] et de tout autre genre de servitude de quelque nom qu'on la nomme, et nous les donnons à la liberté. (...) On saura enfin que lesdits hommes ont donné pour cette liberté à nous et à notre église 1 700 livres parisis.

Charte de franchise accordée par les moines de Saint-Denis à leurs serfs, novembre 1248, Archives nationales, Paris.

1. *Payé au seigneur par un serf se mariant hors de la seigneurie ou avec une personne de condition libre.*
2. *Redevance individuelle.*
3. *Droit perçu par le seigneur sur les biens du serf après son décès.*

5 La condition de vilain

Désignant à l'origine l'ensemble des paysans par opposition aux gens de la ville et aux nobles, le terme « vilain » revêt souvent un sens péjoratif.

Il a bien du travail et peine :
Au meilleur jour de la semaine,
Il sème seigle, il herse avoine.
Il fauche prés, il tond laine (...)
Jamais il ne mange de bon pain :
Nous lui prenons le meilleur grain
Et le plus beau et le plus sain
Mais le mauvais reste au vilain.
S'il a oie grasse ou poulette
Ou gâteau de blanche farine
À son seigneur il le destine (...).

Étienne de Fougères, *Livre des manières*, XIIe siècle.

DOSSIER Le village médiéval (XIe-XIIIe siècles)

COURS p. 116-117

En Occident, le village naît véritablement au XIIe siècle. Reconnu par l'Église et par le pouvoir royal, souvent dominé par une seigneurie, il est organisé autour de trois éléments essentiels de la vie des paysans : le cimetière, l'église et le château. Une sociabilité spécifique s'y développe.

Comment caractériser le village européen entre le XIe et le XIIIe siècles ?

1 Le village dominé

Cette charte a servi de modèle à de nombreuses chartes diffusées en Europe.

I. Nous établissons et octroyons d'une manière permanente que celui qui possède, dans la ville neuve[1], une maison ou un jardin hors les murs, devra nous payer chaque année 12 deniers à la Nativité de Notre Seigneur et 6 deniers à la Saint Jean-Baptiste. S'il n'a pas payé trois jours après le terme fixé ces 6 deniers, il paiera une amende de deux sols pour son forfait. (...)

IV. De même, pour la terre qui est cultivée, il nous donnera 2 gerbes sur 12 ; pour la terre qu'il aura conquise sur la forêt, 2 gerbes sur 14 seulement.

V. De même nous construirons des fours en ciment qui nous appartiendront, vous viendrez y faire cuire votre pain selon le droit de ban[2] ; pour cela vous nous donnerez en paiement un pain sur 24.

La Charte de Beaumont en Argonne, octroyée aux villageois par leur seigneur, l'archevêque de Reims en 1182.

1. *Village né après des défrichements.*
2. *Les banalités sont les redevances exigées par le seigneur.*

VOCABULAIRE

• Sociabilité
Ensemble des pratiques qui favorisent les relations humaines (travail, fêtes, échanges) et permettent à un groupe – ici, les villageois – de construire une identité collective.

2 La création du village de Torfou en 1134

Moi Louis, par la grâce de Dieu, roi des Francs[1], je veux qu'il soit connu de tous, à venir et présents, que nous cédons aux hommes qui veulent devenir hôtes dans le bois dit Torfou, un arpent de terre et le quart d'un autre arpent pour qu'ils s'y établissent en hostise[2] à la condition qu'ils nous versent chaque année un cens de six deniers, deux poules et deux setiers d'avoine. Nous leur concédons la liberté de ne contribuer ni à l'herban, ni à la taille[3] (...) de ne point faire de corvée, de n'être justiciable de personne sur notre terre (...) que de celui en la main duquel nous les placerons.

Achille Luchaire, *Louis Le Gros, Annales de sa vie et de son règne (1081-1137)*, 1890.

1. *Louis VI (1081-1137).* 2. *Paysan qui s'installe sur une terre vierge à cultiver.* 3. *La taille désigne une redevance monétaire et l'herban une forme de corvée.*

3 Travaux agricoles collectifs

• **Des paysans battent le blé au fléau.** *Miniature, 1025-1050 environ, British Library, Londres.*

4 **Un village médiéval : l'exemple de Martailly-lès-Brancion**

● Martailly-lès-Brancion se situe aujourd'hui en Saône-et-Loire. Son château fut édifié par étapes successives entre le Xe et le XIVe siècles par les puissants seigneurs de Brancion. Leur place forte devait assurer le contrôle du sud de la Bourgogne, région stratégique car traversée par des flux migratoires et de nombreuses marchandises.

5 **Les biens de quelques villageois à la fin du XIIIe siècle**

En 1298, le village de Cagnoncles, au cœur du pays céréalier du Cambrésis, est pillé par des soldats. Les paysans dressent un inventaire et évaluent le montant de leurs pertes.

Ils brûlèrent en la ville de Cagnoncles et prirent et emmenèrent de force : (...) de monsieur Jean, prêtre de la ville, deux chevaux et une vache qui valaient 17 livres et 10 sous tournois, blé, avoine et autres choses qui valaient 12 livres et 10 sous. (...) Ils brûlèrent à Jean Gobert une maison qui valait 26 livres de parisis et prirent une vache et un cheval qui valaient 8 livres et autres menues choses qui valaient 7 livres. (...) Ils brûlèrent à Gautier le brasseur une maison qui valait 35 livres tournois et prirent de ses choses qui valaient 50 sous. Ils brûlèrent à demoiselle Hermense deux maisons qui valaient 12 livres et prirent de ses choses une vache, 5 brebis et autres qui valaient 6 livres. (...) Ils prirent des biens à Jean Ravinel, 19 livres et 16 sous en deniers, 6 manceaux de farine qui valaient 36 sous tournois et autres choses qui valaient 8 sous. Ils brûlèrent à Gilles d'Alleux une maison et une grange qui valaient 12 livres tournois et prirent de ses biens draps, harnais de charrue et autres choses qui valaient 11 livres. Ils brûlèrent à Simon de Lallaing une maison qui valait 8 livres tournois et prirent de ses biens deux bœufs qui valaient 100 sous, et le prirent et l'emmenèrent, et le tinrent et le rançonnèrent de 63 livres tournois.

R. Fossier, *Le Moyen Âge en Picardie*, CRDP, Amiens, 1983.

QUESTIONS

▶ **Analyse des documents**

DOC 4 **1.** Quels sont les deux éléments qui dominent le village ? Quels pouvoirs représentent-ils ?

DOC 1 **2.** Quels sont les différents aspects de la domination seigneuriale ?

DOC 2 **3.** Qui est le seigneur ? **4.** Montrez que la situation de ces paysans est enviable. Pourquoi le seigneur procède-t-il ainsi ?

DOC 5 **5.** Dressez la liste des biens que les villageois peuvent posséder. **6.** Montrez que la société villageoise est marquée par de fortes inégalités sociales.

DOC 3 **7.** Pourquoi peut-on dire que le travail agricole est une forme de sociabilité ?

▶ **BILAN**

Rédigez deux paragraphes, le premier expliquant que le village est un espace dominé par le seigneur ; le second montrant que le village, lieu de sociabilité, se compose d'une société hiérarchisée.

Le Roman de Renart

Que nous apprend le *Roman de Renart* sur la société de son temps ?

L'ESSENTIEL SUR… *Le Roman de Renart*

L'origine du *Roman de Renart*

▶ Le *Roman de Renart* est une œuvre dont l'origine reste complexe car elle puise à de multiples sources (fable gréco-latine, tradition orale du conte animalier, etc.). Sous ce nom sont en fait regroupés une trentaine de récits. Ils ont été écrits entre 1170 et 1250 par des clercs dont nous ne connaissons presque rien. Ces récits content les aventures d'un certain Renart.

L'art des jongleurs

▶ Connues dans tout l'Occident, les aventures de Renart étaient récitées par des jongleurs dans les châteaux, sur les places des villages et celles des villes. Musicien, chanteur et conteur ambulant, le jongleur voulait avant tout distraire et amuser en raillant ou en dénonçant les abus et les violences de la société de son temps.

L'art des enlumineurs

▶ Ces textes ont été illustrés par des enlumineurs. Lettres peintes ou miniatures, les enluminures ornaient les manuscrits. Elles avaient une fonction décorative. Aujourd'hui, elles constituent une source importante pour les historiens travaillant sur la société médiévale.

1 Renart et le vilain Berton le Maire

En quête d'un vol à commettre, Renart, un petit seigneur, s'arrête devant une ferme.

Avant d'aller plus loin, il est bon de vous dire que la ferme était au vilain le plus aisé qu'on pût trouver (…). La maison tenant au plessis[1] était abondamment pourvue de tout ce qu'il est possible de désirer à la campagne : bœufs et vaches, brebis et moutons ; des gelines[2], des chapons, des œufs, du fromage et du lait. Heureux Renart, s'il peut trouver le moyen d'y entrer ! (…) Le vilain avait nom Bertaud ou Berton le Maire ; homme assez peu subtil, très avare et surtout désireux d'accroître sa chevance[3] (…).

Renart s'introduit dans la ferme mais est repéré par Berton.

Berton entre alors à la maison, pour prendre non pas une arme tranchante (il sait qu'un vilain n'a pas droit d'en faire usage contre une bête fauve), mais un filet enfumé, tressé je crois par le diable, tant le réseau en était habilement travaillé. (…)

Renart enferme Berton dans son propre filet, ce dernier le supplie de lui laisser la vie sauve :

« Décidez de l'amende et je l'acquitterai. Recevez-moi comme votre homme, comme votre serf ; prenez ma femme et tout ce qui m'appartient. » (…)

Le Roman de Renart.

1. *Terrain entouré d'une haie.*
2. *Poules.*
3. *Son bien.*

2 Le roi Noble et sa cour

Enluminure du XIIIe s., BNF, Paris.

3 Le roi, les seigneurs et le paysan

Le roi lion Noble, Renart et le loup Ysengrin partent en chasse. Ils jettent leur dévolu sur un taureau, une vache et son veau.

Le vilain, gardien du bétail, dormait tranquillement sous un orme. Renart se coule tout auprès de lui, cherchant dans sa tête un moyen de s'en défaire. Sans le réveiller, il saisit une branche de l'arbre et saute rapidement plus haut : il va de branche en branche et s'arrête enfin précisément au-dessus de la tête du berger. Me sera-t-il permis de continuer ? Renart, comme un vrai salaud[1], se tourne, pousse et laisse tomber sur le vilain une large écuelle de fiente infecte. Le berger, sentant couler sur lui un pareil brouet[2], porte la main à son visage humide, et ne devine pas comment pareille chose a pu se produire. (...)

Le berger va se laver au bord de l'eau, c'est alors que Renart surgit.

Quand il l'avait vu dos courbé, tête penchée sur l'eau, il avait sauté vivement sur son échine, et de son poids avait décidé la chute du vilain au fond du fossé. (...) Le vilain demeura sous les eaux, arrêté dans les herbages. Dieu veuille le recevoir dans son paradis ! Du moins peut-il être sûr qu'à compter de ce jour on ne fera plus sur lui de mauvaises chansons.

Lion Noble et Ysengrin, qui n'ont pas assisté à la noyade, écoutent le récit qu'en fait Renart.

Le Roi l'écoutait, et peu à peu sa colère faisait place à l'envie de rire ; il battait des mains, jurait que jamais vilain n'avait été mieux traité selon ses mérites.

Le Roman de Renart.

1. Salaud *signifie alors « sale ».*
2. *Bouillon, potage.*

4 Le combat de Renart

Renart est provoqué en combat par le loup Ysengrin, un connétable (officier de la couronne du roi lion Noble).

a. « La bataille est nécessaire. »

Au messager du roi qui tente de le dissuader de se battre avec Renart, l'ennemi juré qui a séduit dame Hersent son épouse, le loup Ysengrin répond : « Allez dire au Roi qu'il peut me tenir pour ivre si je laisse le vilain roux sortir du champ sain et sauf ; la paix ne peut se faire que dans le champ, la bataille est nécessaire, et nul, encore un coup, ne peut me dénier mon droit ».

Le Roman de Renart.

b. Renart blesse le loup Ysengrin
Enluminure du XIIIe s., BNF, Paris.

5 Une cérémonie d'adoubement

L'adoubement est une cérémonie au cours de laquelle un homme devient chevalier.
Enluminure du XIIIe s., BNF, Paris.

QUESTIONS

• Présenter les œuvres

1. Faites une présentation synthétique de l'ensemble des documents.

• Analyser les œuvres

2. **DOCS 1 ET 3** Comment le roi et les nobles sont-ils présentés ?
3. **DOC 1** Pourquoi peut-on dire que les relations entre Renart et Berton sont celles d'un seigneur et d'un paysan ?
4. **DOC 4** Montrez que le combat entre Renart et Ysengrin est bien un combat de chevalerie.
5. **DOCS 2 ET 5** Décrivez l'attitude des animaux et montrez qu'il s'agit d'une parodie.

• Faire le lien entre art et histoire

6. Rédigez un paragraphe expliquant de quelle manière le *Roman de Renart* dépeint les rapports sociaux aux XIIe et XIIIe siècles.

COURS

1• La société rurale médiévale (XIe-XIIIe siècles)

Comment s'organise la société rurale médiévale ?

DOSSIER p. 110-111
DOSSIER p. 112-113
HISTOIRE DES ARTS p. 114-115

1. *La justice du seigneur : l'exposition au pilori*
Enluminure, manuscrit latin du XIIIe siècle.

A Une société hiérarchisée

La domination des seigneurs

• Si la plupart des seigneurs appartiennent à la classe juridique des gentilshommes (ou nobles), certains bourgeois – habitants des villes – et la plupart des institutions religieuses (abbayes, monastères) peuvent aussi être à la tête de seigneuries, et, à ce titre, exercer une domination sur le monde paysan. **Propriétaire des terres, le seigneur exige des paysans des redevances** – taille et cens, payables en argent, ou champart payable en nature – ainsi que des **corvées** plus ou moins pénibles selon les régions.

• **Détenteur du pouvoir de commandement que l'on appelle le ban**, le seigneur peut juger les paysans dans ses tribunaux, s'approprier des droits exclusifs comme ceux de chasser ou de pêcher. **Son pouvoir est aussi économique** : propriétaire du four, du pressoir ou du moulin, il tire de leur utilisation par les paysans d'importants bénéfices. Réquisitions, droit sur les transactions, droit de péage, etc. sont autant de moyens dont il dispose encore pour asseoir son autorité.

Les paysans, un groupe dominé

• Tous soumis dans le cadre de la seigneurie, les paysans constituent un groupe hétérogène. **On distingue les paysans libres des paysans non libres, appelés serfs.** Attaché à la terre qu'il cultive et à son maître, le serf doit payer au seigneur une taxe appelée chevage et parfois accomplir pour ce dernier des services domestiques. S'il possède des biens propres, son héritage est soumis à la mainmorte. Vers 1150, la masse rurale est encore composée en majorité de serfs, mais le nombre de paysans libres progresse ensuite rapidement.

• **Au bas de l'échelle sociale se trouve celui qui n'a que la force de ses bras pour vivre :** « manouvrier », « brassier » ou en Angleterre, « cottier ». **Le groupe des paysans aisés se renforce au XIIIe siècle** : il est constitué de ceux qui possèdent un attelage et vendent les surplus de leurs récoltes pour se constituer un troupeau ; c'est auprès d'eux que les autres paysans vont s'endetter.

• S'ils se révoltent rarement – par peur de terribles représailles –, les paysans luttent plutôt contre le seigneur en pratiquant le vol, le braconnage, ou en refusant, par exemple, de se soumettre aux banalités.

Les autres membres de la société rurale

• La société rurale se compose aussi **de communautés monastiques, de commerçants et d'artisans** comme les taverniers ou les forgerons, elle compte par ailleurs bon nombre **de vagabonds ou de brigands** qui, occasionnellement, sèment la terreur. Les campagnes sont enfin traversées par **des soldats, des jongleurs et autres voyageurs**.

VOCABULAIRE

• **Affranchissement**
Pratique par laquelle un seigneur limite ou supprime les droits qu'il exerçait auparavant sur une terre et ses habitants, les serfs.

• **Ban/banalité**
Pouvoir de commandement et de contrainte appartenant autrefois au roi et accaparé par le seigneur. Les banalités sont les redevances exigées par le seigneur.

• **Seigneur**
Qu'il soit la traduction de *senior* (« plus âgé, ancien ») ou de *dominus* (« maître »), le terme implique toujours l'idée d'une supériorité. Il désigne le maître du sol et celui qui est propriétaire du ban.

B Le village médiéval

La naissance du village

• Bourg normand ou poitevin, castelnau aquitain, *incastellamento* d'Italie et de Provence, *aldea* castillane, *rocca* languedocienne… le rassemblement des hommes en une cellule groupée prend différentes formes. **Structure spatiale plus ou moins**

confinée, protectrice, organisée autour du cimetière, du château ou de l'église, le village apparaît entre le IXe et le XIe siècles et semble s'imposer comme le mode d'habitat le plus répandu dans les campagnes d'Europe (doc 2).

- Ses habitants, les « demeurants », se réunissent en assemblée ou en conseil quand des décisions importantes doivent être prises, concernant par exemple l'usage des biens communaux (bois, friches…). Cette pratique est particulièrement répandue au Sud de l'Europe.

Village soumis, village affranchi

- **Dépendant d'une seigneurie, le village est soumis à la pression du seigneur, qui ne cesse de se renforcer entre le XIe et le XIIIe siècles.** Nombre de communautés villageoises échappent toutefois à l'encadrement seigneurial, surtout dans les régions nordiques et méditerranéennes. Certaines communautés rurales achètent des chartes d'affranchissement ou bien naissent déjà affranchies de certaines contraintes seigneuriales : ainsi les « villeneuves » ou les « villefranches ».

Solidarités et culture villageoises

- **Le village voit s'épanouir une sociabilité spécifique**, ponctuée par le rythme des travaux agricoles ou par le retour des fêtes. Le parvis de l'église et la place du village où se tient le marché sont les lieux privilégiés de cette sociabilité.
- **Une vie précaire, qui repose sur un équilibre économique fragile, renforce les solidarités villageoises.** Afin d'échapper aux grands fléaux de leurs temps, la famine, mais aussi la guerre et les épidémies comme le typhus ou le scorbut, les paysans trouvent refuge dans la religion ou dans des croyances et des pratiques surnaturelles. Ainsi se forgent des croyances populaires et des superstitions, dont certaines vont traverser les âges.

VOCABULAIRE

- **Seigneurie**
Territoire sur lequel le seigneur exerce son pouvoir, la seigneurie est divisée en deux parties : la réserve (exploitée par le maître en faire-valoir direct) et les tenures (portions occupées et cultivées par des tenanciers qui versent des redevances au seigneur).
- **Serf**
Personne qui dépend étroitement de son seigneur. Au XIIIe siècle, il doit des charges spécifiques : le chevage (redevance individuelle), le formariage (payé au seigneur par un serf se mariant hors de la seigneurie ou avec une personne de condition libre), la mainmorte (droit perçu par le seigneur sur les biens du serf après son décès) et la « taille à merci » (redevance liée à la terre exploitée).

2. *Au cœur de la seigneurie de Cautrenon (Auvergne) : le château fort, l'église et le village.*
Armorial de Guillaume Revel, XVe s., BNF, Paris.

DOSSIER Les transformations économiques des campagnes (XIe-XIIIe siècles)

COURS p. 120-121

S'ils sont lents, irréguliers et inégaux selon les régions d'Europe, les changements sont pourtant bien réels dans les campagnes, particulièrement visibles entre le XIe et le XIIIe siècles. L'Europe connaît alors une phase d'expansion marquée par l'augmentation des surfaces cultivées ; c'est le temps des grands défrichements. Les progrès de l'agriculture et la circulation accélérée des marchandises transforment les campagnes et contribuent à améliorer le bien-être de populations toujours plus nombreuses.

Quelles transformations affectent les campagnes d'Europe entre le XIe et le XIIIe siècles ?

1 Les grands défrichements

- **Commencés au Xe siècle, les grands défrichements atteignent leur apogée au XIIe siècle.**
Ils permettent l'extension des cultures et favorisent la croissance de la population que connaît alors l'Europe.
Miniature tirée d'un calendrier anglo-saxon (mois de juillet), 1025-1050, British Library, Londres.

2 Les systèmes de production s'améliorent

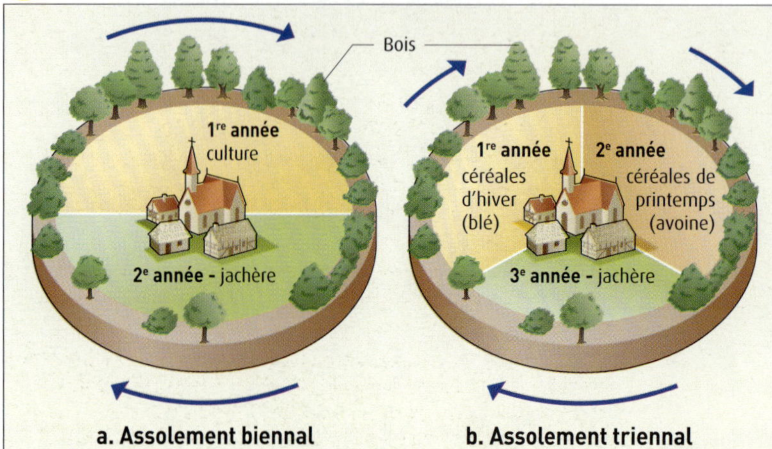

- **La pratique de l'assolement** – biennal ou triennal – se développe au XIIIe siècle. Elle a pour but de mieux reposer la terre et donc, à terme, d'améliorer les rendements.
- **Les terres arables** (cultivables) sont divisées en plusieurs parcelles – ou soles – soumises à une rotation des cultures selon le modèle ci-contre.
- **La terre en jachère** n'est pas une friche abandonnée : laissée au repos pour qu'elle retrouve sa fertilité, elle est plusieurs fois labourée et enrichie de fumier.

3 La charrue se perfectionne

● Au XIIIe siècle, la productivité s'améliore avec l'utilisation d'instruments en métal. Cette charrue est équipée d'un soc en fer qui permet un labour plus profond.
Miniature tirée d'un calendrier anglo-saxon (mois de janvier), 1025-1050, British Library, Londres.

4 Les conseils d'un agronome

Sachez bien qu'un acre[1] qui sera semé en froment réclame trois labours, à l'exception des terres semées tous les ans ; qu'un labour coûte en moyenne six deniers, le hersage un denier ; qu'il convient de semer sur un acre deux boisseaux[2] au moins. (...)

Ne vendez pas votre paille et ne l'enlevez pas de la terre si vous n'en avez nul besoin pour couvrir vos maisons, car si vous la retirez du sol, vous perdrez davantage que vous n'aurez gagné. Bon fils, fortifiez le fumier, en le rehaussant de bonne terre, qui sera mélangée avec le fumier. Faites marner[3] chaque quinzaine le sol de votre bergerie avec de la terre argileuse, si vous en avez, ou avec de la bonne terre prise en curant les fossés, puis épandez de la paille par-dessus. S'il reste de la paille après la nourriture de votre bétail, répandez-en à l'intérieur de votre cour et dehors dans les lieux boueux ; jonchez-en de la même manière le sol de votre bergerie et vos parcs à brebis. Et, avant la sécheresse de mars, faites entasser vos fumiers dispersés à l'intérieur et à l'extérieur de la cour. (...)

Vos terres fumées, ne les labourez pas trop profondément parce que le fumier gâte la terre en s'enfonçant.

Walter de Henley, *Hosebondrye*, traité d'économie rurale, 1276 et 1290.

1. *Mesure correspondant en moyenne à 52 ares, soit 5 200 m².*
2. *Mesure de capacité d'environ un décalitre.*
3. *Enrichir la terre avec de la marne, mélange naturel d'argile et de calcaire.*

5 Un exemple de spécialisation agricole

Salimbene de Parme, moine franciscain de passage en Auxerrois en 1245, constate avec étonnement les faits suivants.

Les gens de ce pays ne sèment point, ne moissonnent point, n'amassent point dans les greniers. Il leur suffit d'envoyer leur vin à Paris par la rivière toute proche [l'Yonne], qui précisément y descend. La vente du vin en cette ville leur procure de beaux profits qui leur paient entièrement le vivre et le vêtement.

Extrait de la *Chronique de Salimbene de Parme*, cité par Jacques Le Goff, *Le XIIIe siècle, l'apogée de la chrétienté*, Bordas, 1982.

QUESTIONS

▶ Analyse des documents

DOC 1 **1.** Décrivez cette image et expliquez en quoi consistent les défrichements.

DOC 3 **2.** Quels progrès de l'équipement contribuent à améliorer l'agriculture ?

DOC 2 **3.** Montrez qu'une réflexion et une pratique nouvelles se mettent en place dans la gestion des parcelles de terre.

DOC 4 **4.** Quel est l'objectif prioritaire de tous ces conseils ? **5.** Dans une société très largement illettrée, qui pouvait lire ce texte et en tirer des enseignements ? Que pouvez-vous en déduire sur la diffusion des nouvelles pratiques agricoles ?

DOC 5 **6.** De quelle spécialisation agricole ce voyageur est-il le témoin ? Comment explique-t-il ce phénomène ?

▶ BILAN

Établissez la liste des changements qui affectent les cultures entre le XIe et le XIIIe siècles en distinguant les progrès de l'équipement, les améliorations apportées aux systèmes de production et enfin les spécialisations. Vous pouvez construire un tableau en trois colonnes.

COURS

2. Les hommes et la terre du XIe au XIIIe siècles

➡ DOSSIER p. 110-111
➡ DOSSIER p. 112-113
➡ DOSSIER p. 118-119

Quelles transformations connaissent les campagnes d'Europe ?

1. *Le temps des défrichements : un moine abat un arbre qu'un laïc ébranche.*
Manuscrit de Cîteaux, XIIe s., BM, Dijon.

A L'essor du monde rural

L'expansion agricole

• Entre le XIe et le XIIIe siècles, **l'Europe connaît une phase d'expansion marquée par l'augmentation des surfaces cultivées :** landes, marais et surtout forêts sont mis en culture. **Commencés dès le Xe siècle, les grands défrichements atteignent leur apogée au XIIe siècle** (doc 1).

• Les nouveaux terroirs qui se constituent sont souvent le fruit d'une politique de peuplement menée par les seigneurs qui, en agrandissant leur domaine, augmentent leurs revenus et étendent leur influence.

L'essor des populations

• Si les grands défrichements apparaissent souvent comme une réponse au surpeuplement des terroirs, l'augmentation des terres arables (c'est-à-dire cultivables) a sans doute permis en retour la **croissance des populations.** On estime ainsi qu'entre le milieu du Xe siècle et le début du XIVe siècle, la population de l'Europe occidentale serait passée de 22 à 54 millions d'habitants ; la population de l'Angleterre aurait même triplé.

B La seigneurie rurale

Sa composition

• Unité territoriale plus ou moins étendue selon les régions, pouvant couvrir de 20 à 30 000 hectares, la seigneurie comprend des terres qui sont disséminées sur plusieurs paroisses, parfois dans plusieurs régions. **On distingue les champs de terres arables des prés, des forêts et des vignes.** Subsiste aussi le *saltus*, une zone tampon entre les champs cultivés et la forêt qui sert de terrain de parcours pour le bétail et de zone de cueillette.

Son exploitation

• **La seigneurie est partagée en deux parties qui correspondent à deux modes de faire-valoir.** Une partie du sol (entre un quart et un tiers du domaine) est exploitée par le maître en faire-valoir direct : on l'appelle **réserve** (ou **manse seigneurial**). Le seigneur en perçoit tous les produits. **Le reste du domaine est divisé en tenures** (ou **manses**), des lots dont la taille peut varier de 3 à 12 hectares, sur lesquels sont installés des paysans, **les tenanciers.** Ces derniers vivent du fruit de leur travail et doivent au seigneur une redevance en monnaie, une en produit brut et une autre en travail, **les corvées.**

• La réserve est travaillée par des prébendiers, gens nourris et logés par le seigneur, et par la main-d'œuvre fournie par les tenanciers effectuant leurs corvées. **Au fil des siècles, la réserve a été démembrée, distribuée par lots à de nouveaux tenanciers sous forme de métayage ou de fermage**, ce dernier mode d'exploitation se généralisant au XIIIe siècle dans les plaines céréalières du nord de l'Europe.

C Le travail de la terre

Au rythme des saisons

• **La vie agricole s'écoule au rythme des saisons et de la végétation.** Souvent routiniers, les travaux agricoles sont toujours pénibles, tant l'outillage est simple, voire

VOCABULAIRE

• **Assolement**
Pratique culturale qui consiste à diviser les terres arables en plusieurs parcelles – ou soles – qui sont soumises à une rotation des cultures dans le but d'améliorer les rendements.

• **Fermage**
Mode d'exploitation agricole dans lequel le propriétaire – ici, le seigneur – cède la jouissance de son bien moyennant une redevance en argent ou en nature.

• **Métayage**
Mode d'exploitation dans lequel le paysan s'engage à verser au propriétaire du bien – le seigneur – une part de la récolte.

• **Terroir**
Étendue de terre limitée, au caractère homogène, qui présente des aptitudes agricoles spécifiques.

rudimentaire. Ainsi, la charrue est encore exceptionnelle au XIe siècle, la plupart des paysans retournant encore la terre avec une houe ou une bêche.

Les progrès de l'agriculture

• Ils sont rendus possibles grâce à l'**emploi croissant du fer**, plus solide, dans l'outillage, mais également grâce aux **progrès de l'équipement**. Le moulin à vent apparaît au XIIe siècle, mais c'est surtout le moulin à eau qui gagne les campagnes d'Europe. Les progrès de l'agriculture passent aussi par l'**amélioration des systèmes agraires avec l'assolement** : connue depuis le VIIIe siècle, cette technique se généralise à partir du XIIe siècle, permettant d'obtenir de meilleurs rendements sans que le sol ne soit enrichi en fumier. Par ailleurs, les progrès des transports favorisent la **naissance de marchés régionaux**, ce qui conduit certains terroirs à se spécialiser (par exemple, dans la vigne).
• Enfin, **cette période marque la naissance d'une science agronomique** qui encourage la diffusion des innovations (traités de Walter de Henley en Angleterre ou de Pierre de Crescent en Italie).

L'amélioration de la condition paysanne et ses limites

• **Les rendements moyens augmentent** entre le XIe et le XIIe siècles, passant, pour un grain semé, de 2,5 à 4 grains récoltés, ce qui correspond presque à un doublement des quantités disponibles pour les paysans. **La circulation croissante des marchandises et le développement de l'économie monétaire permettent aussi d'améliorer la condition paysanne.**
• Amélioration qu'il convient de nuancer toutefois : se nourrir reste la préoccupation quotidienne des paysans européens qui ne sont jamais véritablement à l'abri des **disettes**. Il faut rappeler que la moyenne d'âge d'un Européen ne dépasse guère trente ans à cette époque, en raison d'une mortalité infantile très élevée.

2. *Le poids des prélèvements en Charente au XIIIe siècle*

Destinataire	Nombre de grains prélevés sur 100 produits par la tenure
Église (dîme)	10
Prélèvements seigneuriaux	25
Mis de côté pour la semence du paysan	25
Restent	40

3. *Paysages et activités rurales autour de Sienne (Italie)*
Les effets du bon gouvernement à la campagne *(détail), fresque d'Ambrogio Lorenzetti, palazzo Pubblico, Sienne (1337-1340).*

DOSSIER

La féodalité (XIe-XIIIe siècles)

COURS p. 126-127

Au XIe siècle, dans l'Occident médiéval, le pouvoir des rois s'affaiblit fortement au profit des grands propriétaires de la terre et des guerriers qui sont en mesure de protéger et d'encadrer les populations sur de petits territoires. Cette diminution du pouvoir royal se traduit par l'apparition de seigneuries indépendantes et par la multiplication des fortifications. Ces châtelains, qui quadrillent le territoire et nouent des relations entre eux, instaurent un nouveau système politique et social : la féodalité.

Comment la féodalité réorganise-t-elle les pouvoirs à partir du XIe siècle ?

1 Une cérémonie d'hommage

• Lors de la cérémonie d'hommage, le vassal prête serment de fidélité à un seigneur plus puissant. Il obtient en retour un fief, c'est-à-dire un bien concédé par le seigneur en échange de sa fidélité pour assurer sa subsistance.
Hommage au roi Alphonse II d'Aragon, manuscrit du Liber feudorum major, *XIIe s., Archives de la Couronne d'Aragon, Barcelone.*

2 Le futur roi Louis VI face à ses vassaux

Louis VI, fils de Philippe Ier, a été roi des Francs entre 1108 et 1136.

À cette époque, Matthieu, comte de Beaumont (sur Oise), et Bouchard de Montmorency pillaient les terres de saint Denis, le martyr[1], et ignoraient totalement l'ordre royal qui interdisait l'incendie, la rapine[2] et le meurtre. Louis (...) mit le siège devant le château de Montmorency (...). Le jeune Simon de Montfort (...) apporta un vigoureux et courageux soutien à l'armée des Français. La comtesse Adèle (de Blois) envoya aussi au roi une centaine de chevaliers très bien équipés et aguerris (...). Cependant, des traîtres dans le groupe, qui favorisaient les rebelles et souhaitaient seulement obtenir l'impunité dans le pillage et le meurtre, s'enfuirent, (...) et provoquant la panique chez leurs compagnons, non en raison de la crainte de l'adversaire, mais par une fourbe trahison. (...)

D'après Marjorie Chibnall, *The Ecclesiastical history of Orderic Vitalis*, Clarendon Press, Oxford, 1978.

1. *Terres de l'abbaye de Saint-Denis.*
2. *Vol.*

3 Sceau de Philippe II Auguste, roi des Francs (1180-1223)

• Le sceau royal, utilisé pour authentifier les documents, montre que le roi continue à affirmer son pouvoir malgré les difficultés : on retrouve les insignes du pouvoir hérités des siècles antérieurs.
BNF, Paris.

4 Une fortification féodale : Dinan

• Au XIIe siècle apparaissent des fortifications en bois dominant des buttes et des collines, on les appelle des mottes castrales. Leur multiplication symbolise l'apparition des pouvoirs locaux.
Tapisserie de Bayeux, XIe s.

5 Conflit entre un vassal et son seigneur

Mais je m'étonne que (…) tu me juges indigne de ton fief. Car, si l'on considère la naissance, il est clair, grâce à Dieu, que je suis digne d'en hériter ; si l'on considère la nature du fief que tu m'as donné, il est certain qu'il fait partie non de ton fisc[1], mais des biens qui, avec ta faveur, me viennent de mes ancêtres (…) ; si l'on considère la valeur du service, tu sais comment, tant que j'eus ta faveur, je t'ai servi à la cour, à l'ost[2] et à l'étranger. Et si, depuis que tu as détourné de moi ta faveur et que tu as tenté de m'enlever le fief que tu m'avais donné, j'ai commis à ton égard, en me défendant et en défendant mon fief, des actes de nature à te déplaire, je l'ai fait, harcelé d'injures et sous l'empire de la nécessité. Comment, en effet, pourrais-je renoncer à défendre mon honneur ? J'en atteste Dieu et mon âme, je préférerais mourir honoré que de vivre sans honneur[3]. Et si tu renonces à vouloir m'en dépouiller, il n'est rien au monde que je désirerai plus que d'avoir et de mériter ta faveur.

Car cette querelle qui nous divise, en même temps qu'elle m'est pénible, t'enlève à toi-même, seigneur, ce qui constitue la racine et le fruit de ton office, je veux dire la justice et la paix. J'implore donc ardemment cette clémence qui t'est naturelle et qu'un méchant conseil peut seul t'ôter.

Lettre d'Eudes de Blois au roi Robert le Pieux, vers 1022,
Recueil des historiens de Gaule et de la France.

1. Revenu royal. 2. Service militaire dû, à ses frais, par le vassal pour son fief.
3. Honor, *en latin, a un double sens : il s'agit à la fois de l'honneur comme vertu morale et de la charge publique.*

Questions

▶ Analyse des documents

DOC 4 **1.** Décrivez la motte castrale de Dinan. À quels éléments devine-t-on qu'il s'agit d'une fortification ?

DOCS 1, 2 ET 3 **2.** Quels sont les moyens utilisés par les rois pour maintenir leur pouvoir sur des seigneurs parfois aussi puissants qu'eux ?

DOC 1 **3.** Comment l'enlumineur a-t-il traduit la supériorité du seigneur sur ses vassaux ?
4. Quels gestes montrent que ceux-ci rentrent dans la vassalité du roi ?

DOCS 2 ET 5 **5.** Quels sont les devoirs du vassal envers son seigneur ? **6.** Montrez que les élites féodales se fondent sur des valeurs morales et sont soucieuses de la défense de leurs terres.
7. Montrez comment le roi essaie de soumettre, avec l'aide de ses vassaux, les seigneurs rebelles.

▶ BILAN

Rédigez une synthèse sur les relations entre seigneurs et vassaux. Vous en rappellerez l'origine, les rites et les droits et devoirs qui en découlent pour le seigneur comme pour le vassal.

DOSSIER

Les chevaliers (XIe-XIIIe siècles)

COURS p. 126-127

Les chevaliers sont des cavaliers armés. Ils entrent au service des seigneurs châtelains aux Xe et XIe siècles. Redoutés par les paysans et les clercs pour leur violence, l'Église cherche, à partir du XIe siècle surtout, à moraliser le comportement de ces hommes exercés au combat. L'ensemble formé des seigneurs et de leurs chevaliers se constitue peu à peu en un groupe social : la noblesse.

De quoi est faite la vie d'un chevalier ?

VOCABULAIRE

• Noblesse
Groupe social qui naît entre le XIe et le XIIIe siècles de la fusion de deux groupes : les puissants seigneurs et leurs vassaux armés.

1 La cérémonie de l'adoubement

• Des chevaliers lèvent les bras afin d'être ceints du baudrier sur lequel est attachée l'épée. *Miniature extraite du cycle de Guillaume d'Orange, début XIVe s., British Library, Londres.*

2 La jeunesse d'un chevalier : Guillaume le Maréchal (vers 1180)

Au XIIe siècle, les tournois ne consistent pas en des affrontements singuliers de chevaliers. Il s'agit de combats entre groupes dont l'objectif prioritaire est de faire des prisonniers qui devront payer leur libération.

Il y eut à Eu, en Normandie, un riche tournoi, dont la nouvelle fut portée en France, en Hainaut, en Flandre, en Bourgogne, en Poitou (...). Les jeunes gens qui ambitionnaient le prix des armes s'y rendirent de toutes parts.

Le jeune roi[1] s'y trouvait avec au moins cent des meilleurs chevaliers qu'on pût trouver. Il ne regardait point à la dépense quand il s'agissait d'un chevalier vaillant. Aussi avait-il, par sa largesse et ses autres qualités, surpassé tous les princes de son temps. (...)

À cette époque, un chevalier de la mesnie[2] du jeune roi, qu'on appelait Roger de Gaugi, lui demanda d'être son compagnon. C'était un homme preux, hardi, entreprenant, adroit, mais un peu trop porté au gain. Le Maréchal, sachant qu'il était bon chevalier, lui accorda sa compagnie. Pendant deux ans, ils coururent les tournois, faisant à eux deux plus de gain que six ou huit autres. (...) Entre la Pentecôte et le Carême, ils prirent cent trois chevaliers, sans parler des chevaux et des équipements.

Histoire de Guillaume le Maréchal, Société de l'Histoire de France, 1891.

1. *Henri le Jeune, fils aîné du roi Henri II Plantagenêt.*
2. *Un groupe de chevaliers qui courent les tournois.*

3 Tournois et combats

● Au XIIIe s., les tournois et les combats chevaleresques ne sont plus meurtriers mais la littérature chevaleresque comble les rêves d'un public en attente d'exploits. Les armoiries se développent alors : pour faire connaître leur identité et leur appartenance à un même lignage, les chevaliers font représenter sur leurs armes et leurs vêtements des signes symboliques.
Manuscrit du Roman de toute la chevalerie. « Geste d'Alexandre » *composée par Thomas de Kent, 1308-1312, BNF, Paris.*

5 Un chevalier communiant

Sculpture du revers du portail de la cathédrale de Reims, XIIe s.

4 Un parfait chevalier chrétien du XIIe siècle

Le fils de Pierre, Ansoud, fut assez peu semblable à son père par ses mœurs, plus grand par sa valeur. Il était en effet d'un caractère excellent et plein de grandeur, courageux, puissant physiquement, très remarquable par sa loyauté de chevalier. (...) Il fréquentait les églises et prêtait une oreille attentive aux sermons sacrés.

Sur la ferme demande de son père, il prit pour épouse une jeune fille noble et bien plaisante (...). Se contentant d'une union légitime, il aimait la chasteté ; (...) il eut sept fils et deux filles. (...) Après avoir porté les armes de la chevalerie pendant cinquante-trois ans, Ansoud atteignit désormais les années de la vieillesse (...) Il appela les moines et leur demanda de l'accepter comme moine. (...) Il expira dans la félicité[1].

Extrait d'Orderic Vital, *Histoire ecclésiastique*, début du XIIe siècle.

1. *Bonheur.*

QUESTIONS

▶ Analyse des documents

DOC 1 **1.** Qu'est-ce que l'adoubement ?

DOC 2 ET 3 **2.** Quelle est la raison d'être de la chevalerie ? **3.** Quelles sont ses valeurs morales ? **4.** Quelles sont les fonctions du tournoi pour le chevalier ? Justifiez votre réponse.

DOCS 4 ET 5 **5.** Montrez que l'Église propose aux chevaliers un nouveau mode de vie. **6.** Quels sont les moyens employés à cette fin ?

▶ BILAN

À la veille de sa mort, un chevalier fait le bilan de sa vie et regrette son mode de vie passé. Rédigez ce bilan.

COURS

3. Qu'est-ce que la féodalité ?

DOSSIER p. 122-123
DOSSIER p. 124-125

Comment la féodalité a-t-elle réorganisé la société médiévale ?

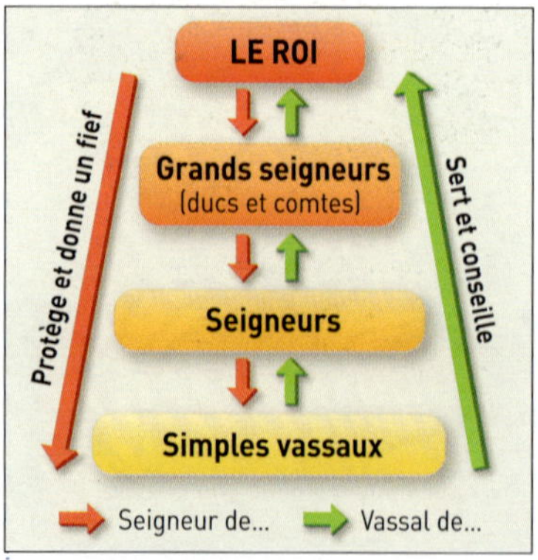

1. *La pyramide féodale*

A Féodalité et vassalité

Aux origines de la féodalité

• La féodalité **apparaît lorsque le pouvoir royal s'effondre entre le Xe et le XIIe siècles. Elle consiste en un ensemble de principautés et de fiefs.** Unités politiques de base, les fiefs sont concédés par des seigneurs à des hommes qui deviennent ainsi leurs **vassaux**.

La vassalité

• **La vassalité est un réseau de relations d'homme à homme fondé sur le lien personnel et privé.** Le vassal devient progressivement l'homme du seigneur, celui qui s'est recommandé à lui. **Le vassal est celui qui doit le service militaire mais aussi celui qui est capable de s'armer et d'équiper un cheval.** Il est par conséquent recruté dans des couches sociales aisées de la population rurale.

• **La vassalité permet donc au seigneur de trouver des alliés armés**, utiles lorsque les dangers se multiplient et que le pouvoir royal n'est plus en mesure de faire reculer toutes les menaces.

B La « pyramide féodale »

La hiérarchie féodale

• Se dessine alors, dans la société médiévale, une hiérarchie qui forme ce que l'on appelle souvent la « pyramide féodale ». **Droits et devoirs réciproques** unissent les différents niveaux (doc 1).

• **Au sommet de cette société politique se trouvent les rois :** seigneurs des seigneurs, ils ne tiennent leur fief de personne. Ils doivent promettre et assurer la protection aux hommes qui se placent sous leur autorité. **On trouve ensuite les vassaux directs des souverains :** ce sont des princes territoriaux importants (comtes, ducs). **Viennent ensuite les arrière-vassaux**, c'est-à-dire les vassaux des vassaux du seigneur. **Au dernier échelon** de cette pyramide, **les vavasseurs** ne sont les seigneurs de personne. Néanmoins, certains peuvent être prestigieux ou riches et donc influents localement. **Tous ces hommes doivent à leur seigneur le conseil (*concilium*) et l'aide ou assistance militaire (*auxilium*).**

• **Hiérarchisés entre eux, ces seigneurs forment** un groupe nouveau, encore ouvert au XIe siècle, et constituent une nouvelle élite dont l'accès est de plus en plus limité : **la noblesse.**

Féodalité et royauté

• Même si le roi est le seigneur des seigneurs, il n'a pas toujours, notamment dans le royaume de France aux XIe et XIIe siècles, les moyens de se faire respecter car ses terres sont peu étendues. **En effet, inégaux en puissance, les grands seigneurs sont maîtres sur leurs propres domaines.** Ces seigneurs peuvent être en conflit les uns avec les autres et constituer des alliances.

• Au XIIIe siècle, dans le royaume de France, les rois s'imposent peu à peu face aux grands seigneurs et font respecter leur supériorité.

VOCABULAIRE

• **Adoubement**
Cérémonie par laquelle un jeune homme est armé chevalier.

• **Féodalité**
Système politique où l'autorité centrale partage le pouvoir avec des principautés, à la tête desquelles se trouvent des seigneurs.

• **Fief**
Bien concédé par un seigneur à son vassal en échange de sa fidélité pour assurer sa subsistance.

• **Hommage**
Cérémonie librement consentie qui fait entrer des hommes dans la dépendance d'un seigneur.

• **Noble, noblesse**
Statut social qui devient progressivement un ordre juridiquement défini.
La noblesse se dégage progressivement entre les XIe et XIIIe siècles. Le noble jouit de privilèges personnels d'ordre public et privé.

• **Vassal**
Homme libre entré dans la dépendance d'un seigneur plus puissant que lui par la cérémonie de l'hommage.

C Rituels et valeurs de la féodalité

Les rituels

- L'engagement vassalique s'entoure d'un rituel dont les principales composantes sont en place à la fin du XIe siècle. La cérémonie commence par l'**hommage** : à genoux face à son seigneur, tête nue, le vassal tend ses mains jointes qui sont reçues par le seigneur ; le **baiser de paix** peut alors être échangé. Le vassal prononce ensuite le **serment de fidélité**, dont l'importance tend à s'accroître car il est prêté en présence d'objets sacrés (reliques). La cérémonie se termine par l'investiture d'un **cadeau** (un anneau, un étendard, une motte de terre symbolisant une terre donnée en fief) : **le vassal se voit octroyer les moyens de subsister et de s'armer**.
- **Le vassal s'engage** donc auprès de son seigneur **pour obtenir une terre**. S'il a prêté plusieurs fois serment, il peut tenir beaucoup de terres : on parle alors d'hommage multiple. Les fiefs sont héréditaires mais ils peuvent être confisqués en cas de trahison du vassal : c'est la commise du fief.
- La vassalité suppose la force militaire. **Seigneurs et vassaux** appartiennent donc très largement au **groupe des chevaliers**. Entre le XIe et le XIIe siècles, la **cérémonie de l'adoubement** marque l'entrée dans ce groupe.

2. *Hommage à Baudouin V : le baiser de paix.*
Manuscrit, Guillaume de Tyr, Historia*, 1300, BNF, Paris.*

Les valeurs des chevaliers

- Être vassal n'est pas du tout un signe de soumission : c'est la preuve de l'appartenance aux élites.
- **Dans cette société sans État central fort, les valeurs de loyauté, de fidélité, de courage et d'honneur sont essentielles :** les vertus chevaleresques, exaltées lors des tournois, structurent la société.

3. *La cérémonie de l'hommage*
● **Le vassal, représenté avec cinq bras, entre dans la dépendance du seigneur et montre la terre face à lui.**
Manuscrit, début du XIVe s., Heidelberg.

MÉTHODE Mettre en relation deux textes

L'histoire s'écrit essentiellement grâce à des sources écrites. Mettre en relation deux textes permet donc de ne pas se fier à une seule source, de confirmer et de compléter son analyse.

1. Un désaccord entre seigneurs (première moitié du XIe siècle)

Le susdit comte (Foulques) et l'abbé de Saint-Florent Adhebert vinrent en justice. (...) L'abbé disait que toute leur descendance appartenait à Saint-Florent selon la coutume de ce pays. Mais le comte le contestait et revendiquait la moitié pour lui-même. Finalement, devant la violence démesurée du comte, l'abbé consentit, avec l'accord des moines que les enfants de Landry, susdit serf, soient partagés.

Par conséquent, le comte Foulque reçut dans sa part les enfants suivants : Eude Brunel et Dodon, devenu par la suite son bouteiller ; Witberge également, la femme d'Hubald, veneur ; Adélaïde aussi, la femme de Constant, veneur de la Pouèze. Ledit abbé reçut quant à lui pour la part de Saint-Florent : Archembaud, Herbert, prêtre, Sufficia aussi et Witburge. Mais Ingebald, l'un des frères, considéré comme commun, est mort.

L. Halphen, *Le Comté d'Anjou au XIe siècle*, Paris, A. Picard, 1906.

2. La rébellion des serfs du monastère de Saint-Arnoul (Crépy-en-Valois), décembre 1102

Forts de leur grand nombre et d'une grande agitation du peuple, ils soutenaient qu'ils ne donneraient absolument plus la taxe à payer pour prendre des épouses[1] et la part de leur bien que nous appelons couramment mainmorte[2]. Ils affirmaient qu'ils prendraient des épouses libres sans aucune considération pour le monastère et qu'ils donneraient leurs filles, libres, à des hommes d'ailleurs. (...) et ainsi ils se soustrayaient au droit et à la servitude du monastère.

Sur tout cela, nous avons porté plainte et revendiqué en présence de dame Adèle, notre comtesse, l'épouse d'Hugues le Grand, frère du roi de France Philippe et qui était alors parti en pèlerinage à Jérusalem. La comtesse fixa un jour convenable pour trancher cette affaire (...). En présence de la comtesse, de tous les barons et de la foule innombrable qui participait à cette dispute, ils ont reconnu être à perpétuité les serfs et les serves de l'église Saint-Arnoul, de même que toute leur descendance. Ils ont prêté le serment de fidélité devant le peuple. Chacun des hommes et des femmes a payé la redevance et le prix de leur tête, c'est-à-dire 4 deniers par tête.

B. Guérard, *Polyptique de l'abbé Irminon*, Archives départementales de l'Oise.

1. Il s'agit de la taxe du formariage dont doivent s'acquitter les serfs quand ils veulent se marier avec un(e) dépendant(e) d'une autre seigneurie.
2. Le serf ne peut rien transmettre, en théorie, à sa mort. Mais pour les inciter à travailler et ne pas les accabler, le seigneur prélève une taxe un peu plus légère quand ils disparaissent : la mainmorte peut signifier le prélèvement d'un meuble ou de la plus grosse bête du cheptel, généralement réduit, du serf.

QUESTIONS

1. Présentez les documents en insistant sur le thème et le contexte.
2. À l'aide des deux documents, rappelez ce qui caractérise les travailleurs dépendants (serfs et serves) dans la société médiévale.
3. Quels sont les différents conflits qui peuvent surgir autour des serfs ? Justifiez votre réponse en vous servant des deux documents.
4. Quel bilan peut-on faire de la situation des serfs aux XIe et XIIe siècles ?
5. Cette condition paysanne est-elle la seule qui existe dans les campagnes de cette époque ?

Méthode générale

1 Présenter les textes

Pour pouvoir mettre en relation deux textes, il faut commencer par les présenter en repérant ce qui est nécessaire à l'explication parmi les éléments suivants : auteur, nature, thème, destinataire, date et contexte.

- Présenter les deux textes en utilisant la méthode p. 56-57.
- Mettre en évidence les éléments communs et la spécificité de chacun des textes.

2 Confronter les textes

Confronter des textes permet de savoir en quoi ils se complètent ou s'opposent.

- Identifier les idées principales exprimées par chaque auteur ainsi que leur but.
- Confronter les points de vue et les arguments des auteurs en mettant en évidence les points communs, les divergences ou le caractère complémentaire des deux documents.

3 Synthèse et analyse

Il faut dégager l'intérêt de la confrontation des deux textes et les replacer dans le cadre des connaissances acquises.

- Dresser le bilan des connaissances acquises grâce à la confrontation des deux textes.
- Utiliser ses connaissances personnelles pour analyser les faits et répondre à la problématique soulevée par la confrontation des textes.

Application guidée

TEXTES p. 128

Question 1. Présentez les documents en insistant sur le thème et le contexte.

Info

Doc 1 : Landry, serf, a pris pour épouse, à l'insu de son seigneur, l'abbé de Saint-Florent de Saumur, une serve appartenant au comte Foulque, Létharde. Le couple a eu cinq fils et six filles dont les deux seigneurs sont en droit de revendiquer la possession.

Question 2. À l'aide des deux documents, rappelez ce qui distingue les travailleurs dépendants (serfs et serves) dans la société médiévale.

Conseil

Cherchez quelles sont les taxes spécifiques dues par les travailleurs dépendants. Aidez-vous des éléments du texte soulignés en vert.

Question 3. Quels sont les différents conflits qui peuvent surgir autour des serfs ? Justifiez votre réponse en vous servant des deux documents.

Conseil

Aidez-vous des éléments du texte soulignés en rouge.

Question 4. Quel bilan peut-on faire de la situation des serfs aux Xe et XIe siècles ?

Question 5. Cette condition paysanne est-elle la seule qui existe dans les campagnes de cette époque ?

Conseil

Pour répondre à ces questions, utilisez vos réponses aux questions 2 et 3 ainsi que vos connaissances et le cours p. 116-117.

RÉVISIONS Vérifier ses connaissances

Les points clés du cours

Répondez en quelques phrases aux questions suivantes.

1. La société rurale médiévale
- **a.** Qu'est-ce qu'une seigneurie rurale ?
- **b.** Les paysans constituent-ils un groupe homogène ? Justifiez votre réponse.
- **c.** Quelles sont les caractéristiques d'un village ?
- **d.** Comment certaines communautés paysannes parviennent-elles à s'affranchir ?

2. Les hommes et la terre du XIe au XIIIe siècles
- **a.** Quels sont les fondements de l'expansion agricole ?
- **b.** Pourquoi l'augmentation du nombre des hommes est-elle à la fois cause et conséquence de l'expansion agricole ?
- **c.** Qu'appelle-t-on les tenures ?
- **d.** Quelles innovations techniques se diffusent dans le monde paysan entre le XIe et le XIIIe siècles ?

3. Qu'est-ce que la féodalité ?
- **a.** Donnez une définition simple de la féodalité.
- **b.** Qu'est-ce que la vassalité ?
- **c.** Qu'est-ce qu'un seigneur féodal ?
- **d.** Que doivent les vassaux à leur seigneur ?
- **e.** Comment se déroule la cérémonie de l'hommage ?
- **f.** Quelles sont les valeurs chevaleresques qui structurent la société féodale ?

Les personnages clés

Donnez le nom du personnage décrit dans les définitions suivantes.

1. Maître du sol et propriétaire du ban, je domine le groupe des paysans.

2. Travailleur dépendant, je dois payer le chevage, le formariage et la mainmorte au seigneur qui me possède et qui seul peut m'affranchir.

3. Homme libre entré en dépendance auprès d'un seigneur plus puissant que lui par la cérémonie de l'hommage.

4. Cavalier armé entré au service d'un seigneur, je participe à des tournois pour gagner de l'argent et m'entraîner au combat .

Les mots clés

Quel terme correspond à chacune des définitions suivantes ?

1. Jours de travail ou tâches que les paysans accomplissent au profit du seigneur en droit de les exiger.

2. Partie de la seigneurie exploitée en faire-valoir direct par le seigneur.

3. Je suis une activité à laquelle se livrent les chevaliers pour s'entraîner à la guerre quand ils sont en paix, gagner de l'argent et la renommée.

4. Cérémonie par laquelle un homme entre librement dans la dépendance d'un seigneur.

5. Cérémonie marquant la prise d'armes du chevalier, progressivement réservée aux fils de la noblesse.

Les schémas clés

Recopiez et complétez les schémas ci-dessous.

1.

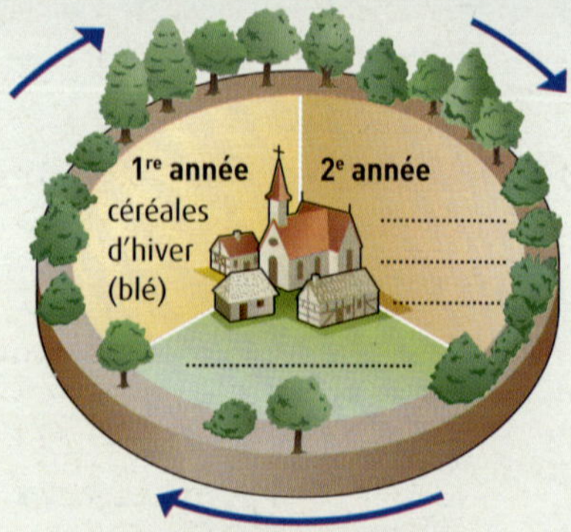

Assolement triennal

À imprimer

2.

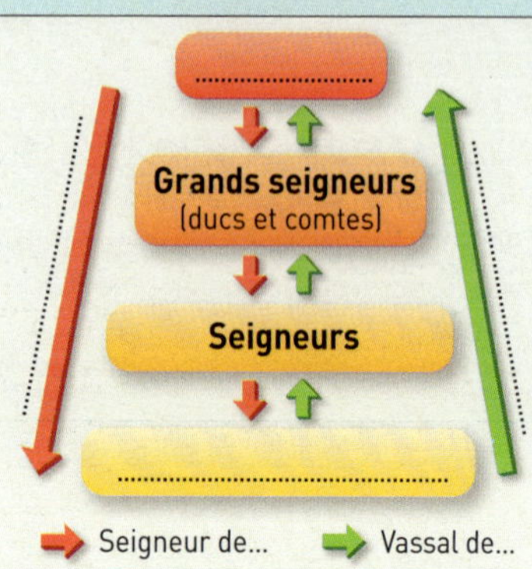

Exercices

La vie du chevalier

Bréviaire d'amont, *manuscrit de Maître Ermengaut, XIIIe s., bibliothèque de l'Escurial, Madrid.*

QUESTIONS

1. Présentez le document.

2. Sur quel niveau l'enlumineur a-t-il représenté :
– un tournoi ?
– les combats de la guerre ?
– un banquet ?
– la mort et la préparation à celle-ci ?

3. Rappelez ce que sont les tournois. Pourquoi sont-ils des éléments importants de la vie des chevaliers ?

4. Dégagez l'intérêt du document.

Pour aller plus loin

Livres et revues

- Éric Birlouez, *À la table des seigneurs, des moines et des paysans au Moyen Âge*, Ouest-France, 2009.
- Philippe Durand, *Le Château fort*, Paris, éd. Jean-Paul Gisserot, 1999.
- Jean Flori, *Chevaliers et chevalerie au Moyen Âge*, Hachette, « Vie quotidienne », rééd. 2004.
- La collection des enquêtes policières du *Frère Cadfael*, Ellis Peters, Paris, éd. 10/18.

Musique

- Ensemble Jehan de Channey, *Trouvères et troubadours du XIIIe s.*, dir. Jean Gibaud, De plein vent/Frémeaux et associés, 2005, 2 CD.

Musées à visiter

- Musée National du Moyen Âge, Paris.
- Il existe de nombreux sites de châteaux en France : Château Gaillard (Les Andélys, Eure), Château de Crest (Drôme), les Baux-de-Provence (Bouches du Rhône)

CHAPITRE 6

Sociétés et cultures urbaines (XIe-XIIIe s.)

La période qui s'étend du XIe au XIIIe siècles, marquée par une forte croissance agricole, est celle de la prospérité des villes, dont la population augmente à un rythme soutenu. Dans un contexte de renaissance du grand commerce, le rôle des bourgeois et des marchands s'avère déterminant : ils deviennent alors les éléments dynamiques de la société. Les grandes villes se couvrent de bâtiments qui symbolisent leur puissance et leur identité : palais, hôtels, églises, cathédrales, halles et universités se multiplient.

Comment l'essor urbain se traduit-il dans les paysages et les sociétés des villes d'Europe occidentale ?

1 Alors que le grand commerce renaît en Occident…

La foire du Lendit à Saint-Denis est bénie par l'évêque.

• La foire de Saint-Denis, au nord de Paris, se tient tous les ans au mois de juin. Autour de la tourelle sont représentées les nombreuses activités des marchands, venus parfois de loin (Flandres, Italie…). *Manuscrit du XIVe siècle, BNF, Paris.*

2 … les paysages urbains se transforment

Vue de San Gimignano (Toscane)

● La population de la ville augmente à partir du XIe siècle. Au XIIIe siècle, logée dans une double enceinte de murailles, elle compte jusqu'à soixante-quinze maisons-tours, demeures fortifiées manifestant la puissance des grandes familles de la ville mais aussi leurs rivalités.

DOSSIER

L'essor des villes (XIe-XIIIe siècles)

COURS p. 136-137

VOCABULAIRE

• Commune
Association des habitants d'une ville en vue d'obtenir du seigneur des libertés et des droits particuliers.

Stimulées par la croissance agricole et le renouveau du commerce, les villes d'Europe occidentale connaissent un essor décisif entre le XIe et le XIIIe siècles. Plus nombreuses et plus peuplées (Paris aurait vu sa population doubler en deux siècles, comptant 150 000 habitants à la fin du XIIIe siècle), elles voient leurs paysages considérablement modifiés et de nouvelles sociétés se développer (artisans, marchands, changeurs, étudiants…). La place plus importante de cette bourgeoisie se traduit par la constitution de gouvernements urbains, les **communes** qui s'opposent parfois aux seigneurs.

Quelles sont les manifestations du renouveau urbain en Occident ?

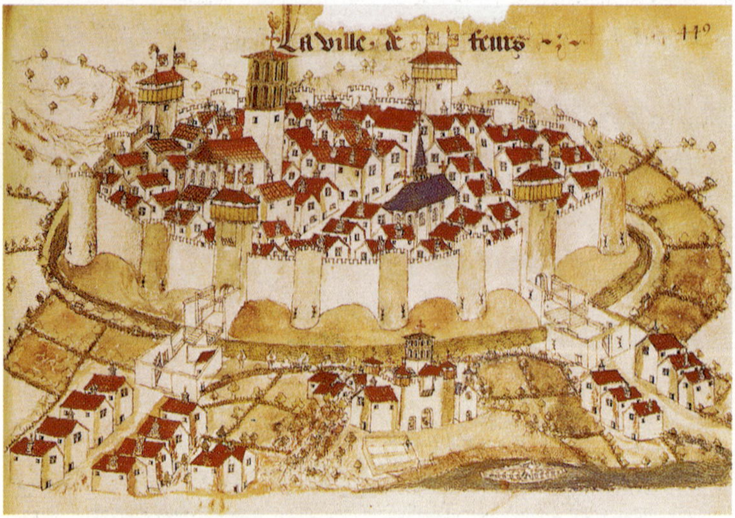

1 La ville de Feurs (Forez) au XIIIe siècle

• Alors que l'espace bâti est dense au sein des murailles, des faubourgs s'étendent à l'extérieur. *Miniature, XIIIe siècle, BNF, Paris.*

3 Le sceau de la commune de Saint-Omer (Pas-de-Calais)

La ville connaît une grande prospérité liée aux métiers de la draperie (textile lainier). Protégée par le comte de Flandre, elle bénéficie dès le dernier tiers du XIe siècle d'institutions communales, dont le sceau montre l'autonomie. *XIIIe siècle, Archives nationales, Paris.*

2 La création du consulat d'Arles (1142-1155)

Au nom de Notre Seigneur Jésus-Christ. Moi, Raymond, archevêque d'Arles, (...) nous établissons et ordonnons de fonder dans la cité et le bourg d'Arles, un consulat[1], (...) étant saufs le domaine et le droit des seigneurs (...) et le gouvernement du consulat étant accepté, [les consuls] auront le pouvoir de juger et de mettre à exécution les jugements, tant au sujet des héritages que des injures et de tous les autres délits.

Ceux qui auront été élus pour élire les consuls jureront que, toute crainte et toute préférence négligées, ils ont élu au gouvernement de la cité ceux qu'ils ont estimé les plus aptes suivant le conseil de l'archevêque (...).

Le consul élu prêtera le serment suivant : « (...) je jure que je régirai et je gouvernerai ceux qui font partie avec moi du consulat, par le conseil, le meilleur et le plus discret de ceux qui feront partie du consulat ; et que je ne manquerai pas à exercer ma fonction de consul jusqu'à ce qu'un autre soit élu ; et si une discorde s'élève entre nous, consuls, j'y mettrai fin avec le conseil de l'archevêque et des meilleurs du consulat (...) ; et pour discuter une affaire, je ne recevrai ni promesse ni argent de personne (...). »

Cité dans C. Giraud, *Essais sur l'histoire du droit français*, Videcoq, 1846.

1. Magistrats municipaux des villes du sud de l'Europe.

4 **Aigues-Mortes, une ville du XIIIe siècle**

● Fondée par saint Louis pour être le port d'embarquement pour la croisade de 1248, la ville devient aussi un débouché méditerranéen du royaume de France.

5 En Angleterre, le roi protège les marchands de Cologne (1157)

Les activités liées au grand commerce obligent les marchands à voyager et à séjourner en pays étranger pour y faire des affaires ; ils ont besoin de la protection des princes.

Henri par la grâce de Dieu, roi d'Angleterre, duc de Normandie et d'Aquitaine, comte d'Anjou, à ses juges, vicomtes et tous officiers d'Angleterre, salut.

Je vous prescris de garder, veiller et protéger à l'égal de mes propres sujets et amis les sujets et bourgeois de Cologne, ainsi que leurs biens et marchandises. Vous ne leur ferez ou ne leur laisserez subir aucun tort ou préjudice ni de leur maison de Londres ou Gildhalle ni de leurs biens, de leurs marchandises ou de toute autre chose les concernant. Car ils sont mes fidèles, eux et tous leurs biens sont sous ma sauvegarde et protection. Qu'ils soient assurés d'une paix entière en suivant leurs justes coutumes. Ne leur imposez aucune taxe ou réglementation nouvelles et insolites auxquelles ils ne sont pas astreints. Et si quelqu'un tente quoi que ce soit à ces prescriptions, faites-en prompte et pleine justice.

Ordonnance de Henri II, cité dans P. Dollinger, *La Hanse, XIIe-XVIIe s.*, Aubier-Montaigne, 1964.

Questions

▶ Analyse des documents

DOC 1 **1.** Quels bâtiments reconnaissez-vous à l'intérieur des murailles ? **2.** Quelles sortes de constructions se trouvent à l'extérieur des murailles ?

DOC 4 **3.** Montrez que la ville d'Aigues-Mortes n'est pas issue d'un développement spontané et anarchique. **4.** Comment le roi manifeste-t-il sa puissance en fondant une telle cité ?

DOC 2 **5.** Qui possède le pouvoir de créer un consulat dans la ville d'Arles ? Comment sont choisis les consuls et à quoi s'engagent-ils ? **6.** Montrez que les pouvoirs des seigneurs sont en partie préservés.

DOC 3 **7.** Décrivez le sceau de la commune de Saint-Omer (décor, personnages).

DOC 5 **8.** Quels sont les privilèges octroyés par le roi anglais aux marchands de Cologne ? Quel intérêt peut-il avoir à protéger des marchands étrangers ?

▶ BILAN

Rédigez un texte montrant que la période qui s'étend du XIe au XIIIe siècle est un temps de profonde transformation des villes et des sociétés urbaines en Occident. Vous utiliserez notamment les mots suivants : murailles – églises – seigneurs – commune – sceau – bourgeois – marchands.

COURS

1. Grand commerce et urbanisation en Occident (XIe-XIIIe s.)

DOSSIER p. 134-135
ÉTUDE p. 138-139
ÉTUDE p. 140-141
ÉTUDE p. 142-143

Quelles sont les manifestations du renouveau urbain en Occident ?

A Les causes de la renaissance urbaine

La croissance agricole et démographique

• Les marchands chargés de vendre les surplus agricoles des grands domaines trouvent une place importante dans les villes du XIe siècle alors que des hommes s'y établissent plus nombreux. La ville devient un lieu central des échanges.

L'essor du grand commerce

• Les grandes villes d'Occident s'épanouissent au débouché des principales routes commerciales (en Italie du Nord, en Flandre, dans la France du Nord-Est). **Les échanges européens connaissent un formidable essor**, ce dont témoigne la montée en puissance des villes de **foire** (en Champagne notamment) mais aussi des villes allemandes groupées dans une **Hanse** qui domine le commerce de la Baltique (Lübeck, Hambourg).

• **La variété des produits disponibles s'accroît**. Si la fabrication et le commerce des draps de laine sont au cœur des échanges, on trouve aussi des épices venues d'Orient, des cuirs d'Espagne ou des fourrures et du bois arrivés de la Baltique.

B Des villes nouvelles

Un nouveau réseau urbain

• La croissance urbaine touche **des villes dont la création remonte à l'Antiquité** (Paris, par exemple). **Mais des villes nouvelles naissent.** Les **seigneurs** peuvent fonder une cité, à l'occasion de défrichements (les « villeneuves » du Bassin parisien), ou pour mieux surveiller une région frontalière : c'est le cas des bastides du Sud-Ouest, situées entre les possessions du roi de France et du roi d'Angleterre. L'Europe du Nord connaît elle aussi de nombreuses fondations urbaines, dans le sillage des marchands allemands qui dominent le commerce de la Baltique (fondation de Lübeck au XIIe siècle).

La croissance des villes

• **Une nouvelle hiérarchie urbaine apparaît au XIIIe siècle.** Les villes d'Italie du Nord dominent (Milan compte peut-être 200 000 habitants, Florence, Venise et Gênes environ 100 000). La Flandre forme un second ensemble (Gand et Bruges atteindraient 50 000 habitants). La croissance de Paris est aussi spectaculaire (150 000 habitants), tandis que Londres et Cologne dépassent les 40 000 habitants.

C Pouvoirs et société dans les villes

Une nouvelle société urbaine

• Les sociétés urbaines sont très diversifiées. On y trouve des juges, des agents du seigneur ou du roi. Mais **le dynamisme urbain repose d'abord sur les marchands et les changeurs** qui convertissent et échangent les monnaies de provenances diverses. Les **artisans** forment un groupe important, **organisé en métiers**, qui contrôlent de près les fabrications et limitent la concurrence. Les villes attirent également des pauvres et des marginaux qui y cherchent refuge. Toute cette population est encadrée par le clergé qui anime parfois des universités célèbres où se pressent des étudiants (Paris, Bologne).

VOCABULAIRE

• **Bourgeois**
Habitant d'une ville ayant obtenu une charte de franchise.

• **Charte de franchise**
Acte émis par un roi ou par un seigneur, permettant aux habitants d'une ville de profiter de libertés ou de droits particuliers.

• **Commune**
Association des habitants d'une ville en vue d'obtenir du seigneur des libertés et des droits particuliers.

• **Consuls**
Magistrats municipaux dans les villes du sud de l'Europe.

• **Échevins**
Magistrats municipaux des villes du Nord.

• **Foire**
Grande réunion marchande se tenant dans une ville à date fixe.

• **Hanse (ou guilde)**
Association des grands marchands d'une ville ou d'une région.

• **Métier**
Organisation d'artisans impliquant une surveillance stricte des règles de fabrication mais aussi des conditions d'accès au métier.

• **Podestat**
Chargé d'assurer la paix publique pendant un temps limité, il est recruté à l'extérieur de la ville pour être le plus impartial possible.

• **Seigneurs**
Désigne le maître du sol de la ville qui y exerce un pouvoir judiciaire et qui prélève des taxes. Ce peut être un noble ou homme d'Église (évêque, abbé).

• Progressivement, **les citadins se forgent une conscience commune**, vénérant les mêmes saints protecteurs, participant aux mêmes fêtes.

La bourgeoisie contre les seigneurs

• Les citadins cherchent à **obtenir de leur seigneur des chartes de franchise**. De nombreuses villes parviennent ainsi à acquérir le statut de **commune**.

• Dans ces communes, les **bourgeois** expérimentent de **nouvelles formes de gouvernement** : un maire et des conseillers, nommés parmi les citadins, veillent au maintien de la paix et organisent la justice. Parfois, un organisme élu par l'assemblée du peuple peut exister : c'est ainsi le cas de l'**échevinage** dans les villes du Nord ou encore du **collège des consuls** dans les communes italiennes, provençales et languedociennes.

Des conflits au sein de la commune

• Au XIIIe siècle, **le pouvoir politique et économique est aux mains des élites urbaines** (nobles, marchands…). Ceux-ci marquent leur puissance dans la ville (construction de palais, de tours, de fontaines) et dominent un peuple de plus en plus nombreux.

• Les premiers **conflits qui opposent le peuple aux élites** apparaissent en Flandre et en Italie dès la fin du XIIIe siècle, souvent pour des questions économiques et financières (travail, taxes…). Des **émeutes populaires** naissent alors, affaiblissant les communes et obligeant même certaines cités italiennes à faire appel à l'arbitrage des **podestats**.

1. *Le florin d'or, Florence, 1252*

● **L'usage de cette monnaie symbolise le dynamisme économique de l'Occident, suffisamment enrichi pour frapper de l'or.**

Musée du Bargello, Florence.

2. *Villes et routes commerciales au XIIIe siècle*

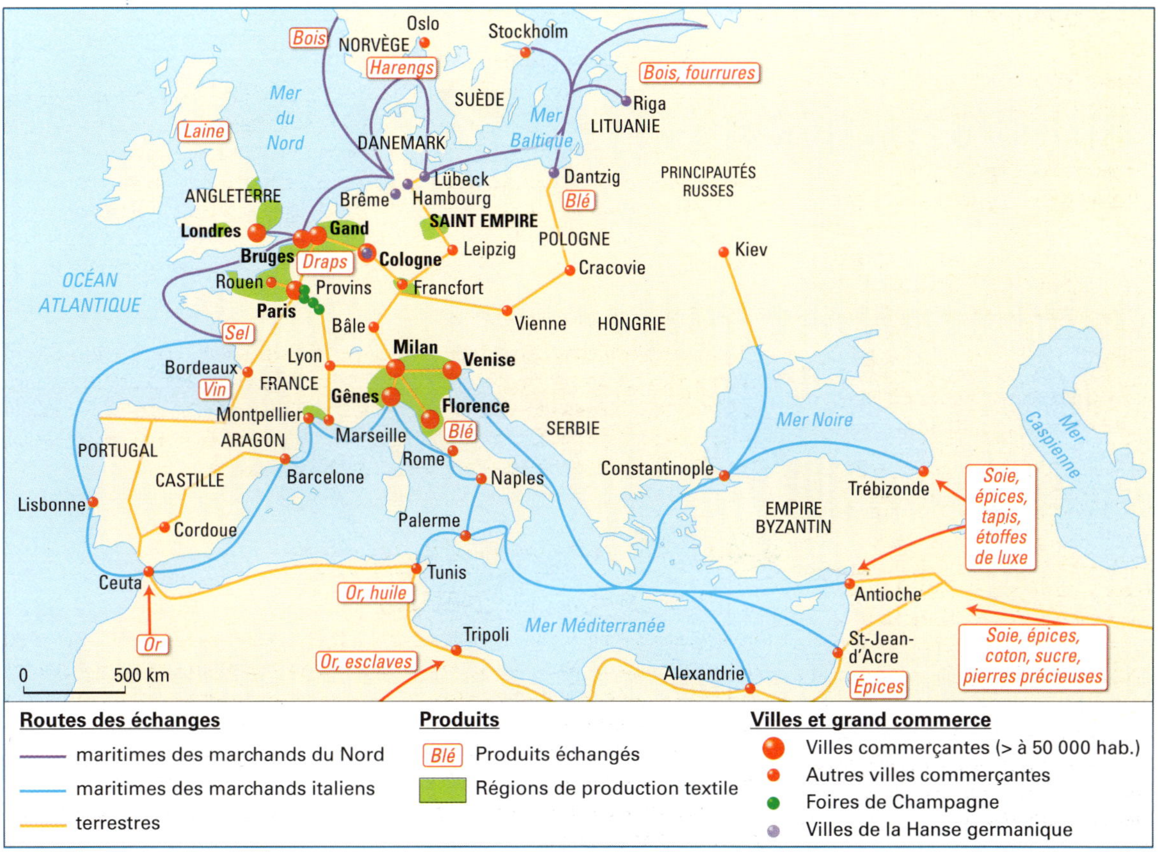

ÉTUDE

Bruges, l'opulence d'une ville flamande

COURS p. 136-137

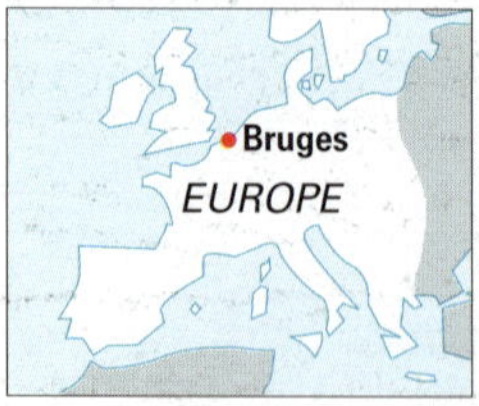

La ville flamande de Bruges s'est développée autour du château des comtes de Flandre à partir de la fin du IXe siècle. La transformation de la laine permet l'apparition d'un riche artisanat textile et la ville profite de sa bonne situation : reliée à la mer par le fleuve, elle bénéficie de la proximité de l'Angleterre mais aussi de toutes les villes de la mer du Nord et de la Baltique. Bruges devient l'une des plus grandes villes d'Europe avec près de 50 000 habitants à la fin du XIIIe siècle.

Comment expliquer l'essor de Bruges au Moyen Âge ?

1 La charte communale de Bruges

Art. 1 – Le comte nommera tous les ans treize échevins[1] (...). Quand il prend possession du pays, le comte doit jurer devant les échevins de conserver à la ville ses coutumes et ses règlements. (...)

Art. 10 – Le comte se réserve les amendes et les délits concernant les monnaies ainsi que le soin de réprimer les crimes commis contre la sainte Église (...).

Art. 26 – Si une personne est bannie de la ville, le comte ne pourra pas prendre ses biens. (...)

Art. 49 – Si le comte accuse les échevins d'avoir mal rendu la justice, et que leur décision est confirmée par les échevins des bonnes villes (Gand, Ypres, Lille, Douai), le comte leur doit réparation du déshonneur. (...)

Art. 65 – Les échevins et les conseillers ont le pouvoir d'établir des assises[2] pour acquitter les dépenses et les dettes de la ville. (...)

Art. 67 – Le comte est tenu de promulguer les règlements faits par les échevins. Les échevins peuvent les annuler à volonté, mais ils doivent alors prévenir le comte.

D'après les chartes de 1281 et de 1304.

1. *Membres du conseil qui administre la ville.*
2. *Assemblées.*

Chronologie

875	Baudoin fonde le comté de Flandre ; le nom de Bruges apparaît pour la première fois.
XIIe siècle	Agrandissement et fortification des murs, construction des canaux.
1200	La ville obtient le droit d'organiser un marché annuel.
Dernier quart du XIIIe siècle	Arrivée des premiers marchands italiens ; développement du commerce avec l'Orient.

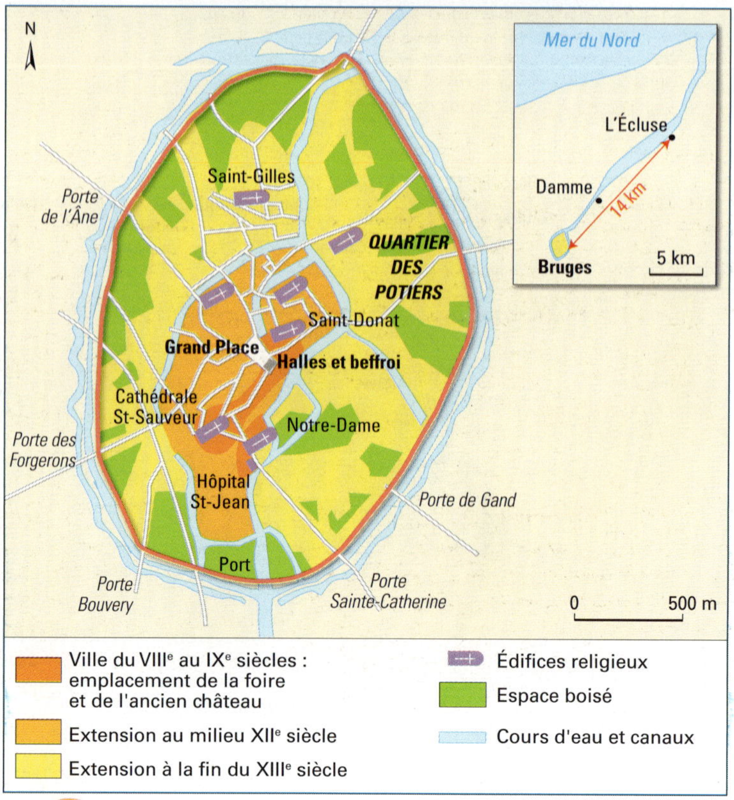

2 Bruges au XIIIe siècle

3 **Les halles et le beffroi**

① Halles : marché couvert conçu pour le commerce des draps.
② Beffroi : lieu de réunion des magistrats de la ville, équipé d'une cloche pour prévenir des dangers. Grâce aux extensions des XIVe et XVe siècles, il mesure aujourd'hui 83 m de haut.

4 L'organisation du métier des foulons de Bruges

Les foulons travaillent à la confection du drap. Après le filage et le tissage de la laine, il faut fouler le drap, c'est-à-dire le piétiner pour préparer le tissu avant de le teindre et de le tondre.

1. Les jurés[1] puniront ceux qui font mal leur métier.
2. Le temps d'apprentissage est fixé à deux ans pour les fils de foulons, trois ans pour les autres.
3. Les compagnons qui veulent passer maître paient au métier vingt sols[2] s'ils sont des fils de foulons, les autres trente sols.
4. Les maîtres doivent payer les salaires la veille du dimanche.
5. Nul homme du métier ne doit travailler le soir à la lumière.
6. Il est défendu de travailler le samedi après l'heure de midi.
7. Il est défendu d'employer d'autres ingrédients que le beurre et le suint[3] pour le foulage des étoffes.
8. Les huit jurés sont indemnisés par le métier.

Extrait du statut du métier des foulons, 1303.

1. *Les représentants du métier auprès de l'autorité communale.*
2. *Sous.*
3. *Liquide épais et gras produit par le corps des moutons et qui s'attache à la laine.*

5 **Sceau utilisé par les tailleurs de Bruges**

• Les sceaux sont des documents permettant d'identifier des actes. Celui-ci reprend visiblement les symboles de la guilde des tailleurs de draps de laine. *Archives nationales, Paris.*

Questions

▶ La croissance de la ville et son émancipation

DOC 1 **1.** Après avoir rappelé ce qu'est une commune, expliquez quels sont les pouvoirs conservés par le comte et ceux qui sont accordés aux échevins. **2.** Comment la charte communale de Bruges permet-elle de limiter les interventions du comte dans la ville ?

DOC 2 **3.** À quelle époque la ville connaît-elle sa plus grande extension ? En quoi la ville a-t-elle été favorisée par sa situation géographique ?

DOC 3 **4.** À quoi sert un beffroi ? Montrez que ce document reflète la fierté communale de Bruges.

▶ L'activité économique et la société

DOCS 3 ET 5 **5.** Quelles sont les fonctions de la halle et du sceau ? Comment manifestent-ils la place de l'artisanat textile dans la ville ?

DOC 4 **6.** Montrez que le métier est hiérarchisé et expliquez les différentes interdictions formulées par le règlement. Comment l'organisation du métier favorise-t-elle les fils des foulons ?

▶ BILAN

En une page, montrez comment s'est développée la ville de Bruges du XIe au XIIIe siècles. Vous insisterez sur l'importance du dynamisme économique qui influe sur les institutions et fait naître une nouvelle société urbaine.

ÉTUDE

Venise, l'émergence d'une puissance en Méditerranée

COURS p. 136-137

Comptant environ 100 000 habitants vers 1300, Venise a fondé son développement sur le commerce. Depuis le Xe siècle, elle s'affirme comme un intermédiaire entre l'Occident et le monde musulman et noue des contacts étroits avec l'Empire byzantin et sa capitale, Constantinople. Le commerce est l'affaire de toute la ville : l'arsenal (vaste chantier naval) occupe de nombreux artisans, tandis que la cité s'enrichit et se pare de merveilles qui font honneur à ses habitants.

Comment le commerce vénitien enrichit-il la cité ?

Chronologie

1082	Premiers privilèges commerciaux accordés aux Vénitiens par l'Empire byzantin.
XIe-XIIe siècles	D'importants travaux sont effectués dans la basilique Saint-Marc, parée de fines mosaïques byzantines.
1182	Massacre des marchands latins à Constantinople, parmi lesquels de nombreux Vénitiens.
1204	Les Vénitiens détournent une croisade et organisent le pillage de Constantinople.

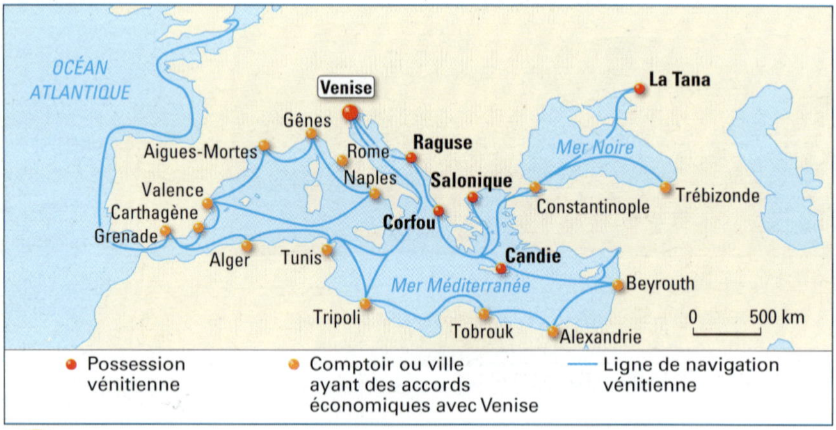

1 Le commerce de Venise en Méditerranée à la fin du XIIe siècle

2 Chargement de marchandises dans le port de Venise

Fin du XIIIe siècle, Biblioteca Marciana, Venise.

3 **Plan de la ville au XIIIe siècle**

4 Privilèges accordés aux Vénitiens en 1082

À la suite de la victoire sur les Normands en 1081, l'empereur byzantin Alexis Comnène souhaite remercier ses alliés vénitiens.

Personne n'a ignoré ce que firent les fidèles Vénitiens (...) et comment ils ont offert pour nous aider d'innombrables combattants marins ; et comment ils ont vaincu avec leur propre flotte (...). C'est pourquoi, en récompense de tels services, ma Puissance impériale a bien voulu, selon la teneur de ce présent chrysobulle[1], (leur donner) les boutiques, qui sont dans le quartier de Pérama, avec plusieurs étages, (...) ceux qui sont habités comme ceux qui ne le sont pas, et dans lesquels demeurent des Vénitiens et des Grecs ; et trois échelles maritimes[2] qui sont délimitées audit endroit (...). Elle leur a aussi accordé de commercer avec toutes les marchandises dans toutes les régions de la Romanie[3] (...) et dans la Grande Ville elle-même, et plus simplement dans toutes les régions qui sont sous le pouvoir de notre pieuse mansuétude sans avoir à fournir (...) toutes les taxes que doivent les commerçants (...). En effet, ils auront le droit d'acheter tout ce qu'ils veulent, en restant exempts de tout versement.

1. *C'est l'acte le plus solennel de la diplomatie byzantine, comportant le sceau d'or impérial et la signature à l'encre pourpre de l'empereur.*
2. *Port ou comptoir commercial.*
3. *Autre nom de l'Empire byzantin.*

5 **Les palais Loredan et Farsetti sur le Grand Canal**

• **Ces palais ont été construits par de riches marchands au XIIe siècle (pour le Loredan, à gauche) et au XIIIe siècle (pour le Farsetti, à droite).**

Questions

▶ L'affirmation d'une grande puissance commerciale

DOC 4 **1.** Quelle est la nature des privilèges accordés aux Vénitiens par l'empereur byzantin ?

DOCS 1 ET 4 **2.** Montrez que ces privilèges ont renforcé la puissance commerciale vénitienne.

DOC 1 **3.** Quelles sont les routes commerciales empruntées par les Vénitiens et la nature des produits échangés dans la Méditerranée orientale ?

▶ L'enrichissement de la cité

DOCS 2 ET 3 **4.** Comment se répartissent les différentes activités dans la cité ? **5.** Quelle est la fonction du Grand Canal dans la ville ? **6.** Repérez les édifices religieux et expliquez leur répartition dans l'espace de la ville.

DOC 5 **7.** Comment ces palais témoignent-ils du rôle et de la place des marchands dans la ville ?

▶ BILAN

Expliquez comment, grâce au commerce, la ville de Venise s'est enrichie et a pu devenir une puissante cité-État entre les XIe et XIIIe siècles.

ÉTUDE

Une ville de foire : Provins

COURS p. 136-137

Si les comtes de Champagne ont choisi la ville de Troyes comme capitale de leurs vastes possessions, Provins devient très vite une de leurs résidences préférées. Alors que de nombreux conflits opposent le roi de France à son vassal de Champagne, l'emplacement de Provins s'avère stratégique. La ville voit sa population croître à partir du XIe siècle et comptabilise près de 10 000 habitants au XIIIe siècle. Cette croissance témoigne de son enrichissement, largement lié à l'organisation de deux des six foires annuelles de Champagne. Provins devient alors une place économique importante.

Comment la croissance économique et sociale transforme-t-elle, entre le XIe et le XIIIe siècles, la ville de Provins ?

1 Le calendrier des foires de Champagne au XIIIe siècle

• Les comtes de Champagne ont organisé six foires annuelles sur leur territoire ; en fonction de la saison, on parle de « foire froide » ou de « foire chaude ».

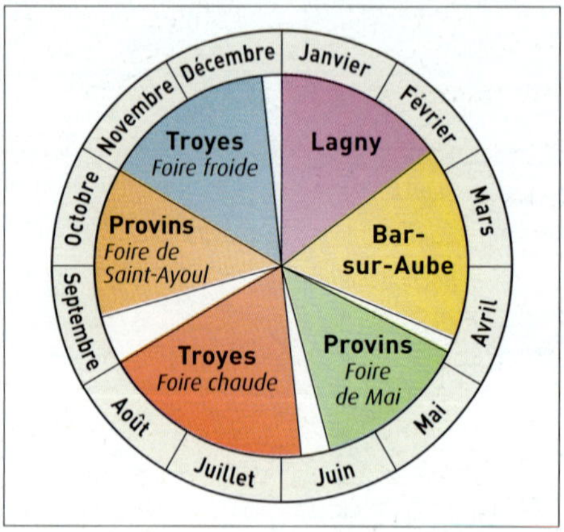

Chronologie

IXe s.	Premières mentions de la ville de Provins ; la cité est fortifiée.
Fin du XIe s.	Développement du quartier du château. Une foire annuelle apparaît dans la ville basse.
Début du XIIe s.	Une seconde foire annuelle est créée. Elle gagne en renommée et attire des marchands italiens.
1228 -1231	Construction de la troisième enceinte de la ville. Provins est à l'apogée de sa puissance.
1284	L'héritière de la Champagne épouse le roi de France ; la ville perd alors de son intérêt stratégique. La foire décline sous l'effet des difficultés économiques.

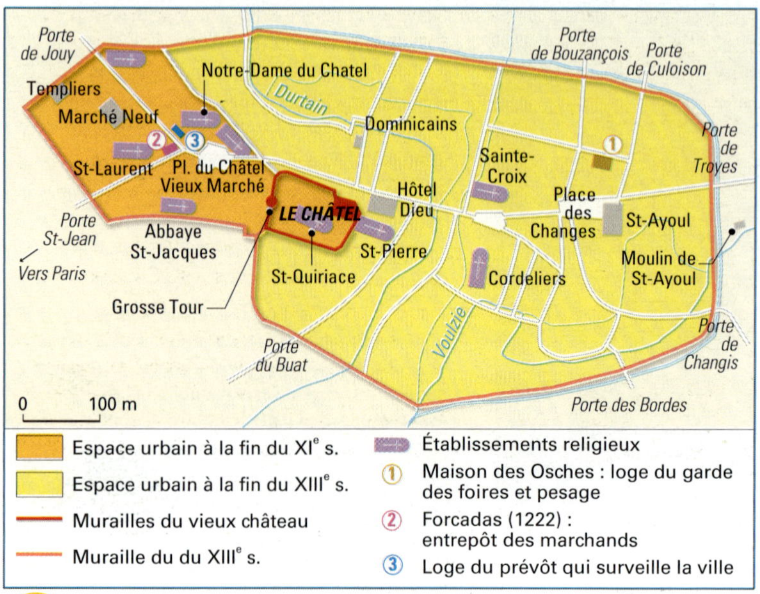

2 Plan de la ville de Provins au XIIIe siècle

3 Les comtes de Champagne protègent les marchands

Le comte prend sous sa protection tous les marchands, les marchandises et toutes les personnes venant à la foire dès le jour où ils arrivent à leur hôtel du soleil levant au soleil couchant. Il leur fera restituer tout ce qui pourrait leur être volé en chemin et demandera réparation au seigneur du lieu où le préjudice aura été commis.

Extrait des *Privilèges et coutumes des foires de Champagne*, XIIIe siècle.

4 Grange du XIIIe siècle ayant servi de marché couvert

● Les granges de la ville sont louées aux marchands lors des foires. Dans le sous-sol de cet édifice, deux grandes salles voûtées servent d'entrepôts, mais également de lieux de vente quand les échanges ne peuvent se pratiquer à l'extérieur.

6 Les remparts de la ville

● Les enceintes de Provins ont été commandées par le comte Thibaud IV dans le premier tiers du XIIIe siècle. Avec ses 42 tours et 5 km d'ouvrage fortifié, cette enceinte double la surface enserrée par les murailles du XIe siècle. Deux siècles ont été nécessaires pour remplacer le bois et la terre par des maçonneries.

5 Un marchand italien de Sienne à la foire de Provins

Les villes de foire champenoises comptent de nombreux marchands siennois, au service de compagnies exigeant des comptes réguliers sur leurs achats et la valeur des monnaies.

À Pachino Ranieri et compagnie, Pier Dietaiuve, salut. Par cette lettre je vous ferai savoir les achats que nous avons faits à cette foire de mai de Provins (...) par Simonetto de Fidenza et compagnie de Spolète (...).

Et premièrement je dis 10 estanforts[1] d'Arras, dont cinq bleu ciel, trois *verdoli* et vermeil, (...) un pourpre et vermeil. Ils coûtent de premier coût 52 livres 18 sous.

De même trois draps teints de Douai, d'Henri lo Mai d'Ypres[2]. Ils coûtent de premier coût (...) 40 livres 7 deniers tournois (...).

De plus 17 aunes[3] et demie de vert émeraude de Jacques Grosjean de Châlons. (...)

Somme totale des achats de draps de cette foire, faits par Simonetto et compagnie, 1 653 livres 9 sous 6 deniers tournois.

D'après Robert-Henri Bautier, « Marchands siennois et draps d'Outremont aux foires de Champagne (1294) ».

1. *Riche tissu de laine.*
2. *Ville de Flandre.*
3. *Unité de mesure ancienne équivalant environ à 1,20 m.*

QUESTIONS

▶ La ville et ses transformations (XIe-XIIIe siècles)

DOCS 2, 4 ET 6 **1.** Autour de quels éléments la ville de Provins s'est-elle développée ? À quelle période la ville s'est-elle étendue ? **2.** Identifiez les bâtiments témoignant de la puissance des comtes de Champagne, les bâtiments religieux et les principaux bâtiments à vocation économique.

DOCS 4 ET 6 **3.** Comment ces documents montrent-ils l'enrichissement de cette ville de Champagne ? Prêtez attention aux dimensions des constructions, aux formes et aux matériaux employés.

▶ Un enrichissement urbain lié aux foires

DOC 1 **4.** Combien de villes de foire compte la Champagne ? Combien de temps dure en moyenne une foire ?

DOCS 1 ET 3 **5.** Quelles mesures prises par les comtes de Champagne ont favorisé le dynamisme économique de la ville ?

DOC 5 **6.** Qu'achète ce marchand siennois à Provins ? D'où viennent les produits qu'il achemine ensuite vers l'Italie ?

▶ BILAN

Expliquez le développement et l'enrichissement de Provins entre le XIe et le XIIIe siècles. Vous utiliserez les termes suivants : foires – comtes de Champagne – marchands – draps de laine – croissance urbaine.

MÉTHODE Mettre en relation un texte et une image

Mettre en relation un texte et une image permet d'approfondir ses connaissances sur un sujet et de valider ou de mettre en doute une information.

Aménagement et réglementation de l'espace urbain à Bologne

1 Extraits des statuts de Bologne de 1288

Art. V – Qu'aucun porc ou aucune truie n'entre sur l'aire de la place de la commune ou de la porte Ravegnana, et que le notaire du podestat vérifie cela trois fois par semaine ; au cas où il en trouve, qu'il fasse conduire le propriétaire du porc au palais communal et que celui-ci soit condamné à l'amende de 20 *bolognini*[1] ; et que quiconque accuse ou dénonce une personne obtienne la moitié de l'amende. (...)

Art. X – (...) Nous prescrivons que tous les portiques[2] ou les poutres des maisons de la cité (...) aient au moins une hauteur de 7 pieds hors sol[3] (...) sous peine et amende de 10 lires de *bolognini* pour ceux qui, passés quinze jours, n'auraient pas respecté notre avertissement ni notre intimidation. De même, nous prescrivons que les portiques de la ville et des faubourgs soient tenus dégagés de sorte que quiconque puisse aller et venir. (...)

Art. XXVIII – (...) Que chacun, devant la façade de sa maison, pourvoie à enlever la fange, les graviers, la chaux, les déchets des vendanges et toutes les autres ordures des rues publiques (...) ; et que le notaire du podestat soit tenu d'enlever la fange (...) aux dépens de la commune, pour les rues et les routes publiques où il n'y a pas d'habitations.

Cité et traduit par Ilaria Taddei, *Les Villes d'Italie du milieu du XIIe au milieu du XIVe siècle*, Bréal, 2004.

1. Monnaie en cours à Bologne.
2. Constructions édifiées le long des grandes rues, surtout au pied des maisons aristocratiques, pour protéger les piétons de la pluie et du soleil. Les portiques sont particulièrement nombreux à Bologne.
3. Sept pieds correspondent à environ 2,70 m : un homme à cheval peut donc y passer.

2 Les tours Asinelli et Garisenda

• Deux des nombreuses tours de la Bologne médiévale, construites entre les XIIe et XIIIe siècles. Elles symbolisent le pouvoir des grandes familles. La tour Asinelli (1) s'élève à 97 m. La tour Garisenda (2), très fortement penchée, mesure 48 m (initialement haute de 60 m, elle fut sectionnée au XIVe siècle à cause d'un affaissement de terrain).

QUESTIONS

1. Présentez les documents.

2. Quels sont les objectifs de ces trois articles des statuts de 1288 ? À quoi s'exposent ceux qui ne les respectent pas ? (doc 1)

3. Que nous apprend ce document sur les rapports entre la ville et la campagne ? (doc 1)

4. Comment les grandes familles manifestent-elles leur puissance dans la ville de Bologne ? (doc 2).

5. Recherchez, dans le document 1, une autre spécificité de l'urbanisme bolonais.

6. Montrez comment le paysage urbain se modifie à Bologne entre le XIe et le XIIIe siècles.

Méthode générale

Application guidée

➡ DOCUMENTS p. 144

1 Présenter les documents

Pour mettre en relation deux documents, il faut commencer par les présenter.

- Identifier parmi les éléments suivants – auteur, nature, thème, destinataire, date et contexte – ceux qui sont **nécessaires à l'explication**.
- Mettre en évidence les **éléments communs** et la spécificité de chacun des documents.
- Pour bien comprendre les questions, trouver le **thème commun** aux deux documents.

Question 1. Présentez les documents.

Conseil

– Montrez que les documents concernent le même espace et renvoient à une même période.
– Rappelez ce qu'est une commune et localisez la ville de Bologne en Italie.

2 Analyser et mettre en relation le texte et l'image

Mettre en relation un texte et une image permet de valider ou de mettre en doute une information. Montrer en quoi les documents se complètent ou s'opposent.

- Mettre en évidence les **idées essentielles du texte** et les expliquer à l'aide des connaissances. (> Méthode p. 74-75).
- Il existe **différents types d'images** : tableaux, affiches, photographies, caricatures... Décrire l'image de façon précise et la relier au thème étudié. L'expliquer à l'aide des connaissances. (> Méthode p. 104-106, 208-209 et 306-307).
- Mettre en relation le texte et l'image en montrant leurs **points communs**, en expliquant comment ils **se complètent, s'opposent** ou confirment un fait.

Question 2. Quels sont les objectifs de ces trois articles des statuts de 1288 ? À quoi s'exposent ceux qui ne les respectent pas ?

Info

Art V : les porcs ne peuvent accéder à la grand place car c'est là que s'élèvent les principaux palais de la commune.
Art X : les portiques italiens permettent la circulation et le commerce à toute période de l'année (malgré la chaleur, le froid, les intempéries). Souvent considérés comme des espaces privés, les citadins les aménagent avec des bancs ou les encombrent d'objets personnels.

Question 3. Que nous apprend ce document sur les rapports entre la ville et la campagne ? (doc 1)

Conseil

Repérez les éléments du monde rural présents dans la ville.

Question 4. Comment les grandes familles manifestent-elles leur puissance dans la ville de Bologne ? (doc 2). **5.** Recherchez, dans le document 1, une autre spécificité de l'urbanisme bolonais.

Conseil

Décrivez les tours et comparez leurs dimensions à celle des autres bâtiments.

3 Conclure

Dégager l'intérêt de la mise en relation des deux documents et le replacer dans le cadre des connaissances acquises.

- Dresser le **bilan des connaissances** acquises grâce à l'analyse et à la mise en relation des deux documents.
- Utiliser ses connaissances personnelles pour **analyser ces faits** et **répondre à la problématique** soulevée par la confrontation des documents.

Question 6. Montrez comment le paysage urbain se modifie à Bologne entre les XIe et XIIIe siècles.

Conseil

– Décrivez et expliquez la physionomie de la ville de Bologne.
– Pourquoi peut-on parler de véritable politique urbaine ? De souci du décor urbain ?
– Montrez qu'il s'agit d'une politique d'unification volontaire, traduisant une prise de conscience des membres de la commune : ils forment un tout et la ville est leur fierté.

MÉTHODE Expliquer un plan ou une carte historique

L'analyse d'un plan ou d'une carte permet de situer certains phénomènes historiques dans l'espace, d'en comprendre les logiques et les évolutions éventuelles, de mettre au jour l'organisation d'un espace.

Paris à la fin du XIIIe siècle

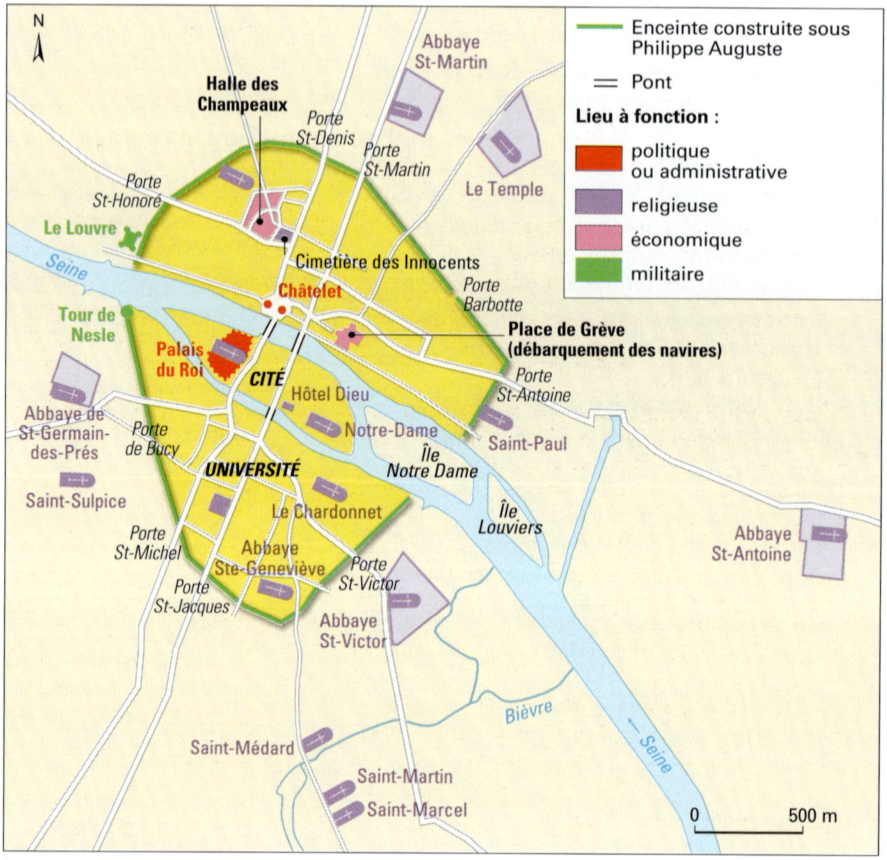

QUESTIONS

1. Présentez le document.
2. Décrivez et expliquez le système défensif de Paris.
3. Où se situe le centre politique et religieux de la ville ?
4. Comparez la rive droite et la rive gauche de la Seine et expliquez l'organisation des activités de la ville.
5. Pourquoi peut-on dire que Paris est la capitale du royaume, centre de la vie politique, religieuse, économique et culturelle ?

Méthode générale

Application guidée

PLAN p. 146

1 Lire et présenter le plan ou la carte

Lire attentivement la carte pour identifier le thème, l'espace et le ou les phénomènes étudiés.

- Lire le titre pour identifier le **thème**, la **période** et l'**espace** étudiés. Observer l'**échelle**.
- **Identifier les thèmes cartographiés** : économique, politique, militaire, religieux et lire attentivement la légende en s'intéressant à la manière dont les phénomènes sont représentés (types de figurés, utilisation des couleurs...).

Présenter le document en utilisant les connaissances pour resituer les informations fournies dans leur contexte historique.

- Indiquer éventuellement l'**auteur** ou la **source** de la carte ou du plan. S'agit-il d'une carte récente ou d'une source historique ?
- Préciser le **contexte historique** du thème étudié.

Question 1. Présentez le document.

Conseil

– Que représente le document ? Quelle est l'époque étudiée ?
– Rappelez le contexte historique (évoquez la dynamique urbaine que connaît alors l'Europe).

Info

Avec 150 000 habitants à la fin du XIIIe siècle, Paris est la plus grande ville du royaume capétien et l'une des plus peuplées d'Europe. À partir du règne de Philippe Auguste (1180-1223), les rois résident de plus en plus longuement dans le palais de l'île de la Cité. C'est ainsi que Paris, qui s'avère aussi un centre économique, religieux et culturel, devient la capitale du royaume.

2 Décrire et analyser le plan ou la carte

Il faut décrire les phénomènes représentés en partant du général pour ensuite entrer dans le détail, puis mobiliser ses connaissances pour les expliquer et les interpréter.

- Décrire les **faits** ; relever les **contrastes** ; observer les **relations** entre les phénomènes ou les ensembles cartographiés ; identifier les **évolutions** éventuelles, les **dynamiques**.
- **Répondre aux questions** en localisant et en donnant des exemples précis.
- S'efforcer de faire des **phrases courtes et claires.** Ne pas écrire « en haut, en bas, à gauche, à droite » mais utiliser les points cardinaux (nord, sud, ouest, est).
- **Analyser le plan ou la carte** en utilisant ses connaissances pour expliquer les phénomènes cartographiés et leurs causes.

Question 2. Décrivez et expliquez le système défensif de Paris.

Info

C'est parce que les ennemis de Paris arrivaient souvent par la Seine et que Philippe Auguste redoutait les Anglais que le Louvre, véritable château fort à l'origine, a été construit à partir du règne de ce roi.

Question 3. Où se situe le centre politique et religieux de la ville ?

Info

L'île de la Cité est peut-être le site originel de la ville romaine de Lutèce. Elle a servi de refuge aux Parisiens, qui pouvaient plus facilement s'y défendre que sur les deux rives de la Seine. La construction du palais de la Cité a débuté sous le comte Eudes au Xe siècle.

Question 4. Comparez la rive droite et la rive gauche de la Seine et expliquez l'organisation des activités de la ville.

Conseil

– Où sont situés les quartiers abritant les écoles et l'université ?
– Où se trouvent les principaux quartiers marchands de la ville ?

3 Conclure

Conclure en montrant la signification et l'intérêt du document.

- Éventuellement, **élargir le sujet** (conséquences des phénomènes étudiés, perspectives).

Question 5. Pourquoi peut-on dire que Paris est la capitale du royaume, centre de la vie politique, religieuse, économique et culturelle ?

RÉVISIONS Vérifier ses connaissances

Les points clés du cours

Répondez en quelques phrases aux questions suivantes.

1. Les causes de la renaissance urbaine

a. Pourquoi la croissance agricole engendre-t-elle une augmentation de la population urbaine ?

b. Les nouveaux citadins perdent-ils tout contact avec le travail de la terre ?

c. Qu'est-ce qu'une hanse ?

2. Des villes nouvelles

a. Quels sont les différents types de villes fondées au Moyen Âge ?

b. Comment se manifeste la croissance des villes ?

c. Citez cinq villes dont la population atteint au moins 100 000 habitants au XIIIe siècle.

3. Pouvoirs et société dans les villes

a. Comment se composent les sociétés urbaines ?

b. Pourquoi les citadins s'unissent-ils, quand ils le peuvent, au sein d'une commune ?

c. Pourquoi des conflits apparaissent-ils au sein des communes à la fin du XIIIe siècle ?

Les mots clés

Quel terme correspond à chacune des définitions suivantes ?

1. Habitant d'une ville ayant obtenu une charte de franchise.

2. Association entre les habitants d'une ville en vue d'obtenir du seigneur des libertés et des droits particuliers.

3. Hommes gérant les affaires des communes du nord de l'Europe (France, Flandres).

4. Organisation professionnelle regroupant des commerçants ou des artisans ayant une même activité dans la ville.

Les lieux clés

1. Recopiez la carte puis placez les villes de Paris, Londres, Venise, Milan, Florence, Rome, Naples, Bruges.

2. Indiquez deux villes de la Hanse germanique.

3. Indiquez une ville des foires de Champagne.

4. Tracez en rouge les routes du commerce terrestre qui relient l'Italie du Nord à la Flandre puis en violet les routes du commerce maritime des marchands du Nord.

5. Coloriez en vert les régions de production textile.

À imprimer

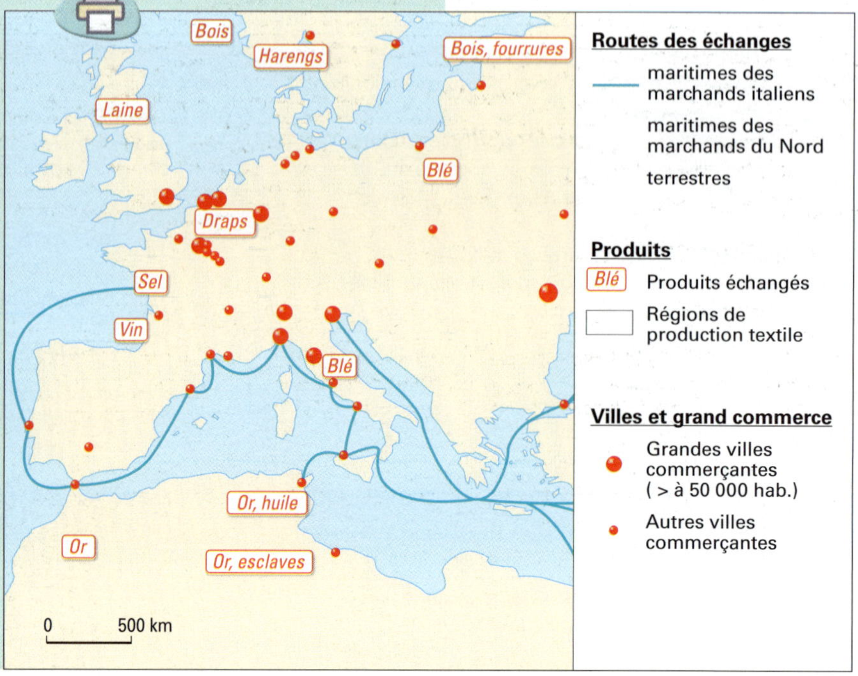

Exercices

Florence à la fin du XIIIe siècle

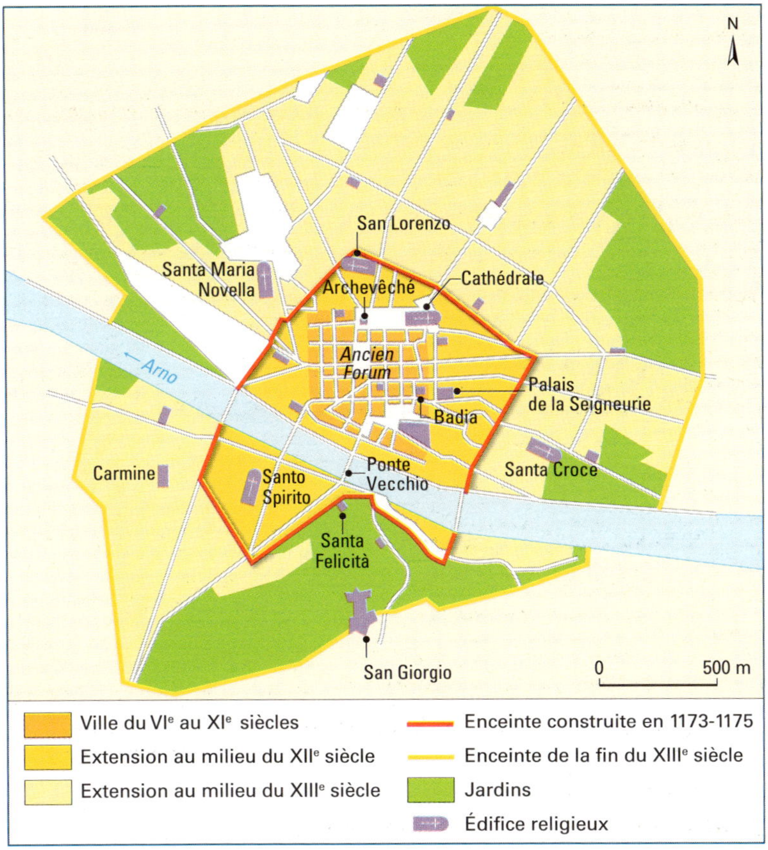

QUESTIONS

1. Présentez le document en dégageant son intérêt.
2. Retracez l'extension de la ville au cours des siècles du Moyen Âge : comment distingue-t-on le premier noyau des autres quartiers apparus ultérieurement ?
3. Où se situe le pouvoir religieux ? le pouvoir politique ? Comment l'expliquez-vous ?
4. Tout l'espace à l'intérieur de l'enceinte est-il bâti ? Pourquoi ?

Le plan de la ville à la fin du XIIIe siècle

● La population de Florence augmente au XIe siècle et les premiers éléments d'un gouvernement autonome apparaissent entre 1125 et 1138. La ville se peuple de marchands désireux de se lancer, à la suite des Vénitiens, des Génois ou des Pisans, dans le commerce méditerranéen. À la fin du XIIIe siècle, la ville compte près de 100 000 habitants.

Pour aller plus loin

Livres

- André Zysberg, René Burlet, *Venise, la Sérénissime et la mer*, « Découvertes », Gallimard, 2000.
- Dany Sandron, Philippe Lorentz, *Atlas de Paris au Moyen Âge*, Parigramme, 2006.

Lieux à visiter

- Paris (l'île de la cité)
- Les villes de foire en Champagne (Provins, par exemple)
- Des villes de Flandre (Bruges...)
- Des villes d'Italie du Nord et du centre (Bologne, Florence, Venise...)

Sites Internet

- Le musée d'art et d'histoire de Saint-Denis : http://www.saint-denis.culture.fr/fr/index.html
- Le musée national du Moyen Âge : http://www.musee-moyenage.fr/

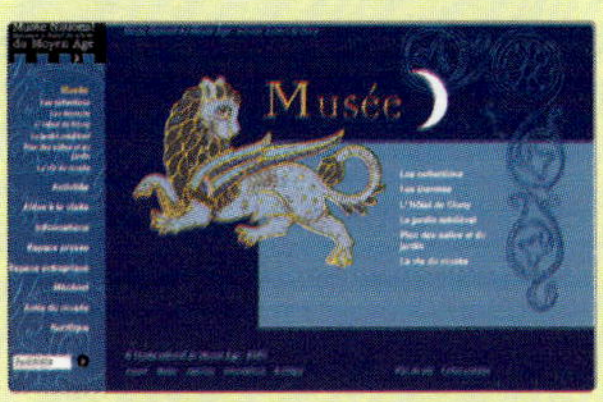

PARTIE 4

Nouveaux horizons des

À partir du XVe siècle, les Européens s'ouvrent à de nouveaux horizons géographiques, culturels et scientifiques. Quittant la Méditerranée, ils s'élancent sur les océans et atteignent de nouveaux mondes qu'ils s'emploient à dominer. Ils s'interrogent sur l'homme, sur la nature, sur Dieu et produisent alors des œuvres artistiques et intellectuelles qui dépeignent et expliquent le monde différemment.

Pourquoi et comment les Européens élargissent-ils et approfondissent-ils leur connaissance du monde et des hommes ?

1 La découverte du monde

• Au centre, « la représentation géographique de toutes les terres, mais seulement celles qui étaient connues des anciens jusqu'en l'an de grâce 1492 » ; aux quatre coins, dans les médaillons, les terres connues à la fin du XVIe siècle.
Abraham Ortelius, 1590.

Européens à l'époque moderne

2 Un homme nouveau

• **Saint Augustin est représenté en humaniste de la Renaissance.**
« Vision de saint Augustin dans son cabinet de travail », *huile sur toile de Vittore Carpaccio, 1502-1507 (1,41 x 2,10 m), église Saint-Georges des Esclavons, Venise.*

3 Le goût des sciences et des techniques

• **Cette gravure représente l'un des premiers vols humains, réalisé en montgolfière à la fin du XVIIIe siècle. Elle montre l'intérêt de l'opinion publique pour la science : tirée à de nombreux exemplaires, cette gravure affirme montrer une « expérience ». Elle est « dédiée à MM. les Physiciens ».**
« Expérience de la machine aérostatique des frères Montgolfier », *gravure, 1783, BNF, Paris.*

CHAPITRE 7

L'élargissement du monde aux XVe et XVIe siècles

Au début du XVe siècle, les Européens ont une connaissance limitée du monde qui les entoure. Ils ont surtout des contacts avec le monde musulman qui s'étend à l'est et au sud de la Méditerranée. Et s'ils ont conscience de l'existence, en Asie, de civilisations qui leur procurent épices ou soie, ils ne les fréquentent pas. Au début du XVIe siècle, cet horizon s'est considérablement élargi. Animés par des motivations religieuses et commerciales, les Européens se sont élancés sur les océans. Ils s'emploient, tout au long du siècle, à explorer, conquérir et exploiter des terres nouvelles.

Pourquoi et comment les Européens partent-ils à la découverte du monde et le modifient-ils profondément ?

1 Un horizon élargi…

Le monde tel qu'il est connu au début du XVIe siècle

● En une cinquantaine d'années, les expéditions portugaises et espagnoles bouleversent la vision européenne du monde.

« Universalis Cosmographia » *de Martin Waldeseemüller, 1507.*

2 … grâce à la découverte d'un monde inconnu

Christophe Colomb découvre l'Amérique

● **Une illustration tirée d'une des premières versions imprimées des lettres de Christophe Colomb annonçant ses découvertes.**
« De insulis Indie inventis », *imprimé à Bâle en 1493.*

REPÈRES

Les Européens et le monde : des découvertes au partage

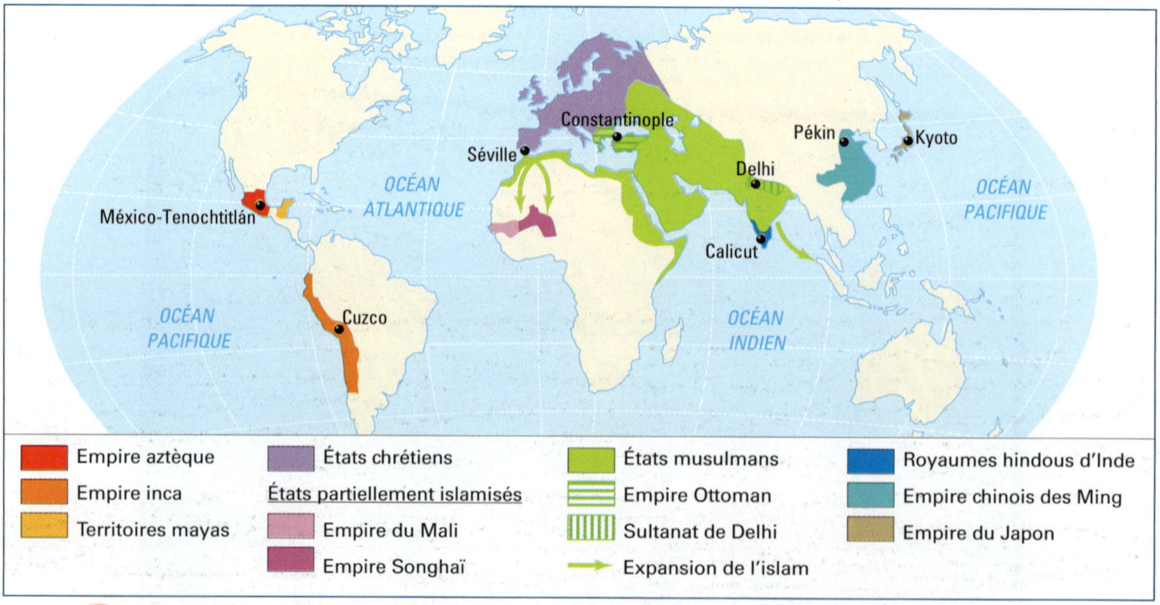

1 Les grands ensembles politiques et religieux au milieu du XVe siècle

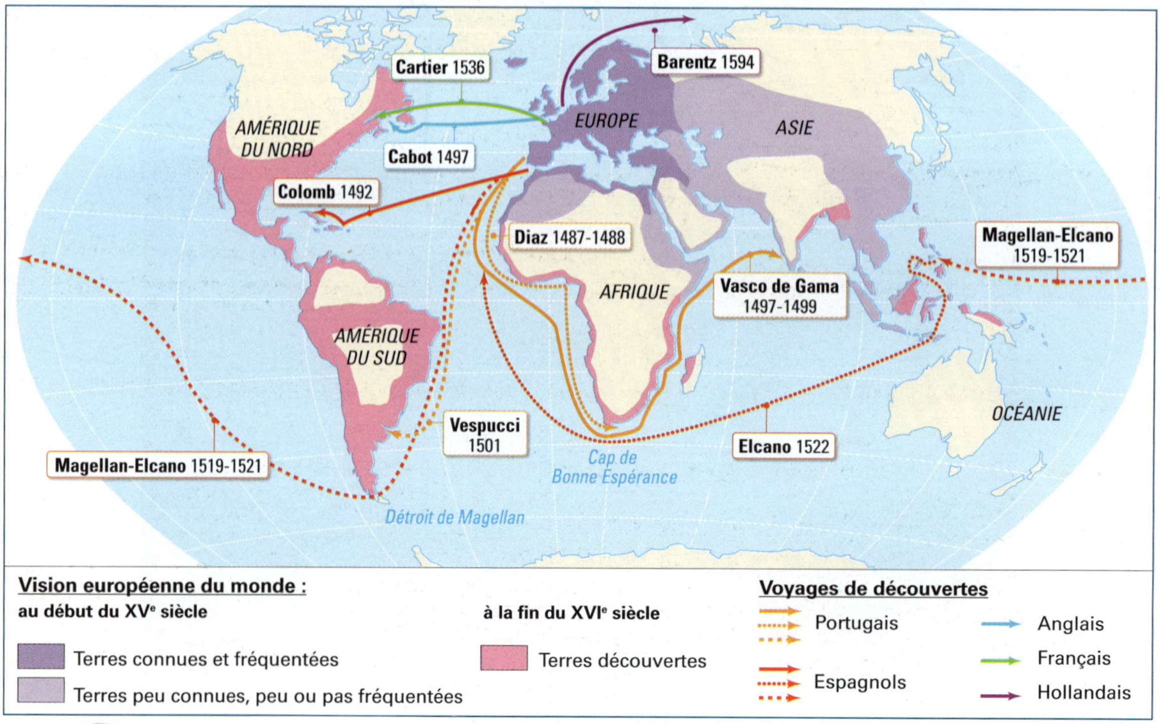

2 Les Grandes Découvertes et l'élargissement de l'horizon des Européens (fin du XVe siècle-XVIe siècle)

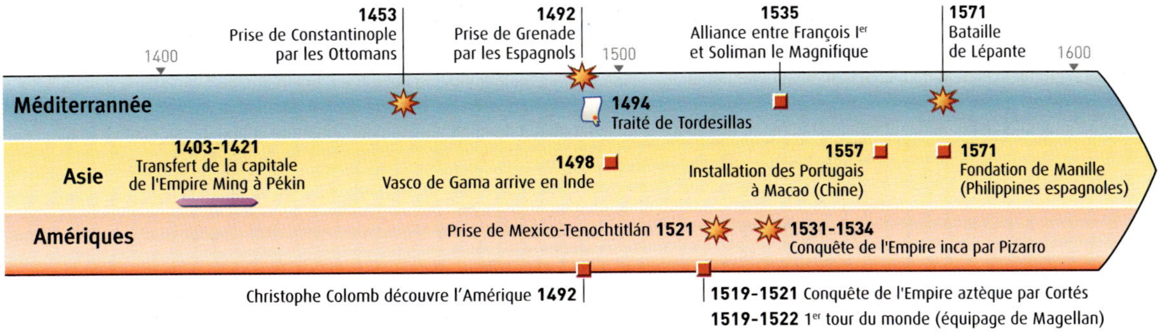

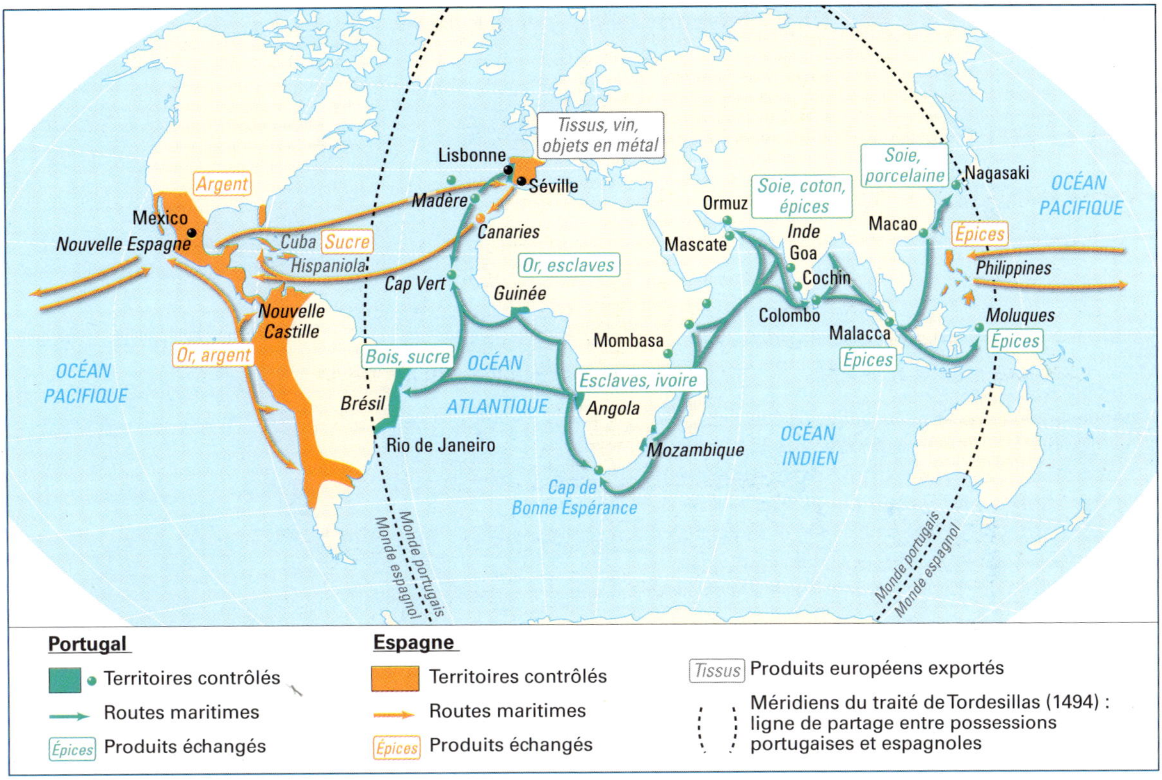

3 Le partage du monde : la constitution des empires coloniaux et commerciaux (XVIe siècle)

QUESTIONS

DOC 2 **1.** Quels continents sont connus des Européens au début du XVe siècle ? Lequel ne l'est pas ?
2. Quels pays d'Europe commencent à explorer le monde dans la seconde moitié du XVe siècle ? Lequel est le premier à le faire ?
3. Quel est le moyen utilisé ?
DOCS 1 ET 2 **4.** Quelles régions du monde ces pays atteignent-ils ?
DOCS 2 ET 3 **5.** Quels pays d'Europe possèdent un empire colonial au XVIe siècle ?
DOC 3 **6.** Quel avantage ces pays tirent-ils de leur empire colonial ?

ÉTUDE

De Constantinople à Istanbul

➡ COURS p. 160-161

Au XVe siècle, Constantinople, capitale de l'**Empire byzantin**, est un carrefour commercial et, pour les chrétiens, une ville sainte. Elle est menacée par les Ottomans, peuple musulman installé à l'est de la Méditerranée. Le 29 mai 1453, elle est conquise par le sultan ottoman Mehmet II, devenant ainsi la capitale d'un empire puissant. La ville, qui prend ensuite le nom d'Istanbul, reste un lieu de contacts. Siège du pouvoir musulman, elle abrite des communautés chrétiennes et juives. Elle est au cœur des échanges commerciaux méditerranéens.

Pourquoi peut-on affirmer que Constantinople est un lieu de contact entre différentes cultures et religions ?

A D'un empire à l'autre (jusqu'en 1453)

1 Une ville sainte pour les orthodoxes

Moi, le scribe Alexandre, suis venu à Constantinople (...) et suis allé saluer Sainte Sophie ; on ne peut en décrire la sublime grandeur ni la beauté. En entrant par la grande porte, à droite se trouve l'image de la sainte Vierge, (...) et il y a là les grandes portes de l'Arche de Noé (...). À Odigirria il y a une image de la sainte Vierge (...) qui fait des miracles ; qui l'approche avec foi recouvre la santé. (...)

Voilà les saints couvents et les saintes reliques et les miracles que j'ai vus ; il y en a que je n'ai pas vus ; car il est impossible d'aller partout, ni de voir tous les saints couvents et toutes les saintes reliques, ni d'en décrire des milliers de milliers ; on ne peut même pas décrire certaines reliques et certains miracles.

Voyage à Constantinople du Russe Alexandre, 1393.

2 Constantinople au début du XVe siècle

• On distingue le quartier italien de Péra (1) et, sur l'autre rive de la Corne d'Or (2), les principaux monuments de Constantinople : le palais impérial des Blachernes (3), la basilique Sainte-Sophie (4), l'hippodrome (5) et quelques colonnes, vestiges de l'architecture romaine, ainsi que de nombreuses églises. « Liber insularum Cicladorum » *de Christoforo Buondelmonti, première moitié du XVe siècle, BNF, Paris.*

VOCABULAIRE

• Empire byzantin
Héritier de l'Empire romain d'Orient né en 395. De langue grecque, sa religion est le christianisme orthodoxe, séparé du christianisme d'Occident depuis le XIe siècle.

3 Constantinople en 1433

Péra[1] est une très grande ville qui appartient à la seigneurie de Gênes (...). Dans cette ville, la plupart des habitants sont des Génois : ils y pratiquent le commerce et la gouvernent. Y demeurent aussi des Grecs et des juifs. C'est une ville très commerçante et que fréquentent beaucoup les Turcs[2] (...).

Le deuxième jour de mon arrivé à Péra, je traversai le port (...) pour aller voir la cité de Constantinople. Là, se trouvaient des marchands vénitiens, génois et catalans[3] (...).

Constantinople est une cité très grande et étendue (...). Tout le tour de la ville est très bien ceinturé par de très bonnes murailles, et notamment la partie qui est vers la terre (...). Cette cité-ci est constituée par des villages et il y a beaucoup plus d'espaces vides que de pleins. Il y a de très belles églises, [comme] l'église de Sainte-Sophie qui est l'église principale (...). Cette église est située tout près de la pointe de la ville, vers l'est (...).

La [soumission] de l'empereur de Constantinople envers le Grand Turc[4] est extrême car, me dit-on, il lui paie tous les ans dix mille ducats de tribut, et seulement pour la ville de Constantinople elle-même, afin que celui-ci n'exige rien de lui.

B. de La Broquère, *Le Voyage d'Orient*, 1433, adapté par Hélène Basso, Anarchasis éditions, Toulouse, 2010.

1. Quartier séparé de Constantinople par un bras de mer, la Corne d'Or.
2. Ottomans.
3. Gênes et Venise sont des cités italiennes, la Catalogne une province du royaume espagnol d'Aragon.
4. Sultan ottoman.

4 La prise de Constantinople (29 mai 1453)

● **Au premier plan, les troupes du sultan ottoman Mehmet II qui entourent la ville, et à gauche le quartier de Péra.**
Miniature illustrant un manuscrit du Voyage d'Orient *de B. de La Broquère, copié en 1455, BNF, Paris.*

5 Le rayonnement culturel de Constantinople

La première lettre de cet Italien est antérieure à la prise de Constantinople par les Ottomans, la seconde est postérieure.

a. Depuis un an que tu es à [Constantinople] pour t'initier à la culture grecque, tu dois connaître excellemment les choses helléniques[1] (...). Aussi, suis-je fort étonné que tu ne m'aies rien écrit selon le type et le caractère de la sagesse hellénique. Que fais-tu donc, mon enfant ? Quelle conduite mènes-tu ?

Francesco Filelfo, Lettre à son fils Giovanni, écrite à Milan le 17 octobre 1440.

b. Mais dis-moi donc, au nom du ciel, quelle est la situation de l'infortunée Constantinople ? Comment le mécréant[2] traite-t-il cette pauvre ville ? Sous son gouvernement barbare, tout y est-il devenu depuis longtemps barbare ? En outre, as-tu rapporté avec toi quelque chose de précieux ? Je veux parler de livres.

Francesco Filelfo, Lettre à Georges de Trébizonde, écrite à Milan le 13 octobre 1466.

1. De l'Antiquité grecque.
2. Incroyant (désigne ici les Ottomans).

QUESTIONS

▶ **Une ville au centre des échanges commerciaux**

DOCS 2 ET 3 **1.** Montrez que Constantinople établit des échanges commerciaux à travers la Méditerranée. **2.** Quels moyens de transport peuvent être utilisés ? Justifiez votre réponse.

▶ **Un rayonnement religieux et culturel**

DOCS 1, 2 ET 3 **3.** Pourquoi Constantinople est-elle un centre religieux important pour les chrétiens ?

DOC 5 **4.** Quel est, pour cet Italien, l'intérêt de Constantinople ?

▶ **1453 : la prise de Constantinople**

DOC 3 **5.** Quel élément démontre la faiblesse de Constantinople vis-à-vis des Turcs ?

DOC 4 **6.** Que montre ce document ?

B La capitale de l'Empire ottoman

Mehmet II *Biographie*

1432-1481

Surnommé *Fatih*, « le Conquérant », il devient empereur en 1451 et s'empare de Constantinople le 29 mai 1453. Il dote l'empire d'une armée puissante, étend son territoire et le réorganise par des lois qui permettent l'intégration et la coexistence de populations de cultures et de religions différentes.

6 Istanbul au XVIe siècle

- **Cette peinture met en valeur les réalisations ottomanes…**
(1) Palais de Topkapi
(2) Mosquée de Mehmet II
(3) Mosquée de Bayezid II
(4) Sainte-Sophie, transformée en mosquée par l'ajout de minarets

… et évoque le passé romain.
(5) Hippodrome romain
(6) Aqueduc de l'empereur Valens

« Description des étapes de la campagne des deux Irak », *aquarelle, or et argent sur papier de Matrakci Nasuh, 1537, Bibliothèque de l'université d'Istanbul, Turquie.*

7 Constantinople devient capitale ottomane

Après l'avoir ainsi prise, Mehmet, décidé d'y tenir le siège de son Empire, en toute diligence fit refaire les murs (...) ; et au lieu du grand nombre de peuple qui y avait été tué et emmené prisonnier, y fit conduire par forme de colonie, de toutes les provinces et cités par lui conquises, un certain nombre d'hommes, femmes et enfants avec leurs (...) richesses. Auxquels il permit de vivre selon [la] religion qu'il leur plairait d'observer, et d'exercer en toute sûreté leur métier et leur commerce (...). Au moyen de quoi en peu de temps la ville recommença à devenir marchande, riche et bien peuplée.

Ce même Mehmet fut le premier constructeur du Grand Sérail[1] (...). Immédiatement après la prise de la cité, les Turcs changèrent [Sainte-Sophie] en mosquée (...). Outre ce magnifique temple de Sainte-Sophie, il y a en Constantinople trois autres belles mosquées accompagnées de leurs amarathes (qui sont comme des hôpitaux), fontaines et écoles pour instruire en leur loi les (...) enfants.

Nicolas de Nicolay, envoyé du roi de France, *Les Quatre premiers livres des navigations et pérégrinations orientales*, 1568.

1. *Palais de Topkapi.*

8 Le sultan Mehmet II protège les habitants de Péra

Moi, le seigneur, le grand émir, (...) je jure par le Dieu du ciel et de la terre, parce que les magistrats catholiques de Galata[1] (...) ont prié ma seigneurie qu'ils puissent conserver leurs lois selon la coutume de toutes les régions de ma domination.

En conséquence, je raserai les murs de Galata, mais eux, ils pourront conserver tous leurs biens, leurs maisons, leurs magasins, (...) leurs navires, leur commerce (...). Il leur est permis de vendre leurs marchandises dans toute l'étendue de mon empire ; ils pourront voyager librement par terre et par mer (...) mais ils seront tenus de payer un droit de capitation[2], comme tout autre pays de ma domination (...). Les habitants conserveront leurs églises et leurs chants ; mais il leur est défendu de sonner les cloches. Je ne changerai pas leurs églises en mosquées, mais ils ne pourront pas en construire de nouvelles (...). Il ne leur sera pas fait de violences pour les convertir à notre foi.

Mehmet II, 28 mai 1453.

1. Autre nom de Péra.
2. Impôt dû par tous les non-musulmans, en reconnaissance de l'autorité du sultan.

9 L'intérêt pour les sciences

● **L'observatoire de Galata a été fondé en 1575 par le sultan Murad III.**
Miniature de 1581, bibliothèque universitaire d'Istanbul, Turquie.

10 Les juifs à Constantinople

La quantité de juifs habitant (...) Constantinople est si grande que c'est chose merveilleuse et presque incroyable (...). Les boutiques et les magasins les plus riches et les mieux fournis de toutes formes de marchandises (...) sont ceux des juifs. Outre cela, ils ont parmi eux des ouvriers en tous arts et manufactures très excellents, spécialement des marranes[1] depuis peu bannis et chassés d'Espagne et de Portugal (...), lesquels ont appris au Turc plusieurs inventions (...). Semblablement y ont dressé l'imprimerie, auparavant jamais vue dans ces régions, par laquelle, en beaux caractères, ils mettent en lumière plusieurs livres en diverses langues, grecque, latine, italienne, espagnole et même hébraïque (...). Aussi ont-ils la commodité et l'usage de parler et d'entendre toutes sortes de langues pratiquées [en Orient], qui leur servent grandement pour la communication et le commerce qu'ils ont avec les nations étrangères, auxquelles bien souvent ils servent (...) d'interprètes.

Nicolas de Nicolay, envoyé du roi de France, *Les Quatre premiers livres des navigations et pérégrinations orientales*, 1568.

1. Juifs convertis de force au christianisme mais continuant de pratiquer en secret.

QUESTIONS

▶ Une ville ottomane

DOCS 7 ET 8 **7.** Quelles décisions prend Mehmet II pour établir la prospérité de la ville ?

DOCS 6 ET 7 **8.** Quels sont les aménagements réalisés pour faire de Constantinople une ville ottomane ?

▶ Un lieu de contact

DOCS 6, 7, 8 ET 10 **9.** Montrez que le pouvoir ottoman permet à différentes religions d'être pratiquées dans la capitale, tout en maintenant les non-musulmans en position d'infériorité.

DOCS 7, 8 ET 10 **10.** Montrez que la capitale de l'Empire est aussi un grand centre de commerce.

DOCS 8 ET 10 **11.** Quel est l'intérêt, pour le pouvoir, d'autoriser juifs et chrétiens à s'installer dans la ville ?

DOCS 8, 9 ET 10 **12.** Pourquoi peut-on affirmer que Constantinople est un lieu où se diffusent les idées et les connaissances ? Par quels moyens ?

▶ BILAN

Pour montrer que Constantinople est un lieu de contact, expliquez que la ville est, avant et après 1453, un grand centre de commerce, un centre religieux et un lieu de culture.

COURS

1. La Méditerranée aux XVe et XVIe siècles

ÉTUDE p. 156-159

Pourquoi la Méditerranée, lieu de conflits, est-elle aussi un espace de contacts entre différentes cultures et religions ?

A Un espace d'affrontements

L'Empire ottoman, un Empire invincible ?

- Au début du XIVe siècle, les Ottomans menacent les rares territoires qui constituent encore l'**Empire byzantin** : le 29 mai 1453, le sultan Mehmet II entre dans Constantinople et en fait sa capitale.
- **Soliman le Magnifique** (1520-1566) étend l'Empire ottoman en Europe, en Asie et en Afrique (doc 1). Il paraît invincible à l'Europe chrétienne, qui ne l'arrête qu'à grand peine sous les murs de Vienne en 1529. C'est pourquoi la défaite navale de l'Empire ottoman à Lépante, le 5 octobre 1571, connaît un grand retentissement. Pourtant, la même année, Chypre devient ottomane et Tunis tombe en 1574. La puissance ottomane semble intacte.

En Europe, la puissance des Habsbourg

- En 1519, le **Habsbourg Charles Quint (1516-1555)**, qui règne déjà sur l'Autriche, Naples, les Pays-Bas, l'Espagne et son empire américain, prend la tête du Saint-Empire.
- Il rêve d'une **monarchie universelle** : il souhaite unifier l'Europe sous son commandement, puis combattre les Ottomans. Mais il se heurte aux ambitions du roi de France François Ier (1515-1547).
- En abdiquant en 1555, Charles Quint partage son empire entre son frère Rodolphe et son fils Philippe, mettant fin à tout espoir d'unité.

Les tensions religieuses

- Elles opposent musulmans et chrétiens : la prise de Constantinople est ainsi perçue par l'Europe comme une défaite de la chrétienté, et Lépante comme une victoire sur l'islam. Aux XVe et XVIe siècles, des appels à la **croisade** sont lancés. Après la chute en 1492 de Grenade, dernier royaume musulman en Espagne, ces appels visent surtout l'Empire ottoman.
- D'autres tensions religieuses existent autour de la Méditerranée. Les **Églises d'Orient et d'Occident** restent séparées. En 1492, Isabelle de Castille et Ferdinand d'Aragon expulsent les juifs d'Espagne. Le Portugal les imite en 1496. Enfin, la réforme protestante divise l'Europe.

B Un espace de contacts et d'échanges

Les idées et les hommes

- **Ces conflits suscitent des échanges**. En 1453, **des Byzantins trouvent refuge en Europe**, apportant avec eux des manuscrits latins et grecs. Ils renforcent ainsi l'intérêt des Européens pour la culture de l'Antiquité. À l'inverse, **l'Empire ottoman accueille des juifs chassés d'Espagne et du Portugal** : ils y introduisent l'imprimerie. Des **alliances inattendues** naissent aussi, comme celle qui, à partir de 1535, unit contre les Habsbourg la France de François Ier et l'empire de Soliman (doc 2). Enfin, des artistes italiens n'hésitent pas à venir peindre les sultans ottomans (doc 1).
- Dans l'Empire ottoman, chrétiens et juifs peuvent exercer librement leur culte, mais doivent payer des taxes particulières.

1. *Soliman le Magnifique*
- **Le sultan Soliman (1520-1566) poursuit l'extension de l'Empire initiée par ses prédécesseurs.**
« Soliman le Magnifique », *portrait réalisé par un peintre vénitien vers 1540, Kunsthistorisches Museum, Vienne.*

VOCABULAIRE

- **Croisade**
Expédition militaire et religieuse organisée par les chrétiens pour délivrer les Lieux saints.
- **Églises d'Orient et d'Occident**
Elles désignent les Églises orthodoxe et catholique, qui se séparent en 1054 en raison de désaccords sur le dogme et la pratique de la religion chrétienne.
- **Empire byzantin**
Héritier de l'Empire romain d'Orient né en 395. De langue grecque, sa religion est le christianisme orthodoxe, séparé du christianisme d'Occident depuis le XIe siècle.
- **Habsbourg**
Famille de souverains qui, par mariages et héritages, règnent au XVIe siècle sur une grande partie de l'Europe chrétienne.

Le commerce, un trait d'union

• Surtout, les échanges commerciaux restent intenses. Constantinople, avant et après 1453, est un carrefour majeur. La soie et les épices venues d'Asie dont l'Europe raffole y transitent. Leur transfert vers l'Europe est assuré par Gênes et Venise, à la tête d'empires commerciaux qui s'étendent à toute la Méditerranée. Malgré les conflits, les sultans autorisent ce commerce : il contribue à la prospérité de leur empire. Ainsi, le jour même de la prise de Constantinople, Mehmet II garantit par traité le maintien du commerce génois.

• La vigueur de ces échanges fait la **richesse de Gênes et de Venise**. Elles détiennent en effet le quasi-monopole de la redistribution en Europe de ces produits, dont elles tirent un immense bénéfice.

De nouvelles concurrences

• Certains s'inquiètent pourtant, en Europe, de dépendre pour leur approvisionnement d'un empire musulman et d'intermédiaires italiens dictant leurs conditions. Portugais puis Espagnols tentent ainsi d'ouvrir de **nouvelles routes commerciales vers l'Asie**. Puisque l'Empire ottoman contrôle l'est de la Méditerranée, **ils se tournent vers l'ouest et l'océan Atlantique**.

• Le contournement de l'Afrique et la découverte de l'Amérique à la fin du XVe siècle portent un coup au commerce méditerranéen. Mais il ne faut pas en exagérer l'importance : l'approvisionnement par l'Atlantique n'est pas suffisant et, au XVIe siècle, les échanges méditerranéens sont florissants. Pourtant, l'afflux d'or, d'argent et de produits exotiques fait de Lisbonne, de Séville puis d'Anvers des ports majeurs. Tout au long du XVIe siècle, **la concurrence du littoral atlantique s'accroît**.

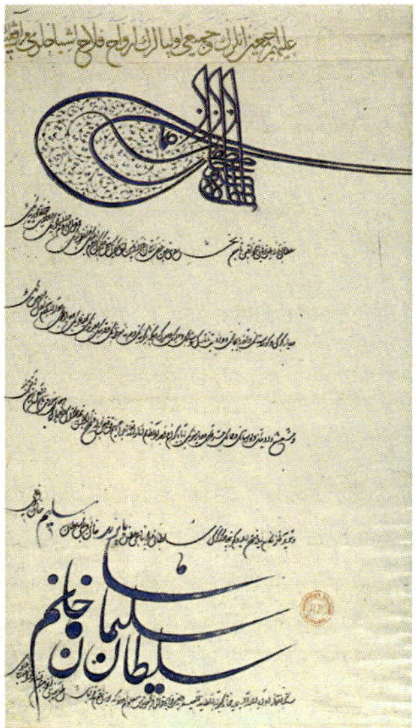

2. *Lettre de Soliman le Magnifique à François Ier*

● Le sultan ottoman rapporte au roi de France l'installation de son ambassadeur permanent à Constantinople.
Lettre du 6 avril 1536 (détail), BNF, Paris.

3. *La Méditerranée en 1575*

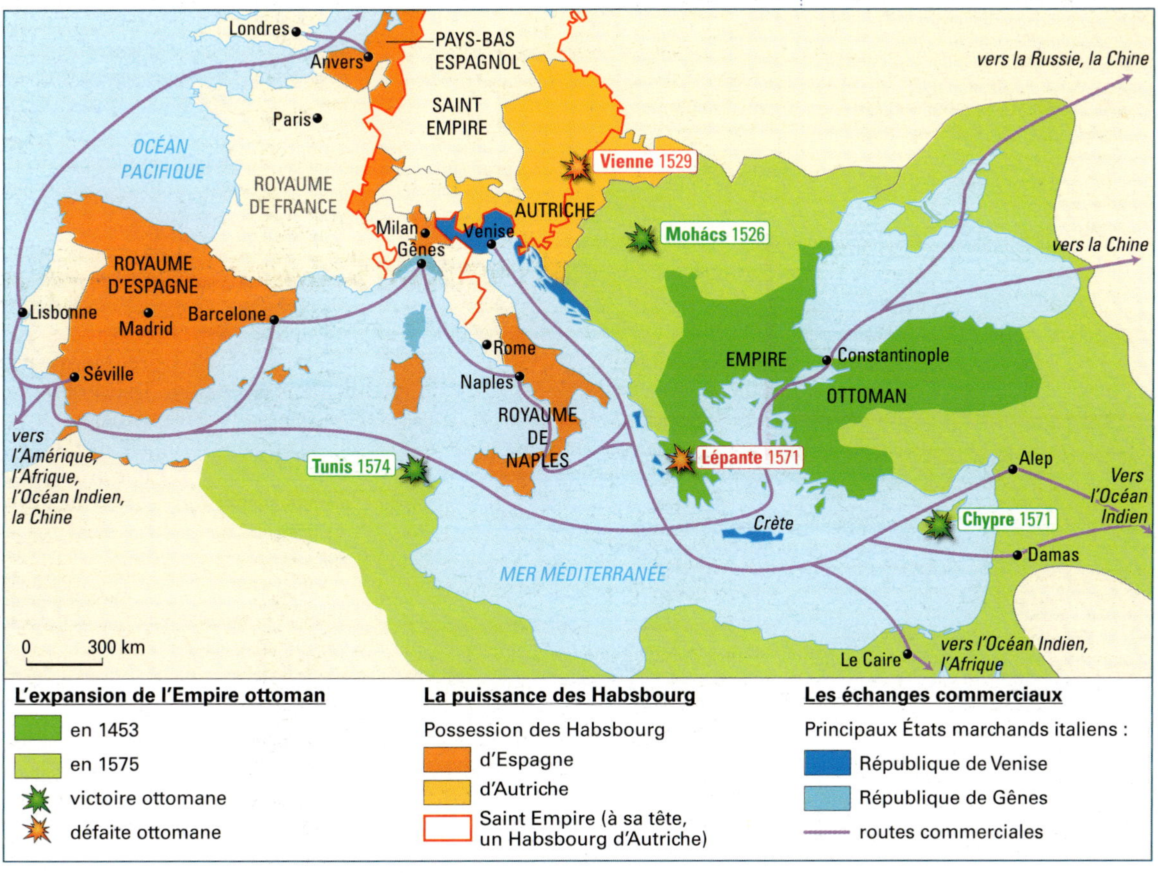

ÉTUDE

Christophe Colomb : la découverte d'un nouveau monde (1492)

COURS p. 168-169

Christophe Colomb 1451-1506

Christophe Colomb est né à Gênes en 1451. Navigateur expérimenté, cartographe, il expose dès 1483 son projet au roi Jean II du Portugal : atteindre les Indes par l'ouest, en traversant l'Atlantique, pour commercer et convertir les populations locales au christianisme. Après plusieurs refus, il obtient en 1492 soutien et navires des rois d'Espagne, Isabelle de Castille et Ferdinand d'Aragon. Le 12 octobre 1492, après plus d'un mois en mer, Colomb touche terre. Il est convaincu jusqu'à sa mort en 1506 que les territoires qu'il visite encore trois fois appartiennent à l'Asie. Il s'agit pourtant d'un nouveau continent, l'Amérique, qu'il ouvre à la conquête des Européens.

Pourquoi et comment Christophe Colomb initie-t-il la découverte et la conquête d'un nouveau monde ?

1 Christophe Colomb : un autoportrait

Notre Seigneur a été très propice à mon désir, et j'ai obtenu de Lui l'esprit de discernement. En sciences de la mer, Il m'a tout donné, en astrologie[1], m'a pourvu de ce dont j'avais besoin, de même qu'en géométrie et arithmétique ; science, esprit et mains pour dessiner la sphère et sur elle les villes, les fleuves, les montagnes, les îles et les ports, tout à sa juste place. Tous ceux qui connurent mon projet, en riant le nièrent en le ridiculisant. Toutes les sciences dont j'ai parlé plus haut, ne me furent d'aucun secours [pour les convaincre]. C'est seulement en vos Altesses que sont demeurées foi et constance.

Christophe Colomb, Lettre aux rois d'Espagne Isabelle de Castille et Ferdinand d'Aragon, après 1500.

1. *Astronomie.*

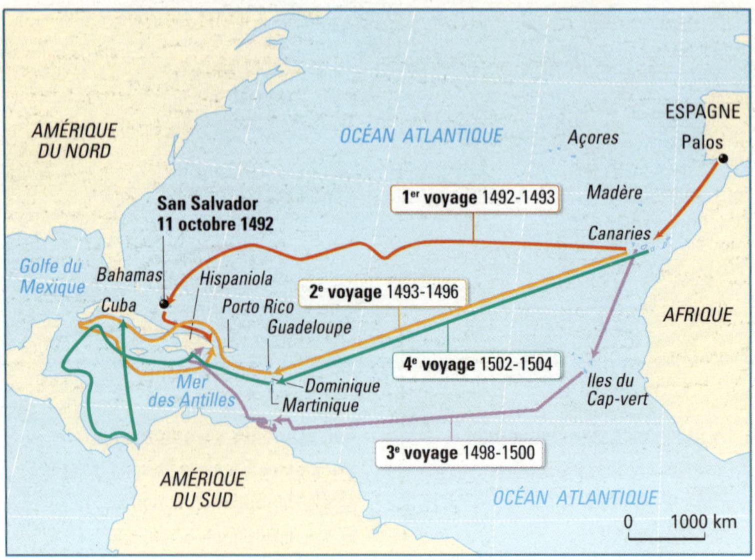

3 Les quatre voyages de Christophe Colomb

2 Le premier voyage : la découverte de l'Amérique

Colomb part d'Espagne le 3 août 1492, fait escale aux Canaries pendant près d'un mois avant d'entamer la traversée de l'Atlantique le 6 septembre.

24 septembre – Plus les indices de la Terre (...) se révélaient vains, plus la peur des marins grandissait (...). Ils (...) disaient que l'Amiral, par sa folle déraison, s'était proposé de devenir grand seigneur à leurs risques et périls et de les vouer à une mort abandonnée (...).

11 octobre – Ils virent (...) d'autres signes de terre et un rameau d'épine chargé de ses fruits. À cette vue, ils respirèrent tous et se réjouirent (...). Ce fut un marin nommé Rodrigo de Triana qui vit cette terre le premier (...).

12 octobre – L'Amiral se rendit à terre [...], déploya la bannière royale [et prit] possession de ladite île (...) au nom du Roi et de la Reine, ses Seigneurs (...).

21 octobre – Ensuite je veux partir pour une autre île, très grande, qui doit être Cipango[1] si j'en crois les indications que me donnent les Indiens que j'emmène avec moi.

Christophe Colomb, *Journal de bord*, 1492.

1. *Nom donné au Japon par Marco Polo au XIIIe siècle ; il s'agit en fait de l'île de Cuba.*

4 **L'arrivée de Colomb vue par les Européens**

« L'Arrivée des Espagnols à San Salvador », *gravure de Théodore de Bry, 1594, BNF, Paris.*

5 **Colomb découvre les Indiens**

En suite des informations que j'avais données à Vos Altesses des terres de l'Inde et d'un prince appelé Grand Khan[1] (...), Vos Altesses (...) pensèrent m'envoyer moi, Christophe Colomb, auxdites contrées de l'Inde pour y voir (...) la manière dont on pourrait user pour convertir ces peuples à notre Sainte Foi (...).

Colomb décrit l'île d'Hispaniola.

Il me semblait que tous les Indiens étaient des gens très pauvres en tout (...). Je crois qu'ils deviendront facilement chrétiens, car il me semble qu'ils n'ont aucun culte. Je me suis employé à savoir s'ils avaient de l'or (...). J'ai réussi à apprendre, au moyen de signes, qu'en naviguant vers le sud, nous trouverions une contrée avec un roi qui possède de grands vases d'or et une grande quantité de ce métal (...). Que Vos Altesses veuillent me croire que les terres sont bonnes et fertiles (...). Les Indiens n'ont pas d'armes, vont tout nu, n'ont pas le moindre génie pour le combat et sont si peureux qu'à mille, ils n'oseraient pas combattre trois des nôtres. Ils sont donc propres à être commandés et à ce qu'on les fasse travailler, semer et mener tous les autres travaux dont on aurait besoin, à ce qu'on les fasse bâtir des villes, à ce qu'on leur enseigne à aller vêtus et à prendre nos coutumes.

Christophe Colomb, *Journal de bord*, 1492.

1. *Titre de l'empereur chinois sous la dynastie chassée par les Ming en 1368.*

Questions

▶ Un navigateur

DOC 1 **1.** Pour Colomb, quelles connaissances sont nécessaires pour entreprendre un tel voyage ? Quel obstacle a-t-il rencontré ? **2.** Pour qui entreprend-il ce voyage ?

▶ La traversée et la découverte

DOCS 2 ET 3 **3.** Localisez sur la carte les étapes du premier voyage relaté dans le document 2.

DOCS 2 ET 5 **4.** Colomb a-t-il conscience d'avoir touché un nouveau continent ? Justifiez votre réponse.

DOCS 4 ET 5 **5.** La gravure respecte-t-elle fidèlement la description que fait Colomb de son arrivée ?

▶ La conquête

DOCS 2 ET 5 **6.** Pour Colomb, à qui appartiennent les terres qu'il a découvertes ?

DOC 4 ET 5 **7.** Quels sont les projets de Colomb pour ces territoires ? **8.** Comment le document 4 illustre-t-il ces projets ?

▶ BILAN

À l'aide des documents et de vos réponses aux questions, rédigez un court texte expliquant les motivations et les conséquences du voyage de Christophe Colomb.

ÉTUDE

Fernand de Magellan : le premier tour du monde (1519-1522)

COURS p. 168-169

Fernand de Magellan
1480-1521

Depuis la fin du XVe siècle, Portugais et Espagnols multiplient les expéditions maritimes pour découvrir de nouvelles routes vers l'Asie et ses épices. Cependant, l'entreprise de Magellan, un Portugais au service du roi d'Espagne, marque une étape exceptionnelle : parti en 1519, son équipage (dirigé après sa mort par Elcano) réalise le premier tour du monde après un périple de trois ans.

En quoi le voyage organisé par Magellan marque-t-il une étape importante dans la découverte du monde ?

1 L'organisation de l'expédition

En ce temps, vint du Portugal Fernand de Magellan, homme noble qui avait servi dans les Indes orientales, à Malacca, et où il avait prouvé sa valeur ; il était accompagné de Rui Faleiro, un grand cosmographe[1] (...). Les deux hommes s'offrirent de faire voir que les Moluques[2] et les autres îles d'où les Portugais apportaient les épices, tombaient dans le domaine de la couronne de Castille[3] et de trouver un chemin pour s'y rendre, non pas en suivant la route des Portugais, mais par un détroit de mer qui, jusque-là était resté inconnu des hommes (...). [Il fut décidé] que Sa Majesté[4] leur ferait armer cinq navires équipés pour deux ans avec deux cent trente-quatre personnes.

Antonio de Herrera, *Histoire générale des conquêtes des Castillans*, 1615, cité dans X. de Castro, *Le Voyage de Magellan*, éd. Chandeigne, 2007.

1. *Géographe.*
2. *Archipel de l'est de l'Indonésie.*
3. *Terres appartenant au roi d'Espagne selon le traité de Tordesillas de 1494.*
4. *Charles Quint.*

3 Le navire *La Victoria*

• Des cinq navires de l'expédition, c'est le seul à rentrer à Séville en 1522.

2 La découverte du détroit vers le Pacifique

Partis de Séville le 20 septembre 1519, les navires traversent l'Atlantique, font escale au Brésil puis longent la côte vers le Sud à la recherche d'un passage vers le Pacifique. Un des membres de l'équipage, A. Pigafetta, a tenu un journal de l'expédition.

En continuant notre route vers le sud, le 21 octobre 1520, étant par le 52° de latitude méridionale, nous trouvâmes par miracle un détroit. Ce détroit, comme nous le vîmes par la suite, est long de 110 lieues[1], et va aboutir à une autre mer que nous appelâmes mer pacifique. Ce détroit est environné de grandes et hautes montagnes chargées de neige. Si nous n'eussions trouvé ce détroit, le capitaine avait délibéré d'aller jusqu'à 75° de latitude méridionale où, en été, il n'y a point de nuit ou très peu ; comme il y a peu de jour en hiver. Pendant que nous étions dans ce détroit, il n'y avait que trois heures de nuit. Nous lui donnâmes le nom de détroit des Patagons. À chaque demi-lieue, on y trouve un port sûr, de l'eau excellente, du bois de cèdre, des sardines, des coquillages. Il y avait aussi des herbes, surtout une espèce de céleri doux dont nous nous nourrîmes faute de meilleur aliment. Je crois qu'il n'y a pas au monde de meilleur détroit que celui-là.

Antonio Pigafetta, *Premier Voyage autour du monde*, H. Jansen, Paris, 1800, BNF, Paris.

1. *Environ 600 km.*

4 L'itinéraire de l'équipage de Magellan

• **En noir, la route de Magellan et d'Elcano.**
Carte de Battista Agnese, « Atlas nautique », *Venise, 1543, Royal Geography Society, Londres.*

5 Le retour à Séville en 1522

Samedi 6 septembre 1522, nous entrâmes dans la baie de San Lucar et des 60 hommes que nous étions quand nous partîmes des iles Moluques, nous n'étions plus que 18[1], qui pour la plupart étaient malades (...). Du temps de notre départ de cette baie jusqu'à celui de notre retour, nous avions parcouru plus de 14 460 lieues[2] et fait le tour du monde entier en courant de l'est à l'ouest (...).

De Séville, j'allai à Valladolid où je présentai à sa Majesté monseigneur Charles, non pas or ni argent, mais entre autres, un livre écrit de ma main traitant de toutes les choses passées de jour en jour en notre voyage.

Antonio Pigafetta, *Premier Voyage autour du monde*, H. Jansen, Paris, 1800, Paris.

1. *Dix-huit Européens et trois Moluquois.*
2. *Environ 86 800 km.*

QUESTIONS

▶ Les ambitions de Magellan

DOC 1 **1.** Comment Magellan est-il présenté ? **2.** Que propose-t-il au roi d'Espagne ?

DOCS 1 ET 3 **3.** Comment est composée sa flotte ?

▶ Les conséquences du voyage

DOC 2 **4.** Quelle description Pigafetta fait-il de l'extrême sud de l'Amérique latine ? Cherchez sur un planisphère comment s'appelle aujourd'hui le détroit des Patagons.

DOC 5 **5.** Quel est le bilan humain de l'expédition ? **6.** Quelles connaissances géographiques a-t-elle apportées ?

DOC 4 **7.** Décrivez l'itinéraire de l'expédition de Magellan. Quelles régions sont encore méconnues en 1543 ?

▶ BILAN

À Valladolid, Antonio Pigafetta, un des membres de l'équipage, rencontre Charles Quint : imaginez le récit qu'il fait de l'expédition de Magellan et de ses conséquences géographiques.

DOSSIER

Les Grandes Découvertes

COURS p. 168-169

Avec la prise de Constantinople en 1453, les musulmans remportent une victoire sur la chrétienté. Ils se rendent également maîtres du commerce terrestre avec les Indes, pays peu connus de l'Europe mais qui l'approvisionnent en épices et en soie. Désireux de convertir de nouveaux peuples et d'ouvrir une nouvelle route des Indes, Portugais et Espagnols se lancent à la conquête des océans, aidés par l'amélioration des techniques de navigation. Ils découvrent alors de nouvelles terres, dont ils s'emparent le plus souvent par la violence.

Quelles sont les motivations et les conséquences des grandes découvertes ?

1 Les motivations des Portugais

L'infant don Henrique[1] (...) désirait savoir quelles terres il y avait au-delà des Canaries et d'un cap appelé Bojador[2] car, jusqu'à cette époque, ni par écrit, ni par la mémoire d'homme, personne ne savait quelle terre il y avait au-delà de ce cap (...). Ceci fut la première raison de son entreprise.

Et la deuxième fut l'idée que si en ces terres se trouvaient quelques populations de chrétiens, on pourrait en rapporter au royaume beaucoup de marchandises bon marché pour la raison qu'il n'y aurait point d'autres personnes de ce côté-ci qui négocieraient avec eux (...).

La troisième raison fut [qu'il] s'ingénia à envoyer des gens en quête de renseignements afin de savoir jusqu'où allait la puissance [des] Infidèles.

La quatrième raison fut celle-ci : il désirait savoir si, en ces régions, il y aurait quelques princes chrétiens (...) assez forts pour qu'ils aidassent contre ces ennemis de la foi.

La cinquième fut son grand désir d'augmenter la sainte foi de Notre Seigneur Jésus-Christ et d'amener à elle toutes les âmes désireuses d'être sauvées.

Gomes Eanes de Azurara, *Chronique de la découverte et de la conquête de la Guinée.*

1. *Henri le Navigateur, prince de la famille royale du Portugal (1394-1460).*
2. *Au Nord de la côte occidentale de l'Afrique.*

3 Des guerriers aztèques luttent contre les Espagnols

Codex Duran, XVIe siècle, bibliothèque nationale, Madrid.

2 Cortés à la conquête de l'Empire aztèque

L'Espagnol Hernán Cortés se trouve sur le littoral de l'empire aztèque, actuel Mexique.

Cette contrée (...) que nous occupons au nom de Vos Majestés (...) s'étend en plaines fertiles (...) couvertes de champs cultivés d'une si belle et charmante apparence qu'il n'est rien de comparable en Espagne (...). À notre avis, on peut croire qu'il y a en cette contrée autant de richesses que dans celle où Salomon trouva de l'or (...).

La population (...) appartient à une race de taille moyenne, de corps bien proportionné, avec cette particularité (...) qu'ils modifient eux-mêmes leurs physionomies ; les uns se perçant les oreilles pour y mettre de grands et vilains objets, (...) et d'autres se perçant la lèvre inférieure jusqu'aux dents, pour y pendre de grandes roues d'or ou des pierres si lourdes qu'elles leur font des lèvres tombantes qui les rendent absolument difformes (...).

Il faut croire que Notre Seigneur Dieu a permis la découverte de ces pays au nom de Vos Altesses royales, afin que tout le mérite de la conversion de ces infidèles en revienne à Vos Majestés.

Hernán Cortés, première lettre envoyée à la reine Doña Juana et à son fils l'empereur Charles Quint, roi d'Espagne, 10 juillet 1519.

4 Mieux naviguer en mer : un portulan portugais

- **Un portulan est une carte maritime ; celui-ci indique le tracé précis des côtes africaines et le nom de chaque lieu.**

1502, bibliothèque Estense, Modène.

5 L'Espagne s'empare de l'Empire inca

Parvenu au Pérou en 1532, Francisco Pizarro exige de l'empereur inca Atahualpa qu'il se convertisse et accepte la souveraineté de l'Espagne.

Atabalipa[1], tout enflammé, fit réponse qu'il ne voulait pas être tributaire, puisqu'il était libre (...). Quant à la religion, il dit que la sienne était fort bonne, et qu'il se trouvait fort bien avec elle (...). Il disait en outre que Jésus-Christ était mort, mais que le soleil et la lune[2] ne mouraient pas, et il demandait au moine comment il savait que le Dieu des chrétiens eût créé le monde. Frère Vincent lui répondit que ce livre le disait et, en ce disant, il lui donna son bréviaire[3]. Atabalipa le prit, l'ouvrit, le regarda de tous côtés, et le feuilleta. Et disant que le livre n'en disait pas un mot, il le jeta par terre. Frère Vincent ramassa son bréviaire et s'en alla à Pizarro, en criant : « Il a jeté par terre les Évangiles. Vengeance, chrétiens ! Chargez dessus ! »

Atahualpa, emprisonné, est condamné à mort et exécuté.

Francisco Lopez de Gomara, *Histoire générale des Indes*, 1568.

1. *Atahualpa.*
2. *Dieux des Incas.*
3. *Livre de prières.*

Questions

▶ Analyse des documents

DOC 1 **1.** Montrez que les motivations d'Henri le Navigateur sont de trois ordres différents.

DOCS 1 ET 4 **2.** Expliquez pourquoi les Portugais établissent des portulans de ce type.

DOCS 1 ET 2 **3.** Montrez que les motivations des Portugais et des Espagnols sont identiques.

DOC 2 **4.** Quelle image Cortés donne-t-il de l'Amérique et de sa population ?

DOCS 2, 3 ET 5 **5.** Quelles sont les conséquences de ces voyages pour les terres et les populations que les Européens découvrent ?

▶ BILAN

Rédigez un texte dans lequel vous expliquerez les motivations, les moyens, les lieux et les conséquences des voyages effectués par les Européens.

COURS

2. Les Européens à la découverte du monde

ÉTUDE p. 162-163
ÉTUDE p. 164-165
DOSSIER p. 166-167

Pourquoi et comment les Européens, en découvrant le monde, se lancent-ils aussi à sa conquête ?

A Pourquoi voyager ?

Des progrès techniques

- Jusqu'au XVe siècle, les Européens quittent rarement de vue les littoraux de leur continent, ou se cantonnent à traverser la Méditerranée. Mais **les techniques de navigation se perfectionnent** et permettent d'entreprendre des voyages plus lointains. Au début du siècle, les Portugais inventent ainsi la caravelle, navire maniable et stable.
- Les progrès portent surtout sur la **capacité à se repérer en mer** (doc 1). Les **portulans** permettent de mieux connaître la localisation des terres et les directions à suivre. L'usage de la boussole et, à la fin du XVe siècle, de l'**astrolabe** se généralise, et rend la navigation plus sûre.

1. *Les progrès de la navigation*
- **Un outil de la conquête des océans par les Européens : une table de longitude, permettant aux navires de connaître leur position grâce au Soleil. Elle illustre un traité de navigation.**
« Premières Œuvres » *de Jacques de Vaulx, 1583, BNF, Paris.*

Des motivations variées

- La première motivation est commerciale. **L'Europe, dont la population augmente, consomme de plus en plus d'épices.** Cannelle, poivre, muscade lui parviennent d'Asie par l'est de la Méditerranée. Ce commerce est alors dominé par les cités marchandes italiennes et, depuis la chute de Constantinople, par les Ottomans. Au début du XVe siècle, les Portugais cherchent à concurrencer ces intermédiaires. Ouvrir par l'ouest de nouvelles routes commerciales leur permettrait de s'approvisionner à moindre coût. Plus proche, l'Afrique occidentale attire aussi les Portugais : ils connaissent l'existence de ses **mines d'or**.
- Les raisons sont aussi religieuses. Commercer avec des musulmans contribue à les enrichir, et revient à dépendre d'eux. De plus, **découvrir de nouvelles terres et de nouveaux peuples doit permettre de diffuser la religion chrétienne**. Tout au long de ces voyages, esprit de croisade antimusulman et espoir de convertir sont des motivations profondes.

B L'élargissement des horizons

Les voyages portugais

- **Les Portugais sont les premiers à s'élancer** sur l'océan Atlantique. Ils longent les côtes de l'Afrique et atteignent l'équateur en 1471. En 1487, Bartolomeu Diaz atteint le **cap de Bonne-Espérance** : il découvre que l'Afrique peut être contournée.
- C'est ce que réalise Vasco de Gama en 1497 : il longe la côte orientale de l'Afrique et parvient en avril 1498 devant le port indien de Calicut. Il rentre à Lisbonne avec une cargaison d'épices : une nouvelle route commerciale est ouverte.
- Les Portugais traversent ensuite l'océan Indien et atteignent finalement la Chine en 1513 et le Japon en 1543.

Les découvertes espagnoles

- Quelques années avant Vasco de Gama, **Christophe Colomb**, Génois au service des rois d'Espagne, essaie lui aussi d'atteindre l'Asie. Sachant que la Terre est ronde, il cherche une route par l'ouest, en traversant l'Atlantique. Le 12 octobre 1492, **il touche terre dans une île qu'il pense proche du Japon et de la Chine**.
- Pourtant, sans le chercher, Colomb a trouvé un monde dont l'Europe ne soupçon-

VOCABULAIRE

- **Astrolabe**
Instrument de navigation permettant de se repérer grâce à la position du Soleil ou des étoiles.
- **Portulan**
Carte maritime indiquant avec précision le tracé des littoraux et l'emplacement des ports.

nait pas l'existence. Le premier à le comprendre, l'Italien Amerigo Vespucci, est à l'origine de son nom : **l'Amérique**.

• Les Espagnols veulent encore atteindre l'Asie par l'ouest. En cherchant ce passage, **Magellan** contourne l'Amérique par le sud en 1520, traverse le Pacifique et atteint les Philippines en mars 1521. Après sa mort, un de ses navires rejoint l'Europe en septembre 1522 : c'est la **première navigation autour du monde**.

C Des découvertes aux conquêtes

La découverte de l'Autre

• **Les Européens entrent en contact avec des populations qu'ils n'ont jusque-là jamais rencontrées** (doc 2). Il peut s'agir de peuples dont ils connaissent l'existence, comme en Inde, ou totalement inconnus. Les structures politiques qu'ils découvrent sont aussi très diverses, des tribus des Antilles aux empires très organisés des Incas et des Aztèques.

• **L'accueil fait aux Européens est variable.** Ainsi, dans les Antilles, le premier contact, pacifique, est suivi d'attaques indigènes.

• Ces découvertes bouleversent la vision que les Européens ont du monde. La connaissance qu'ils en ont doit être révisée en fonction des informations que fournit chaque nouveau voyage.

Le temps des conquêtes

• Mais, très vite, les découvreurs se transforment en **conquérants**. En 1494, par le **traité de Tordesillas**, Espagnols et Portugais se partagent les terres encore à découvrir (doc 3). Fidèles en cela aux motivations des premiers voyages, ils s'emploient à organiser **l'exploitation et la christianisation de ces nouveaux territoires**.

• De l'Asie à l'Amérique, l'irruption des Européens bouleverse alors à des degrés variables la vie des sociétés. Si la Chine parvient à les arrêter aux marges de son territoire, **les sociétés américaines**, affaiblies par des maladies nouvelles apportées d'Europe, **s'effondrent rapidement au cours des guerres menées par les envahisseurs**.

2. La découverte de l'Autre
Gravure de Théodore de Bry (détail), 1564, BNF, Paris.

3. Espagnols et Portugais se partagent le monde
• **Ce partage est symbolisé ici par la frontière définie par le traité de Tordesillas en 1494 (1) et par les emblèmes de l'Espagne (2) et du Portugal (3) placés sur les territoires qui leur sont réservés.**
Portulan de Domingos Teixeira, 1573, BNF, Paris.

ÉTUDE

Séville, un grand port du commerce atlantique

COURS p. 176-177

Séville, sur la côte atlantique de l'Espagne, abrite dès 1503 la *Casa de Contratación*. Cette administration royale contrôle le commerce avec l'Amérique espagnole en imposant à tout navire marchand d'utiliser le port de Séville. Cette position fait la fortune de la ville : au centre des échanges avec l'Amérique, Séville devient un centre européen du commerce et voit sa population doubler entre 1530 et 1590.

Pourquoi Séville est-elle au centre d'un commerce atlantique ?

1 Un statut privilégié

En raison de sa situation, il s'en va tant d'hommes de Séville pour les Indes[1] qu'ils dépeuplent la ville et la laissent aux mains des femmes. On envoie aux Indes du blé et du vin ainsi que des pourpoints, chemises, chausses et autres marchandises analogues, qui ne se fabriquent pas encore là-bas, ce qui permet de gros bénéfices. C'est à Séville, à la *Casa de Contratación*, qu'arrivent tous les produits qui viennent de ces régions puisque les navires ne peuvent décharger en aucun autre port. Lorsqu'arrivent les navires, il entre beaucoup d'or à la *Casa de Contratación*, avec lequel on frappe chaque année de nombreux doublons[2], le cinquième étant pour le roi[3] (...). Les marchands disent cependant que depuis quelque temps, il arrive moins d'or (...) mais les voyages continuent.

Andrea Navagero, ambassadeur vénitien, 1526.

1. *Ici, l'Amérique.*
2. *Pièces de monnaie.*
3. *Impôt de 20 % sur toute marchandise venant d'Amérique.*

2 Les échanges de Séville avec l'Amérique en 1584 (% en valeur)

Séville → Amérique	Amérique → Séville
• produits manufacturés : 78 % *dont :* *– textiles (toiles, fils, habits...) : 80 %* *– autres (papier...) : 20 %* • produits agricoles : 22 % *(surtout vins et huile)*	• métaux précieux : 80 % *(or et argent)* • denrées coloniales : 20 % *dont :* *– colorants : cochenille (rouge), indigo (bleu)...* *– cuirs* *– plantes médicinales (gingembre...)*

D'après B. Benassar et B. Vincent, Le Temps de l'Espagne (XVIe-XVIIe siècles), *Hachette, Paris, 1999.*

3 La Vierge des navigateurs

• Ce tableau, commandés par les dirigeants de la *Casa de Contratación*, montre l'importance accordée au commerce avec l'Amérique, placé sous la protection divine. On y voit : (1) les rois d'Espagne, (2) des navigateurs (dont Christophe Colomb et Amerigo Vespucci), (3) des Indiens convertis au christianisme.

« La Vierge des Navigateurs », *huile sur toile d'Alejo Fernández, 1531-1536, Alcazar de Séville.*

4 **Séville à la fin du XVIe siècle**

● **Au premier plan, des navires subissent des réparations tandis que, de l'autre côté du fleuve Guadalquivir qui mène à la mer, d'autres attendent à quai de partir en convoi vers l'Amérique.**
« Vue de Séville » *de Alonso Sánchez Coello, vers 1590, musée des Amériques, Madrid.*

5 **Séville, centre du commerce mondial**

Si nous avions l'intention de traiter de la grande richesse de Séville, nous ne saurions ni par où commencer ni par où finir, car c'est la grande ville la plus riche, la plus florissante en affaires et en marchandises de toute l'Europe, et qui communique avec toutes les parties du monde ; particulièrement avec les Indes occidentales (...). Beaucoup de religieux et de saints hommes partent aussi de Séville pour administrer la justice et prêcher l'Évangile (...).

C'est un spectacle admirable de voir, quand un vaisseau est arrivé, les charrettes tirées par quatre bœufs, transportant l'immense richesse d'or et d'argent (...) à la maison royale du commerce des Indes[1]. Il est aussi merveilleux de voir la grande richesse de beaucoup de rues de Séville, où l'on trouve tout ce qu'il y a de beau et de curieux de Flandre, de Grèce, de Gênes, de France, d'Italie, d'Angleterre, de Bretagne, des régions les plus septentrionales, et des Indes[2] et du Portugal. Les richesses d'or, d'argent, de perles, de cristaux, de pierres précieuses, d'émaux, de coraux, de soies de toutes sortes, de brocarts, de toiles les plus fines et de vêtements, sont si grandes (...) que la nuit on ferme les portes à clé.

Alonso Morgado, *Histoire de Séville*, 1587.

1. Casa de Contratación.
2. *Ici, terres de l'océan Indien.*

Questions

▶ **Le commerce avec l'Amérique**

DOC 1 **1.** Pourquoi peut-on dire que Séville a un statut privilégié ?

DOCS 1, 2 ET 5 **2.** Quels produits l'Amérique envoie-t-elle à Séville ? **3.** Quels sont les hommes et les produits envoyés de Séville en Amérique ? Pourquoi ?

▶ **Le commerce avec l'Europe et le monde**

DOC 5 **4.** À part d'Amérique, d'où viennent les produits disponibles à Séville ?

DOCS 1 ET 5 **5.** Pourquoi Séville est-elle aussi un centre du commerce avec l'Europe et le reste du monde ?

▶ **Un port prospère**

DOCS 1, 3 ET 4 **6.** Quels éléments montrent que l'activité maritime et commerciale est très importante à Séville ?

DOC 5 **7.** D'après l'auteur, comment la richesse de Séville se manifeste-t-elle ?

▶ **BILAN**

Pour montrer l'importance de Séville dans le commerce atlantique, construisez un schéma fléché par lequel vous montrerez les relations qu'entretiennent Séville, l'Amérique et le reste de l'Europe.

ÉTUDE

México : conquête et colonisation (XVe-XVIe siècles)

COURS p. 176-177

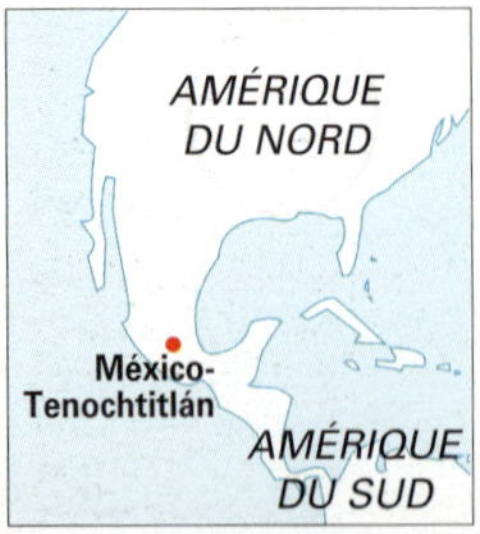

La ville de Tenochtitlán est fondée en 1325 par les **Aztèques**. Elle devient au XVe siècle la capitale d'un empire puissant. En avril 1519, l'Espagnol Hernán Cortés débarque sur les côtes de cet empire. En novembre, il entre à Tenochtitlán et emprisonne l'empereur Moctezuma II. Malgré la résistance des Aztèques, l'Empire est conquis après la chute de sa capitale en août 1521. Rebaptisée México, elle devient le centre d'une nouvelle **colonie** espagnole, la vice-royauté de Nouvelle-Espagne. Les Espagnols y organisent la christianisation des Indiens et le partage de leurs terres.

Quelles sont les conséquences de la conquête et de la colonisation espagnoles sur México et sa population ?

VOCABULAIRE

- **Aztèques**
Nom donné par les Européens au peuple des *Mexicas*, installé dans la vallée de México à partir du XIIIe siècle.
- **Colonie**
Territoire possédé et administré par un pouvoir étranger à ce territoire.

1 Tenochtitlán au temps de la conquête

- **Plan de 1524, sans doute à partir d'un original aztèque. Au centre de la ville, l'auteur a représenté le Grand Temple, en écrivant : « temple où ils sacrifient » des hommes.** *Newberry Library, Chicago.*

2 Hernán Cortés décrit Tenochtitlán

Cette grande ville de Tenochtitlán est fondée entre la lagune d'eau salée et la terre ferme (...). Elle a quatre entrées, auxquelles conduisent des chaussées construites de mains d'hommes (...). Ses rues principales sont très larges et toutes droites ; quelques-unes de celles-ci et toutes les autres sont moitié terre et moitié eau, formant des canaux pour la circulation (...). Cette ville a un grand nombre de places, où se tiennent des marchés quotidiens ; l'une de ces places est (...) entourée de portiques où chaque jour se presse une foule de soixante-dix mille acheteurs et vendeurs. On trouve là tous les genres de marchandises et de produits que peut offrir ce monde ; victuailles de toutes sortes, bijoux d'or et d'argent, ustensiles de plomb, de cuivre, d'étain et de laiton ; autres objets de pierre, d'or, de plumes et de coquilles (...).

Il y a dans cette grande ville des temples (...) d'une fort belle architecture (...). Je fis enlever de dessus leurs autels et je fis jeter par les escaliers les plus importantes de leurs idoles[1], celles en qui ils avaient le plus de foi ; je fis laver ces chapelles qui étaient pleines du sang de leurs sacrifices et je mis à leur place des images de la Sainte Vierge et d'autres saints.

Hernán Cortés, Lettre envoyée à l'empereur Charles Quint, roi d'Espagne, 30 octobre 1520.

1. *Statues des dieux aztèques.*

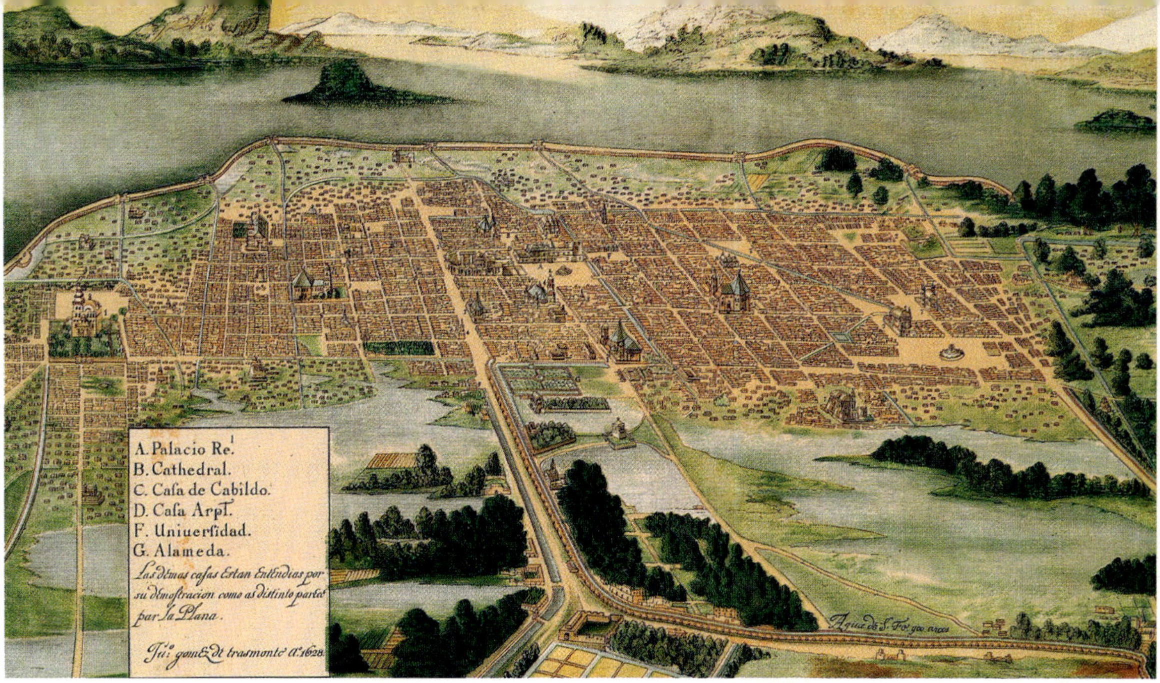

3 México, une ville coloniale

Dès la fin du XVIe siècle, México porte la marque de la colonisation espagnole : cathédrale, palais des vice-rois, églises disséminées dans toute la ville. *Juan Gómez de Trasmonte,* « Plan de la ville de México », *1628, Musée de la ville, México.*

4 Les résistances à la christianisation

Je m'appelle Andrés. (...) Un moine m'a baptisé (...) il y a cinq ans, j'en ignore le nom. J'écoutais le catéchisme tous les sept jours (...) chez les religieux de saint François et leurs disciples, des jeunes gens dont ils ont la charge. Dans leurs sermons, ils nous disaient d'abandonner nos idoles, (...) nos rites, de croire en Dieu et bien d'autres choses.

J'avoue que (...) depuis trois ans j'ai prêché et affirmé que les sermons des frères ne valaient rien (...) : «Pourquoi abandonnez-vous les choses du passé et les oubliez-vous (...) ? Rendez-vous compte que tout ce que disent les Frères n'est que mensonge et fausseté. Ils n'ont pas apporté de quoi vous secourir, ils ne nous connaissent pas et nous non plus. Nos pères, nos grands-pères ont-ils connu ces religieux ? Ont-ils vu ce qu'ils prêchent, ce dieu dont ils parlent ? Ce n'est pas le cas ! Bien au contraire, ils nous trompent. Nous, nous mangeons ce que nous donnent les dieux, ce sont eux qui nous nourrissent, nous forment et nous donnent de la force».

Andrés Mixcoatl, Déclarations devant le tribunal de l'Inquisition, 14 septembre 1537.

5 México, une ville espagnole

Au XVIe siècle, México est aménagée selon des principes définis pour toutes les villes coloniales espagnoles.

La Grand-Place sera un quadrilatère dont la longueur sera au moins égale à une fois et demi sa largeur, car ces proportions sont les plus appropriées aux fêtes comportant des chevaux (...).

Le pourtour de la place, ainsi que les quatre rues principales qui y donnent, seront munies d'arcades, vu leur utilité pour les commerçants qui ont l'habitude de se tenir en ce lieu (...).

Des places secondaires (...) seront dessinées (...) afin d'y édifier les paroisses et les monastères de façon à bien répartir la parole de Dieu (...).

Aucun terrain ne sera donné à des particuliers sur la Grand-Place. Ils seront destinés à l'Église, à la Couronne et à la municipalité.

Philippe II, roi d'Espagne, Ordonnances du 13 juillet 1573.

QUESTIONS

▶ La capitale de l'Empire aztèque

DOC 2 **1.** Comment Cortés montre-t-il la richesse de la ville ? Quelle est la particularité de la religion des Aztèques ?

DOCS 1 ET 2 **2.** La description que fait Cortés correspond-elle au plan ?

▶ La conquête

DOC 2 **3.** Au nom de qui Cortés entreprend-il la conquête de México ?

DOC 4 **4.** Comment les Aztèques résistent-ils aux Espagnols ?

▶ Une ville espagnole ?

DOCS 1, 2, 3 ET 5 **5.** Quelle caractéristique de Tenochtitlán les Espagnols veulent-ils maintenir ?

6. Comment les Espagnols montrent-ils leur pouvoir sur México ?

DOCS 4 ET 5 **7.** Expliquez quels sont les moyens utilisés pour convertir les Aztèques.

▶ BILAN

Imaginez le récit d'un jeune habitant de Tenochtitlán qui, après avoir vécu la conquête de sa ville, voit les transformations faites par les Espagnols. Racontez.

L'art aztèque : un art pour les dieux

Comment les arts, avant la conquête espagnole, témoignent-ils des croyances aztèques ?

L'ESSENTIEL SUR... Les arts et la religion aztèques

Éviter la fin du monde

▶ Les croyances des Aztèques sont fondées sur une idée majeure : **le monde est mortel**. Quatre fois déjà, le Soleil a été détruit par un cataclysme ; le Soleil actuel, le cinquième, disparaîtra à son tour. Pour retarder cette date, les Aztèques doivent **nourrir** régulièrement **le Soleil et les dieux** de sang. Les **sacrifices humains** sont donc une nécessité, et la guerre un moyen de se procurer des victimes.

Des arts pour les dieux

▶ Au centre des villes se dressent de **hauts temples pyramidaux**, comme le Grand Temple de México-Tenochtitlán : c'est à leur sommet que se déroulent les sacrifices. Les manuscrits religieux (ou codex) sont magnifiquement illustrés : ils montrent les dieux et leurs serviteurs, les guerriers, parés de plumes multicolores et de bijoux d'or.

Un art disparu ?

▶ Après la conquête, de nombreux objets d'or et d'argent sont fondus. Les Espagnols s'emploient à **détruire temples, codex, objets religieux et statues** des dieux car, en rappelant les croyances aztèques, ces objets d'art sont considérés comme un obstacle à la christianisation. Les œuvres aztèques sont aujourd'hui peu nombreuses.

1 Les dieux Xipe Totec et Quetzalcóatl

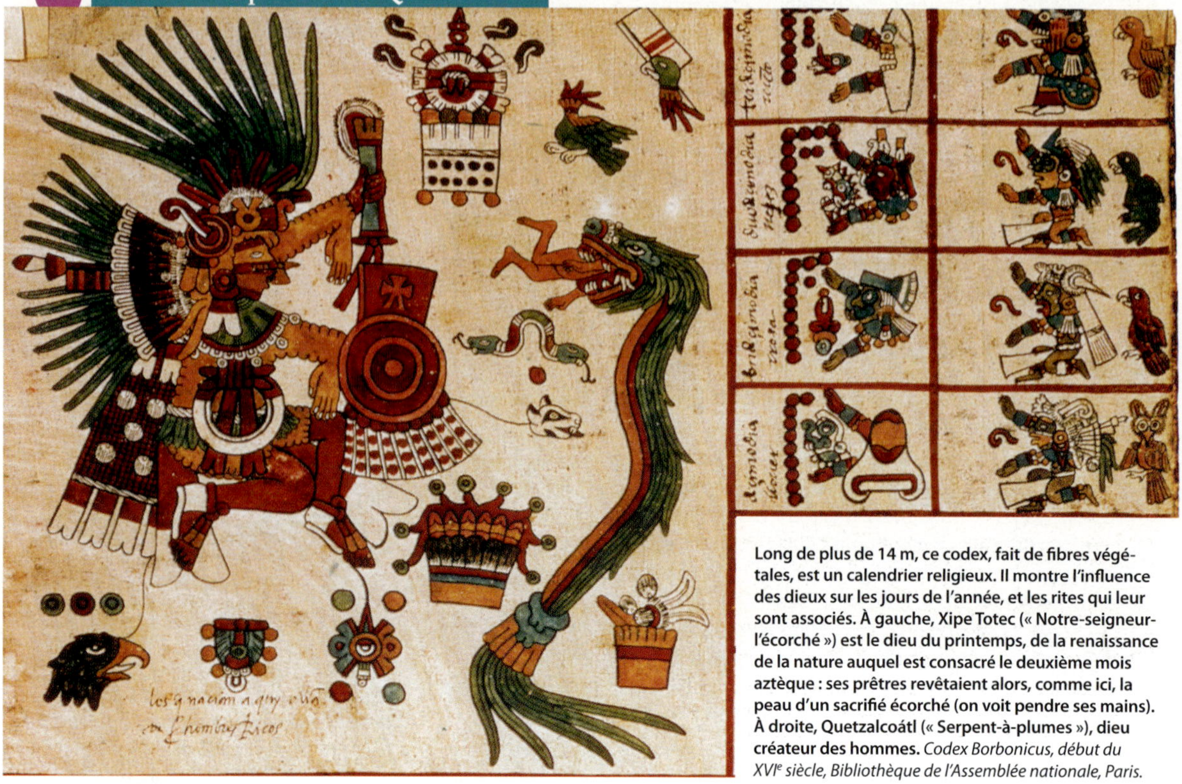

Long de plus de 14 m, ce codex, fait de fibres végétales, est un calendrier religieux. Il montre l'influence des dieux sur les jours de l'année, et les rites qui leur sont associés. À gauche, Xipe Totec (« Notre-seigneur-l'écorché ») est le dieu du printemps, de la renaissance de la nature auquel est consacré le deuxième mois aztèque : ses prêtres revêtaient alors, comme ici, la peau d'un sacrifié écorché (on voit pendre ses mains). À droite, Quetzalcóatl (« Serpent-à-plumes »), dieu créateur des hommes. *Codex Borbonicus, début du XVIe siècle, Bibliothèque de l'Assemblée nationale, Paris.*

2 Pierre et couteau de sacrifice

La pierre est un *cuauhxicalli* : les cœurs des sacrifiés sont déposés dans la cavité centrale, autour de laquelle est sculpté un cercle hérissé de pointes, symbole du Soleil. Dans les compartiments des parois, un guerrier aztèque saisit un ennemi vaincu, promis au sacrifice.
Pierre de Moctezuma Ilhuicamina, vers 1450, Musée national d'anthropologie, México.

Sur le manche du couteau constitué de mosaïques se trouve un guerrier-aigle, chargé de faire des prisonniers pour les sacrifices (l'aigle est associé par les Aztèques au Soleil).
XVe-début du XVIe siècle, British Museum, Londres.

3 Masque du dieu Tlaloc

Tlaloc est le dieu aztèque de la pluie. Les deux serpents qui s'enroulent autour de ce masque, l'un de turquoise bleue, l'autre de turquoise verte, représentent peut-être l'eau et la végétation associées à ce dieu. Ce masque était sans doute porté par un prêtre de Tlaloc lors de cérémonies.
XVe-début du XVIe siècle, British Museum, Londres.

Questions

Présenter les œuvres

1. Présentez chacun des documents en insistant sur sa nature.

Analyser les œuvres

2. DOC 1 Décrivez les dieux représentés. Listez les éléments qui montrent que les dieux ont besoin de sacrifices humains pour vivre.

3. DOC 2 Décrivez ces objets et expliquez leur rôle. **4.** Comment ces objets permettent-ils, selon les Aztèques, de nourrir le Soleil ?

5. DOC 3 Quel est le rôle de ce masque ?

Faire le lien entre art et histoire

6. Montrez que la religion est au cœur de l'art aztèque.

COURS

3. Colonisation des Amériques et grand commerce atlantique

ÉTUDE p. 170-171
ÉTUDE p. 172-173
HISTOIRE DES ARTS p. 174-175

En quoi la colonisation crée-t-elle des relations complexes entre l'Europe et l'Amérique ?

1. *Le sort des Indiens dans les colonies espagnoles*

• **Punitions infligées à des Indiens par des Espagnols dans l'ancien Empire inca.**
« Nueva coronica y buen gobierno », *codex péruvien, 1613, BNF, Paris.*

A L'installation dans le Nouveau Monde

Une conquête rapide

• En 1519, Cortés débarque sur les côtes de l'Empire aztèque. La capitale, México-Tenochtitlán, tombe en 1521. Plus au sud, l'Empire inca est conquis par Francisco Pizarro entre 1531 et 1534.

• Plusieurs raisons expliquent la rapidité de cette soumission. Les **Indiens** ne sont pas immunisés contre les maladies apportées par les **conquistadors**. Les **épidémies mortelles** font rage, et paralysent alors les sociétés et le pouvoir politique. De plus, ces hommes inconnus, aux armes ignorées, provoquent un effet de surprise dont les Européens savent profiter.

• **Tout le continent américain n'est pourtant pas conquis.** L'Amérique du Nord et le centre de l'Amérique du Sud restent largement inconnus. De plus, Espagnols et Portugais contrôlent des espaces éclatés, aux caractéristiques différentes. Plus que de l'Amérique, il faut parler, au XVIe siècle, des Amériques.

Pillage des ressources et violences

• Les conquistadors s'emploient, dès la conquête terminée, à **s'emparer des richesses des territoires conquis**. Pour les souverains dont ils dépendent, mais aussi pour eux-mêmes, ils pillent les trésors des empires et exploitent les mines de métaux précieux.

• Pour cela, ils forcent les Indiens à travailler pour eux. Soumises aux violences (doc 1), victimes des épidémies, **les populations locales sont près de disparaître**. On estime aujourd'hui que les deux tiers ont disparu en un siècle.

L'instauration des colonies

• Au cours du XVIe siècle, les rois d'Espagne et du Portugal instaurent un début d'administration dans les **colonies**.

• En Amérique espagnole, le système de l'*encomienda* est mis en place : le roi confie à un Espagnol des terres et les Indiens qui y vivent. En échange, il doit les contrôler, assurer leur soumission et les faire travailler.

• **La présence européenne s'affirme**. Espagnols et Portugais affluent. Une politique de **conversion des Indiens au catholicisme** est mise en place (doc 2). Les villes sont réorganisées pour affirmer la nature du nouveau pouvoir. Le centre de México voit ainsi s'élever une cathédrale et le palais du représentant du roi : ils remplacent le Grand Temple et le palais de l'empereur aztèque.

B Les échanges économiques atlantiques

Produire pour l'Europe

• Outre l'or et l'argent, le bois du Brésil, le cacao, le tabac sont destinés à l'Europe. À l'inverse, des plantes adaptées au climat, comme la canne à sucre, sont introduites en Amérique.

• **Ces productions traversent l'Atlantique pour rejoindre l'Europe**. Grâce à ce commerce, **Lisbonne** pour le Portugal, **Séville** et **Anvers** pour la couronne d'Espagne deviennent des ports majeurs : ils sont la porte d'entrée des richesses de l'Amérique.

VOCABULAIRE

• **Colonie**
Territoire possédé et administré par un pouvoir étranger à ce territoire.

• **Conquistador**
Terme espagnol désignant les hommes qui se lancent au début du XVIe siècle à la conquête de l'Amérique, pensant se couvrir de gloire et d'or.

• **Indien**
Nom donné aux habitants de l'Amérique par les premiers navigateurs qui pensaient avoir atteint l'Asie (appelée aussi Indes).

• **Traite des Noirs**
Commerce d'esclaves africains à destination des Amériques, d'abord assuré par les Portugais, présents sur les côtes de l'Afrique.

La première mondialisation du commerce

• Mais les échanges liés au Nouveau Monde sont bien plus complexes. Revenant d'Europe, les navires sont chargés de tout ce dont les colonies ont besoin, mais qu'elles ne produisent pas en quantité suffisante : tissus, objets de métal… D'autre part, **la main-d'œuvre manque cruellement**. La disparition d'une grande partie de la population indienne oblige à trouver ailleurs des bras pour exploiter l'Amérique. Ainsi commence la **traite des Noirs** : des esclaves, achetés en Afrique, sont transportés dans les colonies (doc 3).

• **Cet afflux de richesses bouleverse l'économie européenne**. Le Portugal et surtout l'Espagne, grâce à l'argent du Nouveau Monde, enrichissent le reste de l'Europe par leurs achats. L'Asie est également touchée car l'argent américain qui arrive en Europe sert à payer les épices produites aux Indes. Enfin, une nouvelle route des épices est ouverte par l'Espagne : des Philippines, elle atteint l'Amérique pour rejoindre Séville.

• L'exploitation des Amériques crée ainsi des **flux commerciaux entre tous les continents** : la première économie mondialisée se met en place.

Compétitions et concurrences

• Ces échanges croissants font des **ports du littoral atlantique** des pôles majeurs de l'économie européenne. Pourtant, ils ne suppriment pas les réseaux plus anciens : ainsi, au XVIe siècle, le commerce méditerranéen est encore florissant.

• Surtout, les richesses qui affluent au Portugal et en Espagne attisent la **convoitise d'autres nations**, qui tentent de s'immiscer dans ce commerce colonial. Au milieu du XVIe siècle, la France échoue à s'installer en Amérique du Nord. Les Anglais pillent les colonies espagnoles en Amérique. Les Hollandais pénètrent en 1596 dans l'océan Indien. Le XVIIe siècle sera une période de fortes **concurrences coloniales**.

2. *Des religieux espagnols brûlent des statues de dieux aztèques*
« Description de la ville et de la province de Tlaxcala », *1585, Bibliothèque de l'université de Glasgow.*

3. *Le commerce des esclaves*
• **Des esclaves d'Afrique noire sont utilisés pour exploiter les mines d'Amérique.**
Gravure de Théodore de Bry, fin du XVIe siècle.

ÉTUDE

Pékin : une cité interdite ?

COURS p. 180-181

En 1368, la dynastie des Ming prend le pouvoir. Entre 1403 et 1421, l'empereur Yongle (1402-1424) transfère à Pékin sa capitale. Au cœur de Pékin se trouve la Ville impériale, réservée à l'administration. Elle abrite un ensemble de palais plus isolés encore, la Cité pourpre interdite, ou Cité interdite, résidence de l'empereur. Pékin donne ainsi l'image d'une ville qui s'isole, mais cette fermeture n'est qu'apparente. Le rayonnement de Pékin attire marchands et voyageurs, et si l'Empire interdit au XVe siècle toute expédition maritime, il est intégré au sein d'un réseau commercial dans lequel les Portugais s'insèrent au XVIe siècle.

Pourquoi peut-on affirmer que Pékin, cité interdite, est aussi ouverte sur le monde ?

1 Au centre de Pékin : l'empereur

• Une série de portes défend l'accès à l'empereur. Celle des Grands Ming (1) ouvre sur la Ville impériale, réservée à l'administration, celle du Midi (2) barre l'entrée de la Cité interdite, réservée à l'empereur qui siège dans le palais de l'Obéissance Suprême (3).
Peinture sur soie, vers 1500, British Museum, Londres.

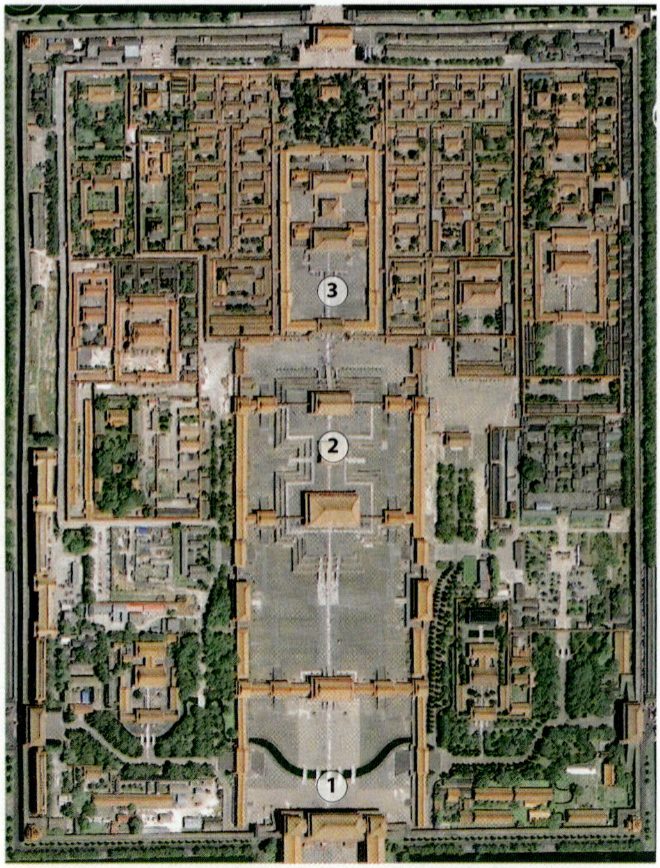

2 Vue de la Cité interdite, cœur du pouvoir impérial

• La Cité pourpre interdite tire son nom de la couleur de l'étoile qui, pour les Chinois, est le centre de l'univers : l'empereur, « fils du ciel », en est l'équivalent sur terre. La Cité interdite développe ce symbole : en son centre, après la porte du Midi (1), s'élèvent les trois palais (2) – dont celui de l'Obéissance suprême – d'où l'empereur dirige la Chine ; au nord, les palais intérieurs, réservés à la vie privée de l'empereur (3).

3 La Chine des Ming

4 Un Italien à Pékin

En 1582, Matteo Ricci, de l'ordre religieux des jésuites, s'établit en Chine ; en 1601, il est à Pékin.

À l'entrée de cette cité royale, je pourrais faire tort à sa grandeur majestueuse (...) si je n'en disais quelque chose. Cette ville royale donc est située à l'extrémité du royaume vers le nord et n'est éloignée de ces murs renommés[1], élevés contre les Tartares, que de cent milles. En grandeur, disposition des rues, grandes masses de bâtiments, elle est à la vérité inférieure à Nankin ; mais aussi elle la surpasse réciproquement en multitude d'habitants[2] et nombre de magistrats et soldats (...).

Le roi envoyait divers eunuques[3] vers les nôtres qui s'enquêtaient de plusieurs choses de notre Europe, (...) des mœurs, fertilité, architecture, vêtements, (...) des mariages et funérailles ; on s'informait aussi de plusieurs choses de nos rois (...). Les eunuques aussi promirent aux nôtres de faire savoir au roi qu'ils désiraient de vivre et mourir à Pékin (...).

Matteo Ricci, *Histoire de l'expédition chrétienne au royaume de la Chine*, 1610.

1. *La Grande Muraille.*
2. *Plus d'un million en 1550.*
3. *Serviteurs impériaux de la Cité interdite.*

5 La porcelaine : une production pour l'exportation

● **L'inscription en latin (*Sapienti nihil novum* : « il n'y a rien qui étonne le sage ») montre que ce bol est destiné au marché européen. Il a sans doute été transporté depuis Macao sur des navires portugais.** *Porcelaine Ming de type « bleu et blanc », vers 1600, British Museum, Londres.*

Questions

▶ **Une ville fermée ?**

DOCS 1 ET 2 **1.** Pourquoi la manière dont Pékin est organisée donne-t-elle l'image d'une ville fermée ? **2.** Quelle image est ici donnée de l'empereur ?

DOC 3 **3.** Pourquoi peut-on dire que l'Empire est soumis à différentes menaces ? **4.** Pourquoi peut-on affirmer que la Chine veut contrôler le commerce avec l'étranger ?

▶ **L'ouverture au monde**

DOC 4 **5.** Montrez que cet étranger est bien accueilli à Pékin. **6.** Quelle image est donnée ici de l'empereur ? de sa capitale ?

DOCS 3 ET 5 **7.** Quels sont les différents types de commerce entre la Chine et l'étranger ?

▶ **BILAN**

Pour caractériser Pékin et l'Empire chinois, classez toutes les informations tirées des documents et de vos réponses aux questions en deux groupes :
– l'un pour les informations qui indiquent la fermeture ;
– l'autre pour celles qui indiquent l'ouverture.

COURS

4. Les mondes asiatiques aux XVᵉ et XVIᵉ siècles

➡ ÉTUDE p. 178-179

Comment les mondes asiatiques s'insèrent-ils dans un réseau d'échanges qui s'étend jusqu'en Europe ?

A La Chine des Ming : un monde fermé ?

La dynastie des Ming

• Son fondateur, Hongwu, prend le pouvoir en 1368. Il rétablit la prospérité et, par une série de conquêtes, le prestige de la Chine. L'empereur Yongle (1402-1424) renforce le **pouvoir impérial, source de toute décision**.

• L'organisation de sa capitale, Pékin, en est l'illustration : au centre, la Ville impériale, réservée à l'administration, entoure la Cité pourpre interdite, palais de l'empereur.

Menaces et repli

• À partir de 1405, l'empereur Yongle lance de **grandes expéditions maritimes**. Regroupant plusieurs dizaines de navires, elles atteignent l'Inde, l'Arabie et l'Afrique. Pourtant, dès 1433, ces expéditions s'arrêtent, et la construction de navires de haute mer est interdite en 1436.

• L'administration s'emploie à **contrôler, organiser et développer l'intérieur**.

• Surtout, la Chine doit faire face à des **menaces grandissantes**. Au nord, les **Mongols** tentent d'envahir l'Empire au milieu des XVᵉ et XVIᵉ siècles. Les Ming reconstruisent alors la **Grande Muraille**, fortifications discontinues qui tentent d'isoler la Chine. De plus, au milieu du XVIᵉ siècle, les **pirates japonais et chinois** ravagent les littoraux.

Un isolement relatif

• Ce repli s'accompagne pourtant d'un **réel intérêt pour l'étranger**. Les ambassades sont bien accueillies, leurs membres interrogés sur leur pays d'origine par des fonctionnaires formés à la traduction.

1. *De l'Afrique à la Chine*

• En 1414, le sultan du Bengale, en Inde, offre à l'empereur Yongle cette girafe, qu'il avait lui-même reçue en cadeau d'envoyés africains.

Copie de la dynastie Qing (1644-1911) du rouleau peint par Harlin Shen Du en 1414, Musée national chinois, Pékin.

B Les mondes asiatiques : des mondes ouverts

Des échanges intenses

• **Des routes maritimes relient les espaces asiatiques**, du Japon à l'Arabie. Ces échanges s'appuient sur différents ports. Ce système permet une redistribution progressive des marchandises, d'un bout à l'autre de l'Asie.

• Ainsi, au XVᵉ siècle, les **épices** produites dans les Moluques empruntent un réseau commercial centré sur Malacca. De ce port, elles atteignent la Chine, mais aussi l'Inde : le Bengale, le Gujarat, Calicut sont des plaques tournantes de ce commerce. Une partie de ces épices est ensuite transportée vers l'Arabie et la mer Rouge : elles atteignent alors la Méditerranée par l'Empire ottoman (doc 3).

La mobilité des hommes et des idées

• Dans ce commerce, le rôle des **diasporas** est important. On trouve ainsi des marchands indiens et chinois à Malacca, des navires arabes en Inde. Les États ne peuvent pas contrôler totalement leur commerce avec l'étranger. Ainsi, lorsque la Chine restreint le nombre de ports officiellement ouverts, **contrebande** et piraterie se développent, maintenant l'Empire dans les réseaux d'échanges.

• **Cette mobilité permet la diffusion des idées** comme l'islam qui, au XVᵉ siècle, s'étend jusqu'aux Philippines.

• Mais d'autres bouleversements sont alors en cours, annoncés par l'arrivée, en 1498, du Portugais Vasco de Gama devant Calicut.

VOCABULAIRE

• **Contrebande**
Commerce illégal qui ne respecte pas les règlements officiels.

• **Diaspora**
Dispersion d'un peuple hors de son espace d'origine.

• **Mongols**
Peuple nomade des plaines du nord de la Chine.

C L'arrivée des Européens

Les Portugais, maîtres des mers ?

• Les Portugais veulent à la fois détourner la route des épices vers l'Atlantique, et en prendre le contrôle dans l'océan Indien. Ils installent des **comptoirs commerciaux** à Calicut et à Cochin, puis se lancent à la conquête de ports majeurs : Goa en 1510, Malacca en 1511. Ils atteignent la Chine en 1513 et obtiennent de s'installer à Macao en 1557. En 1543, ils sont au Japon (doc 2).

• Leur irruption désorganise un temps les réseaux traditionnels d'échange. Toutefois, peu nombreux, les Portugais ne parviennent pas à détourner le commerce à leur seul profit et les réseaux anciens se reconstituent.

Les Européens s'implantent en Asie

• Les Portugais **conservent leurs conquêtes**. Aux Moluques, ils favorisent la culture des épices pour le marché européen. En 1521, Magellan arrive aux Philippines et les Espagnols y fondent Manille en 1571, qui devient un relais entre l'Amérique et l'Asie.

• Les Européens s'emploient à **diffuser le catholicisme** en Asie. Le jésuite italien Matteo Ricci parvient ainsi à s'installer à Pékin à la fin du XVIe siècle. Mais, considéré au Japon comme une menace pour l'indépendance, le catholicisme y est interdit en 1597, et les Portugais sont expulsés en 1614.

• À la fin du XVIe siècle, **d'autres Européens** pénètrent en Asie : les Hollandais, bientôt suivis par les Anglais, concurrencent Espagnols et Portugais.

2. *L'arrivée des Portugais au Japon (XVIe siècle)*
Paravent de Namban Byobu dit « des Portugais », XVIIe siècle, musée Guimet, Paris.

3. *Les mondes asiatiques à la fin du XVIe siècle*

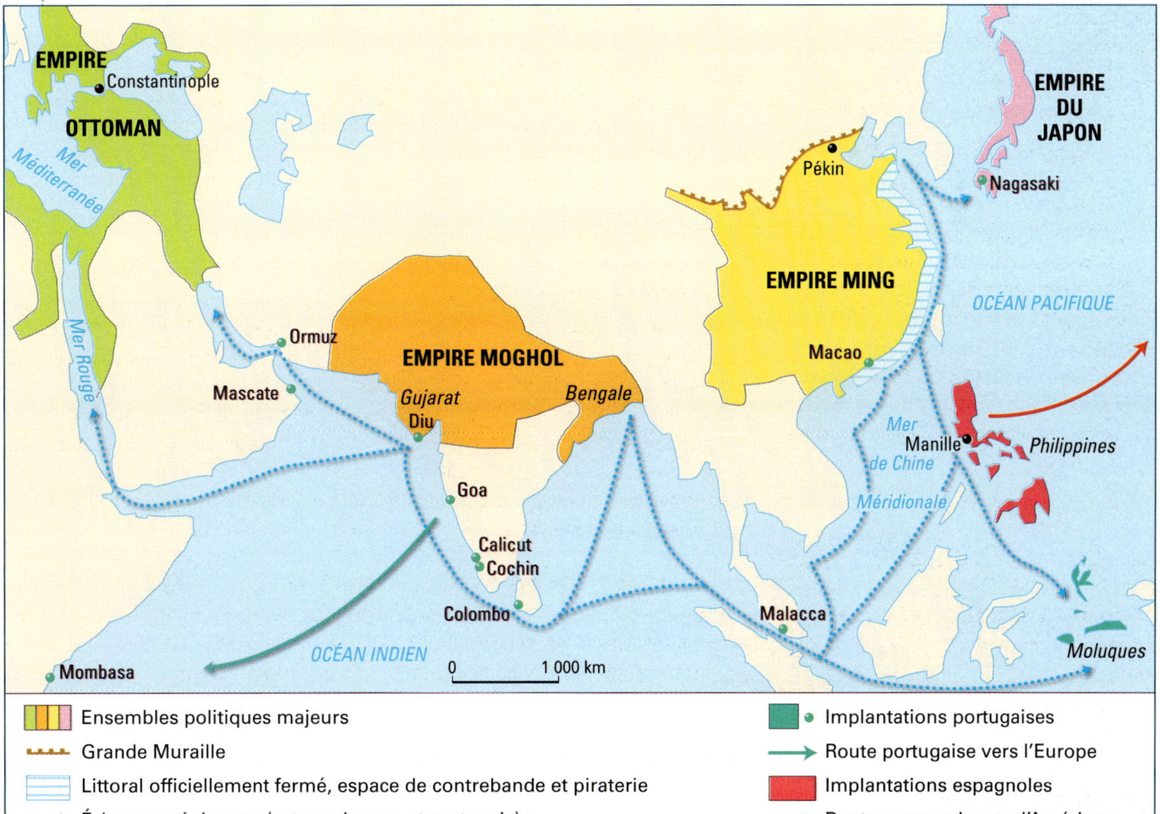

MÉTHODE Composition : analyser un sujet et élaborer un plan

Une composition est une réponse argumentée à une problématique posée par un sujet. Pour cela, il ne faut pas réciter son cours mais sélectionner puis organiser ses connaissances avant de commencer à rédiger.

SUJET Les Européens découvrent et bouleversent le monde (XVe et XVIe siècles).

Européens : Ce sont les Européens concernés par les découvertes, la colonisation et qui mettent en place des échanges à l'échelle internationale. En premier lieu les Espagnols et les Portugais.

découvrent : Renvoie aux grands voyages de découverte et à l'élargissement du monde connu.

Méthode générale

1 Analyser le sujet

Cette étape est indispensable pour bien comprendre le sujet posé et cerner ses enjeux.

- Analyser les **termes du sujet** : déterminer leur sens précis.
- Faire attention aux **mots de liaison** et à l'**ordre des mots**. Par exemple, « les Européens et le monde » consiste à comprendre le point de vue des Européens sur le monde, «le monde et les Européens», le point de vue des non-Européens sur les Européens.
- Préciser le **thème** à étudier, les **limites géographiques et chronologiques** du sujet (si elles n'apparaissent pas de façon explicite, il faut les déterminer en justifiant leur choix).

2 Dégager la problématique

À partir de l'analyse du sujet, mettre en évidence les questions auxquelles le devoir devra répondre. La problématique résume ces questions : elle sert de fil directeur à l'organisation de la réflexion, et donc au plan.

- Elle doit toujours figurer dans l'introduction, et chacune des parties du développement doit donc s'y référer.

Application guidée

1. Recopiez le sujet ci-dessus.

2. Analysez le sens du verbe « bouleversent ».

3. L'emploi du mot de liaison « et » indique qu'il y a une relation à établir entre la découverte et le bouleversement du monde : laquelle ?

4. Analysez l'espace géographique et les limites chronologiques du sujet (groupe de mots en rouge).

Conseil

Demandez-vous si les espaces découverts, colonisés et parcourus par les échanges, sont les mêmes au début et à la fin de la période.

5. Choisissez parmi ces questions la problématique qui vous paraît la plus adaptée et expliquez pourquoi :

a. Pourquoi les Européens se lancent-ils à la découverte du monde ?

b. En quoi les Européens, en se lançant à la découverte du monde, le bouleversent-ils ?

c. Quelles sont les découvertes réalisées par les Européens aux XVe et XVIe siècles ?

3 Mobiliser ses connaissances

Pour pouvoir élaborer un plan, il faut sélectionner parmi ses connaissances celles qui permettront de répondre à la problématique.

- **Noter au brouillon** les idées et les faits qui viennent à l'esprit.
- **Préciser** le plus possible ses notes (noms de personnes, de lieux, dates...).
- **Regrouper** ensuite **ces idées**, ces faits en les reliant entre eux par des flèches, ou en les soulignant d'une même couleur s'ils appartiennent au même thème.

6. Qu'est-ce qui est découvert ? À quelle(s) date(s) ? Qui découvre ? Pourquoi est-ce découvert ? Trouvez à quelles autres questions vous devez répondre.

7. Répondez aux mêmes questions pour le bouleversement du monde.

Conseil

Il faut se poser des questions simples : Qui ? Quoi ? Quand ? Où ? Pourquoi ? Comment ? Avec quelles conséquences ?

4 Élaborer le plan

Il n'existe pas de recette-miracle pour élaborer un plan, chaque sujet ayant sa spécificité. Il faut choisir un plan qui permette de répondre entièrement à la problématique, sans faire de hors-sujet.

- **Choisir le plan**

Il existe deux grands types de plans :
– Le **plan chronologique**, le mieux adapté lorsque le sujet demande d'analyser une évolution (ex : « De la découverte à la colonisation de l'Amérique, 1492-fin du XVIe siècle »).
Il faut alors découper le cadre chronologique du sujet en plusieurs périodes (une période = une partie), en justifiant le choix des dates charnières.
– Le **plan thématique**, très fréquent, qui organise la réflexion autour de quelques grands thèmes (ex : « Les Européens et le monde à la fin du XVIe siècle »).

- **Construire le plan**

– Il comporte généralement **deux ou trois parties**, rarement plus ; chaque partie permet de répondre partiellement à la problématique.
– Une partie traite d'une idée majeure ; il faut la diviser en sous-parties qui exposent chacune un aspect de celle-ci.
– Le passage d'une partie à une autre doit être logique et respecter l'ordre chronologique.
– Les parties doivent être à peu près de même longueur.

Info

Pour ce sujet, le plan le plus adapté est le plan thématique, qui respecte tout de même la chronologie : il est fondé sur des liens de cause à effet.

8. Recopiez et complétez la proposition de plan suivante :
– en y classant les informations mobilisées dans l'étape 3 ;
– en indiquant, lorsque cela est nécessaire, le titre des parties et des sous-parties.

I. Les facteurs des découvertes et les motivations des Européens
1. Des progrès techniques
2. Des motivations commerciales
3. ...

II. L'horizon des Européens s'élargit
1. ...
2. ...
3. ...

III. ...
1. Les conquêtes
2. Les colonisations
3. Grand commerce et enrichissement de l'Europe

exercice d'application Utilisez la méthode et l'exemple fourni pour analyser le sujet suivant : « Les Européens et le monde à la fin du XVIe siècle » et élaborer un plan.

RÉVISIONS Vérifier ses connaissances

Les points clés du cours

Répondez en quelques phrases aux questions suivantes.

1. La Méditerranée aux XVe-XVIe siècles
a. Quelles sont les deux grandes puissances en Méditerranée au XVIe siècle ?
b. Pourquoi peut-on affirmer qu'il existe des tensions religieuses en Méditerranée ?
c. Quels sont les grands réseaux commerciaux en Méditerranée ? Quels en sont les acteurs ?

2. Les Européens à la découverte du monde
a. Quelles sont les motivations des Européens ?
b. Quelles sont les découvertes réalisées ? Par qui ?
c. Quelles sont les conséquences de ces découvertes ?

3. Colonisation des Amériques et grand commerce atlantique
a. Quels sont les empires conquis ? De quelle manière ?
b. Comment les territoires conquis sont-ils colonisés ?
c. Pourquoi peut-on affirmer que les Européens mettent en place des échanges à l'échelle mondiale ?

4. Les mondes asiatiques aux XVe et XVIe siècles
a. Peut-on dire que l'empire Ming est fermé ?
b. Expliquez quels sont les échanges commerciaux dans cet espace.
c. Comment l'irruption des Portugais modifie-t-elle ces échanges ?

Les dates clés

Recopiez la frise chronologique ci-dessous, et complétez-la à l'aide des éléments suivants :

– Découverte de l'Amérique par Christophe Colomb
– Installation des Portugais à Macao (Chine)
– Prise de Constantinople par l'Empire ottoman
– Prise de México-Tenochtitlán par les Espagnols
– Premier tour du monde
– Arrivée de Vasco de Gama en Inde

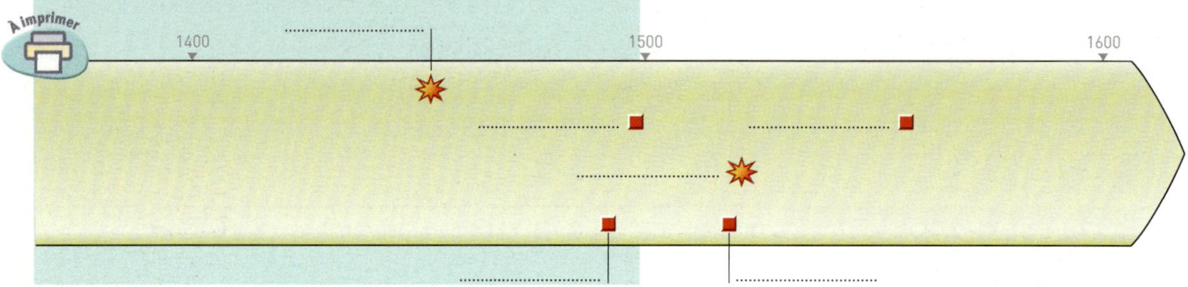

Les personnages clés

Donnez le nom du personnage représenté grâce aux informations suivantes :

1. 
Navigateur génois, je suis au service des rois d'Espagne. Je cherche à rejoindre l'Asie par l'ouest. En 1492, je pense avoir réussi. J'ai en réalité découvert un nouveau continent : l'Amérique.

2. 
Je cherche à atteindre l'Asie par l'ouest. Je contourne l'Amérique par le sud, et arrive en 1521 aux Philippines, où je meurs. Mon équipage ramène un de mes navires en Europe en 1522, réalisant le premier tour du monde.

Les mots clés

Quel terme correspond à chacune des définitions suivantes ?

1. Territoire possédé et administré par un pouvoir étranger à ce territoire.
2. Commerce d'esclaves africains à destination des Amériques, d'abord assuré par les Portugais, présents sur les côtes de l'Afrique.
3. Carte maritime indiquant avec précision le tracé des littoraux et l'emplacement des ports.
4. Nom donné aux habitants de l'Amérique par les premiers navigateurs, qui pensaient se trouver en Asie.

Exercices

La vision de l'Autre

1 Montaigne critique l'action des Européens

Notre monde vient d'en trouver un autre (...).

J'ai bien peur que nous ayons fort hâté son déclin et sa ruine par notre contagion, et que nous lui ayons bien cher vendu nos opinions et nos arts. C'était un monde enfant ; et pourtant nous ne l'avons pas dompté et soumis à notre discipline par notre valeur (...), nous ne l'avons pas séduit par notre justice ou notre bonté, ni subjugué par notre magnanimité (...).

Ce qui les a vaincus, ce sont les ruses et les boniments avec lesquels les conquérants les ont trompés, et le juste étonnement qu'apportait à ces nations-là l'arrivée inattendue de gens barbus, étrangers par la langue, la religion, l'apparence et la manière d'être, (...) montés sur de grands monstres inconnus, alors qu'eux-mêmes n'avaient jamais vu de cheval (...) ; protégés par une peau luisante et dure, et une arme tranchante et resplendissante, alors que les Indiens (...) n'avaient eux-mêmes d'autres armes que des arcs, des pierres, des bâtons et des boucliers de bois (...). Sans cette disparité, les conquérants n'auraient eu aucune chance de victoire (...).

Nous nous sommes servis de leur ignorance et de leur inexpérience (...). Les facilités du négoce étaient-elles à ce prix ? Tant de villes rasées, tant de nations exterminées, tant de millions d'hommes passés au fil de l'épée, la plus riche et la plus belle partie du monde bouleversée, pour faire le trafic des perles et du poivre : méprisables victoires.

Michel de Montaigne, *Essais*, livre III, chapitre VI, 1588.

2 Les Aztèques décrivent l'arrivée des Espagnols

Uniquement, tout en métal, sont leurs engins de guerre ; de métal ils s'habillent ; de métal ils couvrent leurs têtes ; en métal sont leurs épées, en métal leurs arcs, en métal leurs boucliers (...). Et ceux qui les portent sur leurs dos, leurs chevreuils[1], c'est comme s'ils étaient aussi grands que les terrasses des maisons. Et de tous côtés ils recouvrent leurs corps, seuls apparaissent leurs visages, très blancs, ils ont des visages comme la craie (...).

Et lorsque Moctezuma entendit cela, il fut extrêmement terrorisé, comme s'il était à demi mort.

Récits aztèques recueillis entre 1550 et 1555 par le clerc espagnol Bernardino de Sahagún, *Histoire générale des choses de Nouvelle Espagne*, 1577.

1. *Chevaux.*

QUESTIONS

1. Caractérisez les auteurs et le contexte de ces textes.
2. D'après Montaigne, pourquoi les Européens ont-ils conquis l'Amérique ? (doc 1)
3. Comment Montaigne explique-t-il le succès de la conquête ? Quels moyens, d'après lui, aurait-il fallu employer ? (doc 1)
4. Montrez, en comparant les documents, que Montaigne a bien compris l'une des raisons de la défaite des Aztèques. Justifiez de manière précise votre réponse. (docs 1 et 2)

Pour aller plus loin

Livres et revues

- Michel Lequenne, ***Christophe Colomb, amiral de la mer Océane***, « Découvertes », Gallimard, Paris : un récit de la vie du découvreur de l'Amérique.
- ***La Conquête du Mexique***, La Découverte, Paris, 1996 : Hernán Cortés écrit, pendant la conquête de l'Empire aztèque, cinq lettres à l'empereur Charles Quint qui se lisent comme un roman.

Films

- ***1492***, de Ridley Scott (1992) : un film spectaculaire sur la découverte de l'Amérique, mais aussi sur les premiers temps de la colonisation.
- ***Aguirre, la colère de Dieu***, de Werner Herzog (1972) : l'histoire, inspirée de faits réels, de l'exploration par des conquistadors du bassin de l'Amazonie.

Site Internet

- **Site de l'exposition de la BNF** sur l'histoire de la cartographie : http://expositions.bnf.fr/cartes/index.htm

Musée à visiter

- **Musée national des arts asiatiques** (musée Guimet, Paris) : il expose des œuvres chinoises et japonaises, mais aussi indiennes, vietnamiennes... http://www.guimet.fr

CHAPITRE 8

Les hommes de la Renaissance (XVe-XVIe s.)

Aux XVe et XVIe siècles, en Europe, les penseurs, les savants, les artistes ont le sentiment de vivre une rupture avec le Moyen Âge. Cette période, appelée plus tard la Renaissance, voit l'élaboration de la pensée humaniste, le renouveau des arts, à l'origine d'une nouvelle vision de l'homme et du monde. Cette vitalité intellectuelle provoque aussi, avec la Réforme protestante, des ruptures radicales au sein du christianisme.

Comment la conception et la représentation de l'homme et du monde se transforment-elles ? Comment naît la Réforme protestante ? Quels en sont les acteurs ?

1 Le renouveau intellectuel et scientifique…

Luca Pacioli, un mathématicien à son travail

• Moine et mathématicien italien, Luca Pacioli (1445-v. 1510) fait le point des connaissances de son époque et traduit en latin les œuvres d'Euclide, savant grec du IIIe s. avant J.-C. Il enseigne aussi : on le voit ici avec son élève le duc d'Urbino, Guidolbaldo da Montefeltro.
Jacopo de Barbari, « Luca Pacioli », 1495. Peinture sur bois (0,99 x 1,20 m), musée Capodimonte, Naples.

2 … et l'essor exceptionnel des arts.

L'atelier d'un artiste de la Renaissance

● **Saint Luc, un des quatre évangélistes, est considéré comme le saint patron des peintres. Il aurait en effet réalisé des images de la Vierge au Ier s. après J.-C. En l'imaginant dans son atelier, Van Heemskerck rend hommage aux arts de son temps, peinture et sculpture.**

Maartenn Van Heemskerck, « Saint Luc peignant la Vierge », *1550. Peinture sur toile (2,03 x 1,45 m), musée des Beaux-Arts de Rennes.*

REPÈRES

Renaissance, humanisme et réformes

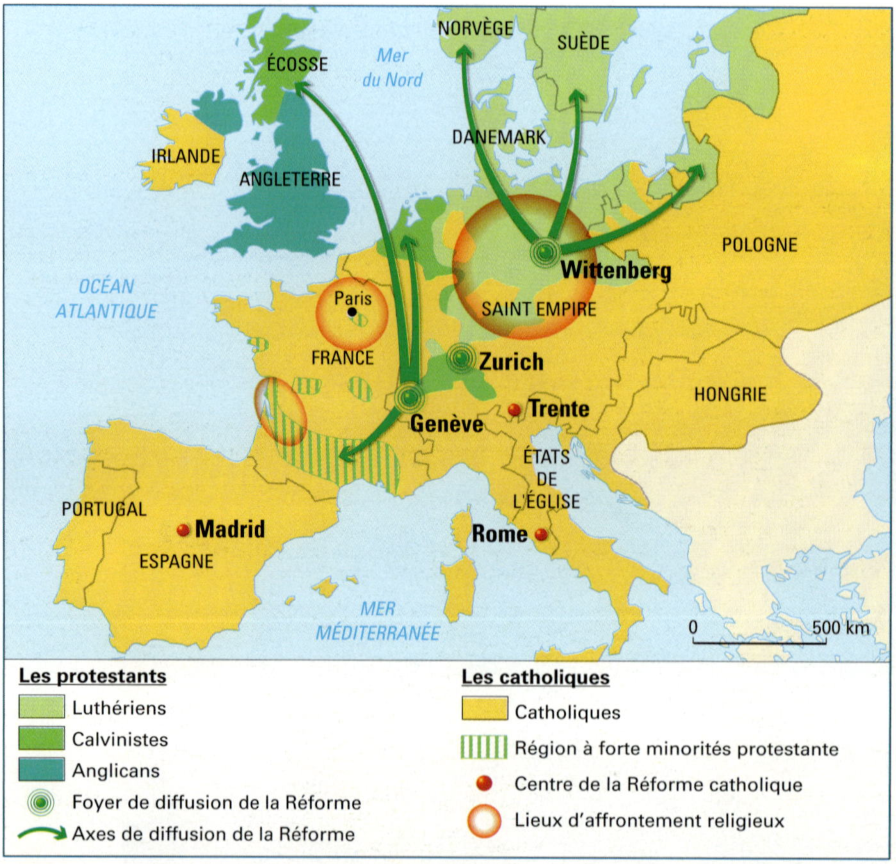

1 L'Europe religieuse à la fin du XVIe siècle

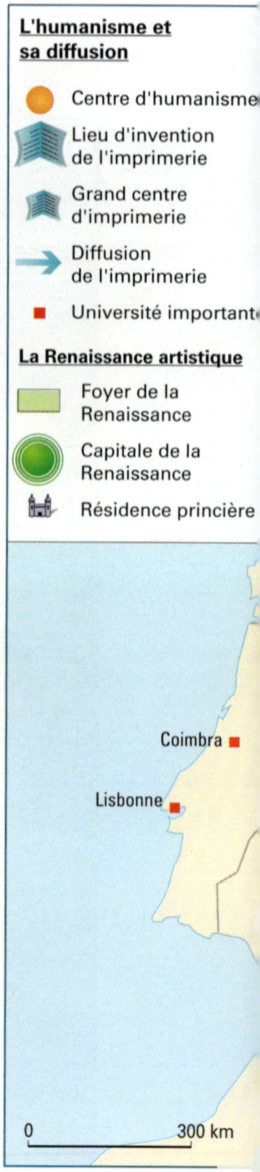

Questions

DOC 1

1. Dans quelles parties de l'Europe le protestantisme s'est-il implanté ?
2. Montrez la diversité du protestantisme.

DOC 2

3. Quelles sont les activités associées à l'humanisme d'après la légende ?
4. Citez les régions dans lesquelles se développe l'humanisme.
5. Quels sont les principaux foyers de la Renaissance artistique ?

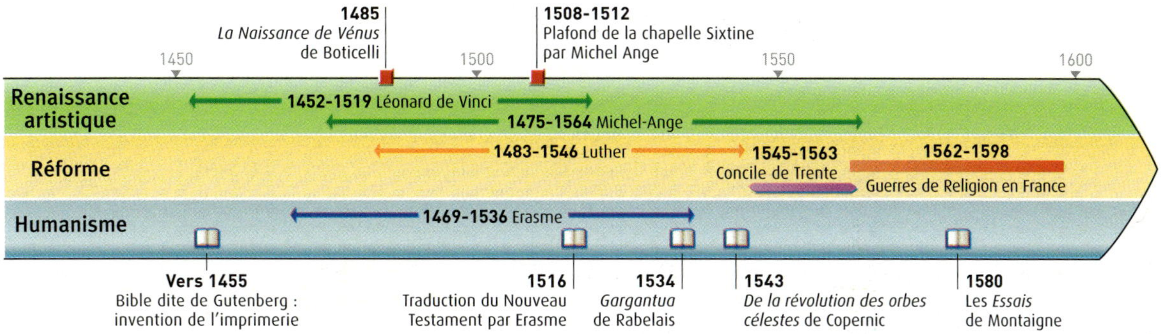

2 L'Europe de l'Humanisme

DOSSIER

Les humanistes

COURS p. 194-195

La redécouverte et l'étude des textes de l'Antiquité grecque et romaine, notamment ceux de Platon, ont marqué profondément la pensée philosophique des **humanistes**. Ils affirment alors leur confiance dans la capacité de l'homme à se perfectionner par l'intelligence et l'instruction. Grâce à l'imprimerie, née vers 1450, mais aussi grâce aux relations que les humanistes établissent entre eux, leurs idées et leurs savoirs circulent dans toute l'Europe.

Qui sont les humanistes ? Quelles sont leurs idées ?

1 La grandeur de l'homme

L'Architecte suprême a choisi l'homme, créature d'une nature indéterminée, et, le plaçant au centre du monde, il lui a dit : « nous ne t'avons donné ni place précise ni fonction particulière, Adam, afin que selon tes envies et ton discernement, tu puisses prendre et posséder la place, la forme et les fonctions que tu désireras. La nature de toutes les autres choses est limitée et tient dans des lois que nous leur avons prescrites. Toi, que nulle limite ne contraint, conformément à la libre volonté que nous avons placée entre tes mains, tu décideras toi-même des propres limites de ta nature. Nous t'avons mis au centre du monde pour que, de là, tu puisses en observer plus facilement les choses. Nous ne t'avons créé ni céleste, ni terrestre, ni immortel, ni mortel, afin que par ton libre arbitre, tu puisses choisir ton destin. »

Pic de la Mirandole,
De la dignité de l'homme, 1483.

VOCABULAIRE

- **Humanisme**
Mouvement intellectuel des XVe-XVIe siècles, caractérisé par l'étude des textes de l'Antiquité, l'affirmation de la dignité humaine, l'importance accordée au savoir et à l'éducation.

2 Une éducation nouvelle

Illustration extraite de « L'Institution et administration de la chose publique », *1520, BNF, Paris.*

3 Un programme d'éducation humaniste

Gargantua écrit à son fils Pantagruel parti à Paris pour ses études.

J'entends et veux que tu apprennes les langues parfaitement. D'abord le grec comme le veut Quintilien, puis le latin, et l'hébreu pour les Saintes Écritures, et le chaldéen et l'arabe pour la même raison. (...) Qu'il n'y ait histoire que tu n'aies en mémoire. (...) Des arts libéraux, géométrie, arithmétique et musique, je t'en donnai quelque goût quand tu étais encore petit, à l'âge de cinq à six ans ; poursuis le reste, et pour l'astronomie saches-en tous les principes.

Du droit civil, je veux que tu saches par cœur les beaux textes et m'en parles avec philosophie. Et quant à la connaissance des faits de nature, je veux que tu t'y adonnes curieusement : qu'il n'y ait mer, rivière ni fontaine, dont tu ne connaisses les poissons ; tous les oiseaux de l'air, tous les arbres, arbustes et buissons des forêts, toutes les herbes de la terre, tous les métaux cachés au ventre des abîmes, les pierreries de tout l'Orient et le Midi, que rien ne te soit inconnu.

Puis revisite les livres des médecins grecs, arabes et latins, (...) et par fréquentes anatomies acquiers une parfaite connaissance de l'autre monde qu'est l'homme.

François Rabelais, *Pantagruel*, VIII, 1532

4 La circulation des savoirs

Anvers, le 21 février 1517

Érasme de Rotterdam à son cher Budé[1] (...) ;

La France m'a toujours été chère à plus d'un titre mais rien ne lui donne plus de prix à mes yeux que le fait qu'elle possède Budé. (...)

J'ai appris par votre ambassadeur que Paul Émile[2] rédigeait enfin son *Histoire de France* : elle ne peut manquer d'être un ouvrage vraiment définitif, vu que sa mise au point n'a pas demandé moins de vingt ans à un homme qui est aussi savant que diligent. Si tu n'as pas encore eu la chance de lire l'*Utopie* de Thomas More[3], fais-la acheter pour toi, et lis-la sans remords à loisir, tu ne regretteras pas ta peine. Les travaux de Thomas Linacre[4] vont incessamment sortir de l'atelier de Bade[5] ; je ne puis dire combien je m'en réjouis : de la part de cet homme, je ne m'attends à rien qui ne soit absolument parfait en tous points.

Érasme, *Correspondance*,
Presses académiques européennes.

1 et 2. Humanistes français.
3. Humaniste et philosophe anglais.
4. Humaniste et médecin anglais.
5. Imprimeur flamand établi à Paris.

5 Érasme dans son cabinet de travail

« Portrait d'Érasme », *huile sur bois de Quentin Metsys (50,5 x 45 cm), 1517, Galerie du palais Barberini, Rome.*

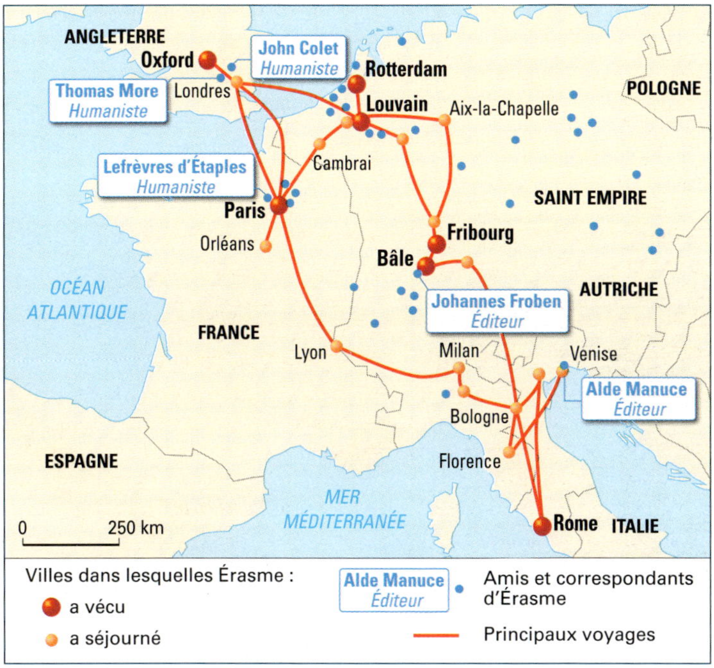

6 Les voyages d'Érasme

• Originaire de Rotterdam, Érasme a passé une grande partie de sa vie à voyager à travers l'Europe.

QUESTIONS

▶ Analyse des documents

DOC 1 **1.** Qui est « l'Architecte suprême » ? À quelle place a-t-il mis les hommes ? Quelles libertés leur a-t-il données ? Pourquoi ?

DOC 2 **2.** Quelles sont les activités nécessaires à l'éducation ?

DOC 3 **3.** Quelles disciplines Pantagruel doit-il étudier ? Montrez que c'est un programme très ambitieux.

DOCS 1 ET 3 **4.** En quoi l'éducation de Pantagruel réalise-t-elle la conception de l'homme proposée par Pic de la Mirandole ?

DOCS 4, 5 ET 6 **5.** En quoi ces documents montrent-ils la grande renommée d'Érasme ?
6. Comment les idées des humanistes se diffusent-elles en Europe ?

DOC 6 **7.** Dans quels pays Érasme se rend-il ? Qui rencontre-t-il ?

▶ BILAN

8. Résumez la position des humanistes sur :
– l'éducation des enfants,
– l'importance du savoir,
– la place de l'homme.

ÉTUDE

Alde Manuce et Christophe Plantin : des éditeurs au temps de l'humanisme

COURS p. 194-195

Après son invention vers 1450 par Gutenberg, l'imprimerie se diffuse en Europe. À Venise, Alde Manuce, un humaniste, fonde au début du XVIe siècle une maison d'édition célèbre pour la publication de nouvelles traductions des grands auteurs grecs et latins. À Anvers, l'éditeur d'origine française Christophe Plantin publie à partir de 1550 des ouvrages très divers par leurs sujets et de grande qualité. Les éditeurs participent ainsi activement à la diffusion des connaissances et des idées nouvelles.

Comment les éditeurs contribuent-ils à l'essor de la culture humaniste ?

1 Le travail de traduction

Érasme, un des plus grands humanistes, a fait, au début du XVIe siècle, une nouvelle traduction du Nouveau Testament en latin, publiée chez Froben en 1516.

C'est aux sources mêmes que l'on puise la pure doctrine ; aussi avons-nous revu le Nouveau Testament tout entier d'après l'original grec, qui seul fait foi, à l'aide de nombreux manuscrits des deux langues, choisis parmi les plus anciens et les plus corrects (...). Nous avons ajouté des notes pour justifier nos changements, expliquer les passages équivoques, ambigus ou obscurs, rendre moins facile dans l'avenir l'altération d'un texte rétabli au prix d'incroyables veilles.

Érasme, *Lettre à Léon X*, préface de la traduction du Nouveau Testament, 1516.

2 Alde Manuce, éditeur et humaniste

Imprimeur vénitien renommé, Alde Manuce crée les caractères italiques et les livres de petit format, moins chers et plus maniables.

J'ai souvent souhaité dans mon cœur, très savant Manuce, que tout l'éclat apporté par toi aux deux littératures grecque et latine, grâce non seulement à ton art et à tes impressions d'une finesse sans égale, mais aussi à ton génie et à ton éminente science, revienne vers toi pour te rendre l'équivalent de ce que tu as donné. (...) J'apprends que Platon, que tous les lettrés attendent déjà avec impatience, s'impriment chez toi en caractères grecs. J'aimerais savoir quels ouvrages de médecine tu vas imprimer. Je me demande ce qui t'empêche de nous avoir donné depuis longtemps le Nouveau Testament.

Érasme, *Lettre à Alde Manuce*, Bologne, 28 octobre 1507.

3 La Bible polyglotte publiée par Plantin

• En 1515, Manuce meurt avant d'avoir pu réaliser son projet de Bible en trois langues. En 1568, Plantin reprend cette idée. Il est aidé par des humanistes, des traducteurs, des graveurs, et est soutenu financièrement par le roi d'Espagne. Cette Bible présente les textes originaux en hébreu (1), en grec (2) avec leur traduction en latin (3). Quarante ouvriers imprimeurs y travaillent pendant trois ans.
Musée Plantin-Moretus, Anvers.

4 La publication des atlas et les progrès de la cartographie

● **Abraham Ortelius est, avec Mercator, un des plus célèbres cartographes flamands du XVIe siècle ; il publie, chez Plantin, plusieurs atlas qui recensent les progrès de la géographie.** « Theatrum orbis terrarum », *carte d'Abraham Ortelius, Plantin, 1570, British Library, Londres.*

5 L'édition de livres imprimés en France

	Production totale	Livres religieux	Classiques grecs, latins et humanistes
1515	198	105	57
1525	116	56	37
1528	269	93	134
1529	322	56	204

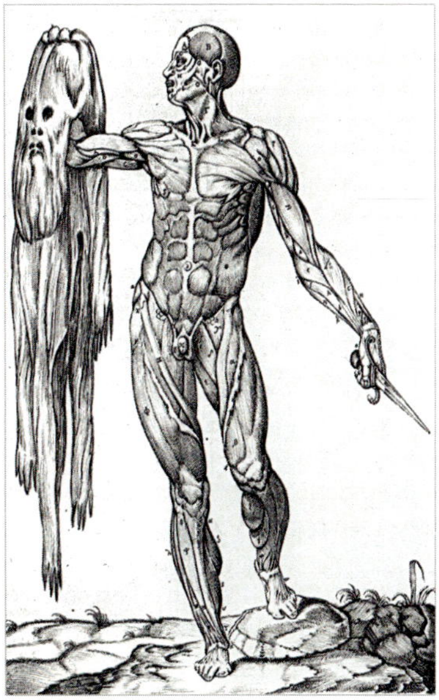

6 Les ouvrages scientifiques

● **Juan de Valverde, un médecin espagnol, publie chez Plantin plusieurs ouvrages sur le corps humain, largement inspirés des travaux d'André Vésale, un médecin flamand célèbre pour avoir fondé, au XVIe siècle, l'anatomie.**
Planche anatomique de Juan de Valverde, Plantin, 1566, Bibliothèque de la faculté de médecine, Paris.

QUESTIONS

▶ Le travail des éditeurs

DOC 2 **1.** Quelles innovations Manuce apporte-t-il à l'imprimerie ?

DOCS 2, 3, 4 ET 6 **2.** Quels genres d'ouvrages sont publiés chez Manuce et chez Plantin ?

DOC 3 **3.** Quel est le rôle de Plantin dans la réalisation de la Bible polyglotte ? **4.** Quel est l'intérêt de cette Bible ?

▶ Les éditeurs et l'humanisme

DOCS 1, 2 ET 3 **5.** Pourquoi les éditeurs et les humanistes proposent-ils de nouvelles traductions ? Dans quelles langues sont les textes originaux ?

DOC 5 **6.** Décrivez l'évolution de la production totale de livres en France au début du XVIe siècle. **7.** Comment évolue celle des livres religieux et celle des autres livres ?

▶ BILAN

Rédigez quelques lignes qui montrent le rôle des éditeurs dans la diffusion de la pensée humaniste.

COURS

1. Une nouvelle manière de penser et de se représenter l'homme

DOSSIER p. 190-191
ÉTUDE p. 192-193

Comment s'élabore une nouvelle vision de l'homme à la Renaissance ?

A Redécouvrir l'Antiquité

Une meilleure connaissance des textes latins

- Les hommes du Moyen Âge avaient une connaissance incomplète des œuvres antiques, parfois déformées par les erreurs de copie. Dès le XIVe siècle, des Italiens, Pétrarque (1304-1374) et Boccace (1313-1375) notamment, corrigent des textes anciens et découvrent des manuscrits d'œuvres ignorées ; après eux, **des érudits de toute l'Europe poursuivent ce travail de recherche et de corrections.**

Une meilleure connaissance de la culture grecque

- Après 1453 et la prise de Constantinople par les Ottomans, des savants byzantins s'installent en Italie, apportant avec eux des **manuscrits inconnus** : la redécouverte des œuvres de Platon, mais aussi d'Euclide ou d'Archimède est un tournant dans la pensée européenne. La connaissance plus fréquente de la langue grecque permet aussi de lire ces œuvres dans les textes originaux et de proposer des **traductions plus rigoureuses.**

Érasme **Biographie**

1469-1536

Humaniste hollandais, il consacre sa vie à la publication des œuvres de l'Antiquité. Célèbre pour son érudition et la diversité de son œuvre, il voyage et enseigne dans différentes universités d'Europe.

B L'humanisme, une révolution de la pensée

L'homme au centre du monde

- Imprégnés désormais par la culture grecque, son idéal de beauté et son intérêt pour l'homme, les philosophes de la fin du XVe siècle, comme Pic de la Mirandole (1463-1494), expriment leur **confiance dans la nature humaine**. Car s'il est une image de Dieu imparfaite, l'homme peut atteindre la **perfection par la connaissance.**
- Une **éducation nouvelle**, à la fois intellectuelle, morale et physique, doit permettre cet épanouissement des qualités humaines.

La circulation des savoirs

- **Des relations régulières s'établissent entre les humanistes européens grâce à leurs voyages, leurs enseignements, leurs correspondances.** Ils constituent entre eux une sorte de République des lettres. Parmi eux, **Érasme** est particulièrement sollicité et admiré pour ses connaissances et l'ampleur de son œuvre. D'autres, comme les Français **Rabelais** et **Montaigne** (1533-1592), témoignent de la diffusion européenne de l'idéal humaniste.
- **Certains princes créent pour les humanistes des universités nouvelles**, comme le Collège royal fondé en 1530 par François Ier où sont enseignés le grec, l'hébreu, le latin mais aussi les mathématiques.

Le renouveau de la pensée politique

- **Des liens se tissent en effet entre les souverains et les humanistes.** Certains penseurs s'interrogent alors sur les différentes façons de bien gouverner un État. En 1513, le Florentin **Machiavel** (1469-1527) publie *Le Prince* dans lequel il propose des conseils sur les moyens de maintenir la stabilité de l'État et d'œuvrer à l'intérêt général, y compris par l'usage de la violence. D'autres, comme l'Anglais **Thomas More** (1478-1535) dans son *Utopie*, imaginent une société idéale, où la misère, l'intolérance, les guerres ont disparu. Ces réflexions politiques s'épanouissent dans les cours princières où s'élabore un nouvel art de vivre plus raffiné.

VOCABULAIRE

- **Humanisme**
Mouvement intellectuel des XVe-XVIe siècles caractérisé par l'étude des textes de l'Antiquité, l'affirmation de la dignité humaine, l'importance accordée au savoir et à l'éducation.
- **Typographie**
Composition de texte à partir de caractères mobiles métalliques ayant la forme d'une lettre en miroir.

Un nouvel esprit scientifique

• Là encore, une connaissance plus complète des œuvres de l'Antiquité permet des progrès en mathématiques et en géométrie. Les humanistes ont cependant aussi innové en posant les **bases de la méthode scientifique fondée sur l'observation et l'expérimentation** ; ainsi au XVIe siècle, **André Vésale** (1514-1564) fait progresser la connaissance anatomique par ses dissections. C'est aussi par l'observation que Copernic (1473-1543) élabore à la même époque la théorie de l'héliocentrisme, selon laquelle les planètes tournent autour du Soleil, mais son œuvre reste peu connue au XVIe siècle.

C La révolution de l'imprimerie

Une innovation décisive

• Vers 1450, à Mayence, Gutenberg met au point l'imprimerie, un procédé nouveau qui combine la **typographie** avec l'utilisation du papier et de la presse. Désormais, **les textes peuvent être reproduits sans erreur et à volonté**.
• Très vite, cette technique se diffuse en Europe, où les centres d'imprimerie comme Anvers, Paris ou Rome se multiplient. Le nombre total de livres passe ainsi de quelques milliers avant l'invention de l'imprimerie à 200 millions en 1600.

Des éditeurs humanistes

• **Les imprimeurs-éditeurs participent donc à la diffusion sans précédent du savoir**. Souvent, ils sont eux-mêmes érudits, comme le Vénitien **Alde Manuce**, un des plus importants éditeurs de son temps par la qualité et la diversité des ouvrages qu'il édite. Et toujours, comme l'imprimeur d'Anvers **Christophe Plantin**, ils s'entourent d'humanistes, afin de préparer les traductions ou les éditions en langues originales d'œuvres de l'Antiquité.

Rabelais **Biographie**

1494-1553
Médecin et humaniste français, il est l'auteur de *Pantagruel* et de *Gargantua*, récits où il exprime l'enthousiasme des humanistes pour l'éducation et la connaissance.

Un atelier d'impression au XVIe siècle

• **Une imprimerie rassemble de nombreux ouvriers très qualifiés : les typographes (1) composent le texte sur des plaques à partir de caractères mobiles métalliques.
Ces plaques sont ensuite enduites d'encre (2) puis mises sous presse (3). Après séchage (4), un correcteur relit les premières feuilles imprimées (5).** *Dessin sur panneaux de bois, musée des Beaux-Arts, Dole.*

ÉTUDE

Luther et la Réforme protestante

COURS p. 198-199

Au XVIe siècle, l'Église catholique traverse une crise profonde. Le clergé est de plus en plus discrédité : accusé d'être immoral ou ignorant, il ne semble en effet pour certains plus capable d'encadrer dignement les fidèles et d'assurer leur salut. En outre, les humanistes, par leur connaissance des textes et leur esprit critique, remettent en cause certaines pratiques religieuses. C'est dans ce contexte qu'en 1517 un moine allemand, Martin Luther (1483-1546), rompt avec le catholicisme et propose un christianisme où, pour chaque fidèle, la foi et la lecture de la Bible sont au cœur de la religion.

En quoi la Réforme protestante est-elle une rupture avec le catholicisme ?

1 La foi seule assure le salut

C'est la foi seule, sans aucun concours des œuvres[1], qui confère la justice, la liberté, la félicité. Si tu crois, tu obtiendras, si tu ne crois pas, tu n'obtiendras pas. Tu dois t'abandonner avec une foi robuste et lui faire hardiment confiance, alors à cause de cette foi, tous tes péchés seront pardonnés.

Martin Luther, *De la liberté du chrétien*, 1520.

1. *Actions charitables qui permettent, chez les catholiques, de gagner le salut.*

2 Le rejet du clergé catholique

Nous avons tous le même baptême, le même Évangile, la même foi, et nous sommes tous égaux comme chrétiens. (...) Nous sommes tous prêtres. L'Apôtre ne dit-il pas : « Un homme spirituel juge toutes choses et n'est jugé par personne » ? « Nous avons tous un même esprit dans la foi », dit encore l'Évangile, pourquoi ne sentirions-nous pas, aussi bien que les papes qui sont souvent des mécréants, ce qui est conforme ou contraire à la foi ?

Martin Luther, *Œuvres*, 1520.

3 Le Nouveau Testament en allemand traduit par Luther, 1546

• Cette première page montre, à droite, Luther et, à gauche, le prince de Saxe qui l'a protégé.

4 **Une représentation du culte luthérien**

● **Le peintre luthérien Lucas Cranach présente ici sa vision du culte luthérien ; à droite, on reconnaît Luther.**
« L'Autel de la Réforme », *retable de Lucas Cranach, milieu du XVIe siècle, église Sainte-Marie de Wittenberg.*

5 **Le scandale des indulgences**

Il faut enseigner aux chrétiens que celui qui, voyant son prochain dans l'indigence, le laisse dans la misère pour acheter des indulgences, ne s'achète pas l'indulgence du pape, mais l'indignation de Dieu (…). Si le pape connaissait les exactions des prédicateurs d'indulgences, il préférerait voir la basilique de Saint-Pierre réduite en cendres plutôt que de la savoir édifiée avec la peau, la chair et les os de ses brebis. Le véritable trésor de l'Église, c'est le très saint Évangile.

Martin Luther, extrait des « 95 thèses » affichées sur la porte de l'église de Wittenberg, 31 octobre 1517.

6 **Le culte luthérien vu par un catholique**

L'un d'entre eux faisait la lecture de quelques chapitres de l'Ancien ou Nouveau Testament, pris dans une Bible écrite ou imprimée en français qui lui semblait contenter l'assemblée. Avec cela, il faisait lecture d'un autre chapitre pris dans cette Bible, extrait des livres de l'Exode ou du Deutéronome, où il fait mention des commandements que Dieu donna à Moïse quand il lui donna deux tables de pierre sur lesquelles étaient écrits lesdits commandements dont les luthériens se disaient être les vrais observateurs. Pareillement, pour émouvoir les cœurs d'entre eux et de nouveaux frères, ils chantaient par deux ou trois fois quelques psaumes de David, traduits en rimes françaises par Clément Marot, lesquels psaumes étaient mis en chant et en musique lourde et pesante (…). Ces psaumes, ainsi que les luthériens les appelaient, étaient fort harmonieux et d'un chant bien délectable, et par cet acte ils annonçaient les louanges du Seigneur. Lesquelles louanges étaient chantées par eux au commencement, au milieu et à la fin de leurs cérémonies, qu'ils appelaient le prêche et les prières.

Mémoires de Claude Haton, prêtre à Provins, vers 1575-1580.

QUESTIONS

▶ **De nouvelles aspirations religieuses**

DOC 1 **1.** Quelle est la seule chose qui compte, selon Luther, pour un chrétien ? Qu'est-ce qui ne peut pas compter ?

DOCS 2 ET 5 **2.** Quelle critique de l'Église catholique Luther fait-il ? **3.** Sur quels arguments s'appuie-t-il pour remettre en cause l'autorité du clergé ?

▶ **Le protestantisme, un nouveau christianisme**

DOC 3 **4.** À qui la Bible est-elle désormais accessible ?

DOC 4 **5.** Décrivez ce temple (décor, disposition des personnages, place du crucifix).

6. Que fait Luther ?

DOCS 2, 3, 4 ET 6 **7.** Montrez l'importance de la Bible dans le culte protestant.

▶ **BILAN**

Rédigez un paragraphe montrant que Luther rompt avec le catholicisme par les croyances et par les pratiques.

COURS

2. Une nouvelle religion

ÉTUDE p. 196-197

Pourquoi et comment le christianisme se divise-t-il au XVIe siècle ?

A Le contexte de la Réforme protestante

Les conséquences religieuses de l'humanisme

- Les humanistes, par leur travail sur les textes bibliques et notamment sur de nouveaux manuscrits grecs et hébreux, ont mis en évidence des **erreurs de traduction et d'interprétation véhiculées par l'Église catholique.** Ils ont ainsi ouvert la voie à la **Réforme**. Érasme, qui, lui-même, n'a jamais rompu avec le catholicisme, a ainsi proposé une **nouvelle traduction latine du Nouveau Testament** à partir de sources grecques.

Les nouvelles aspirations des fidèles

- En outre, le XVe siècle est marqué par un climat diffus d'inquiétude religieuse, en particulier de **crainte pour le salut**. Le culte traditionnel ne semble plus suffire aux fidèles qui multiplient les **œuvres**, les pénitences et les pèlerinages. Pour certains déjà, les attentes spirituelles passent par une **pratique plus individuelle**, par la prière et la lecture de textes religieux, par exemple.

La crise de l'Église

- Le **clergé catholique** est alors confronté à **deux critiques** majeures : celle de **mal vivre** et celle de **mal croire**. Les papes semblent plus occupés d'art, de belles lettres et de guerre. Certains évêques sont surtout avides de revenus. À cela s'ajoute le scandale des **indulgences** : pour accroître les richesses de l'Église, des prêtres vendent les **sacrements**. De plus, le clergé rural, laissé sans formation, n'assure pas toujours son rôle auprès des croyants.

Luther — *Biographie*

1483-1546

Moine allemand, il rompt en 1517 avec l'Église catholique dont il dénonce les abus. Dès lors, il écrit beaucoup et s'emploie à fixer les bases spirituelles et matérielles de la Réforme.

B Les réformes de Luther et Calvin

Le rôle de Martin Luther

- **Martin Luther** est un moine allemand très préoccupé par la question du salut. En 1517, il jette les bases de la Réforme religieuse **en publiant ses 95 thèses** : il y dénonce les abus et l'autorité de l'Église, il affirme que les hommes ne peuvent être sauvés que par leur foi et non par leurs œuvres.
- **Excommunié** par le pape en 1520, **il rompt alors définitivement avec l'Église et propose un nouveau culte**, plus simple, en langues locales, où il ne garde que deux sacrements, le baptême et la communion, commémoration du dernier repas de Jésus et de ses disciples. **Il traduit la Bible en allemand** afin que chacun puisse la lire. De nombreux Allemands le suivent, par hostilité à la papauté.

La Réforme selon Jean Calvin

- Dans le **royaume de France**, Jean Calvin, d'abord formé aux idéaux de l'humanisme à Paris, se convertit vers 1531 au luthéranisme. Mais très vite, il propose une **Réforme encore plus radicale**. Selon lui, Dieu choisit les hommes qu'il prédestine au salut ; eux-mêmes ne peuvent rien changer mais doivent mener une vie digne de la prédestination éventuelle.
- **Il fuit la France et se rend en Suisse.** Il organise à Genève une Église très disciplinée et d'une grande rigueur morale.

VOCABULAIRE

- **Concile**
Assemblée d'évêques et d'abbés réunis pour délibérer sur des questions de foi.
- **Excommunication**
Exclusion de l'Église catholique.
- **Hérésie**
Doctrine religieuse condamnée par l'Église catholique.
- **Indulgences**
Pardon accordé contre de l'argent à des pécheurs, ce qui diminue ainsi le temps passé au purgatoire.
- **Inquisition**
Tribunaux de l'Église, rétablis en 1542, chargés de juger les hérétiques.
- **Liturgie**
Ensemble des pratiques du culte.
- **Œuvres**
Actions charitables qui permettent, chez les catholiques, de gagner le salut.

La diffusion des nouvelles idées

• En Allemagne, les princes gagnés aux idées de Luther « protestent » en 1529 et réclament la **liberté de religion**. Elle leur est accordée en 1555 par l'empereur Charles Quint qui reconnaît ainsi la **division de l'Allemagne selon les confessions religieuses**. En Angleterre, la crise religieuse sert les ambitions personnelles du roi, hostile au pape. En 1534, Henry VIII adopte la foi luthérienne, tout en maintenant la **liturgie** catholique ; il devient ainsi chef de l'**Église locale, dite anglicane**. En France, aux Pays-Bas, en Écosse, les réformés adoptent la doctrine de Calvin, qui leur adresse des conseils pour organiser leurs églises et leur culte.

VOCABULAIRE

• **Réforme**
Mouvement religieux qui, au XVIe siècle, rompt avec le catholicisme, et donne naissance aux Églises protestantes.

• **Sacrements**
Les sept actes religieux institués à l'Église pour permettre à l'homme de se rapprocher de Dieu (voir p. 88-89).

C La réaction de l'Église catholique

La Contre-Réforme

• **L'Église et les princes catholiques organisent la répression**, particulièrement en Espagne et en Italie. Ceux qui sont soupçonnés d'**hérésie** sont convoqués devant les tribunaux de l'**Inquisition** ; la Réforme y est ainsi anéantie. **En France**, protestants et catholiques s'affrontent à partir de 1562 dans des **guerres de Religion sanglantes**.
• Le pape s'appuie aussi sur la Compagnie de Jésus (les jésuites), un ordre fondé en 1540 dont les membres, bien formés, mènent des missions de reconquête des esprits.

Les catholiques se réforment

• Mais l'Église reconnaît aussi ses insuffisances. Afin de **lutter contre les abus et entamer une œuvre de rénovation**, un **concile** est réuni entre 1545 et 1563 **à Trente** en Italie. Ses conclusions **réaffirment les dogmes du catholicisme** : l'importance des œuvres pour le salut, le rôle fondamental de la Bible que seul le clergé peut lire, la reconnaissance de sept sacrements. Il est aussi décidé d'**améliorer la formation des prêtres**.

La vraie et la fausse Église

• Sur cette gravure, le peintre luthérien Cranach propose une représentation partiale des protestants, qui seraient d'une grande perfection morale (à gauche), et des catholiques, qui seraient avant tout hypocrites et préoccupés par l'argent (à droite). *Gravure sur bois de Lucas Cranach (58,5 x 35,1 cm), 1546.*

(1) Dieu le Père – (2) Le Christ – (3) Inscription en allemand précisant que le Christ est le seul intermédiaire entre Dieu et le croyant – (4) Luther – (5) Le diable – (6) Scène de pèlerinage et de procession – (7) L'extrême-onction (sacrement catholique) – (8) Inscription en allemand : « Pendant que le sou résonne encore, l'âme monte au ciel » – (9) Le pape.

Un nouvel art de peindre

L'ESSENTIEL SUR...

Le nouvel art de peindre à la Renaissance

Un art centré sur l'homme

▶ Influencés par l'humanisme, les peintres de la Renaissance **s'inspirent de l'Antiquité** et accordent à l'**homme** une **place centrale**, comme le montre le développement du **portrait**. Ils admirent les proportions du corps humain et cherchent, grâce à une minutieuse observation de la nature, à le représenter de façon plus **réaliste**. Ils s'emploient aussi à **peindre les sentiments**. Pour Léonard de Vinci, « L'objet de la peinture est de montrer l'homme et les intentions de son âme ».

Une peinture savante

▶ Les peintres recherchent l'**harmonie des proportions** et s'emploient à représenter le monde tel qu'il est vu par l'œil humain. Grâce aux **lois de la perspective**, ils créent l'illusion de la profondeur. La perspective linéaire ordonne le tableau géométriquement à partir de lignes qui convergent vers un **point de fuite**. Les artistes jouent aussi sur la diminution de la taille des objets, sur la variation des couleurs, sur le flou des contours au fur et à mesure de l'éloignement.

De nouvelles techniques

▶ Les peintres flamands mettent au point la **peinture à l'huile**. L'huile de lin ou d'œillette est utilisée pour lier les pigments. Plus résistante au temps et au toucher que la peinture à la détrempe (> Histoire des arts, p. 102-103), elle autorise la superposition de fines couches de couleur qui permettent d'obtenir des **effets de lumière et d'ombre** d'une grande subtilité ainsi qu'une grande richesse de teintes, donnant vie aux tableaux. À partir du XVe siècle, la peinture sur toile remplace peu à peu la peinture sur bois.

En quoi la peinture de la Renaissance propose-t-elle une nouvelle façon de représenter l'homme et l'espace ?

1 La perspective en peinture

« Le Mariage de la Vierge » de *Raphaël, huile sur toile (1,70 x 1,17 m), 1504, pinacothèque de Brera, Milan.*

2 L'Antiquité, source d'inspiration

À gauche sont représentés Zéphyr (une divinité du vent) et une nymphe enlacés, à droite, une des trois Heures, divinités des saisons, qui entreprend de couvrir la nudité de Vénus.
« La Naissance de Vénus » *de Botticelli, détrempe sur toile (1,72 x 2,78 m), vers 1485, galerie des Offices, Florence.*

3 L'art du portrait

Quentin Metsys est un peintre flamand du XVIe siècle.
« Portrait d'un lettré » *de Quentin Metsys, huile sur bois (69 x 53 cm), vers 1515, Städel Museum, Francfort.*

Questions

• Présenter les œuvres

1. En vous aidant de la méthode p. 208-209, présentez les trois tableaux.

• Analyser les œuvres

DOCS 1 ET 2 **2.** Montrez que la peinture de la Renaissance s'inspire de l'Antiquité.

DOC 3 **3.** En quoi ce tableau illustre-t-il la place nouvelle de l'homme dans l'art à la Renaissance ? **4.** Pourquoi peut-on dire qu'il traduit un souci de réalisme ?

DOC 1 **5.** Sur un calque, tracez l'axe de symétrie vertical du tableau. Placez la pointe d'un compas sur le point B et l'autre extrémité sur le point A, puis tracez le cercle. Le point C se trouve à l'intersection du cercle et de l'axe de symétrie. Notez-le sur le calque. Que met en valeur cette composition géométrique de l'œuvre ?
6. Pour étudier la perspective, tracez les lignes formées par le dessin des dalles et faites-les se rejoindre au point que vous nommerez D (point de fuite).
7. Quels autres moyens Raphaël utilise-t-il pour donner l'illusion de la profondeur ?

• Faire le lien entre art et histoire

8. En vous aidant de vos connaissances, montrez en quoi ces peintures sont représentatives d'un art de peindre influencé par l'humanisme.

ÉTUDE

Léonard de Vinci, les mille facettes d'un artiste de la Renaissance

COURS p. 206-207

Léonard de Vinci
1452-1519

Artiste et savant aux talents multiples, Léonard de Vinci naît en 1452 en Toscane. Il commence sa carrière à Florence, après un apprentissage dans l'atelier du peintre Andrea Verrocchio. Il se rend ensuite de cour en cour chercher la faveur et la protection des puissants, comme celle du duc Ludovic Sforza à Milan, du pape à Rome ou du roi de France, François Ier. Il meurt à Amboise, dans le Val de Loire, en 1519. Il symbolise de façon remarquable l'esprit et les avancées de la Renaissance.

Pourquoi Léonard de Vinci est-il considéré comme un génie de la Renaissance ?

1 Léonard de Vinci, « *La Vierge, l'Enfant Jésus et sainte Anne* », 1510

Huile sur bois (1,30 x 1,68 m), musée du Louvre, Paris.

2 Léonard de Vinci propose ses services au duc de Milan

Très illustre seigneur, (...)

2 – Je sais, pour le siège d'une place, vider l'eau des fossés, construire une infinité de ponts, béliers, échelles et autres machines relatives à l'opération. (...)

5 – Si la bataille a lieu sur mer, je possède des modèles de nombreuses machines parfaitement adaptées à l'attaque et à la défense, et des vaisseaux qui résisteront aux tirs des plus gros canons, à poudre et à fumée. (...)

10 – En temps de paix, je crois pouvoir donner toute satisfaction, à l'égal de quiconque, en architecture, en construction d'édifices publics et privés, en adductions d'eau.

Je puis exécuter en sculpture, marbre, bronze ou terre, ou, aussi bien, en peinture, des ouvrages à l'égal de qui que ce soit.

En outre, pourra être entrepris le cheval de bronze qui sera la gloire immortelle et l'éternel honneur du prince votre père, d'heureuse mémoire, et de l'illustre maison de Sforza ; et si quelqu'une des choses ci-dessus mentionnées vous paraissait impossible ou impraticable, je vous offre d'en faire l'essai dans votre parc ou en tout autre place qui plaira à Votre Excellence, à laquelle je me recommande en toute humilité.

Lettre de Léonard de Vinci à Ludovic Sforza, duc de Milan, vers 1482.

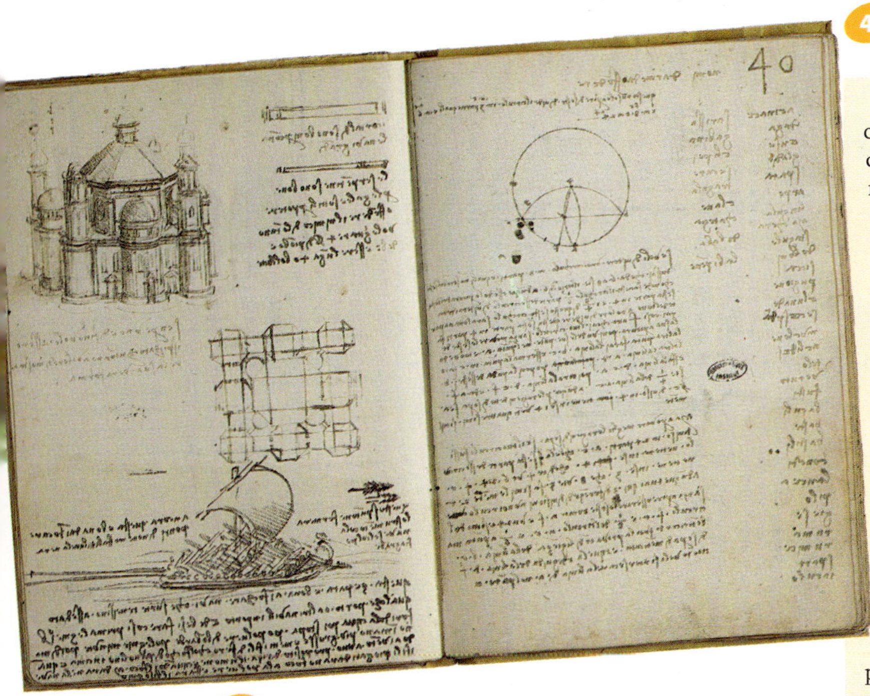

3 Des centres d'intérêt variés

● **Dans ses carnets, Léonard de Vinci multiplie les annotations et les croquis, au gré de ses voyages et de ses idées.**
Bibliothèque de l'Institut de France, Paris.

4 Léonard de Vinci explique son œuvre

J'ai imaginé toutes ces machines parce que j'étais possédé, comme tous les hommes de mon temps, par une volonté de puissance. J'ai voulu dompter le monde. Mais j'ai voulu aussi passionnément connaître et comprendre la nature humaine, savoir ce qu'il y avait à l'intérieur de nos corps. Pour cela, des nuits entières, j'ai disséqué des cadavres, bravant ainsi l'interdiction du pape. Rien ne me rebutait. Tout, pour moi, était sujet d'étude. La lumière, par exemple, pour le peintre que j'étais (...), que de recherches passionnantes ! (...) Ce que j'ai cherché finalement, à travers tous mes travaux, et particulièrement à travers ma peinture, ce que j'ai cherché toute ma vie, c'est à comprendre le mystère de la nature humaine.

Léonard de Vinci, *Carnets*, XVe siècle.

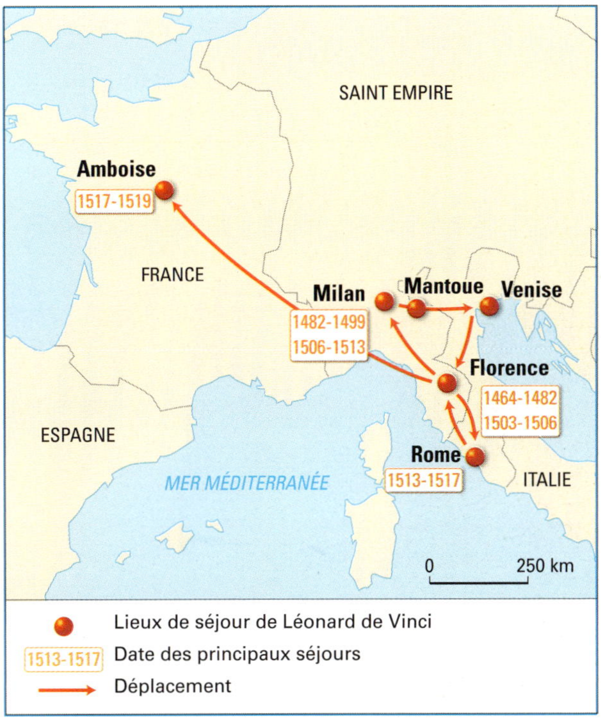

5 Les principaux séjours de Léonard de Vinci

QUESTIONS

▶ Un artiste au service des puissants

DOC 2 **1.** Sur quel ton Léonard de Vinci s'adresse-t-il à Ludovic Sforza et pourquoi ? **2.** Lesquels de ses talents expose-t-il en premier ? Pour quelle raison ?

DOC 5 **3.** Où Léonard de Vinci a-t-il séjourné ?

▶ Un artiste aux multiples facettes

DOC 3 **4.** En quoi les manuscrits de Léonard de Vinci sont-ils le reflet d'un esprit curieux et touche-à-tout ?

DOCS 1, 2, 3 ET 4 **5.** Pourquoi Léonard peut-il être qualifié d'artiste aux multiples facettes ?

DOC 1 **6.** Quelle expression Léonard de Vinci a-t-il voulu donner à ses personnages ? **7.** Sur quelle figure géométrique repose la composition de l'œuvre ?
8. Comment Léonard de Vinci réussit-il à donner l'illusion de la profondeur ? **9.** Pourquoi cette peinture ne donne-t-elle pas l'impression d'être une peinture religieuse ?

▶ Un artiste influencé par l'humanisme

DOC 4 **10.** Quel est le but de l'œuvre de Léonard de Vinci ? En quoi est-elle influencée par l'humanisme ?

▶ BILAN

Imaginez que vous travaillez pour le journal du lycée. Rédigez un article intitulé : « Léonard de Vinci, un artiste de la Renaissance aux multiples facettes ».

Michel-Ange, un grand maître de la Renaissance

COURS p. 206-207

Michel-Ange
1475-1564

Michel-Ange passe son enfance en Toscane (Italie) et fait son apprentissage dans l'atelier du peintre Ghirlandaio. Par son invention artistique permanente, par les commandes que lui adressent les Médicis à Florence et les papes à Rome, par sa maîtrise technique et sa parfaite connaissance du corps humain acquise par la pratique des dissections, il est l'un des artistes majeurs de la Renaissance.

Pourquoi peut-on dire que Michel-Ange est un artiste complet symbolisant le renouveau artistique de la Renaissance ?

1 Les débuts de l'artiste dans la Florence de Laurent de Médicis (1449-1492)

Peintre et architecte toscan, Giorgio Vasari est l'auteur du premier ouvrage d'histoire de l'art.

À cette époque, Laurent le Magnifique (...), désirant vivement créer une école d'excellents peintres et sculpteurs (...), demanda à Domenico Ghirlandaio s'il avait dans son atelier des jeunes gens qui fussent aptes à ce qu'il voulait, ajoutant que dans ce cas, il devait les envoyer dans son jardin où il désirait les faire travailler, de manière à faire honneur à lui et à sa patrie. Domenico lui envoya entre autres Michel-Ange (...). [Michel-Ange] resta dans cette maison quatre ans, jusqu'à la mort de Laurent, qui arriva en 1492. Durant tout ce temps, ce seigneur lui donna cinq ducats par mois.

Giorgio Vasari (1511-1574), *Vies des plus illustres peintres, sculpteurs et architectes italiens*, Florence, 1542-1550.

2 Projet pour la place du Capitole à Rome

• Michel-Ange est chargé, à la demande du pape Paul III, de réaménager la place du Capitole à partir de 1536. L'artiste prévoit d'y replacer des statues récupérées des ruines antiques, notamment celle de l'empereur Marc Aurèle, au centre.
Gravure d'Étienne Dupérac, 1559, cabinet des dessins, Alberlina, Vienne.

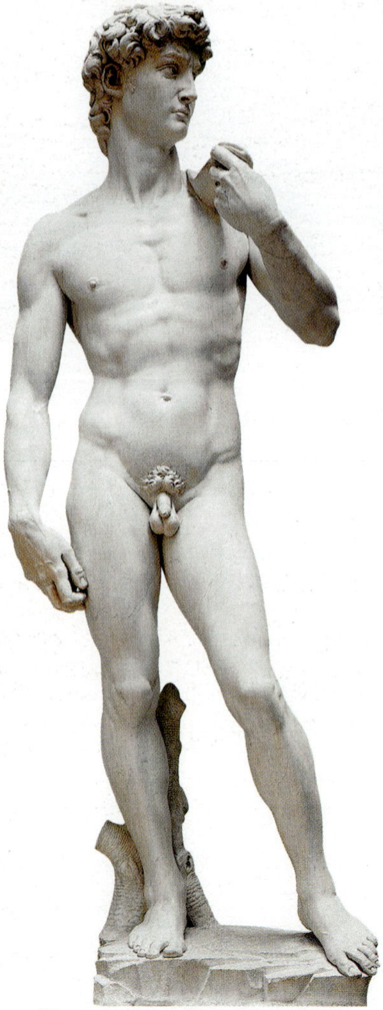

3 David, statue en marbre

• David est représenté ici avant son combat contre le géant Goliath.
Statue en marbre (4,10 m), 1501-1504, musée de l'Académie, Florence.

4 Le plafond de la chapelle Sixtine (détail)

● **Longue de 40 mètres sur 13 mètres de largeur, la fresque peinte sur la voûte de la chapelle Sixtine à la demande du pape Jules II, représente le texte biblique de la genèse.** *1508-1512, Vatican, Rome.*

5 Un artiste libre

Quand un jour le pape vint la voir [la fresque du Jugement dernier], avec Messer Biagio da Cesena, maître des cérémonies et homme plein de scrupules, comme on demandait à ce dernier ce qui lui en semblait, il dit que c'était une grande inconvenance d'avoir peint dans un lieu si vénérable tant de figures nues qui montraient leurs nudités d'une manière si déshonnête ; qu'au surplus c'était une œuvre plus digne d'une salle de bains ou d'une auberge que d'une chapelle papale. Ce propos déplut à Michel-Ange, et voulant se venger, (...) il le représenta (...) sous la figure de Minos dans les enfers, avec une grande queue enroulée autour des jambes, et entouré d'une foule de démons. Messer Biagio eut beau supplier le pape et Michel-Ange de la faire enlever de là, on le voit toujours, en souvenir de son propos malencontreux.

Giorgio Vasari, *Vies des plus illustres peintres, sculpteurs et architectes italiens*, Florence, 1542-1550.

Questions

▶ Un artiste qui s'affirme

DOC 1 **1.** Décrivez la formation artistique de Michel-Ange.

2. Quels liens entretient-il avec Laurent de Médicis ?

DOC 5 **3.** À travers cette anecdote, montrez que Michel-Ange cherche à affirmer son indépendance d'artiste.

4. Pourquoi les œuvres de Michel-Ange ont-elles pu choquer ?

▶ Un artiste complet

DOC 2 **5.** Pourquoi peut-on dire que cette œuvre conjugue art et science mathématique ?

DOCS 2, 3 ET 4 **6.** Quels sont les différents talents de Michel-Ange ? Pourquoi peut-on dire que la fresque de la chapelle Sixtine en est une synthèse ?

▶ Une œuvre imprégnée d'humanisme

DOCS 2, 3 ET 4 **7.** En quoi Michel-Ange s'inspire-t-il de l'art antique ?

DOC 4 **8.** Quel épisode de la création du monde est représenté au centre de cette œuvre ?

DOCS 3 ET 4 **9.** De quelle manière le corps humain est-il figuré et mis en valeur ?

10. En quoi ces œuvres reflètent-elles les conceptions humanistes ?

▶ BILAN

Rédigez un développement organisé montrant que Michel-Ange est un artiste qui symbolise le renouveau artistique de la Renaissance.

COURS

3. Arts et artistes de la Renaissance (XVe-XVIe siècles)

ÉTUDE p. 202-203
ÉTUDE p. 204-205
HISTOIRE DES ARTS p. 200-201

En quoi la Renaissance constitue-t-elle un tournant dans l'histoire de l'art ?

1. *Antiquité et sculpture*

• **Donatello réalise ici un des premiers nus monumentaux de la Renaissance, inspiré de la statuaire antique.**
Donatello, « David vainqueur de Goliath », bronze (1,58 m), vers 1440, Museo Nazionale del Bargello, Florence.

VOCABULAIRE

• **Mécénat**
Protection et financement donnés aux artistes, savants ou hommes de lettres par des souverains, les papes ou de riches personnages, les mécènes. Du nom de Mécène (Ier s. avant J.-C.), conseiller de l'empereur Auguste, ami d'Horace et de Virgile.

• **Perspective**
Art de représenter l'espace en trois dimensions sur une surface plane, tel qu'il est perçu par l'œil humain, théorisé par les artistes de la Renaissance.

A Une nouvelle manière de représenter l'homme et le monde

L'influence des modèles antiques

• Sous l'influence des humanistes, **les artistes redécouvrent l'Antiquité**. En Italie, les premières fouilles archéologiques mettent au jour des œuvres qu'ils étudient passionnément. Les architectes s'inspirent du théoricien romain Vitruve (Ier s. avant J.-C.), en recherchant l'harmonie et la symétrie. Peintres et sculpteurs puisent dans la mythologie et réintroduisent la représentation de la nudité (doc 1). Mais ils ne se contentent pas d'imiter l'Antiquité. Ils réutilisent techniques et motifs pour créer des œuvres originales.

Un art centré sur l'homme

• Les artistes, comme les humanistes, donnent **une nouvelle place à l'individu**, comme en témoigne l'essor du **portrait**. Ils s'emploient à représenter avec réalisme et précision le corps humain. Ils enrichissent les détails et les arrière-plans, particulièrement les paysages.

• Ils cherchent à **montrer les sentiments** de leurs personnages. Si les thèmes religieux restent dominants, les artistes privilégient une représentation plus humaine du divin, insistant par exemple sur l'amour maternel qui unit la Vierge à son fils.

Techniques et sciences au service de l'art

• Les arts bénéficient de **progrès techniques**. La sculpture exploite l'amélioration de la métallurgie du bronze. Les peintres flamands mettent au point la **peinture à l'huile**.

• Afin de figurer le monde tel que l'homme le perçoit, **les peintres utilisent la perspective** qui, reposant sur les lois de la géométrie et de l'optique, donne l'illusion de la profondeur. Les architectes fondent leur art sur la connaissance des mathématiques. Peintres et sculpteurs portent une attention particulière à l'**anatomie**, qui se développe avec les progrès de la dissection.

B La naissance de l'artiste

L'artiste au service des puissants

• La Renaissance est marquée par le **développement du mécénat**. Le mécène offre hospitalité, protection et argent à l'artiste, attendant de lui qu'il mette en scène son pouvoir et lui garantisse une gloire immortelle. Les mécènes sont des princes, des marchands, des banquiers ou encore les papes qui, au XVIe siècle, appellent auprès d'eux les plus grands talents, comme Michel-Ange ou Raphaël.

L'affirmation de l'artiste

• Le statut de l'artiste change. Jusqu'au XVe siècle, il est considéré comme un artisan : un contrat précis le lie à son commanditaire. Peu à peu, il acquiert une **plus grande liberté** et est pleinement reconnu. Il n'hésite plus à signer ses œuvres, à peindre son autoportrait (doc 2). Il est moins considéré comme un travailleur manuel que comme **un créateur**. Il est souvent à la fois peintre, orfèvre, sculpteur, architecte et théoricien. Il travaille rarement seul mais plutôt en atelier, assisté d'apprentis.

C Un phénomène européen

La Renaissance naît en Italie et en Flandre

• Le renouveau artistique se manifeste **d'abord en Italie**, où les vestiges de l'Antiquité sont nombreux, **et en Flandre**, où des villes, comme Bruges, s'enrichissent, assurant aux artistes une immense clientèle. **Florence**, dirigée par les Médicis, grande famille de mécènes, apparaît comme un des **berceaux de la Renaissance**, grâce à des peintres comme Botticelli (doc 3) ou des architectes comme Brunelleschi, qui édifie la spectaculaire coupole de la cathédrale entre 1420 et 1436. D'autres centres urbains comme Venise, Milan ou Rome, rivalisent avec elle.

• L'**art flamand**, qui s'illustre dès les années 1430 avec le peintre Jan Van Eyck, témoigne d'un **grand souci de réalisme** qui se manifeste par la description minutieuse de l'homme et du monde qui l'entoure. Outre l'art du portrait, qui inspire les peintres européens, le foyer flamand produit des genres nouveaux, comme les natures mortes ou les paysages.

La Renaissance se diffuse en Europe

• La diffusion de la Renaissance passe par la **mobilité des artistes.** Italiens et Flamands s'influencent mutuellement. L'Allemand Albrecht Dürer effectue plusieurs séjours en Italie. Son œuvre témoigne à la fois de la minutie des artistes flamands mais aussi du traitement de la perspective à l'italienne. C'est un architecte italien qui, en 1475-1479, reconstruit la cathédrale de la Dormition à Moscou. Au XVIe siècle, le roi François Ier fait venir auprès de lui Léonard de Vinci. Ses châteaux, notamment dans le Val de Loire, deviennent les centres d'une Renaissance originale où le style italien se mêle au goût français.

2. *Un genre nouveau : l'autoportrait*

● **À gauche figurent la date de l'œuvre et le monogramme de l'artiste ; à droite est inscrit en latin : « Albrecht Dürer Nurembergeois, je me suis peint moi-même ainsi avec mes couleurs propres à l'âge de 28 ans ».**
Albrecht Dürer (1471-1528), « Autoportrait au manteau à col de fourrure », *huile sur bois (67 x 49 cm), 1500, Alte Pinakothek, Munich.*

3. *Mécenat et peinture : les Médicis*

● **Ce tableau illustre les liens entre Botticelli et les Médicis, grande famille de mécènes florentins qui ont servi de modèles aux personnages de cette scène.**
Sandro Botticelli, « L'Adoration des mages », *huile sur bois, (1,11 x 1,34 m), 1474, galerie des Offices, Florence.*

1. Laurent de Médicis
2. Pic de la Mirandole
3. Côme de Médicis
4. Pierre de Médicis
5. Jean de Médicis
6. Julien de Médicis
7. Sandro Botticelli

MÉTHODE Expliquer un tableau

Un tableau reflète la technique et la sensibilité de son auteur, tout en témoignant des grandes évolutions d'une époque.

Nicolas Rolin, le riche chancelier du duc de Bourgogne, Philippe Le Bon, commanditaire de ce tableau.

Peut-être le peintre, à droite, et son frère.

Titre du tableau → *La Vierge au chancelier Rolin*, huile sur bois de Jan Van Eyck, (66 x 62 cm), 1435, musée du Louvre, Paris.

Support et type de peinture utilisé

Dimensions du tableau

Lieu de conservation de l'œuvre

Auteur du tableau

Date d'exécution

QUESTIONS

1. Présentez le tableau.

2. Comment le tableau est-il composé ? Comment la profondeur est-elle suggérée ?

3. Étudiez la lumière, les couleurs et les regards. Que mettent-ils en valeur ?

4. Montrez que ce tableau manifeste un grand sens du détail.

5. En quoi cette œuvre est-elle représentative de la Renaissance flamande, de l'humanisme et d'un nouveau rapport, plus individuel, à la religion ?

Méthode générale

1 Présenter le tableau

Il faut commencer par situer l'œuvre dans son contexte pour pouvoir ensuite l'analyser, comprendre le thème choisi et en interpréter la signification.

- **Présenter l'artiste** (dates, origine, formation, moment de sa carrière où il a peint le tableau).
- Indiquer le **titre**, la **date** d'exécution, le support et le type de **peinture** utilisé, les **dimensions**, le **lieu de conservation**, le **commanditaire** de l'œuvre.
- Déterminer le **genre** de l'œuvre (portrait, paysage, nature morte, scène historique, mythologique, religieuse...) et son **thème**.
- Préciser le **contexte historique et artistique**.

2 Analyser le tableau

Il faut ensuite analyser la manière dont l'œuvre a été exécutée.

- **Décrire la scène** représentée.
- Décrypter la **composition**, c'est-à-dire découvrir la « géométrie secrète » du tableau en mettant en évidence les différents plans, les grandes lignes ou figures géométriques qui l'organisent et les axes de symétrie.
- Observer les **couleurs** et la **lumière** pour découvrir les effets visuels recherchés par le peintre.
- **Caractériser le dessin** : netteté, flou, délicatesse des tracés...
- **Décrire** les **personnages**, les objets, le décor : quels sont les éléments mis en valeur ?

3 Interpréter le tableau

Interpréter un tableau consiste à en dégager la signification mais aussi l'intérêt à la fois pour l'historien et l'historien d'art.

- Dégager sa **signification** (philosophique, religieuse, symbolique...).
- Dégager l'**intérêt historique et artistique** de l'œuvre (en quoi est-elle représentative ou non de son époque ?).

Application guidée

TABLEAU p. 208

Question 1. Présentez le tableau.

Conseils

Utilisez les éléments fléchés, le cours p. 206-207 et l'Histoire des arts p. 200-201. Faites une recherche sur le peintre.

Info

Au XVe siècle, la Flandre fait partie du duché de Bourgogne, l'un des États les plus riches d'Europe. Bourgeois et nobles y pratiquent un mécénat important qui fait de cette région un des deux foyers culturels majeurs du XVe siècle. L'art est alors encore essentiellement religieux. Jan Van Eyck est un des premiers peintres à faire de la peinture profane. Ici, il représente l'apparition d'une Vierge à l'enfant devant un homme en prière.

Question 2. Comment le tableau est-il composé ? Comment la profondeur est-elle suggérée ?

Conseils

– Délimitez sur un calque les trois plans du tableau.
– Tracez des lignes suivant chaque alignement de dalles et prolongez-les au-delà de la pièce représentée.
– Tracez l'axe de symétrie vertical du tableau. Que constate-on ?
– Comparez la façon de représenter les sujets aux différents plans (taille, netteté ou flou des contours).

Question 3. Étudiez la lumière, les couleurs et les regards. Que mettent-ils en valeur ?

Conseils

Sur le calque, tracez par des flèches la direction des regards et entourez la partie la plus éclairée du tableau.

Question 4. Montrez que ce tableau manifeste un grand sens du détail.

Question 5. En quoi cette œuvre est-elle représentative de la Renaissance flamande, de l'humanisme et d'un nouveau rapport, plus individuel, à la religion ?

Info

Les personnages divins sont humanisés. Le laïc est seul, il a une relation personnelle avec la Vierge.

exercice d'application

Utilisez la méthode et l'exemple fourni pour expliquer le tableau de Botticelli, *L'Adoration des mages*, p. 207.

RÉVISIONS Vérifier ses connaissances

Les points clés du cours

Répondez en quelques phrases aux questions suivantes.

1. Une nouvelle manière de penser et de se représenter l'homme

a. Comment les hommes de la Renaissance redécouvrent-ils les auteurs de l'Antiquité ?

b. Quels sont les fondements de la pensée humaniste ?

c. Pourquoi peut-on parler de l'éclosion d'un nouvel esprit scientifique ?

d. Comment les idées humanistes se diffusent-elles ?

2. Une nouvelle religion

a. Quels sont les facteurs de la Réforme protestante ?

b. En quoi consiste cette Réforme et comment s'est-elle diffusée ?

c. Quelle a été la réaction de l'Église catholique ?

3. Arts et artistes de la Renaissance

a. Pourquoi peut-on dire que l'art de la Renaissance est un prolongement de l'humanisme ?

b. Comment évolue le statut de l'artiste ?

c. Quels sont les foyers majeurs de la Renaissance artistique ? Comment s'est-elle diffusée en Europe ?

Les personnages clés

Donnez le nom du personnage représenté grâce aux informations suivantes.

1. 
Je suis un célèbre humaniste hollandais, qui a voyagé et enseigné dans toute l'Europe.

2. 
Je suis un médecin et humaniste français, auteur de *Pantagruel* et *Gargantua*.

3. 
Je suis un moine allemand, excommunié par le pape en 1520, fondateur de la Réforme.

4. 
Je suis né en Toscane en 1452. À la fois artiste et savant, j'ai travaillé au service des princes et des papes en Italie avant de finir ma vie à Amboise, auprès de François Ier.

Les dates clés

Recopiez la frise chronologique ci-dessous et complétez-la en indiquant :

– La traduction du Nouveau Testament par Érasme
– La date approximative de mise au point de l'imprimerie par Gutenberg
– Les dates de Luther
– Le plafond de la chapelle Sixtine

Les mots clés

Définissez les termes suivants et renvoyez pour chacun d'eux à deux documents du chapitre qui les illustrent.

• Humanisme • Réforme • Mécénat

À imprimer

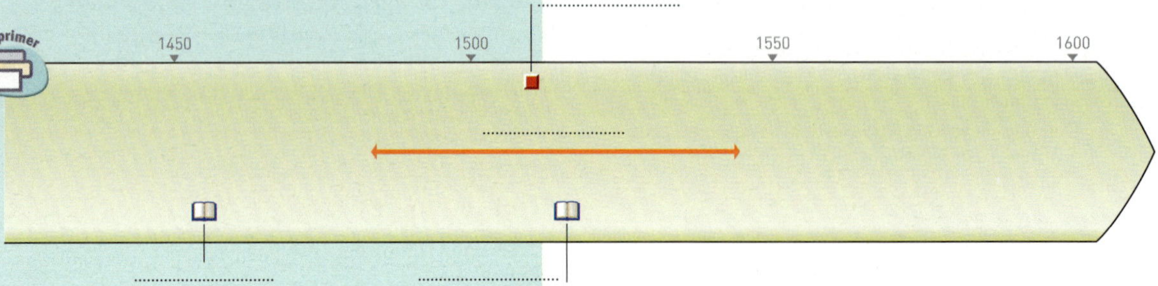

Art et humanisme

« L'École d'Athènes », fresque de Raphaël (7,70 x 4,40 m), 1509-1512, chambre de la Signature, Vatican, Rome.

Penseurs et savants antiques :

1. Platon (sous les traits de Léonard de Vinci)
2. Aristote
3. Diogène
4. Socrate
5. Euclide (sous les traits de Bramante)
6. Pythagore
7. Héraclite (sous les traits de Michel-Ange).

Dieux :

A. Apollon
B. Athéna.

QUESTIONS

1. Présentez cette œuvre en vous aidant de la méthode, p. 208-209.

2. Étudiez la composition de la fresque en traçant sur un calque : l'axe de symétrie de la fresque, puis les grandes lignes qui organisent le tableau en suivant les carreaux du dallage. Notez le point où elles se rencontrent (point de fuite). Quel est l'objectif recherché par le peintre à travers cette composition ? Que met-elle en valeur ?

3. Raphaël a représenté ici des artistes de son époque. Lesquels ? Dans quel but ?

4. En quoi le sujet de ce tableau, les personnages, leur attitude, les objets qui leur sont associés ainsi que le décor rapprochent-ils l'artiste des préoccupations humanistes ?

Pour aller plus loin

Livres et revues

- O. Christin, *Les Réformes. Luther, Calvin et les protestants*, « Découvertes », Gallimard, 1995.
- *Textes et Documents pour la classe*, « La révolution humaniste. Un nouvel âge d'or », n° 730, février 1997.
- *Les Collections de l'Histoire*, « La Renaissance, un big bang culturel », avril-juin 2009.

Musées à visiter

- Musée national de la Renaissance, château d'Écouen, Val d'Oise : http://www.musee-renaissance.fr/
- Musée du Louvre à Paris, collections de la Renaissance française, flamande et italienne http://www.louvre.fr

Sites Internet

- Site du musée Plantin-Moretus à Anvers, l'une des plus importantes imprimeries et maisons d'édition de la seconde moitié du XVIe siècle. http://museum.antwerpen.be/plantin_Moretus/index_eng.html
- Site du musée virtuel du protestantisme français : www.museeprotestant.org/

CHAPITRE 9

L'essor d'un nouvel esprit scientifique et technique (XVIe-XVIIIe siècles)

L'époque moderne marque des avancées décisives dans les domaines de la science et des techniques. La science moderne se constitue en se détachant de la religion et de la philosophie, en se dotant d'un langage spécifique – les mathématiques – et en mettant au point des méthodes rigoureuses fondées sur la preuve et l'expérience. Les découvertes et les inventions se multiplient dans tous les domaines de la connaissance, changeant la manière dont les Européens percevaient le monde depuis l'Antiquité. Au XVIIIe siècle, le rapprochement entre sciences et techniques favorise la naissance de l'industrie mécanique.

Comment s'opère la révolution scientifique qui marque l'époque moderne ?

1 Le temps des découvertes, des inventions …

La médecine progresse grâce aux dissections

« La Leçon d'anatomie du docteur Nicolaes Tulp », *peinture à l'huile de Rembrandt (1,69 x 2,16 m), 1632, Mauritshuis, La Haye.*

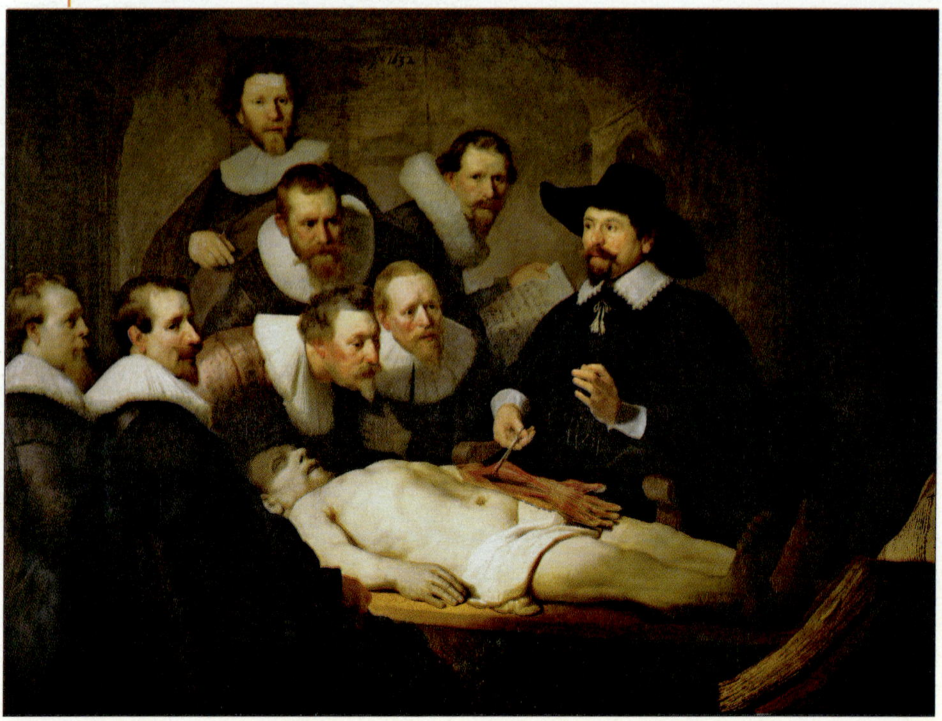

2 … et de leur diffusion

Descartes à la cour de Suède

● **Philosophe, physicien et mathématicien, Descartes (1596-1650) fait une démonstration de géométrie à la cour de la reine Christine de Suède.**
Huile sur toile de Louis-Michel Dumesnil, 1700, musée national du château de Versailles.

ÉTUDE

Galilée, un savant du XVIIe siècle

COURS p. 220-221

Nicolas Copernic (1473-1543) avait été le premier à rompre avec la conception héritée de l'Antiquité selon laquelle l'univers était centré sur la Terre. Un siècle plus tard, l'Italien Galileo Galilée (1564-1642), professeur de mathématiques, multiplie les découvertes et complète le système de Copernic : c'est bien le Soleil qui est au centre de l'univers et la Terre n'est qu'une planète comme les autres. Cette « **révolution copernicienne** », qui bouleverse les savoirs, est aussitôt condamnée par l'Église catholique.

Comment la « révolution copernicienne » a-t-elle bouleversé les savoirs ?

VOCABULAIRE

• **Révolution copernicienne**
Passage d'une conception géocentrique de l'univers (thèse de Ptolémée selon laquelle la Terre est au centre de l'univers) à une vision héliocentrique : la Terre, comme d'autres planètes, tourne autour du Soleil, qui occupe la position centrale dans l'univers.

Galilée (1564-1642) — *Biographie*

Mathématicien et astronome italien, il complète et diffuse le système copernicien. En 1610, son ouvrage *Le Messager des étoiles* nourrit les critiques. La thèse de l'héliocentrisme lui vaut d'être condamné en 1633 à la prison à vie. Après avoir renié ses idées, il voit sa peine commuée en résidence surveillée à vie.

1 La révolution copernicienne

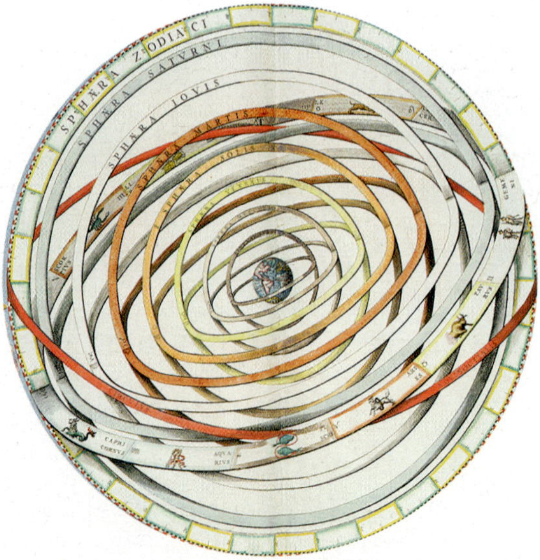

a. De la vision géocentrique du monde…

• **Dans le système élaboré par Ptolémée, savant grec du IIe siècle, l'univers se compose de huit sphères, ou orbes, qui entourent la Terre.** *Planche 18 de l'*Atlas céleste *de J. Janssonius, 1660, gravure en couleurs, coll. part.*

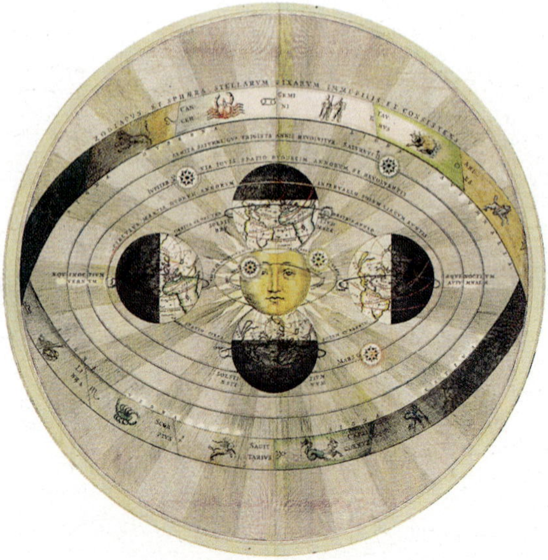

b. … à l'héliocentrisme

• **Galilée défend la thèse de l'astronome polonais Nicolas Copernic, selon laquelle la Terre est une planète qui tourne autour du Soleil.** « Système du monde selon Copernic », *atlas d'A. Cellarius, 1661, BNF, Paris.*

2 Des savants soutiennent les thèses de Copernic et de Galilée

En 1610, le livre de Galilée Le Messager des étoiles *expose les découvertes faites grâce à sa lunette astronomique (montagnes sur la Lune, satellites de Jupiter). Dans toute l'Europe, des savants discutent ses thèses et celles de Copernic.*

Le 8 avril m'est parvenu un exemplaire du livre de Galilée, *Le Messager des étoiles*, accompagné d'une demande de jugement de ma part sur l'ouvrage et surtout sur sa découverte. Loin d'avoir calmé les Italiens[1], l'attitude de Galilée les a au contraire montés contre lui. Je me suis empressé d'aller au secours de mon camarade de combat en faveur de Copernic. Si nous ne nous entraidons pas, qui viendra à notre secours ? (...) Nous devrions former une ligue de partisans de Copernic afin de monter à l'assaut, à visage découvert. Mais Galilée me paraît toujours si prudent...

Lettre de Jean Kepler (mathématicien astronome) à Matthieu Wacker von Wackenfels, septembre 1610.

1. *La papauté à Rome.*

3 Galilée défend ses idées

Puisque manifestement deux vérités ne peuvent jamais se contredire, le devoir des sages exégètes[1] est de déterminer les vrais sens des passages de l'Écriture, pour qu'ils s'accordent avec les conclusions naturelles ; conclusions qu'au préalable l'expérience sensible et les démonstrations nécessaires auraient rendues sûres et certaines à nos yeux. Bien plus, je crois qu'il serait sage et prudent de ne permettre à personne d'utiliser des passages de l'Écriture et de les contraindre, en quelque sorte, à soutenir pour vraies des propositions naturelles, alors que l'observation ou la raison démonstrative et nécessaire pourraient témoigner du contraire. Et qui peut mettre un terme à la pensée humaine ? Qui voudra affirmer que tout ce qui est au monde connaissable soit déjà entièrement connu ?

Galilée, *Lettre à Castelli* (septembre 1613), citée par Émile Namer, *L'Affaire Galilée*, Gallimard, 1975.

1. *Personnes pratiquant l'exégèse, étude et commentaire des textes religieux.*

4 La lunette de Galilée

• En 1609, Galilée construit sa propre lunette astronomique qui lui permet d'observer le ciel. Il découvre ainsi les satellites de Jupiter ou les montagnes de la Lune.
Musée des sciences de Florence.

5 Galilée l'hérétique

Galilée contredit la thèse de l'Église selon laquelle la Terre, création divine, est au centre de l'univers. Après de nombreuses années de controverses avec des théologiens, il est condamné par le tribunal de l'Inquisition.

Les théologiens qualifiés ont défini ainsi les deux propositions de la stabilité du Soleil et du mouvement de la Terre de la manière suivante.

La proposition que le Soleil est au centre du monde est absurde, fausse en philosophie et formellement hérétique, parce qu'elle est expressément contraire à la Sainte Écriture.

La proposition que la Terre n'est pas au centre du monde ni immobile, mais qu'elle se meut d'un mouvement diurne est également absurde et fausse en philosophie et considérée en théologie au moins comme erronée selon la Foi.

Sentence de la condamnation de Galilée par le Saint-Office, juin 1633.

QUESTIONS

▶ La révolution copernicienne

DOC 1 **1.** Pourquoi parle-t-on de « révolution » copernicienne ?

DOCS 3 ET 4 **2.** Sur quels grands principes Galilée veut-il établir la science moderne ?

DOC 2 **3.** Comment ses idées se diffusent-elles ?

▶ Le combat d'un scientifique contre l'Église

DOCS 2, 3 ET 5 **4.** Quelles thèses et quelles personnes Galilée doit-il affronter ? Pourquoi ?

DOC 2 **5.** Qui soutient Galilée ?

▶ BILAN

Rédigez un paragraphe relatant la conversation entre un savant partisan de Galilée et de la conception copernicienne de l'univers, et un farouche opposant à ces thèses, membre de l'Église catholique.

ÉTUDE

La diffusion des savoirs scientifiques (fin XVIIe-XVIIIe siècles)

COURS p. 220-221

Les années 1660 à 1780 sont marquées par la volonté de mettre les savoirs scientifiques à la portée d'un public élargi. Des institutions et des lieux variés (**académies**, universités, clubs, salons mondains, cours princières…) diffusent les œuvres et les thèses des grands acteurs de la révolution scientifique des XVIIe et XVIIIe siècles que sont, en France, Pascal (1623-1662) ou Descartes (1596-1650) et, en Angleterre, Newton (1642-1727).

Comment les savoirs se diffusent-ils en Europe ?

VOCABULAIRE

- **Académie**
Assemblée de savants, de gens de lettres ou d'artistes reconnus par leurs pairs qui entendent promouvoir leurs disciplines respectives. La Royal Society, créée à Londres en 1662, sert de modèle pour la fondation, en France, de l'Académie des sciences en 1666.

1 L'*Encyclopédie* de Diderot et d'Alembert

*Jean Le Rond d'Alembert, membre de l'Académie des sciences de Paris et de celle de Berlin, assure avec le philosophe Diderot la direction éditoriale de l'*Encyclopédie, ou Dictionnaire raisonné des sciences, des arts et des métiers. *Publié entre 1751 et 1772, l'ouvrage se vend à plus de 30 000 exemplaires dans toute l'Europe.*

Nous avons cru qu'il importait d'avoir un Dictionnaire qu'on pût consulter sur toutes les matières des arts et des sciences, et qui servît autant à guider ceux qui se sentent le courage de travailler à l'instruction des autres, qu'à éclairer ceux qui ne s'instruisent que pour eux-mêmes. Jusqu'ici, personne n'avait conçu un ouvrage aussi grand, ou du moins personne ne l'avait exécuté (...). Nous avons jeté les yeux sur un nombre suffisant de savants et d'artistes habiles connus pour leurs talents (...). Nous avons distribué à chacun la partie qui lui convenait (...). Le public verra bientôt leurs noms, et nous ne craignons point qu'il ne nous les reproche.

Prospectus de l'Encyclopédie, par d'Alembert.

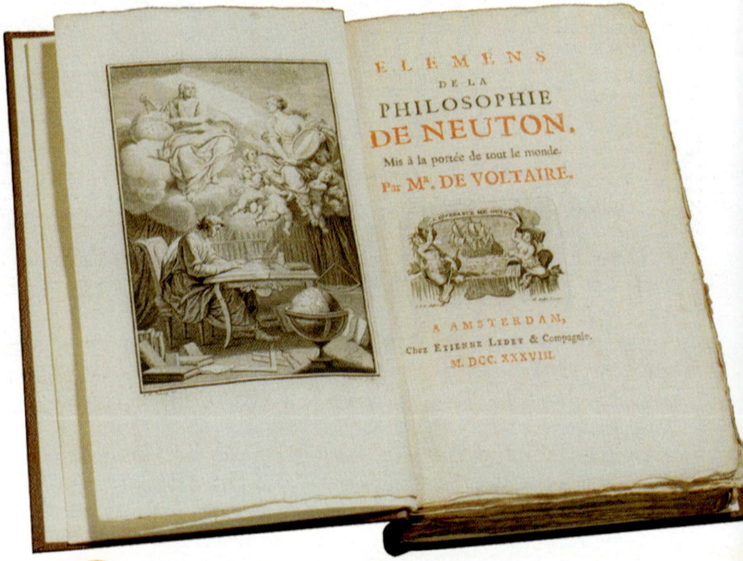

2 Voltaire diffuse la pensée de Newton

• En 1738, Voltaire publie les *Éléments de la philosophie de Newton mis à la portée de tout le monde*. Le philosophe considère que l'année 1687, date de parution de l'œuvre majeure de Newton, les *Principia*, marquait le début de l'ère moderne. *Royal Observatory, Edimburg.*

3 Les travaux de la Royal Society

Depuis sa création, la Société royale de Londres a fait un très grand nombre d'expériences sur presque toutes choses de la nature ; les recherches ont plus particulièrement porté sur de nombreux phénomènes du ciel, aussi bien que de la Terre, sur les éclipses, les comètes, les météores, les mines, les plantes, les animaux, les tremblements de terre, les éruptions volcaniques, les inondations ; sur les lacs, les montagnes, les refroidissements, les feux souterrains ; sur les marées, les courants, les fonds marins, et des centaines d'autres sujets. Les membres de la Société ont écrit de nombreuses et excellentes histoires abrégées de la nature, des arts, des manufactures et des travaux, dont certaines sont extrêmement curieuses. En bref, les découvertes et les inventions qui ont été faites, pourrions-nous dire, par un petit nombre de membres de cette Société, à bien les considérer, semblent surpasser toutes les études faites dans les temps antérieurs.

E. Chamberlayne, *État présent de l'Angleterre*, 1669.

4 **La fondation de l'Académie des sciences, 1666**

● **Colbert, à gauche, présente les membres de l'Académie royale des sciences à Louis XIV.**
Huile sur toile d'Henri Testelin, vers 1667, musée du Château, Versailles.

5 **Buffon publie son *Histoire naturelle***

● **Entre 1749 et 1788, le naturaliste français Buffon publie trente-six volumes de son *Histoire naturelle*. Cette œuvre encyclopédique veut embrasser tous les règnes de la nature (animal, végétal et minéral).** *Perroquet de la Nouvelle-Guinée, planche de l'*Histoire Naturelle *de Georges Louis Leclerc, comte de Buffon, 1771-1786, bibliothèque centrale du Museum d'Histoire Naturelle, Paris.*

Questions

▶ **Le temps des académies**

DOC 4 **1.** Décrivez ce tableau : comment la science est-elle mise à l'honneur ?

DOC 3 **2.** D'après ce texte, quelles sont les deux vocations principales d'une académie ?

▶ **Le temps des encyclopédies et des inventaires**

DOCS 1, 2 ET 5 **3.** Quel support permet de diffuser les avancées de la science ?

DOC 1 **4.** Qu'est-ce qu'une encyclopédie ?

DOC 5 **5.** Quelle branche du savoir est ici concernée ? Quelle est l'ambition de cet ouvrage ?

DOCS 1, 2 ET 5 **6.** À qui sont destinés ces ouvrages ? Qu'est-ce que cela nous apprend sur la relation entre sciences et public au XVIIIe siècle ?

▶ **BILAN**

Rédigez un paragraphe montrant comment les savoirs scientifiques se diffusent des années 1660 aux années 1780.

ÉTUDE

James Watt : la révolution de la vapeur

COURS p. 220-221

VOCABULAIRE

• Industrialisation
Passage d'une économie reposant sur l'artisanat et l'agriculture à une économie qui fonde sa richesse sur la production industrielle réalisée dans des usines grâce à des machines.

Au début du XVIIIe siècle, le mécanicien anglais Thomas Newcomen (1663-1729) réalise la synthèse de plusieurs travaux français et anglais pour construire une machine à pomper l'eau mue par la vapeur. Le principal usage de cette machine consiste à évacuer l'eau menaçant d'envahir les galeries au fond des mines. Entre 1769 et 1782, James Watt (1736-1819) apporte des améliorations décisives à la machine à vapeur, qui vont contribuer au développement des industries mécaniques et permettre l'essor de la première **industrialisation**.

Comment la révolution de la vapeur a-t-elle favorisé la naissance des industries mécaniques ?

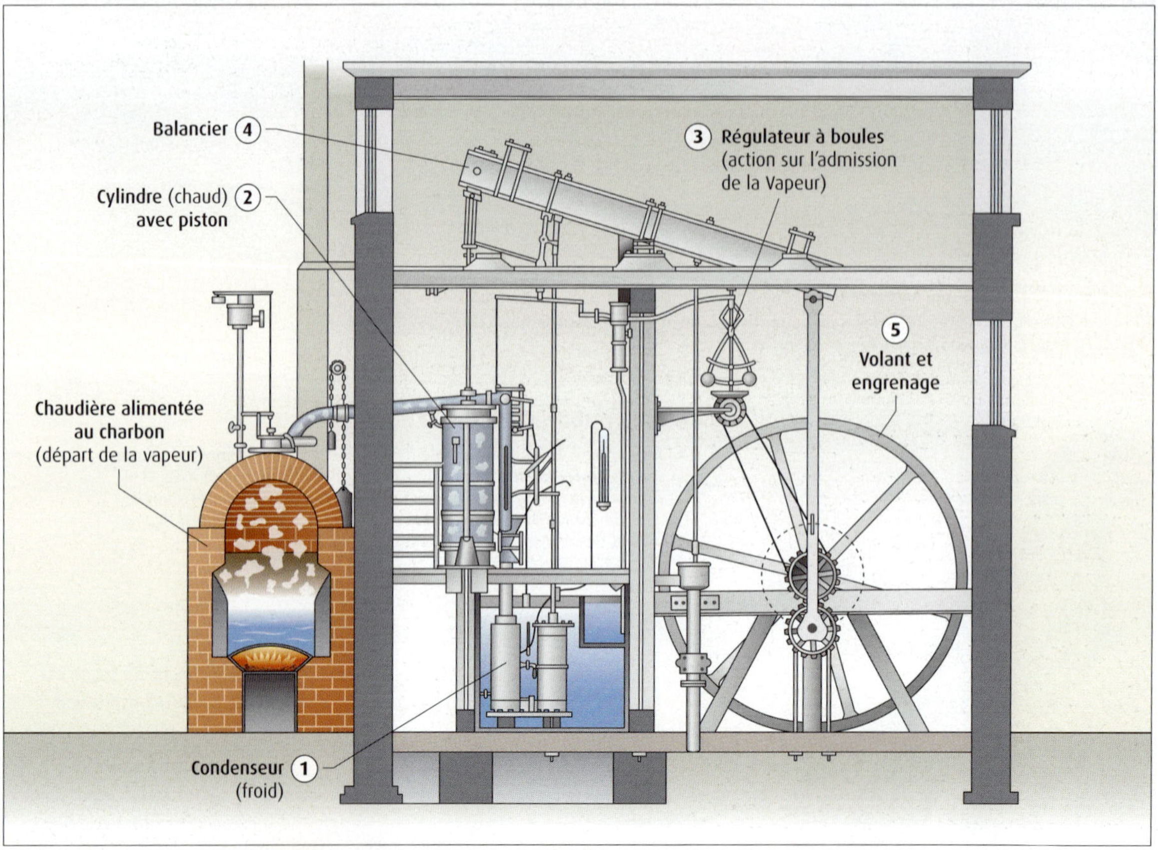

1 La machine à vapeur de James Watt

• James Watt invente le condenseur (1) qui stabilise la température du cylindre et n'a donc plus besoin d'être réchauffé, ce qui entraîne de considérables économies d'énergie. Il crée une machine à double effet qui peut envoyer la vapeur sur les deux faces du piston (2) : grâce à ce procédé, la machine se passe de l'action de la pesanteur. Watt invente en outre un régulateur à boules qui permet d'obtenir de la machine des mouvements toujours uniformes (3) ; il transforme enfin le mouvement alternatif dû au déplacement du piston en mouvement rotatif grâce à un système de balancier, de volant et d'engrenage (4) et (5).

2 La « pompe à feu » de Newcomen

● **La machine à vapeur de Newcomen est utilisée dans les mines pour évacuer l'eau. Celle-ci a été installée en 1790 en Angleterre.** *Photographie de 1850, Science Museum, Londres.*

QUESTIONS

▶ **Le travail d'un savant : perfectionner et inventer**

DOC 3 **1.** Quelle image de James Watt ce document donne-t-il ?

DOC 1 **2.** Comment obtient-on la vapeur ? Quels sont les deux éléments nécessaires pour la produire ? **3.** Recensez la liste des inventions de James Watt qui améliorent la machine à vapeur.

▶ **La vapeur entraîne l'essor des industries mécaniques**

DOCS 2 ET 4 **4.** Quels sont les différents usages de la vapeur ? Expliquez en quoi c'est un progrès décisif.

▶ **BILAN**

Rédigez un paragraphe sur la révolution de la vapeur et ses effets. Vous utiliserez les termes et noms suivants : Newcomen – Watt – transports – techniques – industries.

3 Le portrait d'un savant : James Watt (1736-1819)

● **Étudiant et réparateur d'appareils de physique à l'université de Glasgow, cet inventeur écossais perfectionne la machine à vapeur dans les années 1780, ce qui entraîne un progrès considérable des techniques.** *Huile sur toile de Carl Frederick von Breda, 1792, National Portrait Gallery, Londres.*

4 La vapeur au service des transports

● **En 1783, le Français Claude Jouffroy d'Abbans fait naviguer le premier bateau à vapeur, le pyroscaphe.** *Maquette de pyroscaphe, musée de la marine, Paris.*

COURS

Un nouvel esprit scientifique à l'époque moderne (XVIe-XVIIIe s.)

ÉTUDE p. 214-215
ÉTUDE p. 216-217
ÉTUDE p. 218-219

Pourquoi peut-on parler d'une révolution scientifique à l'époque moderne ?

1. *La « pascaline »*
• En 1642, Blaise Pascal met au point cette machine à calculer capable de réaliser des additions et des soustractions.
Musée des Arts et Métiers, Paris.

2. *Le télescope de Newton*
• Isaac Newton construit le premier télescope utilisant des miroirs pour récolter et concentrer la lumière, invention qui lui ouvre les portes de la Royal Society en 1672.
The Royal Society, Londres.

A Le XVIe siècle : des progrès techniques décisifs

Des progrès techniques

• Inventée par Gutenberg au XVe siècle, **l'imprimerie se perfectionne** au siècle suivant. **Des améliorations sont apportées** dans les domaines de l'**extraction minière** et de la **sidérurgie** (fabrication de métaux). Les armes à feu individuelles (arquebuses ou pistolets) apparaissent et donnent naissance à la balistique, science qui s'intéresse à la trajectoire des projectiles.

Une science encore balbutiante

• La science reste fondée sur les écrits de l'Antiquité qui demeurent une référence pour les savants de la Renaissance. En outre, **la frontière est encore étroite entre science, magie, religion et superstitions.** Ainsi, la position des astres guide le médecin dans son diagnostic et la distinction entre astronomie et astrologie n'est pas très nette.

De nouvelles observations

• D'importants **progrès** sont toutefois réalisés **en médecine grâce aux dissections** de Vésale (1514-1564) qui permettent de corriger les erreurs de Galien, médecin grec de l'Antiquité.
• L'astronome polonais **Copernic (1473-1543) rejette le géocentrisme de Ptolémée pour adopter l'héliocentrisme** et montre que la Terre est une planète comme les autres. Mais il ne publie pas de son vivant, par peur du ridicule et ses travaux sont peu connus.

B La révolution scientifique du XVIIe siècle

La naissance de la science moderne

• Au XVIIe siècle, **la science se dote d'outils et de méthodes qui lui sont propres.** C'est Descartes (1596-1650) qui ouvre la voie : les mathématiques constitueront désormais le langage des scientifiques. En outre, **l'expérimentation devient le chemin obligé pour valider une théorie** ; le nouvel esprit scientifique veut que des preuves soient apportées à toute affirmation. C'est le siècle des grands débats : le plus important concerne l'existence du vide. En 1687, Newton (1642-1727) publie les *Principia*, ouvrage dans lequel il fait part de sa théorie de la gravitation universelle, avancée décisive pour les sciences.
• **L'invention et le perfectionnement des instruments de mesure et d'observation** (lunette astronomique, télescope, microscope, baromètre ou thermomètre) facilitent le travail des scientifiques (docs 1 et 2).

Le temps des académies

• Dans tous les domaines, la connaissance progresse. **Les découvertes sont diffusées grâce aux académies** qui se multiplient en Europe. Fondée en 1662, la Royal Society de Londres sert de modèle à la plupart des établissements de ce type, comme l'Académie des sciences de Paris, fondée en 1666.

VOCABULAIRE

• Académie
Assemblée de savants, de gens de lettres ou d'artistes reconnus par leurs pairs qui entendent promouvoir leurs disciplines respectives.

• Géocentrisme / héliocentrisme
Le géocentrisme défend la thèse selon laquelle la Terre est au centre de l'univers ; l'héliocentrisme affirme au contraire que la Terre, comme d'autres planètes, tourne autour du Soleil, qui occupe la position centrale dans l'univers.

La science contre l'Église

• Les **progrès de la science** et l'avènement d'une pensée fondée sur la **raison conduisent à remettre en cause les dogmes de l'Église**. S'inscrivant dans la continuité de celle de Copernic et relayée dans toute l'Europe par des savants, l'œuvre de Galilée alimente les controverses, l'Église n'acceptant pas sa nouvelle vision du monde et particulièrement la thèse de l'héliocentrisme.

VOCABULAIRE

• **Lumières**
Mouvement intellectuel né au XVIIIe siècle qui veut libérer l'homme et lui permettre d'accéder au bonheur par la raison.

• **Raison**
Faculté au moyen de laquelle l'homme peut connaître et juger.

C Progrès et diffusion scientifiques au XVIIIe siècle

Des progrès scientifiques

• **Le siècle des Lumières** a l'ambition de marquer le triomphe de la raison et de la connaissance sur l'obscurantisme et l'ignorance. Il **est marqué par d'importants progrès** : en 1752, l'Américain Benjamin Franklin (1706-1790) réalise une expérience sur la nature électrique de la foudre (il inventera le paratonnerre) ; en 1777, Lavoisier (1743-1794) révèle l'existence du dioxyde de carbone ; en 1785, Charles de Coulomb mesure les effets du magnétisme… Les progrès touchent tous les domaines de la science, qui éclate alors en domaines spécialisés : astronomie, physique, sciences naturelles, etc.

La diffusion des progrès scientifiques

• Le XVIIIe siècle est marqué par la **volonté de diffuser les savoirs auprès d'un public élargi**. Sociétés savantes et publications scientifiques se multiplient. C'est le siècle des encyclopédies qui ambitionnent de faire l'inventaire de toutes les branches du savoir.

• **Le public, notamment les rois et les princes, se passionne pour les sciences** (doc 3). Ainsi, en France, les premiers vols de la montgolfière, en 1783, se déroulent devant des foules nombreuses.

La science au service des techniques

• **Beaucoup de découvertes ont des applications pratiques**. C'est le cas dans le domaine du textile et plus généralement dans l'industrie avec la **machine à vapeur** perfectionnée par Watt, qui constitue une source d'énergie très puissante.

Copernic *Biographie*

(1473-1543)
Astronome polonais, il avance le premier, dès 1514, la thèse de l'héliocentrisme, à l'origine d'une révolution des savoirs au siècle suivant.

3. *La fascination pour les sciences*

• **La pompe à air, instrument conçu pour créer le vide (on parle d'ailleurs aujourd'hui de pompe à vide), fut inventée par le physicien allemand Otto von Guericke vers 1650. Les interrogations et expériences autour de cette question du vide ont marqué le XVIIe siècle.**
« L'Expérience avec l'oiseau dans la pompe a air », *huile sur toile de Joseph Wright of Derby, 1768, National Gallery, Londres.*

MÉTHODE

Faire une fiche biographique et la présenter à l'oral

Faire une fiche biographique permet de montrer en quoi un personnage a marqué une période de l'histoire, son rôle et l'héritage qu'il a laissé.

À imprimer

Isaac Newton, mathématicien et physicien anglais (1642-1727)

Portrait de Newton, 1702, National Portrait Gallery, Londres.

1. Jeunesse et formation d'un savant

....

2. Un des fondateurs de la science moderne

....

3. ....

- **1688-1705** : membre du Parlement à plusieurs reprises
- **1699** : élu à l'Académie des sciences de Paris
- **1700** : nommé Master de la Monnaie
- **1703** : devient président de la Royal Society
- **1704** : publie l'*Optique*
- **20 mars 1727** : mort d'Isaac Newton qui est inhumé dans la cathédrale de Westminster.

4. ....

– Dans les années 1730, Voltaire considère que l'année 1687, date de parution des *Principia*, marque le début de l'ère moderne.

– Son œuvre rencontre aussi des résistances (par exemple celles de Huygens ou Leibniz) et alimente des débats dans de nombreux domaines scientifiques.

– Il est considéré aujourd'hui comme l'un des pères de la science moderne.

Méthode générale

Application guidée

FICHE p. 222

1 Réaliser la fiche biographique

Il faut commencer par rassembler les informations sur le personnage et sélectionner les plus importantes.

- Chercher des **informations** sur sa vie, son œuvre, son engagement politique éventuel, ce qu'il a apporté à ses contemporains...
- Consulter des **encyclopédies**, des dictionnaires, des livres d'histoire... (en particulier des biographies consacrées au personnage). Faire une recherche Internet (> Méthode p.30-31).
- Sélectionner les informations, œuvres et dates essentielles : il ne s'agit pas de tout raconter dans le détail.

Il faut ensuite mettre en forme la fiche.

- Faire ressortir les **dates**, qui seront alignées à gauche.
- Pour éviter de dresser un catalogue de dates, distinguer les **grandes périodes** de la vie du personnage.
- Souligner en quelques lignes l'**influence du personnage**, de son vivant et après sa mort : a-t-il été le chef de fil d'un mouvement qui lui a survécu ? A-t-il eu des disciples, des contradicteurs ?

1. Faites une recherche sur Newton puis recopiez et complétez les deux premières parties de la fiche proposée sur la page de gauche.

Info

La théorie de la gravitation universelle édicte que tous les corps s'attirent en raison directe de leur masse et en raison inverse du carré de leur distance. Grâce à cette théorie élaborée à partir de nombreuses observations et expérimentations, Newton est en mesure d'expliquer les mouvements elliptiques des planètes, le mouvement de la lune ou encore l'origine des marées.

2. Cherchez des renseignements plus précis sur les dates proposées pour la troisième partie.

Conseil

– Cherchez ce que signifie *Master* de la Monnaie.
– En quoi consiste l'ouvrage l'*Optique* ?
– En quoi est-ce un honneur d'être inhumé dans la cathédrale de Westminster ?

3. Donnez un titre aux parties 3 et 4 de la fiche proposée sur la page de gauche.

2 Présenter la fiche à l'oral

Pour préparer une présentation orale, il faut bien connaître son sujet, s'entraîner si possible devant un public (parents ou amis) et chronométrer son temps de parole.

- Ne pas parler trop vite.
- **Répéter** s'il le faut les informations essentielles.
- **Écrire au tableau** les noms ou dates à retenir.
- Il faut **raconter** et non réciter une longue série de dates.
- Ne pas oublier que vos camarades ne connaissent pas le sujet traité ; il faut donc que votre discours soit **le plus clair possible**.
- Prévoir des **illustrations**, des **anecdotes**, des **citations** pour rendre la présentation plus dynamique.
- Pensez à donner les sources utilisées pour réaliser la fiche (ouvrages, sites internet...)

4. Entraînez-vous à présenter votre fiche en une dizaine de minutes.

5. Quelles sont les dates importantes à noter au tableau pour que vos camarades les retiennent ?

Conseil

À écrire impérativement au tableau :
1687 : publication des *Philosophiae naturalis principia mathematica* dits aussi *Principia*, ouvrage dans lequel est exposée la théorie de la gravitation universelle.

6. Quelles illustrations, anecdotes ou citations allez-vous utiliser pour rendre votre exposé plus vivant ?

Info

Vous pouvez utiliser l'anecdote de la pomme. Cette anecdote célèbre, relatée notamment par Descartes, veut que Newton ait eu l'idée de la gravitation universelle après avoir vu tomber une pomme d'un arbre.

exercice d'application

Utilisez la méthode et l'exemple fourni pour élaborer et présenter la fiche biographique de Galilée (1564-1642).

RÉVISIONS Vérifier ses connaissances

Les points clés du cours

Répondez en quelques phrases aux questions suivantes.

1. Le XVIe siècle : des progrès techniques décisifs

a. Les savoirs hérités de l'Antiquité ont longtemps influencé les sciences en Europe : justifiez.

b. Dans quels domaines des progrès sont-ils réalisés ?

c. Pourquoi parle-t-on de révolution « silencieuse » de Copernic au XVIe siècle ?

2. La révolution scientifique du XVIIe siècle

a. Au XVIIe siècle, comment la science se détache-t-elle de la philosophie et de la religion ?

b. Quand et comment la thèse de Copernic va-t-elle nourrir les controverses ?

3. Progrès et diffusion scientifique au XVIIIe siècle

a. Citez des inventions du XVIIIe siècle.

b. Qu'est-ce qu'une encyclopédie ?

Les personnages clés

Trouvez quel personnage se cache derrière chaque texte, puis associez-lui le portrait correspondant.

1

2

3

4

a. Astronome polonais qui avance le premier la thèse de l'héliocentrisme, à l'origine d'une révolution des savoirs.

b. Mathématicien et astronome italien qui complète et diffuse le système copernicien.

c. Mathématicien et physicien anglais, auteur de la théorie de la gravitation universelle, fondateur de la science moderne.

d. Inventeur écossais qui perfectionne la machine à vapeur, entraînant un progrès considérable des techniques.

Les mots clés

Quel terme correspond à chacune des définitions suivantes ?

1. Thèse selon laquelle la Terre est au centre de l'univers.

2. Assemblée de savants, de gens de lettres ou d'artistes reconnus par leurs pairs qui entendent promouvoir leurs disciplines respectives.

3. Faculté au moyen de laquelle l'homme peut connaître et juger.

4. Œuvre qui a l'ambition d'offrir une vaste synthèse des savoirs de son temps.

Les dates clés

Trouvez à quel fait correspond chaque date.

1543	Watt perfectionne la machine à vapeur
1609	Télescope de Newton
1662	Lunette astronomique de Galilée
1666	Machine à vapeur de Newcomen
1671	Théorie de la gravitation universelle de Newton
1687	Naissance de la Royal Society
1705	Colbert fonde l'Académie des sciences.
1751-1772	Publication de l'*Encyclopédie* de Diderot et d'Alembert
1780	Thèse de l'héliocentrisme de Copernic

Exercices

Les progrès de la science

1 Comment faire progresser la médecine ?

Témoignage de Theophrast von Hohenheim, dit Paracelse (1493-1541), alchimiste, astrologue et médecin suisse.

Qui donc ignore que la plupart des médecins de notre temps ont failli à leur mission de la manière la plus honteuse, en faisant courir les plus grands risques à leurs malades ? Ils se sont attachés, avec un pédantisme extrême, aux sentences d'Hippocrate, de Galien et d'Avicenne (...). J'enseignerai pendant deux heures par jour la médecine pratique et théorique (...). L'expérience [savante] est notre maître d'école suprême – et de mon propre travail. Ce sont donc l'expérience et la raison, et non les autorités [Hippocrate, Galien, Avicenne] qui me guideront lorsque je prouverai quelque chose.

Liber paragraphorum (1528).

2 Un couple de savants du XVIIIᵉ siècle, les Lavoisier

« Antoine Laurent de Lavoisier et sa femme », *huile sur toile de J.-L. David, 1788, (2,86 x 2,24 m), the Metropolitan Museum of Art, New York.*

QUESTIONS

DOC 1

1. Présentez ce document.
2. Pourquoi peut-on dire de Paracelse qu'il a une vision moderne de ce que doit être la science ?
3. Quel intérêt historique ce document présente-t-il ?

DOC 2

4. Présentez ce document.
5. À quoi voit-on qu'Antoine Laurent de Lavoisier est un savant ? Quelle semble être sa spécialité ?
6. Quels signes montrent que son épouse, Marie-Anne Pierrette Paulze, prend une part active à ses travaux ?
7. Quelles sont les intentions du peintre David quand il représente ainsi les époux Lavoisier ?

Pour aller plus loin

Livres

- Denis Guedj, ***La Révolution des savants***, « Découvertes », Gallimard, Paris, 1988.
- Revue mensuelle *La Recherche*, n° 400, « **400 ans de science** », septembre 2006.
- *Les cahiers de Science et Vie*, hors-série n° 39, « **Nicolas Copernic** », juin 1997.

Sites Internet

- À défaut d'une visite sur place, le site Internet du **Musée des arts et métiers** permet de parcourir les collections composées de 80 000 objets et de 20 000 dessins : www.arts-et-metiers.net.
- Le site encyclopedie.atilf.fr propose un moteur de recherche permettant de consulter l'*Encyclopédie* de Diderot et d'Alembert.

Musées à visiter

- Le **Musée des arts et métiers** (Paris) : premier musée scientifique et technique créé en Europe, il abrite la collection du Conservatoire national des arts et métiers, fondé en 1794 par l'abbé Grégoire.
- Le **Muséum national d'histoire naturelle** (Paris) dont les collections et les expositions concernent la zoologie, la botanique, ainsi que les sciences de la Terre et du monde minéral (géomorphologie, écologie, minéralogie, etc.).
- **De nombreux musées de province** abritent une collection d'objets scientifiques et techniques, ainsi les musées des techniques et cultures comtoises (onze sites, musées ou entreprises en activité répartis dans toute la Franche-Comté).

PARTIE 5
Révolutions, libertés, nations à

Aux XVIIe et XVIIIe siècles sont élaborés de grands principes politiques (liberté, égalité, droits de l'homme) qui remettent en cause, aux États-Unis et en Europe, les fondements du pouvoir politique. En France, la Révolution qui renverse la monarchie absolue et marque le début d'une démocratisation de la vie politique, est un moment clé de cette histoire. Après elle, ces grands principes sont, entre rejet et acceptation, au cœur des luttes politiques qui agitent la France et l'Europe jusqu'au milieu du XIXe siècle.

Quels idéaux et quels principes ont bouleversé les régimes politiques en Europe à la fin du XVIIIe et au début du XIXe siècle ?

1 Le XVIIIe siècle : l'Europe des philosophes

• Ce tableau montre Voltaire (1) recevant d'autres philosophes dans son château de Ferney : Diderot (2), d'Alembert (3) et sans doute Condorcet (4). Il illustre l'intense échange d'idées entre écrivains, scientifiques et penseurs qui caractérise le siècle des Lumières. « Le Dîner des philosophes », *huile sur toile de Jean Huber, 1772-1773, Voltaire Foundation, Oxford.*

'aube de l'époque contemporaine

2 1789 : la Révolution instaure un nouvel ordre politique en France

● Le 20 juin 1789, les députés du tiers état et quelques députés du clergé des États généraux qui ont adopté le nom d'Assemblée nationale (1) prêtent le serment du Jeu de paume, lu par leur président, Bailly (2). Par ce serment, ils jurent de donner une Constitution à la France.

Dessin de Jacques Louis David, 1791, musée du Château de Versailles.

3 1848 : les Berlinois luttent pour les principes libéraux et nationaux

● 1848 voit de nombreux Européens se soulever contre leurs gouvernements pour demander l'application des principes issus de la Révolution.

« Combats de barricades sur Alexanderplatz dans la nuit du 18 au 19 mars 1848 », *gravure.*

CHAPITRE 10

La montée des idées de liberté (fin XVIIe-XVIIIe s.)

Au XVIIIe siècle, la France est une monarchie absolue. Ce type de régime politique domine alors presque toute l'Europe. Pourtant, il est de plus en en plus contesté. D'autres modèles politiques sont ainsi donnés en exemples, comme ceux qui ont vu le jour en Angleterre depuis la « Glorieuse révolution » de 1688, et aux États-Unis après la Déclaration d'indépendance de 1776. Ces régimes sont fondés sur des principes nouveaux, défendus par la philosophie des Lumières : les droits de l'homme, considérés comme le fondement de tout pouvoir légitime.

Comment la philosophie des Lumières et l'exemple de nouveaux modèles politiques favorisent-ils la critique de la monarchie absolue ?

1 En Angleterre, un pouvoir royal limité par le Parlement…

• Pour discuter des affaires du royaume, les membres élus de la chambre des Communes se répartissent de part et d'autre de son président, le *speaker* (1) : à gauche, le gouvernement (2) et ses partisans (3), à droite, ses adversaires politiques (4).

« La Chambre des communes », *huile sur toile, 1793-1795, The National Portrait Gallery, Londres.*

2 … en France, une monarchie absolue de droit divin

• Ce tableau, *Louis XVI en costume de sacre*, est peint pour affirmer la puissance royale et ses fondements : à chacun des éléments représentés correspond une caractéristique de la monarchie absolue de droit divin.

Huile sur toile d'Antoine-François Callet, peintre officiel du roi, 1779, château de Versailles.

1. les gants blancs, identiques à ceux d'un évêque
2. le collier de grand maître de l'ordre du Saint-Esprit : le roi est à la tête de la noblesse française
3. le sceptre : pouvoir de commander
4. l'épée de France : pouvoir militaire, défense de l'Église
5. la couronne : puissance politique
6. la main de justice : pouvoir de juger, de pardonner les fautes

REPÈRES

L'Europe au XVIIIe siècle, entre absolutisme et Lumières

Au XVIIIe siècle, les États européens sont presque tous des monarchies absolues. Rares sont ceux qui, comme l'Angleterre, garantissent par une Constitution le respect des libertés individuelles.
En revanche, les Lumières gagnent l'Europe entière : les philosophes définissent les droits de l'homme, réclament davantage de liberté et diffusent leurs idées sur tout le continent.

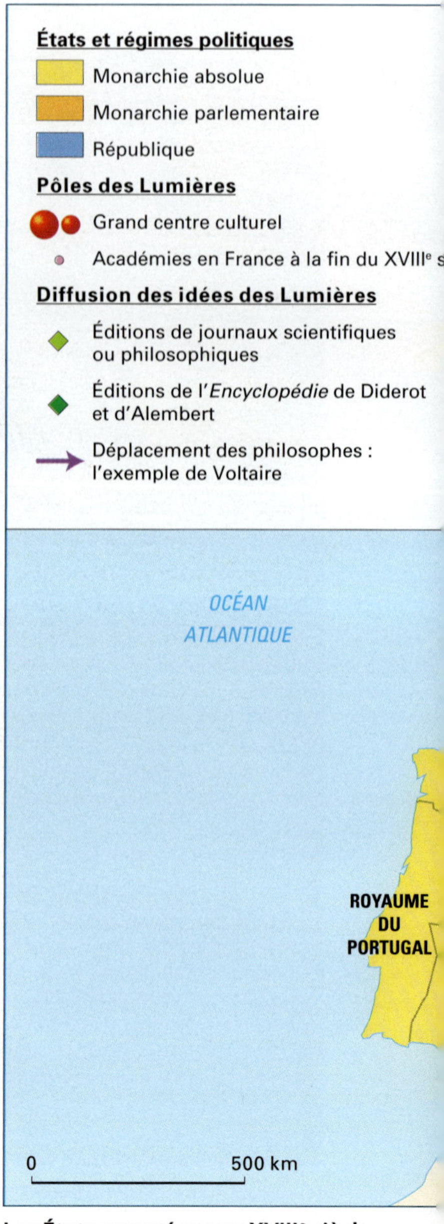

Les États européens au XVIIIe siècle

QUESTIONS

1. Quels sont les différents types de régime politique en Europe ? Lequel est majoritaire ?

2. Quels sont les plus grands pôles culturels des Lumières ? Leur localisation correspond-elle à un régime politique particulier ?

3. Quels sont les acteurs du mouvement des Lumières ?

4. Par quels moyens les idées des Lumières se diffusent-elles ?

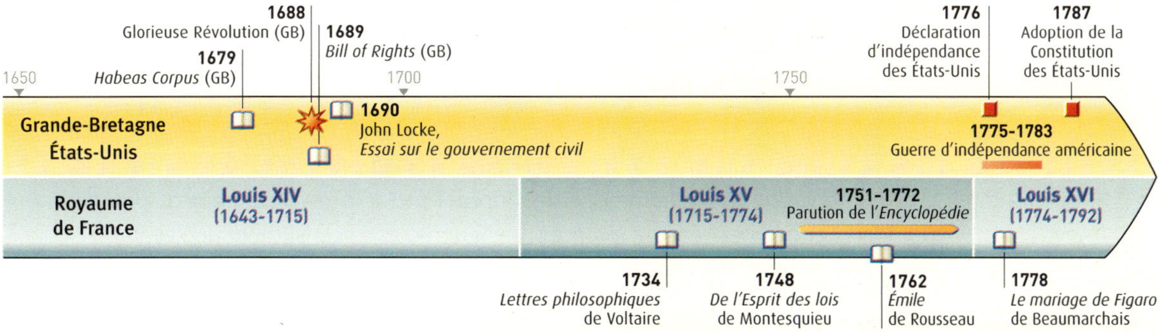
1650
1700
1750
Grande-Bretagne
États-Unis
1679
Habeas Corpus (GB)
1688
Glorieuse Révolution (GB)
1689
Bill of Rights (GB)
1690
John Locke,
Essai sur le gouvernement civil
1776
Déclaration d'indépendance des États-Unis
1787
Adoption de la Constitution des États-Unis
1775-1783
Guerre d'indépendance américaine
Royaume de France
Louis XIV
(1643-1715)
Louis XV
(1715-1774)
1751-1772
Parution de l'Encyclopédie
Louis XVI
(1774-1792)
1734
Lettres philosophiques de Voltaire
1748
De l'Esprit des lois de Montesquieu
1762
Émile de Rousseau
1778
Le mariage de Figaro de Beaumarchais

ROYAUME DE SUÈDE
Uppsala
Stockholm
Saint-Pétersbourg
EMPIRE DE RUSSIE
ROYAUME DU DANEMARK
MER DU NORD
IRLANDE
ROYAUME DE GRANDE-BRETAGNE
PROVINCES UNIES
Amsterdam
ROYAUME DE PRUSSE
Berlin
Londres
ROYAUME DE POLOGNE
1726
1728
1749
1753
1778
Arras
Amiens
Rouen
Caen
Soissons
ÉTATS ALLEMANDS
Leipzig
Paris
Metz
Lunéville
Orléans
Auxerre
AUTRICHE
HONGRIE
Dijon
La Rochelle
ROYAUME DE FRANCE
Besançon
SUISSE
Lausanne
Genève
Bordeaux
Lyon
RÉP. DE VENISE
Venise
Turin
Montauban
Lucques
Pau
Nîmes
Avignon
Bologne
Toulouse
Béziers
Arles
Aix
RÉP. DE GÊNES
Florence
RÉP. DE VENISE
Marseille
Montpellier
Livourne
EMPIRE OTTOMAN
Madrid
Rome
ROYAUME D'ESPAGNE
ROYAUME DE SARDAIGNE
ROYAUME DES DEUX-SICILES
MER MÉDITERRANÉE

DOSSIER Les Lumières contre la monarchie absolue

COURS p. 238-239

Au XVIIIe siècle, des savants, des écrivains, des philosophes de toute l'Europe portent un regard critique sur la société. En affirmant la supériorité de la raison et la liberté de l'homme, ils dénoncent l'intolérance et l'arbitraire du pouvoir. Leurs échanges sont intenses : par leurs écrits, ils constituent une véritable « République des lettres », où la pensée de chacun nourrit la réflexion de tous. Pourtant, malgré leur succès, les idées des Lumières ne touchent qu'une élite sociale éduquée.

Pourquoi et comment la philosophie des Lumières conteste-t-elle les fondements du pouvoir et de la société d'Ancien Régime ?

1 Les cafés, lieux de diffusion des idées des Lumières

• Les cafés, comme ici le Procope à Paris, sont des lieux très en vogue au XVIIIe siècle ; ils permettent la discussion, mais aussi la lecture des journaux, mis à la disposition de ceux qui les fréquentent.

Gravure, fin du XVIIIe siècle, BNF, Paris.

2 Le philosophe Kant définit les Lumières

Les Lumières, c'est la sortie de l'homme hors de l'état de tutelle dont il est lui-même responsable. L'état de tutelle est l'incapacité à se servir de sa raison sans la conduite d'un autre. On est soi-même responsable de cet état de tutelle quand la cause tient non pas à une insuffisance de la raison mais (...) du courage de s'en servir (...). Aie le courage de te servir de ta propre raison ! Voici la devise des Lumières. (...)

Mais pour ces Lumières, il n'est rien requis d'autre que la liberté, (...) celle de faire un usage public de sa raison. Or j'entends de tout côté cet appel : ne raisonnez pas ! L'officier dit : ne raisonnez pas mais faites les manœuvres ! (...) Le prêtre dit : ne raisonnez pas mais croyez ! (...) l'usage public de sa raison doit toujours être libre et il est le seul à pouvoir apporter les Lumières parmi les hommes ; (...) je comprends par usage public de sa raison celui qu'en fait quelqu'un, en tant que savant, devant l'ensemble du public qui lit.

Emmanuel Kant, *Qu'est-ce que les Lumières ?*, publié dans la revue *Berlinische Monatsschrift*, décembre 1784.

3 Montesquieu et la séparation des pouvoirs

Montesquieu (1689-1755)

C'est une expérience éternelle que tout homme qui a du pouvoir est porté à en abuser ; il va jusqu'à ce qu'il trouve des limites. (...) Pour qu'on ne puisse abuser du pouvoir, il faut que, par la disposition des choses, le pouvoir arrête le pouvoir. (...)

Il y a dans chaque État trois sortes de pouvoirs (...).

Lorsque dans la même personne (...), la puissance législative est réunie à la puissance exécutrice, il n'y a point de liberté ; parce qu'on peut craindre que le même monarque ou le même sénat ne fasse des lois tyranniques pour les exécuter tyranniquement.

Il n'y a point encore de liberté si la puissance de juger n'est pas séparée de la puissance législative et de l'exécutrice. Si elle était jointe à la puissance législative, le pouvoir sur la vie et la liberté des citoyens serait arbitraire : car le juge serait législateur. Si elle était jointe à la puissance exécutrice, le juge pourrait avoir la force d'un oppresseur.

Tout serait perdu si les mêmes hommes (...) exerçaient ces trois pouvoirs : celui de faire des lois, celui d'exécuter des résolutions publiques, et celui de juger les crimes et les différends des particuliers.

Montesquieu, *De l'esprit des lois*, 1748.

4 Rousseau critique la société d'ordres

Rousseau (1712-1778)

En France, la société est divisée en trois ordres. Clergé et noblesse (environ 3 % de la population) concentrent richesse et pouvoir ; ils bénéficient de privilèges, dont celui de ne pas payer la plupart des impôts. Les autres Français constituent le tiers état.

Jusqu'ici je n'ai point distingué les états, les rangs, les fortunes (...) parce que l'homme est le même dans tous les états ; que le riche n'a pas l'estomac plus grand que le pauvre et ne digère pas mieux que lui ; que le maître n'a pas les bras plus longs ni plus forts que ceux de son esclave ; qu'un grand n'est pas plus grand qu'un homme du peuple. (...)

Vous vous fiez à l'ordre actuel de la société sans songer que cet ordre est sujet à des révolutions inévitables (...). Nous approchons de l'état de crise et du siècle des révolutions. Qui peut vous répondre de ce que vous deviendrez alors ? Tout ce qu'ont fait les hommes, les hommes peuvent le détruire : il n'y a de caractères ineffaçables que ceux qu'imprime la nature, et la nature ne fait ni princes, ni riches, ni grands seigneurs.

Jean-Jacques Rousseau, *Émile ou de l'éducation*, livre III, 1762.

5 Voltaire affirme la liberté d'expression

Voltaire (1694-1778)

Sous prétexte de critiquer la censure dans l'Empire ottoman, Voltaire vise la France.

Il a semblé bon (...) de condamner, proscrire (...) ladite infernale invention de l'imprimerie, pour les causes ci-dessous énoncées.

1. Cette facilité de communiquer ses pensées tend évidemment à dissiper l'ignorance, qui est la gardienne et la sauvegarde des États bien policés. (...)

3. Il arriverait à la fin que nous aurions des livres d'histoire dégagés du merveilleux qui entretient la nation dans une heureuse stupidité. (...)

4. Il se pourrait, dans la suite des temps, que de misérables philosophes, sous le prétexte (...) punissable d'éclairer les hommes et de les rendre meilleurs, viendraient nous enseigner des vertus dangereuses dont le peuple ne doit jamais avoir de connaissance. (...)

À ces causes et autres, pour l'édification des fidèles et pour le bien de leurs âmes, nous leur défendons de jamais lire aucun livre, sous peine de damnation éternelle. Et (...) nous leur défendons expressément de penser.

Voltaire, *De l'horrible danger de la lecture*, 1765.

QUESTIONS

▶ Analyse des documents

DOC 2 **1.** D'après Kant, comment un homme peut-il rejoindre le mouvement des Lumières ?
2. Qui, d'après lui, s'oppose aux Lumières ?

DOC 1 **3.** Comment l'artiste montre-t-il le rôle des cafés dans la diffusion des idées ?

DOCS 2 ET 5 **4.** Quels sont, pour ces deux auteurs, les avantages de la libre circulation des écrits ?

DOC 3 **5.** Pourquoi les trois pouvoirs ne doivent-ils pas être détenus par la même personne ? Expliquez alors pourquoi ce texte peut être considéré comme une critique de la monarchie absolue.

DOC 4 **6.** Au nom de quel principe Rousseau rejette-t-il la société d'ordres ?

▶ BILAN

Pour comprendre les idées des Lumières, rédigez à l'aide des documents un paragraphe en l'organisant en trois parties : les caractéristiques de l'Europe du XVIIIe siècle critiquées par les Lumières ; les principes des Lumières ; les moyens employés pour diffuser la pensée des Lumières.

DOSSIER L'*Encyclopédie*, une œuvre des Lumières

COURS p. 238-239

L'*Encyclopédie, ou dictionnaire raisonné des sciences, des arts et des métiers* est un ouvrage collectif, dirigé à partir de 1747 par le philosophe Denis Diderot et le mathématicien Jean Le Rond d'Alembert. Elle réunit plus de 140 auteurs et compte 28 volumes de textes et d'illustrations parus de 1751 à 1772.
L'ambition de *l'Encyclopédie* est de présenter l'ensemble des connaissances humaines. Mais elle veut aussi s'attaquer à tout ce qui s'oppose à la raison. Elle développe alors une critique des pratiques politiques, sociales et religieuses du XVIIIe siècle, s'attirant ainsi l'hostilité du pouvoir.

En quoi l'*Encyclopédie *permet-elle la diffusion des idées des Lumières ?

La Raison (1) et la Philosophie (2) enlèvent les voiles qui masquent la Vérité (3).
La lumière se répand alors sur les Arts (4) et les Sciences (5) pour enfin toucher les Métiers (6).

1 L'*Encyclopédie* exalte la raison

• **Gravure envoyée aux souscripteurs, qui paient à l'avance l'ensemble des volumes publiés. L'ouvrage est un véritable succès pour le XVIIIe siècle.** *Frontispice de l'*Encyclopédie*, 1772, BNF, Paris.*

2 Diderot définit l'*Encyclopédie*

Denis Diderot (1713-1784)

Ce mot signifie enchaînement de connaissances (...). En effet, le but d'une Encyclopédie est de rassembler les connaissances éparses sur la surface de la Terre, d'en exposer le système général aux hommes avec qui nous vivons, et de le transmettre aux hommes qui viendront après nous ; afin que les travaux des siècles passés n'aient pas été des travaux inutiles pour les siècles qui succéderont ; que nos neveux, devenant plus instruits, deviennent en même temps plus vertueux et plus heureux (...).

J'ai dit qu'il n'appartenait qu'à un siècle philosophe, de tenter une Encyclopédie ; et je l'ai dit, parce que cet ouvrage demande partout plus de hardiesse dans l'esprit, qu'on n'en a communément (...). Il faut tout examiner, tout remuer sans exception et sans ménagement (...). Il faut fouler aux pieds toutes ces vieilles puérilités ; renverser les barrières que la raison n'aura point posées ; rendre aux Sciences et aux Arts une liberté qui leur est si précieuse (...). Il fallait un temps raisonneur, où l'on ne cherchât plus les règles dans les auteurs, mais dans la nature (...).

Denis Diderot, article « Encyclopédie », *Encyclopédie*, 1755.

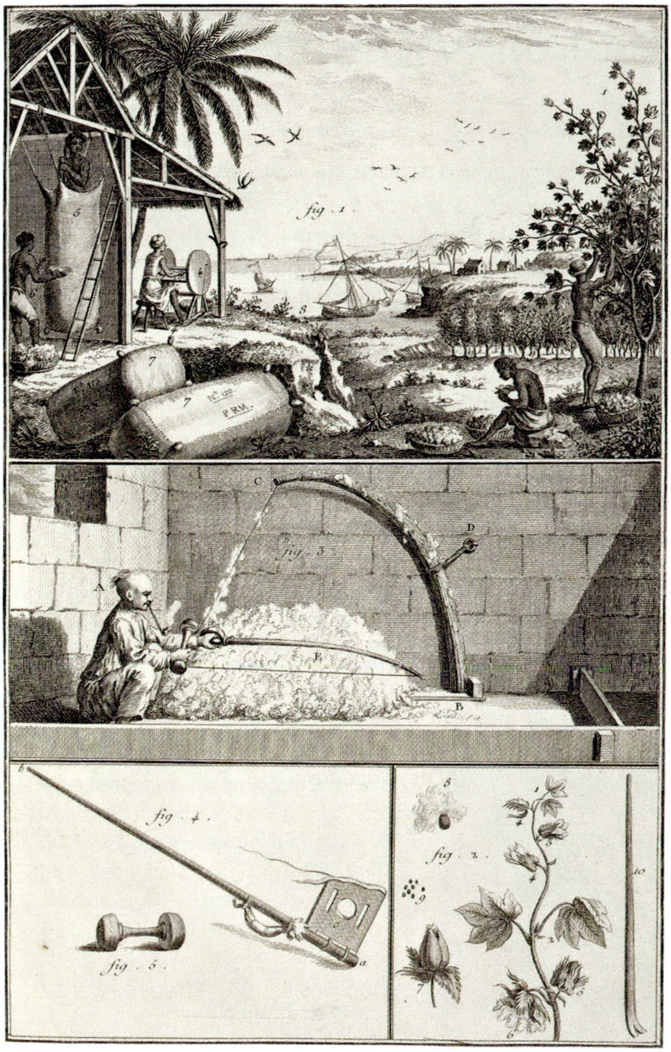

3 Une planche illustrant l'article « Coton » de l'*Encyclopédie*

● **En haut, présentation de la culture et du travail du coton ; en bas, description minutieuse de la plante et des outils.**
Gravure « le coton », planche 1, fin du XVIIIe siècle, BNF, Paris.

4 Diderot critique la monarchie absolue de droit divin

Aucun homme n'a reçu de la nature le droit de commander aux autres. La liberté est un présent du ciel, et chaque individu de la même espèce a le droit d'en jouir aussitôt qu'il jouit de la raison. Si la nature a établi quelque autorité, c'est la puissance paternelle (...). Toute autre autorité vient d'une autre origine que de la nature. Qu'on examine bien, et on la fera toujours remonter à l'une de ces deux sources : ou la force et la violence de celui qui s'en est emparé ; ou le consentement de ceux qui s'y sont soumis par un contrat fait ou supposé entre eux et celui à qui ils ont déféré l'autorité. (...)

Le prince tient de ses sujets mêmes l'autorité qu'il a sur eux (...). D'ailleurs le gouvernement, quoique héréditaire dans une famille, et mis entre les mains d'un seul, n'est pas un bien particulier, mais un bien public, qui par conséquent ne peut jamais être enlevé au peuple, à qui seul il appartient essentiellement et en pleine propriété.

Denis Diderot, article « Autorité politique », *Encyclopédie*, 1751.

5 L'*Encyclopédie*, une entreprise dangereuse

J'ai travaillé près de trente ans à cet ouvrage. De toutes les persécutions qu'on peut imaginer, il n'en est aucune que je n'aie essuyée. (...)

L'ouvrage a été proscrit et ma personne menacée par différents édits du roi et par plusieurs arrêts du Parlement. Nous avons eu pour ennemis la cour, les grands[1], les militaires, qui n'ont jamais d'autres avis que celui de la cour, les prêtres, la police, les magistrats (...). Cependant, au milieu de ce déchaînement général, tout le monde souscrivait. Ils voulaient avoir l'ouvrage et perdre les auteurs.

Denis Diderot, *Mélanges philosophiques, historiques, etc.*, adressés à Catherine II de Russie, 1773.

1. *Haute noblesse du royaume.*

Questions

▶ **Analyse des documents**

DOC 1 **1.** Comment, d'après cette gravure, la vérité peut-elle être dévoilée ? **2.** Par quels moyens visuels l'artiste montre-t-il les effets de ce dévoilement ?

DOC 2 **3.** Quels sont les buts de l'*Encyclopédie* ?

DOCS 2 ET 3 **4.** Décrivez la gravure et montrez qu'elle permet d'atteindre les buts définis par Diderot.

DOC 4 **5.** D'après Diderot, quelle est l'origine de tout pouvoir ? Expliquez alors pourquoi ce texte peut être considéré comme une critique de la monarchie absolue de droit divin.

DOCS 4 ET 5 **6.** D'après Diderot, qui s'oppose à l'*Encyclopédie* ? Expliquez pourquoi grâce à l'article qui en est tiré.

▶ **BILAN**

Pour comprendre le rôle de l'*Encyclopédie*, justifiez à l'aide des documents les affirmations suivantes :
– l'*Encyclopédie* présente l'ensemble des connaissances humaines et aborde ainsi des sujets très différents ;
– l'*Encyclopédie* critique tout ce qui n'est pas fondé sur la raison.

DOSSIER Les idées portées par les révolutions anglaises et américaine

COURS p. 238-239

Les révolutions anglaises (en 1649 contre Charles Ier et en 1689 contre Jacques II) et la révolution américaine (1776-1787) donnent naissance à des régimes politiques nouveaux. Ils se fondent sur la séparation des pouvoirs et la souveraineté du peuple. Ces régimes sont un objet d'étude pour ceux qui, notamment en France, remettent en cause l'absolutisme dont ils dénoncent l'arbitraire.

En quoi les exemples anglais et américain nourrissent-ils la critique de la monarchie absolue ?

1 L'exécution du roi Charles Ier devant le Parlement anglais

● **Le roi Charles Ier (1625-1649) tente d'imposer une monarchie absolue. Au terme d'une guerre civile, il est condamné à mort pour avoir voulu limiter les droits et libertés du peuple.** *Huile sur toile, fin du XVIIe siècle (1,37 m x 2,15 m), musée de Picardie, Amiens.*

2 L'*Habeas Corpus* protège les droits individuels

Attendu que (...) beaucoup de sujets du roi ont été longtemps retenus en prison dans des cas où légalement ils sont libérables sous caution, pour prévenir cela, qu'il soit édicté (...) que, chaque fois qu'une ou des personnes produira ou produiront une ordonnance d'*Habeas Corpus* adressée à un ou des shérifs, que lesdits officiers ou leurs subordonnés, dans les trois jours qui suivent (...) amènent ou fassent amener (...) l'individu en cause (...) devant les juges (...) et alors [qu'ils] certifient les vraies causes de sa détention ou de son emprisonnement ; et sur quoi, dans les deux jours (...) devront libérer ledit prisonnier de son emprisonnement, après avoir pris son engagement[1] assorti d'une ou plusieurs cautions.

Habeas Corpus Act, loi votée par le Parlement anglais le 27 mai 1679.

1. De revenir devant le tribunal pour y être jugé.

3 Le *Bill of Rights* limite les pouvoirs du roi en Angleterre

Lesdits lords spirituels et temporels et les Communes[1], (...) constituant ensemble la représentation pleine et libre de la Nation (...), déclarent d'abord (...) pour assurer leurs anciens droits et libertés :

1. Que le prétendu pouvoir de l'autorité royale de suspendre les lois ou l'exécution des lois sans le consentement du Parlement est illégal ; (...)

4. Qu'une levée d'argent pour la Couronne ou à son usage (...) sans le consentement du Parlement (...) est illégale ; (...)

6. Que la levée et l'entretien d'une armée dans le royaume, en temps de paix, sans le consentement du Parlement, est contraire à la loi ; (...)

8. Que la liberté de parole, ni celle des débats ou procédures dans le sein du Parlement, ne peut être entravée ; (...)

9. Que les élections des membres du Parlement doivent être libres (...).

Déclaration des droits *(Bill of Rights)*, 13 février 1689.

1. La Chambre des communes et celle des lords forment le Parlement.

4 La Constitution des États-Unis

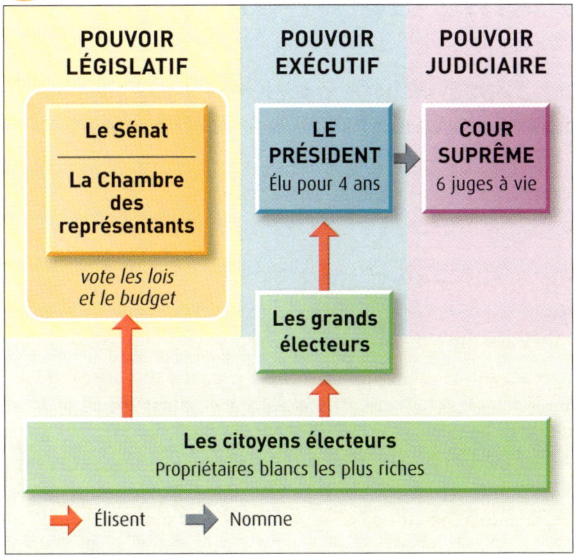

5 La Déclaration d'indépendance des États-Unis d'Amérique, 4 juillet 1776

Nous tenons pour évidentes pour elles-mêmes les vérités suivantes : tous les hommes sont créés égaux ; ils sont doués par le Créateur de certains droits inaliénables ; parmi ces droits se trouvent la vie, la liberté et la recherche du bonheur. Les gouvernements sont établis parmi les hommes pour garantir ces droits, et leur juste pouvoir émane du consentement des gouvernés. Toutes les fois qu'une forme de gouvernement devient destructive de ce but, le peuple a le droit de la changer ou de l'abolir et d'établir un nouveau gouvernement. (...)

Mais lorsqu'une longue suite d'abus et d'usurpations, tendant invariablement au même but, marque le dessein de les soumettre au despotisme absolu, il est de leur droit, il est de leur devoir de rejeter un tel gouvernement (...). L'histoire du roi actuel de Grande-Bretagne[1] est l'histoire d'une série d'injustices et d'usurpations répétées, qui toutes avaient pour but direct l'établissement d'une tyrannie absolue sur ces États. (...)

En conséquence, nous, les représentants des États-Unis d'Amérique, assemblés en Congrès général, (...) publions et déclarons solennellement au nom et par l'autorité du bon peuple (...) que ces colonies unies sont et ont le droit d'être des États libres et indépendants ; qu'elles sont dégagées de toute obéissance envers la Couronne de Grande-Bretagne.

1. George III.

6 La popularité de la révolution américaine en France

● **Benjamin Franklin, scientifique et homme politique, est l'un des rédacteurs de la Déclaration d'Indépendance. Il est envoyé par les États-Unis comme ambassadeur en France.**

« Le Docteur Franklin couronné par la liberté », *gravure de J.-H. Fragonard, 1778, Musée national de la coopération franco-américaine, Blérancourt.*

Questions

▶ Analyse des documents

DOC 1 **1.** Que nous montre cette scène ?

DOC 2 **2.** De quoi la loi d'*Habeas Corpus* protège-t-elle les Anglais ?

DOC 3 **3.** Qu'est-ce que le Parlement ? Quels sont ses pouvoirs ?

DOCS 2 ET 3 **4.** À quelle caractéristique de la monarchie absolue le régime anglais s'oppose-t-il ?

DOC 5 **5.** Quels doivent être, pour les Américains, l'origine et les objectifs de tout gouvernement ?

DOCS 4 ET 5 **6.** Montrez que la Constitution respecte les idées développées dans la Déclaration d'indépendance.

DOCS 5 ET 6 **7.** Pourquoi la popularité de Franklin peut-elle être comprise comme une critique de la monarchie absolue en France ?

▶ BILAN

Pour comprendre en quoi les révolutions anglaises et américaine peuvent être un modèle pour ceux qui contestent la monarchie absolue en France, expliquez pour chacun de ces trois pays :
– quels sont les fondements et l'origine du pouvoir ;
– qui détient les pouvoirs exécutif, législatif et judiciaire ;
– s'il est possible de s'opposer au pouvoir.

COURS

La contestation intellectuelle de la monarchie absolue

REPÈRES p. 230-231
DOSSIER p. 232-233
DOSSIER p. 234-235
DOSSIER p. 236-237
HISTOIRE DES ARTS p. 240-241

Comment les fondements du pouvoir et de la société en France et en Europe sont-ils remis en cause au XVIIIe siècle par la montée des idées de liberté ?

1. *Un louis d'or (1786)*
• **Autour du buste du roi est écrit en latin : « Louis XVI, par la grâce de Dieu roi de France et de Navarre ».**
BNF, Paris.

A Le modèle français de la monarchie absolue et l'Europe

Une monarchie absolue de droit divin

• En Europe, de nombreuses monarchies reposent sur le principe de l'**absolutisme**. Les rois affirment détenir tous les pouvoirs. **Toute autorité émane d'eux**, et leurs sujets leur doivent une parfaite obéissance.
• L'absolutisme français se fonde sur l'affirmation du **caractère sacré du roi**. Il est considéré comme représentant de Dieu sur terre : son autorité est donc indiscutable, et il n'a de comptes à rendre qu'à Dieu (doc 1).

Une autorité limitée dans une société hiérarchisée

• Mais **le roi ne peut pas tout**. En France, il doit respecter les lois fondamentales du royaume (il ne peut, par exemple, choisir son successeur) et de multiples **privilèges** qui limitent son pouvoir. Ainsi, la division médiévale de la société en **ordres** perdure au XVIIIe siècle : à ce titre, clergé et noblesse bénéficient du privilège de ne pas payer la plupart des impôts royaux.
• Surtout, l'autorité royale est le résultat d'un **compromis**. L'affirmation du pouvoir royal procure aux élites ordre, sécurité et places dans l'administration. À l'inverse, ces élites, présentes dans tout le royaume, permettent la diffusion des décisions royales.

L'Angleterre, un autre modèle politique

• Au XVIIe siècle, **deux conceptions du pouvoir** s'opposent en Angleterre. Les rois se proclament monarques absolus de droit divin, alors que le **Parlement** s'affirme seul détenteur du pouvoir législatif.
• Cet affrontement provoque de graves troubles entre 1642 et 1689. Ils s'achèvent par la « **Glorieuse Révolution** » : le Parlement, victorieux, définit par le *Bill of Rights* un nouveau régime politique, la **monarchie parlementaire**.

B La philosophie des Lumières

La primauté de la raison

• La philosophie des Lumières se caractérise par une attitude intellectuelle : la nécessité de fonder toute connaissance sur la **raison**. Les philosophes des Lumières entendent appliquer à tous les domaines du savoir humain les **principes scientifiques** : l'observation, la vérification par l'expérience et la recherche des causes.
• C'est dans cette logique que s'inscrit la rédaction de l'***Encyclopédie**, ou dictionnaire raisonné des sciences, des arts et des métiers*. Publiée entre 1751 et 1772, dirigée par le philosophe Denis Diderot et le mathématicien Jean Le Rond d'Alembert, elle a pour ambition de rassembler les connaissances humaines, en les débarrassant de toute référence à la foi.

La critique de l'Ancien Régime

• Appliquée à la politique, cette culture de la critique se fait **contestation de l'ordre établi**. En faisant de la liberté et de l'égalité les fondements de la nature humaine,

VOCABULAIRE

• **Absolutisme**
Régime politique dans lequel le roi exerce tous les pouvoirs.

• **Constitution**
Texte de loi fondamental fixant le régime politique, l'organisation des pouvoirs et leurs rapports dans un État.

• **Monarchie parlementaire**
Régime politique dans lequel les pouvoirs du rois sont limités par ceux du Parlement.

• **Ordres**
Clergé, noblesse et tiers état regroupent la totalité des Français. Clergé et noblesse sont très minoritaires.

• **Parlement**
Composé, en Angleterre, de la Chambre des lords (non élus, grands propriétaires et hommes d'église) et de la Chambre des communes (membres élus), il contrôle les pouvoirs du roi et fixe les impôts.

les philosophes critiquent l'absolutisme et la société d'ordres. Montesquieu, Voltaire, Diderot, Rousseau définissent d'autres principes : tolérance religieuse, séparation des pouvoirs et égalité devant la loi.

- Des débats agitent les philosophes sur les réformes à entreprendre, mais peu sont en faveur d'un bouleversement radical de la société. Pourtant, ils sont considérés en France comme dangereux par le pouvoir et l'Église catholique.

VOCABULAIRE

- **Privilèges**
Droits, avantages réservés à certaines personnes ou à certains groupes.
- **République des Lettres**
Ensemble des écrivains qui, en échangeant et diffusant leurs idées, ont le sentiment de construire ensemble la pensée des Lumières.

C L'influence des Lumières

Une République des Lettres européenne

- Les **moyens de diffusion** des nouvelles idées sont nombreux : livres, correspondances, voyages, lieux de rencontre (salons, cafés…). Les hommes, les écrits et les idées circulent dans toute l'Europe. Ces échanges permettent la constitution d'une **République des Lettres**. Les philosophes se sentent en effet animés du même désir de promouvoir les principes des Lumières, et ainsi d'« éclairer » leurs contemporains.

Une diffusion limitée

- La philosophie des Lumières ne touche pourtant que les élites (doc 2). Elle passe principalement par l'écrit, dans une société majoritairement illettrée. De plus, des ouvrages comme l'*Encyclopédie* sont chers.
- Mais cette diffusion, même restreinte, permet sous les règnes de Louis XV – entre 1715 et 1774 – et Louis XVI – à partir de 1774 – la naissance en France d'une **opinion publique**. Elle critique la société, le roi et sa politique : ces débats finissent par mettre en cause l'autorité royale.

La révolution américaine : une révolution des Lumières

- En 1775, des colons anglais établis en Amérique du Nord se révoltent : ils reprochent à l'Angleterre de ne pas leur accorder les mêmes droits qu'aux Anglais. Au nom du **respect de leurs libertés**, treize colonies proclament leur droit à l'indépendance : les États-Unis naissent le 4 juillet 1776.
- En Europe, cette révolution suscite l'enthousiasme : elle est vue comme une **mise en pratique des idées des Lumières**. Ce sentiment est renforcé par la **Constitution** adoptée en 1787 : elle définit un régime politique fondé sur la séparation des pouvoirs, la souveraineté du peuple et son exercice par des représentants élus.

2. *Les Lumières, une diffusion limitée à une élite*

• Dans le salon de Mme Geoffrin (1) en 1755 à l'occasion de la lecture d'une tragédie de Voltaire (2) : des philosophes, Rousseau (3), d'Alembert (4) et Diderot (5), et des nobles : le duc de Choiseul (6) et le prince de Conti (7).
Huile sur toile de G. Lemonnier, 1812, Musée national des châteaux de Malmaison et Bois-Préau, Rueil-Malmaison.

Le Mariage de Figaro (1778) : le théâtre au service des idées nouvelles

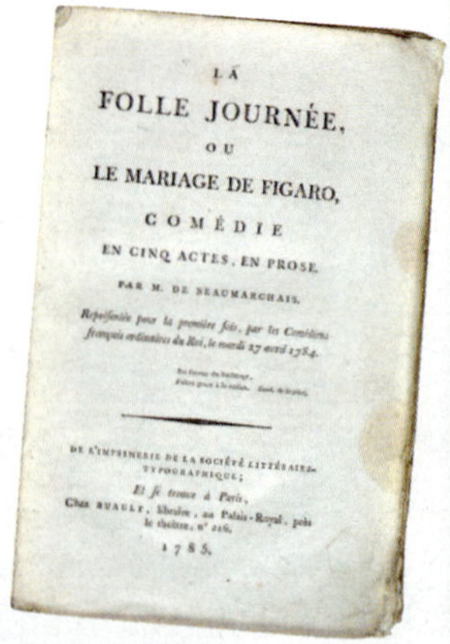

LA
FOLLE JOURNÉE,
OU
LE MARIAGE DE FIGARO,
COMÉDIE
EN CINQ ACTES, EN PROSE.
PAR M. DE BEAUMARCHAIS.
Représentée pour la première fois, par les Comédiens français ordinaires du Roi, le mardi 27 avril 1784.

DE L'IMPRIMERIE DE LA SOCIÉTÉ LITTÉRAIRE-TYPOGRAPHIQUE;
Et se trouve à Paris,
Chez RUAULT, libraire, au Palais-Royal, près le théâtre, n° 216.
1785.

L'ESSENTIEL SUR...

Le théâtre en France au XVIIIe siècle

La place du théâtre

▶ Le théâtre est, au XVIIIe siècle, un **divertissement populaire**. Des représentations ont lieu aussi bien devant le roi que dans des théâtres, où se côtoient peuple et élites sociales. Des troupes peuvent aussi se produire en plein air, sur une scène improvisée.

▶ La diffusion des pièces ne se fait pas que lors des **représentations** : elles sont **imprimées** sous forme de brochures, et certaines connaissent un réel succès de librairie.

La fonction du théâtre

▶ Les **auteurs des Lumières** s'emparent de ce genre artistique. Voltaire écrit ainsi de nombreuses pièces. Pour Diderot, le théâtre doit, en présentant des personnages contemporains, porter un **regard critique sur la société**.

▶ En 1778, **Beaumarchais** écrit *Le Mariage de Figaro* dans ce but, en mettant en scène un noble et son valet. Mais la **censure royale** s'abat lorsqu'il veut faire jouer la pièce en 1781 : elle est interdite pendant trois ans, et lui vaut l'emprisonnement. Il est libéré sous la **pression de l'opinion publique** et grâce à la protection de la reine Marie-Antoinette. La pièce connaît alors un immense succès – plus de cent représentations en quatre ans, preuve de l'impact du théâtre sur la société.

Quel est le rôle du théâtre dans la diffusion des idées nouvelles au XVIIIe siècle en France ?

1 La place de Figaro dans la société d'ordres

Le valet Figaro reproche à son maître, le comte Almaviva, de vouloir séduire sa fiancée.

Parce que vous êtes un grand seigneur, vous vous croyez un grand génie ! Noblesse, fortune, un rang, des places, tout cela rend si fier ! Qu'avez-vous fait pour tant de biens ? Vous vous êtes donné la peine de naître, et rien de plus. Du reste, homme assez ordinaire ; tandis que moi, morbleu ! perdu dans la foule obscure, il m'a fallu déployer plus de science et de calculs pour subsister seulement, qu'on n'en a mis depuis cent ans à gouverner toutes les Espagnes (...).

Est-il rien de plus bizarre que ma destinée ? Fils de je ne sais pas qui, volé par des bandits, élevé dans leurs mœurs, je m'en dégoûte et veux courir une carrière honnête ; et partout je suis repoussé ! J'apprends la chimie, la pharmacie, la chirurgie, et tout le crédit d'un grand seigneur peut à peine me mettre à la main une lancette vétérinaire ! (...)

Il s'élève une question sur la nature des richesses ; et, comme il n'est pas nécessaire de tenir les choses pour en raisonner, n'ayant pas un sol[1], j'écris sur la valeur de l'argent et sur son produit net : sitôt je vois du fond d'un fiacre baisser pour moi le pont d'un château fort, à l'entrée duquel je laissai l'espérance et la liberté. Que je voudrais bien tenir un de ces puissants de quatre jours (...). Je lui dirais que les sottises imprimées n'ont d'importance qu'aux lieux où l'on en gêne le cours ; que sans la liberté de blâmer, il n'est point d'éloge flatteur ; et qu'il n'y a que les petits hommes qui redoutent les petits écrits (...).

On me dit (...) qu'il s'est établi dans Madrid un système de liberté sur la vente des productions, qui s'étend même à celles de la presse ; et que, pourvu que je ne parle en mes écrits ni de l'autorité, ni du culte, ni de la politique, ni de la morale, ni des gens en place, ni des corps en crédit, ni de l'Opéra, ni des autres spectacles, ni de personne qui tienne à quelque chose, je puis tout imprimer librement, sous l'inspection de deux ou trois censeurs.

Pierre-Augustin Caron de Beaumarchais,
La Folle Journée ou le Mariage de Figaro, Acte V, scène 3, 1778.

1. *Un sou.*

2 Une critique de la société

Pendant ces quatre ans de débat[1] je ne demandais qu'un censeur ; on m'en accorda cinq ou six. Que virent-ils dans l'ouvrage, objet d'un tel déchaînement ? la plus badine des intrigues. Un grand seigneur espagnol, amoureux d'une jeune fille qu'il veut séduire, et les efforts que cette fiancée, celui qu'elle doit épouser et la femme du seigneur, réunissent pour faire échouer dans son dessein un maître absolu que son rang, sa fortune et sa prodigalité, rendent tout-puissant pour l'accomplir. Voilà tout, rien de plus. La pièce est sous vos yeux.

D'où naissaient donc ces cris perçants ? De ce qu'au lieu de poursuivre un seul caractère vicieux, (...) l'auteur (...) a formé son plan de façon à y faire entrer la critique d'une foule d'abus qui désolent la société.

Beaumarchais, préface à la version imprimée de *La Folle Journée, ou le Mariage de Figaro*, 1785.

1. *En 1781, la censure royale interdit la représentation et la publication du* Mariage de Figaro.

4 Le théâtre, un danger pour le pouvoir

Le 8 mars 1785, le roi ordonne l'emprisonnement de Beaumarchais ; il est relâché le 13 mars, sous la pression de l'opinion publique.
« Voilà où nous réduit l'Aristocratie », *gravure, 1785, BNF, Paris.*

3 Une représentation théâtrale

Figaro (à droite) doit se défendre devant une cour de justice partiale, acquise à la cause du comte Almaviva (Acte III, scène 15).
Gravure à l'eau-forte, Bibliothèque de l'Arsenal, Paris.

QUESTIONS

Présenter les œuvres

1. Faites une recherche sur Beaumarchais pour comprendre son implication dans les événements politiques de son temps.
2. De quand datent ces documents ? Quelle est l'organisation de la société française à cette époque ?

Analyser les œuvres

3. **DOC 1** Comment peut-on qualifier la vie de Figaro ? Comment Figaro explique-t-il cette situation ?
4. **DOCS 1, 2 ET 4** Montrez que, sous des aspects comiques, cette pièce est une œuvre critique.

Faire le lien entre art et histoire

5. **DOCS 1 ET 2** Quelle caractéristique de la société d'ordres est ici critiquée ?
6. **DOCS 1, 2, 3 ET 4** Comment se diffusent les débats qui entourent cette pièce ?
7. Montrez que cette pièce a une fonction politique.

@ Pour aller plus loin
www.alalettre.com/beaumarchais.php
Un site qui répertorie biographies et œuvres de nombreux écrivains français ou étrangers.

MÉTHODE Mettre en relation des documents et rédiger un bilan

SUJET La pensée des Lumières et sa diffusion

1 Montesquieu critique le pouvoir royal

Dans ce livre, Montesquieu feint de n'être que le traducteur des lettres envoyées par deux Persans en voyage à Paris ; en réalité, il en est l'auteur.

Rica à Ibben, à Smyrne. (...)

Le roi de France est le plus puissant prince de l'Europe. Il n'a point de mines d'or comme le roi d'Espagne son voisin ; mais il a plus de richesses que lui, parce qu'il les tire de la vanité de ses sujets, plus inépuisable que les mines. On lui a vu entreprendre ou soutenir de grandes guerres, n'ayant d'autres fonds que des titres d'honneur à vendre, et, par un prodige de l'orgueil humain, ses troupes se trouvaient payées, ses places munies, et ses flottes équipées.

D'ailleurs ce roi est un grand magicien : il exerce son empire sur l'esprit même de ses sujets ; il les fait penser comme il veut. S'il n'a qu'un million d'écus dans son trésor, et qu'il en ait besoin de deux, il n'a qu'à les persuader qu'un écu en vaut deux, et ils le croient. (...) Il va même jusqu'à leur faire croire qu'il les guérit de toutes sortes de maux en les touchant, tant est grande la force et la puissance qu'il a sur les esprits.

Montesquieu, *Lettres persanes*, lettre 24, 1721

2 L'*Encyclopédie* défend la liberté de la presse

On demande si la liberté de la presse est avantageuse ou préjudiciable à un État. La réponse n'est pas difficile. Il est de la plus grande importance de conserver cet usage dans tous les États fondés sur la liberté ; je dis plus : les inconvénients de cette liberté sont si peu considérables vis-à-vis de ses avantages, que ce devrait être le droit commun de l'univers, et qu'il est à propos de l'autoriser dans tous les gouvernements.

Louis de Jaucourt, article « Presse », *Encyclopédie*, 1765.

3 Le Parlement de Paris[1] condamne l'*Émile* de Rousseau

Que l'auteur (...) avance qu'on peut être sauvé sans croire en Dieu, que (...) la seule raison est juge dans le choix d'une religion (...). Que tels sont les principes impies et détestables que se propose d'établir dans son ouvrage cet écrivain qui soumet la religion à l'examen de la raison, qui n'établit qu'une foi purement humaine (...).

Qu'à ces impiétés il ajoute des détails indécents, des explications qui blessent la bienséance et la pudeur, des propositions qui tendent à donner un caractère faux et odieux à l'autorité souveraine, à détruire le principe de l'obéissance qui lui est due, et affaiblir le respect et l'amour des peuples pour leurs rois. (...)

Que l'auteur de ce livre n'ayant point craint de se nommer lui-même, il ne saurait être trop promptement poursuivi ; qu'il est important, puisqu'il s'est fait connaître, que la justice se mette à portée de faire un exemple, tant sur l'auteur que sur ceux qu'on pourra découvrir avoir concouru, soit à l'impression, soit à la distribution d'un tel ouvrage (...).

La cour ordonne que ledit livré imprimé sera lacéré et brûlé en la cour du Palais.

Arrêt de la cour du Parlement, 9 juin 1762.

1. *En France, un parlement est une cour de justice.*

LETTRES PERSANES.

TOME I.

A COLOGNE,

Chez PIERRE MARTEAU,

MDCCXXI.

4 Une édition des *Lettres persanes*

● Cette édition des *Lettres persanes*, sans nom d'auteur, est parue chez un éditeur qui n'existe pas : « Pierre Marteau, éditeur à Cologne » est en effet un nom utilisé pour publier des textes interdits ou considérés comme dangereux, pouvant exposer le véritable éditeur à des poursuites judiciaires. *BNF, Paris.*

Méthode

Cet exercice consiste à répondre au sujet posé en vous appuyant sur l'analyse et la mise en relation des documents.

1 Analyser et mettre en relation les documents en répondant aux questions

Travail préparatoire

- **Relever** dans chaque document **les informations** qui permettent de répondre à la question posée.
- **Confronter ces informations** : les documents peuvent être de nature, de dates, d'auteurs et d'opinions variés ; il faut relever les informations complémentaires ou contradictoires, et les expliquer.
- **Classer ces informations** pour les **regrouper** ; si une même information apparaît dans plusieurs documents, il faut ne la présenter qu'une seule fois.

Rédaction des réponses

- **Synthétiser l'analyse** faite au brouillon.
- Pour justifier la réponse et l'illustrer, **citer** les documents quand ce sont des textes, les **décrire** quand ce sont des images, **exploiter les chiffres** dans le cas de statistiques, **localiser** les phénomènes représentés si c'est une carte.
- Pour effectuer ces opérations, vous pouvez compléter le tableau suivant, en vous aidant de l'exemple proposé pour la question 1.

Question	Relevé des informations				Mise en relation des informations
	Doc 1	Doc 2	Doc 3	Doc 4	
1	La critique est double. Montesquieu dénonce la toute puissance du roi, qui obtient ce qu'il veut de ses sujets. Mais il montre aussi que cette puissance n'est due qu'à la crédulité des Français.	X	D'après ce jugement, Rousseau s'oppose à l'intolérance religieuse, qui veut que l'on obéisse à la religion et au roi sans se poser de questions.	X	Ces auteurs critiquent ici deux des caractéristiques de l'Europe du XVIIIe siècle : la monarchie absolue et la primauté de la religion officielle. Ces critiques s'attaquent donc aux deux fondements du pouvoir dans de nombreux pays, dont la France : la monarchie absolue de droit divin.

Pour répondre à la question 1, relevez les courtes citations que vous allez utiliser.

2 Rédiger un bilan

Pour **construire le plan** de la réponse au sujet, il faut :

- Analyser le sujet et déterminer la question qu'il pose (**problématique**).
- **Sélectionner les informations** tirées des **connaissances** et des **documents** qui permettent d'y répondre. Utiliser ses connaissances est essentiel car certaines informations peuvent ne pas être évoquées par les documents.
- Structurer la synthèse en **paragraphes** (une idée = un paragraphe).

- Pour **organiser vos informations**, vous pouvez écrire trois paragraphes correspondant aux trois idées suivantes :

1. Les principes défendus par les Lumières critiquent les pratiques politiques et religieuses de l'Europe.
2. Les philosophes utilisent différents moyens pour diffuser leurs idées.
3. La diffusion de la pensée des Lumières rencontre de nombreux obstacles.

QUESTIONS

Mettre en relation les documents en répondant aux questions suivantes :

1. Quelles critiques les auteurs font-ils de l'Europe du XVIIIe siècle ? (docs 1 et 3)
2. Quels sont les principes que défendent Montesquieu, Jaucourt et Rousseau ? (docs 1, 2 et 3)
3. Par quels moyens ces idées sont-elles diffusées ? (docs 1, 2, 3 et 4)
4. À quels obstacles cette diffusion se heurte-t-elle ? (docs 2, 3 et 4)
5. Par quels moyens ces obstacles peuvent-ils être évités ? (docs 1 et 4)

Faire le bilan

À l'aide des documents et de vos connaissances, présentez la pensée des Lumières et sa diffusion.

RÉVISIONS Vérifier ses connaissances

Les points clés du cours

Répondez en quelques phrases aux questions suivantes.

1. Qu'est-ce que la monarchie absolue de droit divin ?
2. Pourquoi les révolutions anglaises du XVIIe siècle s'opposent-elles aux principes de l'absolutisme ?
3. Quels sont les principes revendiqués par les philosophes des Lumières ?
4. Comment se diffuse la pensée des Lumières ?
5. Pourquoi, en France, le pouvoir royal lutte-t-il contre les Lumières ?
6. Pourquoi la révolution américaine est-elle populaire en France ?

Les mots clés

Quel terme correspond à chacune des définitions suivantes ?

1. Régime politique dans lequel le roi concentre tous les pouvoirs, au nom de l'origine divine de son pouvoir.
2. Régime politique dans lequel le roi voit son pouvoir limité par celui du Parlement.
3. En Angleterre, assemblée en partie élue chargée de contrôler le pouvoir du roi.
4. Texte de loi fondamental déterminant l'organisation des pouvoirs et leurs relations dans le cadre d'un régime politique.
5. Courant intellectuel fondé sur l'usage de la raison ; il définit l'homme par la liberté et l'égalité des droits.
6. Ensemble des savants, écrivains et philosophes qui, par leurs échanges, collaborent pour construire ensemble la pensée des Lumières.

Les personnages clés

Trouvez quel personnage se cache derrière chaque texte, puis associez-lui le portrait correspondant.

1

2

3

a. Je suis roi de France à partir de 1774 ; je me définis comme monarque absolu de droit divin, et suis hostile à la pensée des Lumières.

b. Je suis un philosophe des Lumières. Je dirige, avec le mathématicien d'Alembert, l'*Encyclopédie* dans laquelle je lutte pour l'adoption de principes fondés sur la raison.

c. Je suis un homme de théâtre. Dans ma pièce la plus connue, je dénonce les abus de la société d'ordres en mettant en scène un valet défendant sa fiancée de la convoitise de son maître – ce qui me vaut quelques jours de prison.

Les dates clés

Recopiez la frise chronologique ci-dessous, complétez-la à l'aide des éléments indiqués :

- Rédaction du *Bill of Rights*
- Dates de la publication de l'*Encyclopédie*
- Déclaration d'indépendance des États-Unis
- Adoption de la Constitution des États-Unis
- Publication du *Mariage de Figaro* de Beaumarchais

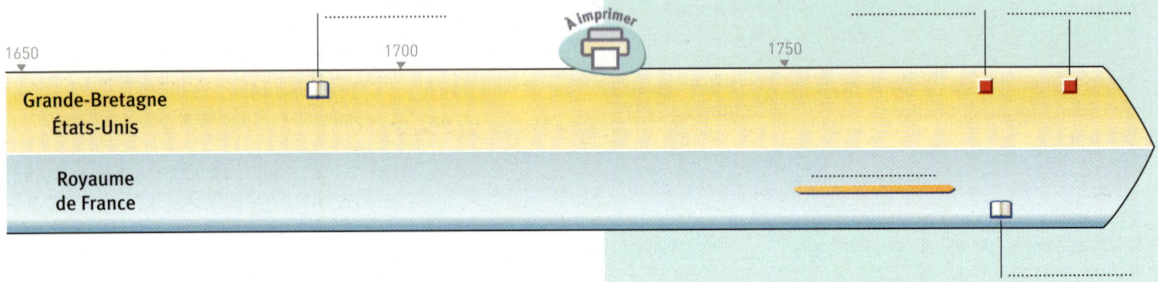

Exercices

L'Angleterre, un modèle politique

1 Voltaire fait l'éloge du régime politique anglais

Tous les citoyens ne peuvent être également puissants, mais ils peuvent tous être également libres ; et c'est ce que les Anglais ont obtenu enfin par leur constance.

Être libre, c'est ne dépendre que des lois. (...) Un tel gouvernement n'a pu être établi que très tard, parce qu'il a fallu longtemps combattre (...) la puissance royale, toujours prête à se déborder (...). Peu à peu, la Chambre des communes est devenue la digue qui arrête tous ces torrents.

La Chambre des communes est véritablement la nation, puisque le roi, qui est le chef, n'agit que pour lui (...) mais la Chambre des communes y est pour le peuple, puisque chaque membre est député du peuple. Or, ce peuple est au roi comme environ huit millions sont à l'unité. (...)

Il est à croire aussi que tous les États qui ne sont pas fondés sur de tels principes éprouveront des révolutions.

Voici à quoi la législation anglaise est enfin parvenue, à remettre chaque homme dans tous les droits de la nature, dont il est dépouillé dans presque toutes les monarchies. Ces droits sont : liberté entière de sa personne, de ses biens ; de parler à la nation par l'organe de sa plume ; de ne pouvoir être jugé en matière criminelle que par un jury formé d'hommes indépendants ; de ne pouvoir être jugé en aucun cas que suivant les termes précis de la loi ; de professer en paix quelque religion qu'on veuille.

Voltaire, article « Gouvernement », *Dictionnaire philosophique*, 1764.

2 L'organisation des pouvoirs en Angleterre

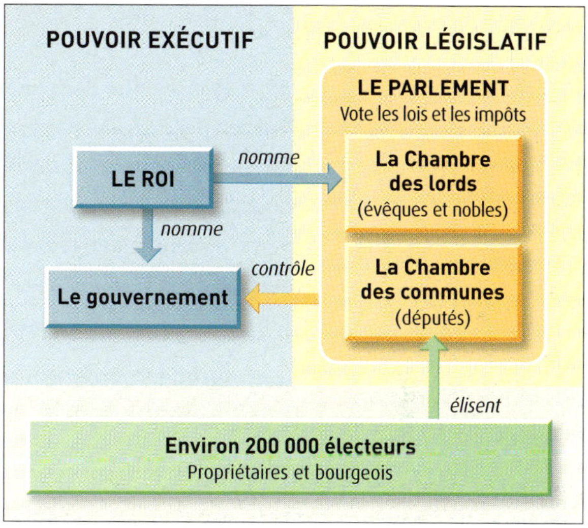

QUESTIONS

1. Comment les libertés des Anglais sont-elles garanties ? (doc 1)
2. Pourquoi Voltaire peut-il affirmer que « la Chambre des communes est véritablement la nation » ? Expliquez pourquoi « la Chambre des communes permet de combattre [...] la puissance royale ». (docs 1 et 2)
3. Expliquez pourquoi l'Angleterre peut être considérée comme un modèle par ceux qui critiquent la monarchie absolue.

Pour aller plus loin

Livres et revues

- Montesquieu, ***Lettres persanes***, 1721. Ce roman par lettres imagine avec humour l'étonnement de deux Persans en voyage dans la France de Louis XV.
- Voltaire, ***Candide***, 1759. En parcourant le monde, du Paraguay à Constantinople, Candide, le héros naïf de ce conte philosophique, connaît de nombreuses mésaventures.
- François Moureau, ***Le Roman vrai de l'Encyclopédie***, Paris, « Découvertes », Gallimard, n° 100, 2001. Ce livre relate l'aventure de l'*Encyclopédie* en l'illustrant de nombreux textes et images d'époque.

Film

- ***Un Médecin des Lumières***, de René Allio (1988). La difficile mission d'un médecin envoyé dans les campagnes pour diffuser les savoirs scientifiques nouveaux.

Site Internet

- Sur le site de la **Bibliothèque nationale de France**, « Les Lumières ! Un héritage pour demain », http://expositions.bnf.fr/lumieres/index.htm

Musées à visiter

- **Musée franco-américain du château de Blérancourt** (Aisne), dont une partie des collections rappelle l'enthousiasme des Français pour la révolution américaine.
- **Musée des châteaux de Versailles et de Trianon**, symboles de la monarchie absolue française et des débuts de la Révolution.

CHAPITRE 11

La France en révolution (1789-1804)

En 1789, la France entre dans une décennie de bouleversements et de ruptures avec l'Ancien Régime. Le peuple devient un acteur majeur de ces évolutions. Dans l'enchaînement souvent incontrôlé des événements, se succèdent alors des expériences politiques diverses mais aussi des épisodes dramatiques. En 1799, le coup d'État du général Bonaparte, en fondant un régime autoritaire, met un terme à cette instabilité : « La révolution est finie », proclame-t-il. L'importante réorganisation qu'il entreprend enracine pourtant certains principes issus de la Révolution.

Comment la Révolution met-elle fin à l'Ancien Régime ? Quelles transformations politiques la France connaît-elle entre 1789 et 1804 ?

1 De la fin de la monarchie…

L'exécution de Louis XVI

● Louis XVI est exécuté le 21 janvier 1793 après avoir été jugé pour trahison. Sa mort symbolise aussi la fin de la royauté. *Gravure anonyme, 1793, musée Carnavalet, Paris.*

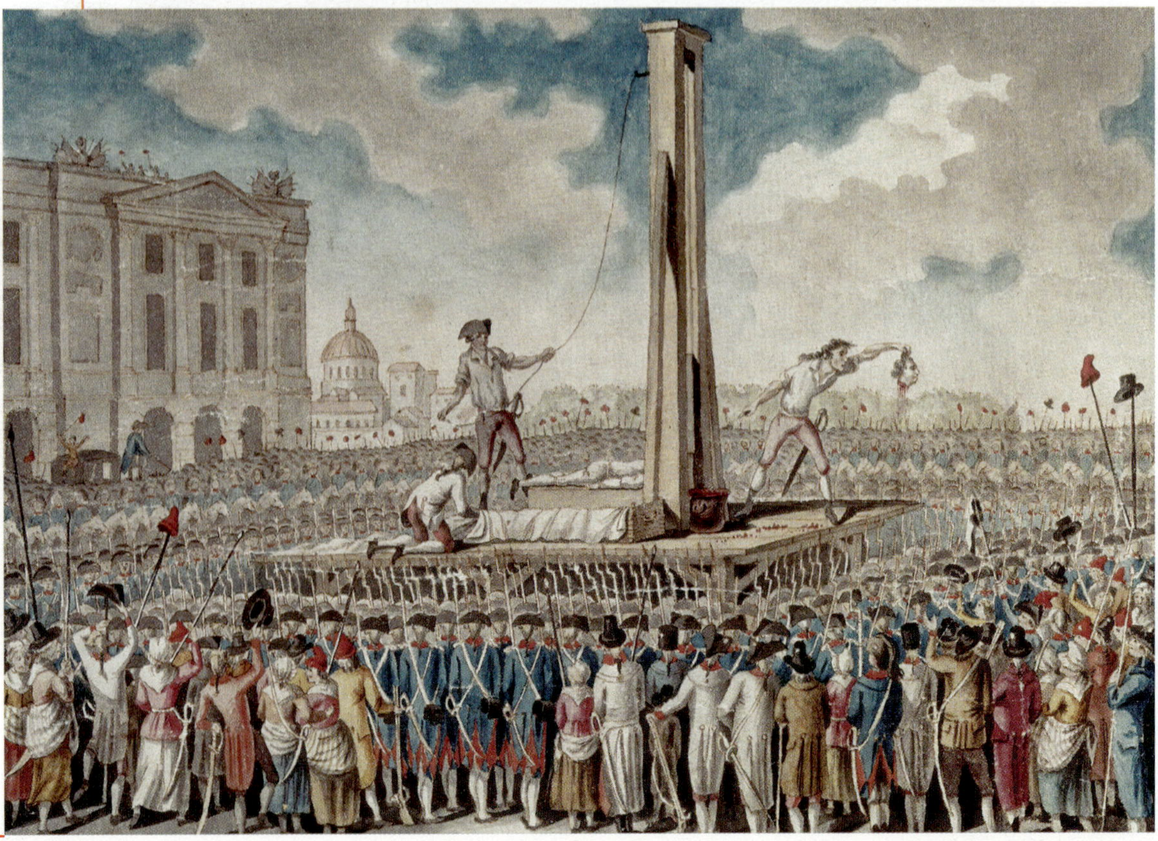

2 … à l'établissement d'un régime autoritaire

Le coup d'État du 18 Brumaire

• **En 1799, le général Bonaparte et ses partisans organisent un coup d'État et instaurent d'un nouveau régime.** « Le Coup d'État du général Bonaparte », *huile sur toile de François Bouchot, 1840, musée national du Château de Versailles.*

REPÈRES

La France sous la Révolution et le Consulat (1789-1804)

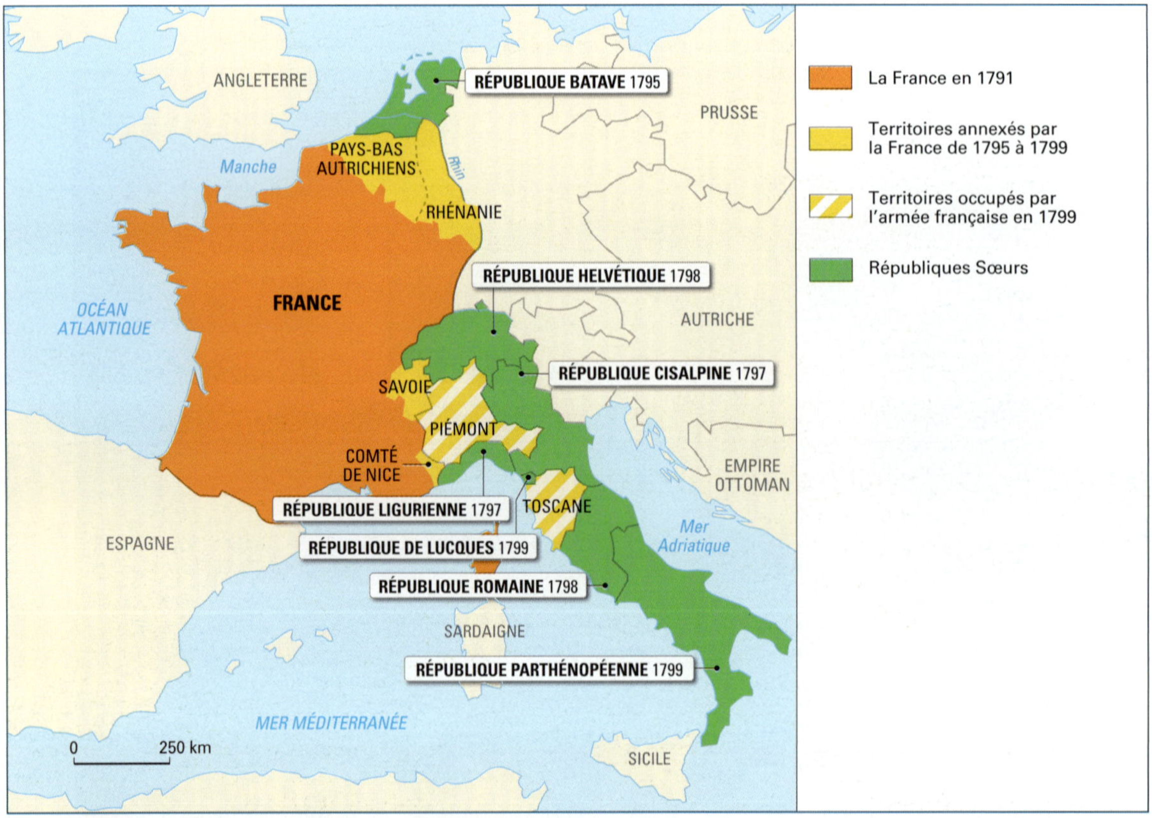

1 Guerres et conquêtes révolutionnaires (1791-1799)

QUESTIONS

DOC 2

1. Quels sont les États en guerre contre la France sous la Révolution ?
2. Quelles sont les régions insurgées en 1793 ?

DOCS 1 ET 2

3. Quelles sont les régions annexées entre 1791 et 1796 ?
4. Quelles sont les Républiques sœurs en 1804 ?

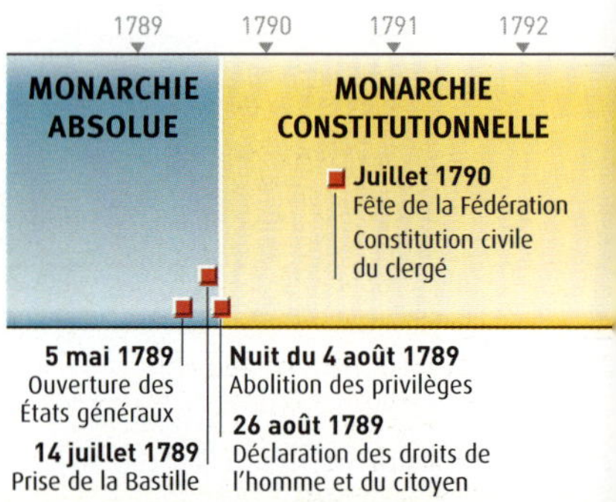

2 La République : des menaces aux conquêtes (1792-1796)

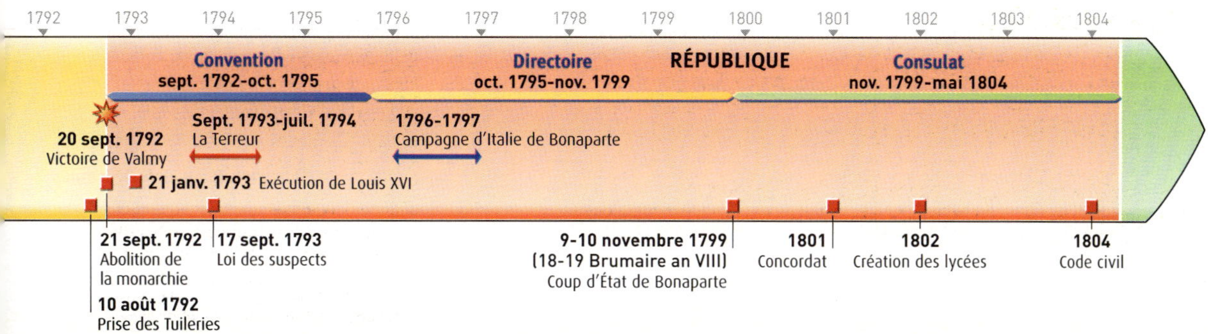

DOSSIER

La France en crise à la veille de 1789

COURS p. 262-263

Les années 1780 sont marquées par une succession de crises qui entraîne un ralentissement de la croissance économique. Le déficit budgétaire du royaume est aggravé par la participation française à la guerre de l'indépendance américaine. Pour réduire le déficit, la monarchie décide d'étendre à tous le paiement de l'impôt. Certains privilégiés refusent et tentent de limiter le pouvoir royal à leur profit.

Pourquoi et comment la situation de la France à la veille de 1789 avive-t-elle les tensions au sein de la société ?

1 Une crise financière ?

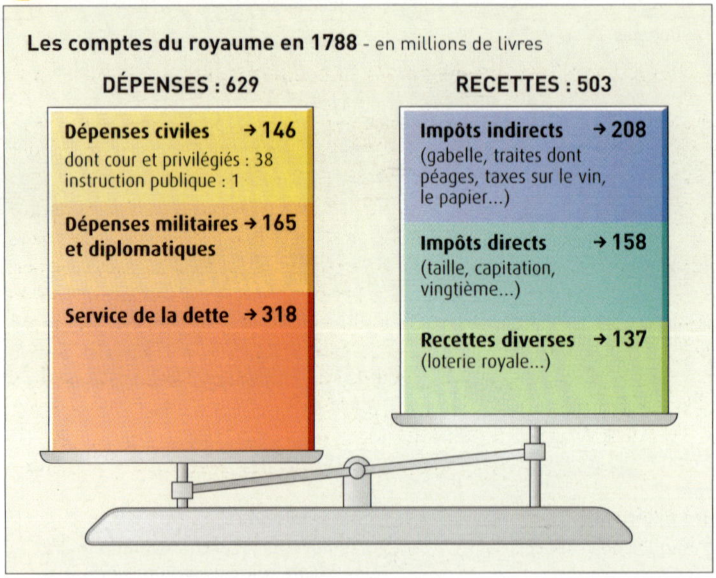

2 Un ralentissement de la croissance économique ?

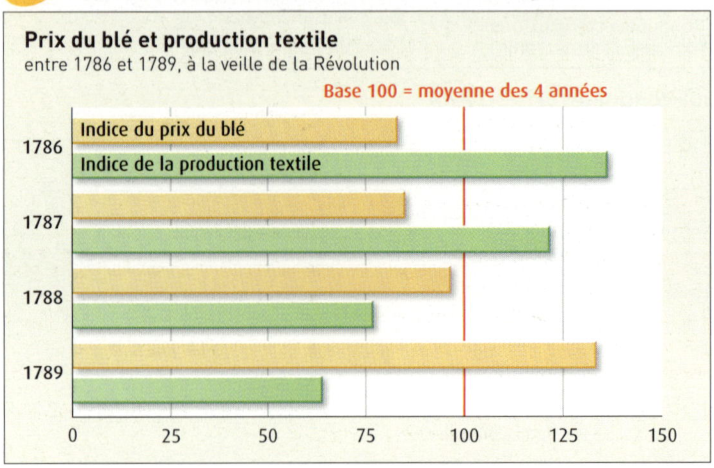

3 Une crise générale ?

Le 17 octobre 1787

Dîné aujourd'hui dans une société dont la conversation a été entièrement politique. (...) Toute la compagnie semblait imbue de cette opinion, que l'on est à la veille de quelque grande révolution dans le gouvernement, que tout l'indique : les finances en désordre, avec un déficit impossible à combler sans l'aide des États généraux[1] du royaume, sans que l'on ait une idée précise des conséquences de leur réunion (...) ; sur le trône, un prince dont les dispositions sont excellentes, mais à qui font défaut les ressources d'esprit qui lui permettraient de gouverner par lui-même dans un tel moment ; une cour enfoncée dans le plaisir et la dissipation, ajoutant à la détresse générale au lieu de chercher une position plus indépendante ; une grande fermentation parmi les hommes de tous les rangs qui aspirent à du nouveau sans savoir quoi désirer, ni quoi espérer ; en outre, un levain actif de liberté qui s'accroît chaque jour depuis la révolution d'Amérique : voilà une réunion de circonstances qui ne manquera pas de provoquer avant peu un mouvement, si quelque main ferme, de grands talents et un courage inflexible ne prennent le gouvernail pour guider les événements et non pas se laisser emporter par eux.

Arthur Young, *Voyages en France*, 1792.

1. Réunion des représentants des trois ordres, chargés de conseiller et d'aider le roi lors d'une crise.

4 Le peuple exprime son mécontentement (28 avril 1789)

● **L'annonce de la baisse des salaires provoque une émeute des ouvriers, durement réprimée.**
« Pillage de la fabrique Réveillon le 28 avril 1789 », *gravure de Guyot, musée Carnavalet, Paris.*

5 Le Parlement de Paris s'oppose au pouvoir royal

Le Parlement[1] s'oppose aux réformes voulues par Louis XVI qui décide de réduire ses pouvoirs. Le Parlement riposte alors par cette déclaration.

La Cour (...) déclare que la France est une monarchie, gouvernée par le Roi, suivant les lois ; que de ces lois, plusieurs qui sont fondamentales embrassent et consacrent :
– le droit de la maison régnante au Trône, de mâle en mâle, par ordre de primogéniture, à l'exclusion des filles et de leurs descendants ;
– le droit de la Nation d'accorder librement les subsides[2] par l'organe des États généraux régulièrement convoqués et composés ; (...)
– le droit des cours de vérifier dans chaque province les volontés du Roi et de n'en ordonner l'enregistrement qu'autant qu'elles sont conformes (...) aux lois fondamentales de l'État ;
– et le droit, sans lequel tous les autres sont inutiles, celui de n'être arrêté, par quelque ordre que ce soit, que pour être remis sans délai entre les mains des juges compétents.

Déclaration du Parlement de Paris, 3 mai 1788.

1. *Avant 1789, ce terme désigne une cour de justice. Il se compose de magistrats issus de la noblesse.*
2. *Contributions financières.*

6 La monarchie tente de se réformer elle-même

Calonne, ministre chargé des Finances, propose de créer un impôt payé par les propriétaires, fondé sur la valeur des terres qu'ils possèdent ; ce plan de réformes financier est abandonné sous la pression des ordres privilégiés.

Je dois l'avouer, et je n'ai eu garde d'en rien déguiser, le déficit annuel est très considérable. (...) Sa Majesté a jugé que le moyen de remédier à ces inconvénients, (...) de ramener l'impôt à son principe fondamental, de le porter à sa vraie valeur, en ne surchargeant personne, en accordant même du soulagement au peuple, [serait] de rendre tout privilège inapplicable au mode de sa perception, (...) et n'admettrait aucune exception même à l'égard de son Domaine[1], ni aucune autre distinction. (...) Les biens ecclésiastiques se trouvent nécessairement compris dans cette répartition générale qui, pour être juste, doit embrasser l'universalité des terres.

Charles Alexandre de Calonne, *Discours devant l'Assemblée des notables*, 1787.

1. *Propriétés personnelles du roi.*

QUESTIONS

▶ Analyse des documents

DOC 1 **1.** Expliquez la situation financière du royaume en 1788.

DOC 2 **2.** Pourquoi l'évolution du prix du blé a-t-elle une conséquence négative sur le niveau de vie des Français ?

3. Coment peut-on expliquer l'évolution de la production textile ?

DOC 3 **4.** Quelles sont les raisons avancées par l'auteur pour expliquer cette situation de crise ?

DOC 6 **5.** Pourquoi la réforme de Calonne rencontre-t-elle l'opposition des privilégiés ?

DOCS 3 ET 5 **6.** Quelle autre solution à la crise financière est envisagée ?

DOC 5 **7.** Pourquoi peut-on affirmer que le Parlement de Paris s'attaque à la monarchie absolue ?

DOCS 4, 5 ET 6 **8.** Montrez que ces crises touchent différents groupes de la société.

▶ BILAN

À l'aide des documents et de vos réponses aux questions, montrez que la monarchie absolue et la société d'ordres sont menacées :
– par les crises que connaît la France à la veille de 1789 ;
– par les solutions proposées pour les résoudre.

DOSSIER

La fin de la monarchie absolue (1789)

COURS p. 262-263

Pour surmonter la profonde crise financière de la monarchie absolue, le roi Louis XVI convoque les **États généraux**, assemblée des représentants des trois ordres, en mai 1789 à Versailles. En quelques mois, entre mai et octobre, l'audace politique des députés du **tiers état** conjuguée aux insurrections populaires renverse l'Ancien Régime.

Comment l'absolutisme disparaît-il en 1789 ?

1 L'ouverture des États généraux, 5 mai 1789

● **Les 1139 députés se réunissent dans la salle des Menus-Plaisirs à Versailles ; la cour forme le public. Le roi fait un bref discours, suivi par un long exposé de Necker, le ministre des Finances, sur les problèmes financiers.** *Gravure de Charles Monnet, 1790, BNF, Paris.*

VOCABULAIRE

• États généraux
Assemblée des représentants des trois ordres du royaume (clergé, noblesse et tiers état), chargée de conseiller le roi lors d'une crise.

• Tiers état
Troisième ordre ou état de la société regroupant ceux qui ne sont ni nobles, ni membres du clergé.

2 Le serment du Jeu de paume, 20 juin 1789

Les 578 députés du tiers état souhaitent que les trois ordres délibèrent ensemble. Devant le refus du roi, ils se proclament le 17 juin Assemblée nationale. Le roi fait fermer leur salle de réunion ; ils se retrouvent alors dans la salle du Jeu de paume.

L'Assemblée nationale, considérant qu'appelée à fixer la Constitution du royaume, opérer la régénération de l'ordre public et maintenir les vrais principes de la monarchie, rien ne peut empêcher qu'elle continue ses délibérations dans quelque lieu qu'elle soit forcée de s'établir, et qu'enfin, partout où ses membres sont réunis, là est l'Assemblée nationale ;

Arrête que tous les membres de cette assemblée prêteront, à l'instant, serment solennel de ne jamais se séparer, et de se rassembler partout où les circonstances l'exigeront, jusqu'à ce que la Constitution du royaume soit établie et affermie sur des fondements solides, et que ledit serment étant prêté, tous les membres et chacun d'eux en particulier confirmeront, par leur signature, cette résolution inébranlable.

3 La prise de la Bastille, 14 juillet 1789

● **Les Parisiens sont exaspérés par les rumeurs de complot royal contre les États généraux, devenus Assemblée nationale, et le renvoi de Necker. Ils forment une garde nationale et cherchent des armes. À la Bastille, forteresse et prison, le gouverneur fait tirer sur la foule avant, finalement, de se rendre. Le roi cède et rappelle Necker.** « Arrestation de M. de Launay le 14 juillet 1789 », *huile sur toile, musée Carnavalet, Paris.*

4 La Grande Peur, été 1789

● **En juillet 1789, des rumeurs se répandent en province annonçant le passage de brigands payés par les aristocrates pour détruire les récoltes et piller les villages. Ce mouvement de panique provoque des révoltes contre les seigneurs.** « Émigration des Princes et des courtisans et pillage et destruction des châteaux en juillet 1789 », *gravure du XVIIIe siècle.*

QUESTIONS

▶ Analyse des documents

DOC 1 **1.** Montrez que l'organisation de la salle (place du roi et des députés) et le déroulement de la cérémonie d'ouverture des États généraux illustrent la société et le pouvoir sous l'Ancien Régime.

DOC 2 **2.** Qui compose l'Assemblée nationale ? **3.** À quoi s'engagent-ils ? **4.** En quoi ce serment est-il révolutionnaire ?

DOCS 3, 4 ET 5 **5.** Quelles sont les motivations et les cibles des insurrections populaires ? **6.** Quel acteur entre en scène le 14 juillet ?

DOC 5 **7.** Que décident les députés la nuit du 4 août ? **8.** Pourquoi peut-on dire qu'ils renversent ainsi la société d'Ancien Régime ?

▶ BILAN

Faites un tableau en quatre colonnes : événements, acteurs, déroulement, conséquences. Complétez-le pour chacun des événements évoqués dans les documents.

5 La nuit du 4 août

Art. 1er – L'Assemblée nationale détruit entièrement le régime féodal et décrète que, dans les droits et devoirs tant féodaux que consensuels, ceux qui tiennent à la main-morte[1], réelle ou personnelle, et à la servitude personnelle, et ceux qui les représentent, sont abolis sans indemnité ; et tous les autres déclarés rachetables ; et que le prix et le mode de rachat seront fixés par l'Assemblée nationale. (...)

Art. 3 – Le droit exclusif de la chasse et des garennes[2] ouvertes est pareillement aboli ; et tout propriétaire a le droit de détruire et faire détruire, seulement sur ses possessions, toute espèce de gibier. (...)

Art. 4 – Toutes les justices seigneuriales sont supprimées sans aucune indemnité. (...)

Art. 5 – Les dîmes de toute nature et les redevances qui en tiennent lieu (...) sont abolies. (...)

Art. 7 – La vénalité des offices de judicature et de municipalité est supprimée dès cet instant. La justice sera rendue gratuitement. (...)

Art. 11 – Tous les citoyens, sans distinction de naissance, pourront être admis à tous les emplois et dignités ecclésiastiques, civiles et militaires, et nulle profession utile n'emportera dérogeance.

Décrets des 4, 6, 7, 8, 11 août 1789.

1. Au Moyen Âge, droit de succession perçu par le seigneur sur les biens de ses serfs.
2. Lieu boisé où les lapins vivent à l'état sauvage.

DOSSIER La Déclaration des droits de l'homme et du citoyen, 26 août 1789

COURS p. 262-263

Les événements du printemps et de l'été 1789 ont entraîné l'abolition de l'absolutisme et la disparition de la société d'ordres ; il est donc nécessaire d'élaborer les bases nouvelles de l'organisation politique et sociale de la France. C'est ainsi que le 26 août 1789, les députés, inspirés par la Déclaration d'indépendance américaine de 1776 et les idées des Lumières, adoptent un texte d'une portée essentielle qui fonde aujourd'hui encore notre société : la Déclaration des droits de l'homme et du citoyen.

En quoi la Déclaration des droits de l'homme fonde-t-elle une société nouvelle ?

1 La plantation d'un arbre de la liberté

• Si c'est en 1792 que l'assemblée officialise la plantation d'arbres de la liberté, la pratique est antérieure (mai 1790). C'est un signe d'adhésion politique au régime nouveau des libertés.
Gravure anonyme, BNF, Paris.

2

Table solennelle de la Déclaration des droits de l'homme et du citoyen ▶

Peinture sur bois, musée Carnavalet, Paris (texte recomposé).

① Le triangle représente l'égalité, et l'œil, la raison et la vigilance.
② La France brisant ses chaînes.
③ La Loi tenant un sceptre.
④ La guirlande de chêne, symbole de puissance.
⑤ Le bonnet phrygien, symbole de liberté.
⑥ La lance représente la force, et le faisceau, l'unité de la nation.

QUESTIONS

1. D'après le préambule, quel doit être le rôle de cette déclaration ? Quels sont les mots qui reviennent le plus souvent dans l'ensemble du texte ?
2. Que proclame l'article 1 ? Quelle caractéristique de l'Ancien Régime est ainsi supprimée ?
3. Quels sont les droits naturels de l'homme selon l'article 2 ?
4. À qui appartient la souveraineté selon l'article 3 ? Qui fait les lois selon l'article 6 ?
5. Quel est le régime politique condamné par ces articles ?
6. Quelle est l'attitude des deux figures allégoriques ? Quel sens cela a-t-il ?
7. Reproduisez et complétez le tableau :

Principes affirmés dans la DDHC	Articles de référence	Détails de ces principes
La liberté		
L'égalité		
L'organisation politique		
La souveraineté de la nation		

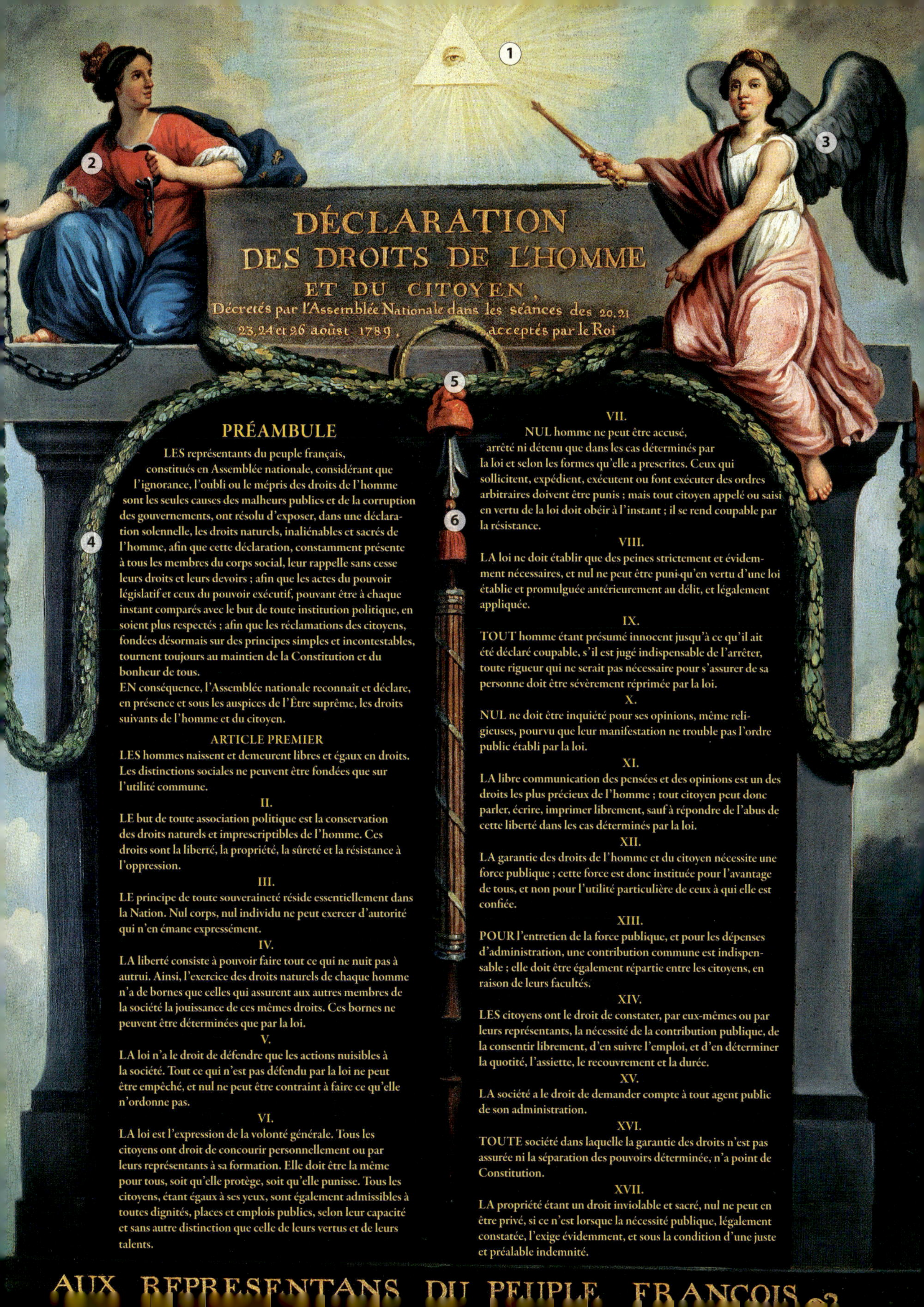

PRÉAMBULE

LES représentants du peuple français, constitués en Assemblée nationale, considérant que l'ignorance, l'oubli ou le mépris des droits de l'homme sont les seules causes des malheurs publics et de la corruption des gouvernements, ont résolu d'exposer, dans une déclaration solennelle, les droits naturels, inaliénables et sacrés de l'homme, afin que cette déclaration, constamment présente à tous les membres du corps social, leur rappelle sans cesse leurs droits et leurs devoirs ; afin que les actes du pouvoir législatif et ceux du pouvoir exécutif, pouvant être à chaque instant comparés avec le but de toute institution politique, en soient plus respectés ; afin que les réclamations des citoyens, fondées désormais sur des principes simples et incontestables, tournent toujours au maintien de la Constitution et du bonheur de tous.

EN conséquence, l'Assemblée nationale reconnaît et déclare, en présence et sous les auspices de l'Être suprême, les droits suivants de l'homme et du citoyen.

ARTICLE PREMIER

LES hommes naissent et demeurent libres et égaux en droits. Les distinctions sociales ne peuvent être fondées que sur l'utilité commune.

II.

LE but de toute association politique est la conservation des droits naturels et imprescriptibles de l'homme. Ces droits sont la liberté, la propriété, la sûreté et la résistance à l'oppression.

III.

LE principe de toute souveraineté réside essentiellement dans la Nation. Nul corps, nul individu ne peut exercer d'autorité qui n'en émane expressément.

IV.

LA liberté consiste à pouvoir faire tout ce qui ne nuit pas à autrui. Ainsi, l'exercice des droits naturels de chaque homme n'a de bornes que celles qui assurent aux autres membres de la société la jouissance de ces mêmes droits. Ces bornes ne peuvent être déterminées que par la loi.

V.

LA loi n'a le droit de défendre que les actions nuisibles à la société. Tout ce qui n'est pas défendu par la loi ne peut être empêché, et nul ne peut être contraint à faire ce qu'elle n'ordonne pas.

VI.

LA loi est l'expression de la volonté générale. Tous les citoyens ont droit de concourir personnellement ou par leurs représentants à sa formation. Elle doit être la même pour tous, soit qu'elle protège, soit qu'elle punisse. Tous les citoyens, étant égaux à ses yeux, sont également admissibles à toutes dignités, places et emplois publics, selon leur capacité et sans autre distinction que celle de leurs vertus et de leurs talents.

VII.

NUL homme ne peut être accusé, arrêté ni détenu que dans les cas déterminés par la loi et selon les formes qu'elle a prescrites. Ceux qui sollicitent, expédient, exécutent ou font exécuter des ordres arbitraires doivent être punis ; mais tout citoyen appelé ou saisi en vertu de la loi doit obéir à l'instant ; il se rend coupable par la résistance.

VIII.

LA loi ne doit établir que des peines strictement et évidemment nécessaires, et nul ne peut être puni qu'en vertu d'une loi établie et promulguée antérieurement au délit, et légalement appliquée.

IX.

TOUT homme étant présumé innocent jusqu'à ce qu'il ait été déclaré coupable, s'il est jugé indispensable de l'arrêter, toute rigueur qui ne serait pas nécessaire pour s'assurer de sa personne doit être sévèrement réprimée par la loi.

X.

NUL ne doit être inquiété pour ses opinions, même religieuses, pourvu que leur manifestation ne trouble pas l'ordre public établi par la loi.

XI.

LA libre communication des pensées et des opinions est un des droits les plus précieux de l'homme ; tout citoyen peut donc parler, écrire, imprimer librement, sauf à répondre de l'abus de cette liberté dans les cas déterminés par la loi.

XII.

LA garantie des droits de l'homme et du citoyen nécessite une force publique ; cette force est donc instituée pour l'avantage de tous, et non pour l'utilité particulière de ceux à qui elle est confiée.

XIII.

POUR l'entretien de la force publique, et pour les dépenses d'administration, une contribution commune est indispensable ; elle doit être également répartie entre les citoyens, en raison de leurs facultés.

XIV.

LES citoyens ont le droit de constater, par eux-mêmes ou par leurs représentants, la nécessité de la contribution publique, de la consentir librement, d'en suivre l'emploi, et d'en déterminer la quotité, l'assiette, le recouvrement et la durée.

XV.

LA société a le droit de demander compte à tout agent public de son administration.

XVI.

TOUTE société dans laquelle la garantie des droits n'est pas assurée ni la séparation des pouvoirs déterminée, n'a point de Constitution.

XVII.

LA propriété étant un droit inviolable et sacré, nul ne peut en être privé, si ce n'est lorsque la nécessité publique, légalement constatée, l'exige évidemment, et sous la condition d'une juste et préalable indemnité.

DOSSIER

Les Français et le débat politique

COURS p. 262-263

Dès 1789, les Français, particulièrement dans les villes, se passionnent pour les événements en cours. La lecture collective de journaux de plus en plus nombreux, la participation aux débats dans les clubs et les sociétés populaires, la discussion des pétitions à envoyer aux assemblées sont autant de moyens d'expression nouveaux. Ils font du peuple un acteur décisif de la Révolution.

Comment les Français font-ils l'apprentissage de la politique ?

1 Un débat politique au jardin du Palais-Royal, juillet 1789

• Le Palais-Royal est au XVIIIe siècle un lieu de promenade parisien très fréquenté et un centre de la contestation de l'absolutisme. Le 12 juillet, après le renvoi de Necker, Camille Desmoulins appelle la foule à prendre les armes pour se défendre. C'est sans doute lui que représente ici Lesueur.

« Motion au jardin du Palais-Royal », *gouache de Lesueur, musée Carnavalet, Paris.*

2 Une séance à l'Assemblée nationale vue par Arthur Young (1790)

À partir de 1787, un Anglais, Arthur Young, fait plusieurs voyages en France ; il offre un témoignage privilégié et un regard original sur la Révolution. Le 12 janvier 1790, il est à Paris.

Le discours [de l'abbé Maury] était très remarquable ; les royalistes le goûtèrent beaucoup, mais les enragés[1] le condamnèrent comme ne valant rien du tout. Aucun autre orateur ne parla sans note ; le comte de Clermont lut son discours qui contenait de brillants passages, mais qui n'était, en aucune façon, une réponse à l'abbé Maury et il eût été bien étonnant que cela en fût une, car le comte l'avait préparé avant d'avoir entendu le discours de l'abbé. Il est difficile de concevoir à quel point ce genre d'éloquence rend fastidieux les débats de l'Assemblée. (...) Le manque d'ordre et la confusion sous tous ses divers aspects prédominent maintenant presque autant que lorsque l'Assemblée siégeait à Versailles. Les interruptions sont longues et fréquentes et les orateurs, qui, d'après les règlements, n'ont pas le droit de parler, tentent de le faire. (...) J'oubliai de noter qu'il y a, à chaque extrémité de la salle, des tribunes ouvertes à tout le monde [...]. Les auditeurs, dans ces tribunes, sont très bruyants ; ils applaudissent, quand quelque chose leur plaît, et on ne se fait pas faute non plus de siffler ; conduite indécente, très nuisible à la liberté des débats.

Arthur Young, *Voyages en France*, 1792.

1. *Partisans de la Révolution.*

3 La multiplication des journaux

● **À partir de 1789, la reconnaissance de la liberté d'expression permet un essor exceptionnel de la presse.**
Gravure en couleurs, BNF, Paris.

5 Un débat dans une société populaire

● **Les citoyens trop pauvres pour payer la cotisation d'un club forment des sociétés populaires.**
Dessin de Louis-René Boquet, fin du XVIIIe siècle, BNF, Paris.

4 Le club des Jacobins de Paris vu par Camille Desmoulins

Le club des Jacobins naît en 1789. Il réunit les députés et les personnalités favorables aux réformes révolutionnaires ; ses séances sont ouvertes au public. Il joue un grand rôle politique jusqu'en 1794.

La société des Jacobins est le véritable comité des recherches de la Nation parce que les dénonciations et les délibérations y sont publiques (...). Non seulement c'est un grand inquisiteur qui épouvante les aristocrates, mais c'est aussi le grand réquisiteur[1] qui redresse tous les abus et vient au secours de tous les citoyens. Il semble en effet que le club exerce le ministère public[2] auprès de l'Assemblée nationale : c'est dans son sein que viennent de toutes parts se déposer les doléances des opprimés, avant d'être portées à l'auguste assemblée.

Les Révolutions de France et de Brabant, journal fondé par Desmoulins, 14 février 1791.

1. *Renvoie à un réquisitoire, discours par lequel on énumère des fautes dans le cadre d'un jugement.*
2. *Le ministère public : la représentation de la société.*

QUESTIONS

▶ **Analyse des documents**

DOC 1 **1.** Quelle forme prennent les premières mobilisations de la population ?

DOC 3 **2.** Comment cette œuvre illustre-t-elle la nouvelle liberté de la presse ?

DOC 2 **3.** Présentez le document. Comment se déroulent les débats à l'Assemblée ? Quelle image Young en donne-t-il ? Qui y assiste ?

DOC 4 **4.** Quel est le rôle du club des Jacobins selon Desmoulins ?

DOCS 1 ET 5 **5.** Pour chacun des deux documents, indiquez qui est présent. Quels sont les symboles révolutionnaires identifiables ?
6. Comment se déroule la séance d'une société populaire ?

DOCS 1, 2, 4 ET 5 **7.** Comment ces documents montrent-ils que les débats suscitent l'intérêt des Français ?

▶ **BILAN**

À partir des documents, donnez des éléments qui montrent que la Révolution a accéléré l'apprentissage politique des Français.

DOSSIER

Les femmes dans la Révolution

COURS p. 262-263

Les femmes tiennent une place importante dans la Révolution, aussi bien par leur participation aux journées révolutionnaires, que par leurs activités dans les clubs et leurs interventions dans les débats. Pourtant, leurs aspirations politiques sont rapidement écartées ; en effet, les préjugés de l'époque sur le rôle des femmes dans la société poussent à les exclure de la vie politique et du droit de vote.

Quelle est la place accordée aux femmes par la Révolution ?

1 Pour un droit de vote féminin aux États généraux

Pour la réunion des États généraux, les Français de chaque ordre rédigent des cahiers de doléances dans lesquels ils expriment leurs vœux et leurs propositions de réformes.

La devise des femmes est travailler, obéir et se taire.

Voilà certes un système digne de ces siècles d'ignorance, où les plus forts ont fait les lois, et soumis les plus faibles, mais dont aujourd'hui, la lumière et la raison ont démontré l'absurdité.

Ce n'est point aux honneurs du gouvernement, ni aux avantages d'être initiées dans les secrets du ministère que nous aspirons ; mais nous croyons qu'il est de toute équité de permettre aux femmes veuves ou filles possédant des terres ou autres propriétés, de porter leurs doléances au pied du trône ; qu'il est également juste de recueillir leurs suffrages, puisqu'elles sont obligées, comme les hommes, de payer les impositions royales et de remplir les engagements du commerce.

L'on alléguera peut-être que tout ce qu'il est possible de leur accorder, c'est de leur permettre de se faire représenter, par procuration, aux États généraux.

On pourrait répondre qu'étant démontré, avec raison, qu'un noble ne peut représenter un roturier, ni celui-ci un noble ; de même un homme ne pourrait, avec plus d'équité, représenter une femme, puisque les représentants doivent avoir absolument les mêmes intérêts que les représentés : les femmes ne pourraient donc être représentées que par des femmes.

Cahier de doléances et réclamations des femmes, Mme B. B, 1789, pays de Caux (l'auteure n'a pas été identifiée) cité dans *Cahiers de doléances des femmes et autres textes, 1789*, Paris, éd. des femmes, 1981, p. 50.

2 Les femmes marchant sur Versailles, 5-6 octobre 1789

- **En octobre, les femmes participent en grand nombre à l'insurrection contre la hausse du prix du pain.**

« Avant-Garde des femmes allant à Versailles, le 5 octobre 1789 », *eau-forte d'époque, coloriée.*

3 Déclaration des droits de la femme et de la citoyenne

Née en 1748, Olympe de Gouges est une femme de lettres qui s'engage en faveur des droits des femmes et de l'abolition de l'esclavage. Hostile à la condamnation à mort de Louis XVI, elle est guillotinée en 1793 car elle s'oppose aux Montagnards.

Préambule

Les mères, les filles, les sœurs, représentantes de la nation, demandent d'être constituées en Assemblée nationale. Considérant que l'ignorance, l'oubli ou le mépris des droits de la femme sont les seules causes des malheurs publics et de la corruption des gouvernements, ont résolu d'exposer dans une déclaration solennelle, les droits naturels inaliénables et sacrés de la femme, afin que cette déclaration, constamment présente à tous les membres du corps social, leur rappelle sans cesse leurs devoirs (...).

En conséquence, le sexe supérieur en beauté comme en courage, dans les souffrances maternelles, reconnaît et déclare, en présence et sous les auspices de l'Être Suprême, les Droits suivants de la Femme et de la Citoyenne.

Article 1er – La Femme naît libre et demeure égale à l'homme en droits. Les distinctions sociales ne peuvent être fondées que sur l'utilité commune.

Article 6 – La Loi doit être l'expression de la volonté générale ; toutes les Citoyennes et Citoyens doivent concourir personnellement ou par leurs représentants, à sa formation ; elle doit être la même pour tous : toutes les Citoyennes et tous les Citoyens, étant égaux à ses yeux, doivent être également admissibles à toutes dignités, places et emplois publics, selon leurs capacités, et sans autres distinctions que celles de leurs vertus et de leurs talents.

Olympe de Gouges, septembre 1791.

5 Un club révolutionnaire de femmes

● **Il y a au total une trentaine de clubs de femmes en France jusqu'en 1793 où ils sont interdits. Ici, la présidente lit *Le Moniteur*, journal qui rend compte des débats à l'Assemblée.** *Gouache de Lesueur, XVIIIe s., musée Carnavalet, Paris.*

4 Les femmes n'ont pas de place dans la Révolution

a. Les femmes n'ont que faire à l'armée. (...) Citoyennes ! Vous n'êtes bien que dans la maison paternelle et sous le toit marital (...), auprès du berceau d'une naissante famille. Partout ailleurs, vous êtes déplacées. Laissez-nous le fer et les combats ; vos doigts délicats sont faits pour tenir l'aiguille, et semer de fleurs le chemin épineux de la vie. Pour vous, l'héroïsme consiste à porter le poids du ménage et les peines domestiques.

Révolutions de Paris, journal révolutionnaire, n° 183, 5 au 12 janvier 1793.

b. Les droits politiques du citoyen sont de discuter et de faire prendre des résolutions relatives à l'intérêt de l'État (...), et de résister à l'oppression. Les femmes ont-elles la force morale et physique qu'exige l'exercice de l'un et l'autre de ces droits ? L'opinion universelle repousse cette idée. (...)

En général, les femmes sont peu capables de conceptions hautes et de méditations sérieuses (...). Nous croyons donc qu'une femme ne doit pas sortir de la famille pour s'immiscer dans les affaires du gouvernement.

D'après J.-P.-A. Amar, *Rapport sur les femmes*, discours à la Convention, 9 brumaire an II.

Questions

▶ **Analyse des documents**

DOC 1 **1.** Comment l'auteure résume-t-elle la situation des femmes en 1789 ? **2.** Quelles femmes doivent pouvoir voter ? Pour quelles raisons ?

DOC 2 **3.** Qu'est-ce qui montre la détermination de ces femmes ? **4.** Quels symboles traduisent leur soutien à la Révolution ?

DOC 3 **5.** Montrez que cette déclaration doit permettre de reconnaître l'égalité pour les femmes sur les plans politiques, sociaux et économiques.

DOC 5 **6.** Quelles sont les activités de ce club de femmes ?

DOC 4 **7.** D'après l'auteur du texte **a**, pourquoi les femmes ne doivent-elles pas se battre ? **8.** D'après l'auteur du texte **b**, quelles qualités doit avoir un citoyen ? Les femmes les possèdent-elles, selon lui ? **9.** Quel doit être, d'après les auteurs, le rôle des femmes ?

▶ **BILAN**

Montrez en quelques lignes comment les femmes ont participé à la Révolution et pourquoi les droits politiques leur sont refusés.

DOSSIER

Mirabeau : un grand tribun

COURS p. 262-263

VOCABULAIRE

- **Panthéon**
Église parisienne transformée en 1791 en « temple de la patrie », où sont enterrés les grands hommes de la Révolution.

Né en 1749, le comte de Mirabeau s'est d'abord fait connaître par ses écrits hostiles à l'absolutisme ; ainsi, bien que noble, il est élu en 1789 député du tiers état d'Aix (en Provence). Il s'impose par ses discours enflammés capables d'emporter la décision, participe à l'élaboration de toutes les réformes, à la Déclaration des droits de l'homme, à la Constitution où il affirme son soutien à la monarchie constitutionnelle. Très populaire, il est inhumé au **Panthéon** à sa mort en 1791, mais sa dépouille est enlevée en 1792 quand on découvre qu'il a aussi été un homme corrompu par la Cour.

Quel rôle Mirabeau joue-t-il dans les premiers temps de la Révolution ?

1 Une forte personnalité

D'abord sa prononciation était lente, sa poitrine semblait oppressée : on eût dit qu'il travaillait à forger la foudre. Bientôt son débit s'animait, des éclairs partaient de ses yeux. (...) Les voûtes du temple retentissaient des sons de sa voix devenue éclatante ; il remplissait la tribune de sa majesté.

Vergniaud, *Éloge funèbre de Mirabeau*, 1791.

2 Le 23 juin 1789, un épisode fondateur

Alors que les députés du tiers état se sont proclamés Assemblée nationale et ont prêté le serment de faire une Constitution, le 23 juin 1789, le marquis de Dreux-Brézé est chargé par le roi de leur ordonner de se séparer.

M. le comte de Mirabeau se lève avec le ton et les gestes de l'indignation, et répond ainsi :

« Oui, Monsieur, nous avons entendu les intentions qu'on a suggérées au roi ; et vous, qui ne sauriez être son organe auprès des États généraux, vous, qui n'avez ici ni place, ni droit de parler, vous n'êtes pas fait pour nous rappeler son discours. Cependant, pour éviter toute équivoque et tout délai, je déclare que si l'on vous a chargé de nous faire sortir d'ici, vous devez demander des ordres pour employer la force ; car nous ne quitterons nos places que par la puissance des baïonnettes. »

D'une voix unanime, les députés se sont écriés : « Tel est le vœu de l'Assemblée. » Le grand-maître des cérémonies se retire.

Un morne silence règne dans l'Assemblée. (...)

M. le comte de Mirabeau : « C'est aujourd'hui que je bénis la liberté de ce qu'elle mûrit de si beaux fruits dans l'Assemblée nationale. Assurons notre ouvrage, en déclarant inviolable la personne des députés aux États généraux. »

Le Moniteur universel, 25 juin 1789.

QUESTIONS

▶ **Analyse des documents**

DOC 1 **1.** Quelles sont les qualités reconnues à Mirabeau ?

DOCS 2 ET 3 **2.** Quels sont les arguments de Mirabeau contre le marquis de Dreux-Brézé ? **3.** Quelle impression l'artiste a-t-il voulu donner de l'événement dans son tableau ?

DOC 4 **4.** Montrez que Mirabeau est partisan d'un pouvoir royal fort.

DOC 5 **5.** Quels symboles révolutionnaires lui sont associés ? Quelles actions de Mirabeau au cours de la Révolution sont représentées ?

DOCS 1, 2, 3 ET 4 **6.** Quels éléments montrent les qualités oratoires de Mirabeau ?

▶ **BILAN**

Qu'est-ce qui fait de Mirabeau un acteur important de la Révolution ?

3 **La séance du 23 juin 1789 : Mirabeau devant Dreux-Brézé**

• **À gauche, en bas de l'estrade, se trouve Dreux-Brézé ; à droite, le bras levé, Mirabeau.** *Huile sur toile de Joseph Désiré Court, 1830, musée des Beaux-Arts de Rouen.*

4 Un défenseur du droit de veto royal

Il y a ceci de remarquable (...) que, chargé du soin de maintenir l'équilibre, d'empêcher les partialités, (...) il importe au peuple que cette puissance [le pouvoir exécutif] ait constamment en main un moyen sûr de se maintenir.

Ce moyen existe dans le droit attribué au chef suprême de la nation, d'examiner les actes de la puissance législative, et de leur donner ou de leur refuser le caractère sacré de loi. [...]

Ce n'est donc point pour son avantage particulier que le monarque intervient dans la législation, mais pour l'intérêt même du peuple.

Discours de Mirabeau à l'Assemblée constituante le 1er septembre 1789.

5 **Mirabeau célébré après sa mort**

• **En 1792, la découverte de papiers aux Tuileries révéla que Mirabeau recevait de l'argent du roi ; sa dépouille fut alors enlevée du Panthéon.** *Gravure du XIXe siècle, musée Paul Arbaud, Aix-en-Provence.*

COURS

1 • Le déclenchement de la Révolution (1788-1789)

DOSSIER p. 250-251
DOSSIER p. 252-253
DOSSIER p. 254-255
DOSSIER p. 256-257
DOSSIER p. 258-259
DOSSIER p. 260-261

Comment s'effectue la rupture définitive avec l'Ancien Régime ?

A Les députés renversent l'absolutisme

Des États généraux à l'Assemblée nationale

• Confronté à des **contestations multiples** et à une **crise financière catastrophique**, incapable de faire aboutir des réformes, Louis XVI annonce en 1788 la **convocation des États généraux**. Partout, la population se réunit par ordre pour rédiger des cahiers de doléances et élire ses députés.

• Le 5 mai 1789, les 1139 députés assistent à l'ouverture solennelle des **États généraux à Versailles.** Mais leur travail ne peut pas commencer car la question du mode de délibération n'a pas été résolue : les votes se feront-ils par ordre, ce qui avantagerait le clergé et la noblesse (car ils se retrouveraient unis à deux contre le seul tiers état), ou par tête (ce qui avantagerait cette fois les députés du tiers état, plus nombreux) ? Afin de sortir de cette impasse, le 17 juin 1789, les **députés du tiers état**, arguant du fait qu'ils sont les élus de 96 % de la **nation, se proclament « Assemblée nationale »**, c'est-à-dire détenteurs de la **souveraineté nationale**.

Le serment du Jeu de paume, 20 juin 1789

• Le roi refusant d'accepter cette réforme, l'Assemblée nationale fait un nouveau coup de force : **réunis dans la salle du Jeu de paume, les députés prêtent serment de faire une Constitution**. Par cet acte, ils affirment leur volonté de fonder une monarchie constitutionnelle. Devant la détermination de l'Assemblée, où Mirabeau s'impose comme un grand tribun, le 27 juin, le roi cède et demande au clergé et à la noblesse de rejoindre les députés du tiers état. C'en est donc fini de l'absolutisme.

Louis XVI **Biographie**

1754-1793
Roi en 1774, il incarne un pouvoir monarchique incapable de faire des réformes.
Arrêté le 10 août 1792, il est guillotiné le 21 janvier 1793.

B Le peuple renverse la société d'ordres

Le 14 juillet, la révolution parisienne

• **Le roi fait rassembler des troupes autour de Versailles** puis renvoie un ministre très populaire, Necker. Cela provoque une vive émotion à Paris où le peuple, excédé par la misère, suit avec passion les événements de Versailles. L'émeute éclate. Pour organiser la défense militaire, **le peuple** pille les dépôts d'armes, et le 14, pensant trouver des munitions, **prend la forteresse de la Bastille**. Le roi cède, fait retirer les troupes, vient à Paris et arbore la cocarde tricolore, symbole révolutionnaire. Le retentissement de cette journée est énorme : **le peuple et les gardes nationaux ont fait céder le roi.**

La Grande Peur, la révolution dans les campagnes

• Depuis le printemps 1789, des émeutes contre les « droits féodaux » (redevances diverses, corvées, justice seigneuriale...) embrasent de nombreuses régions. En juillet, la situation s'aggrave, des rumeurs de brigandage et de complot contre la Révolution circulent ; c'est **la « Grande Peur » qui se propage** dans plusieurs provinces **et débouche sur des violences contre les seigneurs.**

La nuit du 4 août 1789

• L'annonce de ces troubles alarme les députés de Versailles. **Dans la soirée du 4 août**, afin de ramener le calme, **des députés nobles proposent l'abolition des droits féodaux et la suppression de tous les privilèges** ; ces décisions, adoptées dans l'enthousiasme, mettent fin à la société d'ordres.

La Fayette **Biographie**

1757-1834
Général, il participe à la guerre de l'indépendance américaine.
En 1789, il est favorable à la Révolution.
Mais partisan de la monarchie constitutionnelle, il fuit en Autriche après le 10 août 1792.

C La fin de l'Ancien Régime

La Déclaration des droits de l'homme et du citoyen

• L'Ancien Régime étant aboli, il faut désormais **définir les bases d'une société nouvelle**. C'est l'objet de la **Déclaration des droits de l'homme** adoptée le 26 août 1789 par les députés. Inspirée des idées des Lumières, elle énonce des **droits naturels** (liberté individuelle, égalité, tolérance religieuse), affirme l'autorité de la loi, expression de la volonté générale, et proclame la **souveraineté de la nation**.

Une vie politique intense

• La reconnaissance de la **liberté d'expression** permet la **floraison des journaux** de toutes tendances. L'ensemble de la société se passionne pour les débats ; le public assiste aux séances de l'Assemblée, à celles des **clubs** de Paris ou de province : le club des Jacobins réunit les députés de la « gauche » de l'Assemblée, les plus **patriotes**. Les citoyens modestes, qui ne peuvent payer la cotisation des clubs, adhèrent aussi aux **sociétés populaires**. Les femmes, exclues des sociétés masculines, sont elles aussi très politisées et fondent leurs propres clubs.

Les journées d'octobre et le retour du roi à Paris

• Ce sont d'ailleurs les **femmes du peuple**, armées, suivies des hommes et des **gardes nationaux** de La Fayette, qui **marchent sur Versailles le 5 octobre 1789** pour réclamer du pain. La manifestation tourne à l'émeute. Le lendemain, elles obtiennent le **retour de la famille royale à Paris**. Le roi et l'Assemblée s'installent alors au palais des Tuileries.

VOCABULAIRE

• **Club**
Association dont les adhérents débattent des questions politiques.

• **Constitution**
Loi fondamentale fixant le régime politique, l'organisation des pouvoirs et leurs rapports dans un État.

• **États généraux**
Assemblée des représentants des trois ordres convoquée en 1789 par Louis XVI.

• **Garde nationale**
Milice de citoyens armés organisée à Paris puis en province en juillet 1789.

• **Nation**
Communauté d'hommes possédant une certaine unité (langue, culture, etc.) et souhaitant vivre ensemble.

• **Patriotes**
Partisans des réformes de la Révolution.

• **Souveraineté nationale**
Principe selon lequel la source de tout pouvoir est la nation et s'exprime dans une assemblée élue.

La nuit du 4 août 1789
• **Le tiers état détruit les symboles de la féodalité.**
« Nuit du 4 août 1789 ou le délire patriotique », *gravure en couleur, BNF, Paris.*

DOSSIER Le 10 août 1792, la chute de la monarchie

COURS p. 270-271

Depuis 1789, Louis XVI est de plus en plus discrédité : après avoir hésité entre l'acceptation des réformes et leur rejet, il tente vainement en juin 1791 de fuir vers l'étranger. En avril 1792, l'Assemblée déclare la guerre à l'Autriche, qui s'allie à la Prusse. Les défaites françaises et les menaces d'invasion provoquent l'affolement. Les pétitions contre le roi se multiplient, sa complicité avec l'ennemi étant confirmée par la déclaration du général prussien Brunswick. Appuyés par les **fédérés**, les **sans-culottes** parisiens organisent le 10 août 1792 une insurrection décisive qui aboutit à l'abolition de la monarchie.

Comment l'insurrection du 10 août 1792 aboutit-elle à une rupture fondamentale ?

VOCABULAIRE

- **Fédérés**
Soldats récemment recrutés dans les provinces et regroupés à Paris pour protéger la capitale des attaques étrangères.
- **Sans-culotte**
Nom donné aux révolutionnaires, issus du peuple parisien, qui portent des pantalons et non des culottes comme les riches bourgeois et les nobles.

1 La prise du château des Tuileries, 10 août 1792

• Ce tableau représente la cour du Carrousel ; les sans-culottes et les soldats volontaires venus de province, les fédérés, armés de canons et de baïonnettes, s'opposent aux gardes royaux (en rouge). Après des combats acharnés, les insurgés finalement victorieux pillent le palais et massacrent les gardes royaux. *Huile sur toile de J.-J. Bertaux, 1793, musée national du Château de Versailles.*

2 La provocation du général prussien Brunswick

Cette déclaration du général Brunswick a en réalité été rédigée par des nobles français émigrés servant chez l'ennemi et soucieux de la sécurité du roi et de sa famille.

La ville de Paris et tous ses habitants sans distinction seront tenus de se soumettre sur-le-champ et sans délai au roi, de mettre ce prince en pleine et entière liberté, et de lui assurer, ainsi qu'à toutes les personnes royales, l'inviolabilité et le respect auxquels le droit de la nature et des gens oblige les sujets envers les souverains ; leurs Majestés impériale et royale[1] rendant personnellement responsables de tous les événements, sur leur tête, pour être jugés militairement, sans espoir de pardon, tous les membres de l'Assemblée nationale, du département, du district, de la municipalité et de la garde nationale de Paris, les juges de paix et tous autres qu'il appartiendra, déclarant en outre, leurs dites majestés, sur leur foi et parole d'empereur et de roi, que si le château des Tuileries est forcé ou insulté, que s'il est fait la moindre violence, le moindre outrage à leurs Majestés, le roi, la reine et la famille royale, s'il n'est pas pourvu immédiatement à leur sûreté, à leur conservation et à leur liberté, elles en tireront une vengeance exemplaire et à jamais mémorable, en livrant la ville de Paris à une exécution militaire et à une subversion totale, et les révoltés coupables d'attentats aux supplices qu'ils auront mérités.

Donné au quartier général de Coblentz, le 25 juillet 1792. Signé, Charles-Guillaume-Ferdinand, duc de Brunswick-Lunebourg.

1. *L'empereur d'Autriche et le roi de Prusse.*

3 L'Assemblée nationale, 10 août 1792

• Le 10 août, après la victoire de l'insurrection, des Parisiens viennent demander à l'Assemblée la déchéance du roi.
(1) Coffres remplis des biens saisis dans le palais. (2) La famille royale, venue se réfugier à l'Assemblée, attend les décisions des députés.
(3) Le peuple français ne veut « Plus de Roi ». *Dessin, 1794-1795, musée du Louvre, Paris.*

4 Les conséquences de l'insurrection

L'Assemblée nationale, considérant que les dangers de la patrie sont parvenus à leur comble ; que c'est pour le Corps législatif le plus saint des devoirs d'employer tous les moyens de la sauver ; qu'il est impossible d'en trouver d'efficaces, tant qu'on ne s'occupera pas de tarir la source de ses maux ; considérant que ces maux dérivent principalement des défiances qu'a inspirées la conduite du chef du pouvoir exécutif, dans une guerre entreprise en son nom contre la Constitution et l'indépendance nationale ; que ces défiances ont provoqué un vœu tendant à la révocation de l'autorité déléguée à Louis XVI ; décrète ce qui suit :

Art. 1. Le peuple français est invité à former une Convention nationale ; la commission extraordinaire présentera demain un projet pour indiquer le mode et l'époque de cette Convention.

Art 2. Le chef du pouvoir exécutif est provisoirement suspendu de ses fonctions, jusqu'à ce que la Convention nationale ait prononcé sur les mesures qu'elle croira devoir adopter pour assurer la souveraineté du peuple et le règne de la liberté et de l'égalité.

Décret de l'Assemblée législative, 10 août 1792.

À la fin de la journée, la famille royale est emprisonnée au Temple. Le 21 septembre 1792, la Convention décrète à l'unanimité que « la monarchie est abolie en France ».

QUESTIONS

▶ Analyse des documents

DOC 2 **1.** À qui s'adresse cette déclaration ? **2.** Quelles menaces contient-elle ? **3.** Que révèle-t-elle sur la position du roi vis-à-vis des adversaires de la France ?

DOCS 1 ET 2 **4.** Quelle est la conséquence à Paris de la déclaration de Brunswick ?

DOC 1 **5.** Qui s'affronte dans cette scène ? **6.** Comment le peintre parvient-il à rendre la violence des combats ?

DOC 3 ET 4 **7.** Que font les Parisiens ? **8.** Quelle atmosphère règne à l'Assemblée nationale ? Qui est présent ?

DOC 4 **9.** Que décident les députés ? **10.** Comment justifient-ils leurs décisions ? **11.** Pourquoi est-ce une rupture importante dans le cours de la Révolution ?

▶ BILAN

Imaginez le récit qu'un sans-culotte, acteur de l'insurrection, fait de cette journée, de l'enchaînement des événements et de leurs conséquences.

DOSSIER Les Montagnards, des acteurs de la Révolution

DOSSIER p. 268-269
COURS p. 270-271
COURS p. 272-273

À la Convention (assemblée élue au suffrage universel en septembre 1792 pour rédiger une Constitution républicaine), les députés se regroupent selon leurs idées politiques : à droite les **Girondins**, à gauche les **Montagnards**. Ces derniers dominent la vie politique en 1793-1794, à l'époque de la Terreur, mais ils se divisent : Robespierre fait guillotiner ceux qui, comme Danton ou Desmoulins, dénoncent les excès de la Terreur. L'arrestation de Robespierre par la Convention le 27 juillet 1794 marque la fin du pouvoir des Montagnards.

Quelles idées politiques expriment les principaux chefs des Montagnards ?

VOCABULAIRE

- **Girondins**
Députés républicains modérés.
- **Montagnards**
Députés républicains favorables à l'égalité sociale, qui incarnent la lutte contre les ennemis de la République. Soutenus par les sans-culottes, ils siègent sur les gradins les plus hauts de l'Assemblée, la « Montagne ».

1 Danton, l'appel à la défense de la France

Fin août 1792, l'armée austro-prussienne passe la frontière et marche vers Paris. Danton, alors député et ministre, se précipite à l'Assemblée.

Il est bien satisfaisant, Messieurs, pour les ministres du peuple libre, d'avoir à lui annoncer que la patrie va être sauvée.

Tout s'émeut, tout s'ébranle, tout brûle de combattre. Vous savez que Verdun n'est point encore au pouvoir de vos ennemis. (...) Une partie du peuple va se porter aux frontières, une autre va creuser des retranchements, et la troisième, avec des piques, défendra l'intérieur de nos villes. Paris va seconder ces grands efforts. (...)

Le tocsin qu'on va sonner n'est point un signal d'alarme, c'est la charge sur les ennemis de la patrie. Pour les vaincre, Messieurs, il nous faut de l'audace, encore de l'audace, toujours de l'audace, et la France est sauvée.

Danton, discours à l'Assemblée législative, 2 septembre 1792.

2 Marat, le héros des sans-culottes

• Député de Paris, auteur du journal *L'Ami du peuple*, Marat est un porte-parole des revendications démocratiques et égalitaires des sans-culottes. Accusé de corruption par les Girondins en 1793, il est acquitté et porté en triomphe par les sans-culottes à la sortie du tribunal. Le 13 juillet 1793, il est assassiné par Charlotte Corday, proche des Girondins.

« Le triomphe de Marat », *gouache de Lesueur, 24 avril 1793, musée Carnavalet, Paris.*

3 Robespierre et le procès de roi

Après le 10 août 1792, Louis XVI est emprisonné et la République proclamée. La Convention doit décider du sort du roi, accusé de trahison.

Il n'y a point ici de procès à faire. Louis n'est point un accusé. Vous n'êtes point des juges. (...) Quel est le parti que la saine politique prescrit pour cimenter la république naissante ? C'est de graver profondément dans les cœurs le mépris de la royauté, et de frapper de stupeur tous les partisans du roi.

Louis fut roi, et la république est fondée : la question fameuse qui vous occupe est décidée par ces seuls mots. Louis a été détrôné par ses crimes : Louis dénonçait le peuple français comme rebelle : il a appelé, pour le châtier, les armes des tyrans ses confrères ; la victoire et le peuple ont décidé que lui seul était rebelle : Louis ne peut donc être jugé. (...) En effet, si Louis peut être encore l'objet d'un procès, il peut être innocent : que dis-je ? Il est présumé l'être jusqu'à ce qu'il soit jugé : mais si Louis peut être présumé innocent, que devient la révolution ? (...)

Un roi dont le nom seul attire le fléau de la guerre sur la nation agitée ; ni la prison, ni l'exil ne peuvent rendre son existence indifférente au bonheur public. Je prononce à regret cette fatale vérité... mais Louis doit mourir, parce qu'il faut que la patrie vive.

Robespierre, discours à la Convention, 3 décembre 1792.

4 Saint-Just veut soulager la misère du peuple

Saint-Just, député proche de Robespierre, est un Montagnard intransigeant.

C'est une idée très généralement sentie, que toute la sagesse du gouvernement consiste à réduire le parti opposé à la révolution, et à rendre le peuple heureux aux dépens de tous les vices et de tous les ennemis de la liberté. (...) Que l'Europe apprenne que vous ne voulez plus un malheureux ni un oppresseur sur le territoire français ; que cet exemple fructifie sur la terre, qu'il y propage l'amour des vertus et le bonheur. Le bonheur est une idée neuve en Europe.

Saint-Just, discours à la Convention, 26 février 1794.

Saint-Just obtient ainsi, à l'unanimité, l'application du décret suivant.

– Les propriétés des patriotes sont inviolables et sacrées. Les biens des personnes reconnues ennemies de la révolution seront séquestrés au profit de la République ; ces personnes seront détenues jusqu'à la paix, et bannies ensuite à perpétuité.

– Les représentants du peuple adresseront au comité des secours publics la liste des citoyens auxquels ils ont accordé des secours provisoires.

Décrets de ventôse an II, cités dans J.-B. Duvergier, *Collection complète des lois, décrets, ordonnances*, Paris, 1834.

5 Robespierre et la Terreur vus par un caricaturiste

● **Pour ses adversaires, Robespierre a institué une dictature ; il est le principal responsable de la Terreur et des exécutions.** « Robespierre guillotinant le bourreau après avoir fait guillotiner tous les Français », *1794, gravure, musée Carnavalet, Paris.*

QUESTIONS

▶ Analyse des documents

DOC 1 **1.** D'après Danton, qui défend la France ? De quelle manière ?

DOC 3 **2.** Selon Robespierre, pourquoi Louis XVI ne doit-il pas être jugé ? **3.** Quel doit être son sort ?

DOCS 2 ET 4 **4.** Quelles sont les relations des Montagnards et des sans-culottes ? **5.** Quels symboles Marat porte-t-il ? **6.** Qu'est-ce que le bonheur selon Saint-Just ?

DOCS 1, 2 ET 4 **7.** D'après les Montagnards, sur quelle partie de la population la révolution doit-elle s'appuyer ?

DOC 5 **8.** D'après la caricature, de quoi Robespierre est-il responsable ?

▶ BILAN

En quelques lignes, présentez les idées des Montagnards et leurs actions pour défendre la Révolution.

DOSSIER

La Terreur (1793-1794)

DOSSIER p. 266-267
COURS p. 270-271
COURS p. 272-273

Depuis l'été 1792, la Révolution est en danger. Au début de 1793, la situation s'aggrave : les offensives des armées étrangères menacent le territoire, des foyers d'insurrection éclatent en province et la situation économique est dramatique. Pour surmonter ces crises, la Convention crée en avril 1793 le **Comité de salut public**. Les Montagnards, autour de Robespierre, y exercent le pouvoir à partir de l'été 1793. Le 5 septembre 1793, la Convention, sous la pression des sans-culottes qui ont envahi l'Assemblée, prend des mesures exceptionnelles qui mettent « la Terreur à l'ordre du jour ».

Qu'est-ce que la Terreur ?

VOCABULAIRE

- **Comité de salut public**
Principal organe du gouvernement de la République institué par la Convention en avril 1793.
- **Comités révolutionnaires (ou comités de surveillance)**
Créés par la Convention le 21 mars 1793, ils sont formés de 12 membres. La loi des suspects (17 septembre) leur confie le soin de dresser des listes et de procéder éventuellement à des arrestations.

1 La loi des Suspects (17 septembre 1793)

Art. Ier – Immédiatement, après la publication du présent décret, tous les gens suspects qui se trouvent dans le territoire de la République, et qui sont encore en liberté, seront mis en état d'arrestation.

Art. 2 – Sont réputés gens suspects :

1. ceux qui, soit par leur conduite, soit par leurs relations, soit par leurs propos ou leurs écrits, se sont montrés partisans de la tyrannie ou du fédéralisme[1], et ennemis de la liberté ; **2.** ceux qui ne pourront justifier, de la manière prescrite par le décret du 21 mars dernier, de leurs moyens d'exister de l'acquit de leurs devoirs civiques ; **3.** ceux à qui il a été refusé des certificats de civisme (...) ; **5.** ceux des ci-devant nobles, ensemble les maris, femmes, pères, mères, fils ou filles, frères ou sœurs, et agents d'émigrés, qui n'ont pas constamment manifesté leur attachement à la révolution ; **6.** ceux qui ont émigré[2] dans l'intervalle du 1er juillet 1789 à la publication du décret du 30 mars-8 avril 1792, quoiqu'ils soient rentrés en France dans le délai fixé par ce décret, ou précédemment.

Le Moniteur, 18 septembre 1793.

1. *Révolte en province contre le gouvernement parisien.*
2. *Ceux qui ont fui à l'étranger par hostilité à la Révolution.*

2 Les noyades de Nantes

- **De novembre 1793 à janvier 1794, Carrier, responsable de la Terreur à Nantes, fait noyer les condamnés pour vider les prisons. On estime le nombre des victimes entre 2 000 et 5 000.** *Gravure du XVIIIe siècle, coll. part.*

3 Un comité révolutionnaire sous la Terreur

• La Convention décrète que chaque commune ou section de commune (grandes villes) doit créer un comité. Chargés dans un premier temps des suspects, ils voient leurs compétences s'élargir à l'application des lois révolutionnaires et de salut public en décembre 1793.

Estampe de C. N. Malapeau, d'après Fragonard, 1794, BNF, Paris.

4 Robespierre justifie la Terreur

Le but du gouvernement constitutionnel est de conserver la République ; celui du gouvernement révolutionnaire est de la fonder.

Le gouvernement révolutionnaire a besoin d'une activité extraordinaire parce qu'il est en guerre. Il est soumis à des règles moins uniformes et rigoureuses parce que les circonstances sont orageuses et mobiles et qu'il est forcé de déployer sans cesse des ressources nouvelles et rapides face à des dangers nouveaux et pressants.

Le gouvernement révolutionnaire doit aux bons citoyens la protection nationale ; il ne doit aux ennemis du peuple que la mort.

Si le gouvernement révolutionnaire doit être plus actif dans sa marche et plus libre dans ses mouvements que le gouvernement ordinaire, en est-il moins juste et moins légitime ? Non, il est appuyé sur la plus sainte de toutes les lois, le salut du peuple.

Discours de Robespierre à la Convention, 25 décembre 1793.

5 L'apogée de la Terreur (juin 1794)

Art. 4. – Le Tribunal révolutionnaire est institué pour punir les ennemis du peuple.

Art. 5. – Les ennemis du peuple sont ceux qui cherchent à anéantir la liberté publique (...).

Art. 6. – Sont réputés ennemis du peuple, ceux qui auront provoqué le rétablissement de la monarchie, ou cherché à avilir ou à dissoudre la Convention nationale et le gouvernement révolutionnaire et républicain (...). Ceux qui auront cherché à inspirer le découragement pour favoriser les entreprises des tyrans ligués contre la République (...).

Art. 7. – La peine portée contre tous les délits, dont la connaissance appartient au tribunal révolutionnaire, est la mort. (...)

Art. 16. – La loi donne pour défenseurs aux patriotes calomniés des jurés patriotes : elle n'en accorde point aux conspirateurs.

Loi du 22 prairial an II (10 juin 1794).

QUESTIONS

▶ Analyse des documents

DOC 4 **1.** Comment Robespierre justifie-t-il la Terreur ? **2.** Comment présente-t-il l'action du gouvernement révolutionnaire ?

DOCS 1 ET 3 **3.** Qui sont les suspects ? **4.** Quelle est l'attitude des membres du comité et celle des suspects ?

DOC 5 **5.** Montrez que les accusés n'ont pas droit à un procès équitable.

DOCS 2 ET 5 **6.** Quel est le sort réservé aux ennemis de la Révolution ?

▶ BILAN

Rédigez quelques lignes qui expliquent ce qu'est la Terreur : présentez le contexte, les mesures et les événements qui caractérisent cette période.

COURS

2. La monarchie constitutionnelle (1790-1792)

REPÈRES p. 248-249
DOSSIER p. 264-265
DOSSIER p. 266-267
DOSSIER p. 268-269

Comment expliquer l'échec de la monarchie constitutionnelle ?

1. *Une sans-culotte*
Gravure, vers 1792, BNF, Paris.

A Une France nouvelle

La Constitution de 1791

• Elle est adoptée après deux ans de travaux et entérine officiellement une **monarchie constitutionnelle** qui fonctionne en réalité depuis 1789.

• Les pouvoirs sont séparés : **le pouvoir législatif revient à l'Assemblée**, formée de 745 députés élus pour 2 ans. Mais le **suffrage** est **censitaire** : seuls 15 % de la population, les hommes de plus de 25 ans qui paient un certain seuil d'impôts, peuvent participer aux élections ; les autres, citoyens passifs, n'ont pas de droit politique.

• **Le pouvoir exécutif appartient au « roi des Français »** dont les prérogatives sont étendues : il choisit les ministres et dirige la politique étrangère. Comme le souhaitait Mirabeau, le **droit de veto** lui est reconnu.

Une nouvelle organisation économique et sociale

• Les députés veulent simplifier les circonscriptions complexes de l'Ancien Régime et les remplacent par des départements, divisés en cantons et communes. Pour résoudre la grave crise financière du royaume, **de nouveaux impôts, payables par tous, sont créés**, et les immenses biens de l'Église sont vendus comme « biens nationaux ». **La Constitution civile du clergé est adoptée 1790. Les membres du clergé sont désormais élus et payés par l'État. Ils doivent prêter serment de fidélité « à la nation, à la loi et au roi »**. Certains prêtres refusent et rejoignent la **contre-révolution**, suivis par de nombreux catholiques.

• **Dans le domaine économique, le libéralisme l'emporte** : les corporations, qui réglementaient le travail artisanal, sont supprimées, les syndicats et les grèves sont interdits.

B La rupture entre le roi et la nation

La fête de la Fédération, 14 juillet 1790

• Pour célébrer l'anniversaire de la prise de la Bastille et l'unité de la nation autour du roi, une cérémonie solennelle est organisée le **14 juillet 1790** ; elle réunit des représentants des gardes nationales de toute la France, l'armée, les députés et la famille royale au milieu d'une foule immense. Sur l'autel en plein air dressé au Champ-de-Mars, **tous prêtent serment de fidélité « à la nation, à la loi, au roi »** (doc 2). Cette unanimité n'est pourtant qu'apparente.

La tentative de fuite du roi

• En effet, l'équilibre politique est rompu quand **le roi**, qui n'a jamais accepté le processus révolutionnaire, **tente de fuir le 21 juin 1791 pour rejoindre les troupes étrangères opposées à la Révolution**. Il révèle ainsi son double jeu et ruine la confiance dont il bénéficiait dans une grande partie de l'opinion. **Arrêté à Varennes**, il est ramené à Paris sous escorte, attendu par une foule indignée et désormais hostile.

La radicalisation des positions politiques

• **Les sans-culottes** (doc 1) **réclament alors la République**. Le 17 juillet 1791, une manifestation populaire au Champ-de-Mars, soutenue par les clubs patriotes, demande la déchéance du roi. L'Assemblée, craignant de nouveaux troubles, refuse ; la Garde nationale tire sur les manifestants. **Le divorce est définitif entre les partisans du roi et le peuple.**

VOCABULAIRE

• **Constitution civile du clergé**
Loi de 1790 qui réorganise l'Église catholique ; les membres du clergé deviennent des fonctionnaires.

• **Contre-révolution**
Mouvement hostile à la Révolution par attachement au roi ou à la religion.

• **Droit de veto**
Droit de s'opposer à l'application d'une loi.

• **Libéralisme**
Théorie qui défend la libre entreprise et la libre circulation.

• **République**
Régime politique où le pouvoir est exercé par des élus, représentants de la nation.

C La chute de la monarchie

La déclaration de guerre, avril 1792

• Aux divisions intérieures s'ajoutent les tensions de plus en plus vives avec les pays voisins dont les souverains, craignant la contagion révolutionnaire, semblent préparer une offensive. **En France, la guerre a de nombreux partisans** : la cour pense pouvoir ainsi rétablir l'autorité royale en misant sur une défaite française et les patriotes veulent faire « la guerre aux rois ». Seuls quelques-uns, dont Robespierre, plaident la prudence. **Le 20 avril, les députés déclarent la guerre à l'empereur d'Autriche.**

L'insurrection du 10 août 1792

• Les premières défaites provoquent la panique et de nombreux volontaires s'enrôlent pour repousser l'invasion. **Le peuple de Paris redoute aussi les manœuvres du roi**, que confirme le manifeste de Brunswick, chef des armées ennemies, qui menace de détruire Paris s'il est fait violence au roi. **Le 10 août, une insurrection éclate** ; le palais des Tuileries est pris d'assaut, **le roi est arrêté et emprisonné**.

Une violence exacerbée

• Pourtant, l'affolement général ne cesse de croître : **les sans-culottes craignent toujours les trahisons et les complots.** Début septembre, la peur de la trahison engendre la violence : 1 300 prisonniers, notamment des aristocrates et des prêtres hostiles à la Révolution, sont massacrés.

• Contrairement aux craintes du peuple, l'armée, formée de nombreux volontaires, repousse l'invasion **à Valmy, le 20 septembre 1792**. Le lendemain, **la monarchie est abolie, la République proclamée.**

VOCABULAIRE

• **Sans-culotte**
Nom donné aux révolutionnaires, issus du peuple parisien, qui portent des pantalons et non des culottes comme les riches bourgeois et les nobles.

• **Suffrage censitaire**
Système où le droit de vote est réservé aux citoyens payant un certain montant d'impôts (le cens).

2. ***La fête de la Fédération, le 17 juillet 1790***

• **Serment de fidélité à la Révolution prêté par Lafayette (1) au nom de la garde nationale (2) qu'il commande devant le roi (3), la reine (4) et les députés de l'Assemblée (5) : « Nous jurons de rester à jamais fidèles à la nation, à la loi, au roi ; de maintenir de tout notre pouvoir la Constitution décrétée par l'Assemblée nationale et acceptée par le roi (…) et de demeurer unis à tous les Français, par les liens indissolubles de la Fraternité. »**
Gravure, musée Carnavalet, Paris.

COURS

3. La République en échec (1792-1799)

REPÈRES p. 248-249
DOSSIER p. 266-267
DOSSIER p. 268-269

À quels périls la République est-elle confrontée ?

1. *La guerre de Vendée*
• **Le comte de La Rochejaquelein est le chef de l'armée catholique et royale de Vendée.**
Huile sur toile du baron Pierre-Narcisse Guerin, 1817, musée d'histoire, Cholet.

A Les débuts de la République (1792-1793)

La Convention

• **Première assemblée élue au suffrage universel**, elle se réunit le 21 septembre 1792, le lendemain de la victoire de Valmy, et proclame la République. Parmi les députés, tous révolutionnaires sincères, **deux groupes dominent : les Girondins, modérés, et les Montagnards** regroupés autour de Robespierre, Danton et Marat, favorables aux revendications populaires radicales. Le **procès du roi** révèle leurs divergences : tous s'accordent sur sa trahison, mais ils sont partagés sur le sort à lui réserver. Après un mois de débats, la Convention, emmenée par les Montagnards, le condamne à mort ; **il est guillotiné le 21 janvier 1793.**

La République menacée

• L'exécution du roi et l'annexion de la Belgique provoquent **la première coalition européenne contre la France**. Au printemps 1793, l'invasion menace à nouveau la France où **la guerre civile gronde**. Dans l'ouest du pays, la **levée en masse** décrétée par la Convention en mars 1793 est un détonateur : des émeutes éclatent, une armée se forme contre la Convention, c'est le début de la **guerre de Vendée** (doc 1). En outre, partout, la misère exacerbe les tensions sociales et l'inquiétude du peuple. À la Convention, les députés se divisent sur les mesures à prendre. Le 2 juin 1793, **les chefs Girondins, jugés trop modérés, sont arrêtés** sous la pression des sans-culottes. Mais, en province, de nouvelles révoltes éclatent contre ce pouvoir parisien, populaire, jugé excessif.

B La Terreur (1793-1794)

Le gouvernement des Montagnards

• Devant l'urgence de la situation, **la Convention, contrôlée par les Montagnards,** adopte des mesures d'exception et **met « la Terreur à l'ordre du jour »**. Le **Comité de salut public**, formé de quelques députés élus comme Robespierre, exerce le pouvoir réel. En septembre, la **loi des Suspects** entraîne la **multiplication des arrestations** et des condamnations par le Tribunal révolutionnaire. La Terreur connaît son apogée avec la terrible loi du 10 juin 1794 qui supprime aux accusés toute possibilité de se défendre. Le service militaire obligatoire est décrété, des armées sont envoyées combattre sur tous les fronts, intérieurs et extérieurs. Pour apaiser la misère, **un contrôle des prix est institué** et des réquisitions de grains organisées. **La Convention** élabore une Constitution très démocratique fin juin 1793 et **abolit l'esclavage** dans les colonies en 1794. Un nouveau calendrier est adopté en octobre 1793 (doc 2).

La chute de Robespierre, 9-10 thermidor an II (26-27 juillet 1794)

• Cette politique porte ses fruits : **les révoltes intérieures sont écrasées, l'invasion est stoppée par la victoire de Fleurus** en juin 1794 (doc 3). Mais **le bilan humain est très lourd** avec 17 000 exécutions environ et plus de 100 000 morts en Vendée. La Convention est très divisée et **Robespierre** apparaît alors de plus en plus comme un dictateur aux yeux de députés inquiets. En juillet (thermidor selon le nouveau calendrier), il **est arrêté, jugé, puis exécuté avec ses proches**.

VOCABULAIRE

• **Comité de salut public**
Principal organe du gouvernement de la République, institué par la Convention en avril 1793.

• **Coup d'État**
Action visant à prendre ou conserver le pouvoir de façon illégale.

• **Girondins**
Députés républicains modérés.

• **Levée en masse**
Recrutement de soldats, volontaires ou tirés au sort.

• **Montagnards**
Députés républicains favorables à l'égalité sociale, qui incarnent la lutte contre les ennemis intérieurs et extérieurs de la République. Soutenus par les sans-culottes, ils siègent sur les gradins les plus hauts de l'Assemblée, la « Montagne ».

C La République conservatrice (1794-1799)

La fin de la Terreur

• **En juillet (thermidor)**, toutes les mesures et les institutions de la Terreur sont supprimées ; la répression **s'abat désormais sur les anciens Montagnards** et sur les sans-culottes, si actifs sous la Terreur, qualifiés de « buveurs de sang ».

Le Directoire (1795-1799)

• Une **nouvelle Constitution** fonde en 1795 un régime où le suffrage censitaire très restrictif **profite aux propriétaires** qui s'enrichissent dans le commerce, les entreprises, l'administration. Mais la richesse ostentatoire de ces élites, alors que la misère populaire est extrême, entretient les **tensions sociales et politiques**. Elle met en péril le régime. Celui-ci ne survit que par la répression des oppositions royalistes et jacobines.

La recherche d'un pouvoir fort

• Dans ce contexte, **l'armée**, auréolée par les victoires et les conquêtes, **apparaît comme un recours face aux menaces** qui pèsent sur le Directoire. Ses chefs prennent une influence considérable. **Napoléon Bonaparte**, notamment, bénéficie d'une popularité croissante grâce à ses conquêtes en Italie puis en Égypte, en 1798. Or, parmi les dirigeants politiques, certains sont désormais persuadés que pour stabiliser la situation, il faut changer de régime, au besoin par la force. En octobre 1799, des pourparlers sont engagés avec Bonaparte. Le **coup d'État** est soigneusement organisé : le 18 brumaire (9 novembre), avec le soutien de l'armée et la complicité d'hommes politiques, Napoléon prend le pouvoir et met fin au Directoire.

2. *Le calendrier républicain*

• **Adopté en octobre 1793, ce calendrier a pour origine le 22 septembre 1792.**
Musée Carnavalet, Paris.

3. *La victoire de Fleurus, le 28 juin 1794*

• **Cette victoire sur les armées anglo-autrichiennes ouvre une période de conquêtes françaises en Europe.**
Huile sur toile de J.-B. Mauzaisse, 1837, musée de l'Armée, Paris.

DOSSIER

L'Église catholique et la Révolution

COURS p. 278-279

En déclarant, dès l'été 1789, la liberté religieuse et la fin des privilèges, les révolutionnaires remettent en cause la place traditionnelle du clergé dans la société. Mais leur décision de réorganiser l'Église catholique en 1790 par la **Constitution civile du clergé** provoque une véritable rupture : une partie des prêtres et des fidèles se rallie alors à la contre-révolution. Les tensions ne prennent fin qu'en 1801 lorsque Bonaparte, Premier consul, réconcilie l'État avec le pape et les catholiques en signant le Concordat.

Comment la question religieuse devient-elle un des enjeux majeurs de la Révolution ?

1 La réorganisation de l'Église (1790)

Avant la Révolution, les membres du clergé étaient nommés par le roi puis institués par le pape auquel ils devaient fidélité ; ils vivaient des revenus des propriétés de l'Église et des dîmes.

Titre II. Art 1. À compter du jour de la publication du présent décret, on ne connaîtra qu'une seule manière de pourvoir aux évêchés et aux cures, c'est à savoir la forme des élections.

Art. 3. L'élection des évêques se fera par les électeurs (...) de l'Assemblée du département.

Art. 21. L'élu prêtera, en présence des officiers municipaux, du peuple et du clergé, le serment solennel de veiller avec soin sur les fidèles (...), d'être fidèle à la nation, à la loi et au roi, et de maintenir de tout son pouvoir la Constitution décrétée par l'Assemblée nationale et acceptée par le roi.

Art. 25. L'élection des curés se fera (...) par les électeurs (...) de l'Assemblée du district.

Titre III. Art 1. Les ministres de la religion (...) seront rétribués par la nation.

Extrait de la Constitution civile du clergé, 12 juillet 1790.

VOCABULAIRE

• Constitution civile du clergé
Loi de 1790 qui réorganise l'Église catholique ; les membres du clergé deviennent des fonctionnaires.

Chronologie

1789	Abolition des privilèges et liberté de culte
1790	Constitution civile du clergé
1793-94	Campagnes de déchristianisation dans certaines régions de France
1801	Concordat

2 Des prêtres hostiles à la Révolution (1790)

• Le refus de prêter serment marque le début du conflit entre les catholiques et l'État ; c'est aussi un sujet de caricatures.
« Comment faire prêter le serment constitutionnel au clergé réfractaire », *gouache, collection Liesville, BNF, Paris.*

3 La déchristianisation dans la Nièvre (1793)

Joseph Fouché, ancien religieux, est envoyé en mission par la Convention dans la Nièvre. Il y organise la déchristianisation sans, toutefois, en avoir reçu l'ordre de l'Assemblée.

Au nom du peuple français.

Le représentant du peuple près les départements du Centre et de l'Ouest, considérant que le peuple français ne peut reconnaître d'autres signes privilégiés que ceux de la loi, de la justice et de la liberté ; d'autre culte que celui de la morale universelle ; d'autre dogme que celui de sa souveraineté et de sa toute-puissance ;

arrête ce qui suit :

Art. Ier – Tous les cultes des diverses religions ne pourront être exercés que dans leurs temples respectifs.

Art. 2 – La République ne reconnaissant point le culte dominant ou privilégié, toutes les enseignes religieuses qui se trouvent sur les routes, sur les places et généralement sur tous les lieux publics, seront anéanties.

Art. 3 – Il est défendu, sous peine de réclusion, à tous les ministres, à tous les prêtres de paraître ailleurs que dans leurs temples avec leurs costumes religieux.

Arrêté de Fouché, 1793.

4 Bonaparte présente le Concordat aux Français

« Napoléon Bonaparte, Premier consul, présente au peuple français le rétablissement du culte catholique », *gravure populaire, début du XIXe s., BNF, Paris.*

5 Les principes du Concordat (1801)

Il faut une religion au peuple. Il faut que cette religion soit dans la main du gouvernement. Cinquante évêques émigrés et soldés par l'Angleterre conduisent aujourd'hui le clergé français. Il faut détruire leur influence ; l'autorité du pape est nécessaire pour cela. Il les destitue, ou leur fait donner démission. On déclare que la religion catholique étant celle de la majorité des Français, on doit en organiser l'exercice. Le Premier consul nomme cinquante évêques, le pape les institue. Ils nomment les curés, l'État les salarie. Ils prêtent serment. On déporte les prêtres qui ne se soumettent pas. On défère aux supérieurs pour les punir ceux qui prêchent contre le gouvernement. Le pape confirme la vente de biens du clergé ; il consacre la République. (...)

Nous avons vu des républiques, des démocraties, tout ce que nous voyons et jamais d'État sans religion, sans culte, sans prêtres. Ne vaut-il pas mieux organiser le culte et discipliner les prêtres que de laisser les choses comme elles sont ?

Thibaudeau (ancien conseiller d'État), *Mémoires sur le Consulat*, Paris, 1827.

QUESTIONS

▶ Analyse des documents

DOC 1 **1.** Comment les membres du clergé sont-ils désormais choisis et rétribués ?

DOCS 1 ET 2 **2.** Quel serment le clergé doit-il prêter ? Comment se déroule la cérémonie ? **3.** Que montre le document 2 sur les tensions que cela provoque ?

DOC 3 **4.** En quoi consiste la déchristianisation ? Comment est-elle justifiée ?

DOCS 4 ET 5 **5.** À quels objectifs le Concordat doit-il répondre ?

DOC 5 **6.** Quel est le rôle de l'État en matière religieuse ? Quel est le rôle du pape ?

DOC 4 **7.** Quels éléments rappellent le culte catholique ? **8.** Identifiez Bonaparte. Par qui est-il entouré ? **9.** Qui sont les opposants au catholicisme ? Quel sort leur est réservé ?

▶ BILAN

Rédigez une synthèse d'une vingtaine de lignes sur les affrontements religieux pendant la Révolution. Vous utiliserez les mots suivants : Constitution civile du clergé, prêtre réfractaire, déchristianisation, Concordat.

DOSSIER Bonaparte réorganise la société française (1799-1804)

COURS p. 278-279

« Citoyens, la Révolution est fixée aux principes qui l'ont commencée, elle est finie », annonce Bonaparte peu après le coup d'État de novembre 1799. Désigné comme Premier consul puis consul à vie en 1802, il fonde un nouveau régime autoritaire : le Consulat. Il mène alors une importante œuvre de réorganisation de la société, les « **masses de granit** ». Bonaparte rétablit ainsi la paix intérieure et marque durablement la société française.

Sur quelles bases Bonaparte réorganise-t-il la société ?

1 Première distribution de la Légion d'honneur (1804)

• **La cérémonie a lieu dans l'église des Invalides ; Bonaparte récompense un jeune soldat manchot en lui accrochant lui-même la croix. Cet ordre national doit distinguer les mérites civils ou militaires.** *Huile sur toile de J.-B. Debret (détail), 1812, musée national du Château de Versailles.*

VOCABULAIRE

• **Masses de granit**
Mesures prises pour réorganiser la société française. Selon Bonaparte, les Français sont alors comme « des grains de sable » qu'il faut stabiliser en jetant « sur le sol quelques masses de granit ».

2 La mission des préfets

Cette place vous impose des devoirs étendus, mais elle vous offre dans l'avenir une grande récompense : vous êtes appelés à seconder le gouvernement dans le noble dessein de restituer la France à son antique splendeur, d'y ranimer ce qu'elle a produit de grand et de généreux, et d'asseoir enfin ce magnifique édifice sur les bases inébranlables de la liberté et de l'égalité. (...) Vous n'aurez point à administrer au gré des passions ou des caprices d'un gouvernement versatile, incertain de son existence, inquiet sur sa durée. Votre premier soin est de détruire sans retour, dans votre département, l'influence morale des événements qui nous ont trop longtemps dominés. Faites que les passions haineuses cessent, que les ressentiments s'éteignent (...). Dans vos actes publics et jusque dans votre conduite privée, soyez toujours le premier magistrat du département, jamais l'homme de la Révolution (...).

Je me borne à vous recommander de vous occuper sans délai de la levée de la conscription, de la prompte rentrée des contributions. Aimez, honorez les agriculteurs, protégez le commerce. Visitez les manufactures et distinguez par des témoignages d'une haute estime les citoyens qui leur donnent de l'activité. Occupez-vous de la génération qui commence ; donnez des soins à l'éducation publique.

Lucien Bonaparte, ministre de l'Intérieur, circulaire aux préfets, 12 mars 1800.

3 Le Code civil (1804)

Bonaparte poursuit et achève l'œuvre de réforme et d'uniformisation du droit, entamé sous la Révolution.

Art. 8 – Tout Français jouira des droits civils.

Art. 9 – Tout individu né en France d'un étranger pourra, dans l'année qui suivra l'époque de sa majorité, réclamer la qualité de Français ; pourvu que, dans le cas où il résiderait en France, il déclare que son intention est d'y fixer son domicile (...).

Art. 212 – Les époux se doivent mutuellement fidélité, secours, assistance.

Art. 213 – Le mari doit protection à sa femme, la femme obéissance à son mari. (...)

Art. 229 – Le mari pourra demander le divorce pour cause d'adultère de sa femme.

Art. 230 – La femme pourra demander le divorce pour cause d'adultère de son mari, lorsqu'il aura tenu sa concubine dans la maison commune. (...)

Art. 544 – La propriété est le droit de jouir et disposer des choses de la manière la plus absolue, pourvu qu'on n'en fasse pas un usage prohibé par les lois ou par les règlements.

Sur les contrats de travail ouvrier :

Art. 1781 – Le maître est cru sur son affirmation, pour le montant des salaires ; pour le paiement des salaires de l'année échue ; et pour les acomptes donnés pour l'année courante.

4 La création des lycées (1802)

Créés en 1802, les lycées sont un élément essentiel pour former de nouvelles élites.

Chaque lycée, limité au chiffre de deux cents élèves en moyenne, n'aura que six professeurs, trois pour les lettres françaises et latines et trois pour les mathématiques. Passé douze ans, les élèves apprennent l'exercice militaire, sous la direction d'un adjudant qui commande tous les mouvements effectués dans la journée. Les élèves sont divisés en compagnies de vingt-cinq, chacune avec un sergent et quatre caporaux choisis parmi les meilleurs sujets. Les punitions consistent en prison, table de pénitence et arrêts. Chaque lycée a une bibliothèque de quinze cents volumes ; le catalogue des livres est partout identique, aucun livre nouveau ne peut être introduit sans l'autorisation du ministre de l'Intérieur. On sait pertinemment que ces dispositions sont l'œuvre propre du Consul, qui les a imposées.

J.-F. Reichardt, envoyé de Prusse à Paris, *Un Hiver à Paris sous le Consulat*, 17 décembre 1802.

5 La création du franc germinal (1803)

● **Une nouvelle monnaie, le franc, doit permettre d'assurer la stabilité financière et la prospérité économique.** *BNF, Paris.*

QUESTIONS

▶ Analyse des documents

DOC 2 **1.** Montrez que les préfets doivent avoir un rôle politique, social et économique dans leur département.

DOCS 1 ET 4 **2.** En quoi la Légion d'honneur et les lycées créent-ils des élites différentes de celles de l'Ancien Régime ?

DOC 3 **3.** Quels principes de 1789 sont réaffirmés ? **4.** Comment acquiert-on la « qualité de Français » ? **5.** Quels sont les pouvoirs du père dans le couple ? **6.** Qu'est ce qui caractérise les relations entre le maître et l'ouvrier ?

DOC 5 **7.** Quel élément montre que Bonaparte se veut l'héritier de la Révolution ? **8.** Quelle est la fonction de Bonaparte en 1803 ?
9. Quel élément montre que le pouvoir est centré sur sa personne ?

▶ BILAN

Montrez que Bonaparte veut mettre fin aux affrontements de la Révolution et former de nouvelles élites sociales, tout en respectant certains principes de 1789.

COURS

4. Le Consulat (1799-1804)

DOSSIER p. 274-275
DOSSIER p. 276-277

Comment le Consulat entend-il mettre un terme à la Révolution ?

A Le Consulat : une République autoritaire

La Constitution de 1799

• Quelques semaines seulement après le coup d'État, **une nouvelle Constitution est promulguée ; la République est conservée** ainsi que ses symboles (drapeau, calendrier républicain). Mais c'est un **régime autoritaire** : le Premier consul, **Bonaparte**, chef de l'exécutif, a l'initiative des lois et des **pouvoirs étendus**. Le pouvoir législatif est affaibli car divisé en deux Assemblées : l'une, le Tribunat, discute des lois, l'autre, le Corps législatif, les vote sans débat. « D'un côté des manchots, de l'autre des muets », ironise-t-on alors.

Une souveraineté nationale limitée

• **Le suffrage universel est maintenu**, mais le scrutin est sans prise réelle sur le pouvoir ; les six millions de citoyens ne font en effet qu'établir des listes locales, généralement de riches propriétaires. Après plusieurs étapes de sélection, **Bonaparte choisit** sur une liste nationale **ceux qui seront membres des Assemblées**. Les citoyens sont parfois aussi appelés à se prononcer sur des **plébiscites**, comme celui sur la nouvelle Constitution en 1799.

Un pouvoir centralisé

• Afin d'étendre son autorité à l'ensemble du pays, Bonaparte s'appuie sur des administrations étroitement dépendantes de l'exécutif. Les **préfets** (doc 1), en particulier, **nommés par le Premier consul à la tête de chaque département**, apparaissent comme la cheville ouvrière de ses réformes ; ils ont une **mission très large**, représentent l'État, encouragent les activités économiques, établissent des statistiques et des rapports sur la population de leur département.

1. *Un préfet*

B Les « masses de granit »

• Selon Bonaparte, les Français sont alors comme « des grains de sable » qu'il faut stabiliser en jetant « sur le sol quelques **masses de granit** ».

La modernisation économique

• **Stabiliser la situation financière** et créer des moyens de crédit sont les conditions de la prospérité. La fiscalité est donc réorganisée de façon efficace. Pour stimuler les activités, la **Banque de France** est créée en 1800 ; établissement de crédit, elle émet aussi des billets et fait des avances à l'État. En 1803, la création d'une **monnaie d'argent stable, le franc germinal**, revitalise les échanges.

La réorganisation de la société

• Pour conforter la confiance de la population dans le régime et assurer l'avenir, Bonaparte met en place les moyens de **former de nouvelles élites**, fondées sur le mérite personnel et non plus la naissance. Ainsi les **lycées**, créés en 1802, donnent un enseignement solide aux futurs officiers et fonctionnaires. De même, la **Légion d'honneur** doit récompenser ceux qui ont montré leur dévouement au bien commun et à l'État.

Le Code civil (1804)

• Unifier les lois du pays est une **réalisation fondamentale du Consulat.** Le Code civil fixe durablement les bases des relations sociales ; il confirme les conquêtes révolu-

VOCABULAIRE

• **Concordat**
Traité entre le pape et un État définissant les relations entre l'Église et cet État.

• **Masses de granit**
Mesures prises pour réorganiser la société française. Selon Bonaparte, les Français sont alors comme « des grains de sable » qu'il faut stabiliser en jetant « sur le sol quelques masses de granit ».

• **Plébiscite**
Vote sur une question à laquelle les électeurs répondent par « oui » ou par « non ».

tionnaires (l'égalité, la propriété), mais impose aussi une conception très autoritaire de la famille et des relations dans le travail (doc 3).

C Une volonté de pacification

La paix religieuse

• Sous la Révolution, la Constitution civile du clergé en 1790, la déchristianisation et les persécutions en 1793-1794 ont provoqué de fortes résistances et empoisonnent les relations des catholiques avec l'État. Pour les rallier, Bonaparte entreprend des négociations avec le pape, qui aboutissent au **Concordat de 1801**. La liberté de culte est garantie et le catholicisme est reconnu comme la « religion de la grande majorité des Français ». Désormais, **les membres du clergé sont nommés par l'État** et confirmés par le pape. Ils doivent prêter serment de fidélité à l'État **qui les rémunère**.

La paix intérieure

• La pacification intérieure ne peut être complète sans la **soumission des principales oppositions**. La découverte de divers complots, réels ou imaginaires, est l'occasion de frapper à la fois **les royalistes et les jacobins** hostiles. Les déportations et les exécutions font alors des centaines de victimes. En Vendée, le Premier consul rétablit l'ordre et pacifie la région.

Guerres et paix

• En 1800, une nouvelle campagne victorieuse contre l'Autriche permet de signer la paix et de confirmer les bouleversements intervenus en Europe. L'Angleterre, isolée et affaiblie, accepte alors aussi la **paix d'Amiens en 1802** (doc 2). Pour la première fois depuis dix ans, **la France est en paix avec l'Europe**. Dans les colonies, Bonaparte rétablit l'esclavage, mais doit affronter une révolte à Saint-Domingue ; les Français quittent l'île en 1804.

2. *Bonaparte signe la paix d'Amiens avec l'Angleterre en 1802.*

• **Après dix ans de guerres, la foule se réjouit de la paix avec l'Autriche et l'Angleterre négociée par Bonaparte.**

Gravure populaire, BNF, Paris.

3. *Élaboration du Code civil au Conseil d'État en présence de Bonaparte en 1801*

• **Bonaparte entouré de juristes poursuit et achève l'unification des lois civiles commencée depuis 1790.**

« Ma vraie gloire n'est pas d'avoir gagné quarante batailles. (…) Ce qui vivra éternellement, c'est mon Code civil. »

« Discussion du code civil au conseil d'État en présence de Bonaparte », *gravure du XIXe siècle, coll. part.*

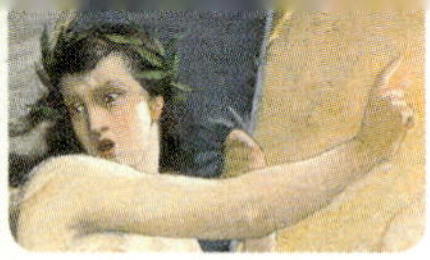

Musique, chansons et Révolution

Pourquoi les chansons sont-elles un moyen d'expression populaire sous la Révolution ?

L'ESSENTIEL SUR... La chanson sous la Révolution

Un moyen d'expression politique

▶ Sous la Révolution, la chanson connaît un succès extraordinaire ; chants et hymnes constituent en effet un **moyen d'expression très populaire**. Satiriques, patriotiques, ils permettent de diffuser les idées, commentent les événements ou rendent compte des affrontements politiques.

▶ D'ailleurs, tous les partis s'y intéressent, conscients de leur importance pour attirer les **faveurs de l'opinion**. En 1796, le Directoire prescrit de jouer dans tous les théâtres les « airs chéris des républicains » au nombre desquels *La Marseillaise* (1792) ou le *Ça ira* (1790). D'autres chants jugés inciviques comme la *Carmagnole* (1792) ou le *Réveil du peuple* (1795), trop liés aux sans-culottes sont en revanche rejetés.

Une diffusion large et facile

▶ **Les chansons en vogue circulent facilement** sous forme de feuilles volantes, ou sont publiées dans les journaux ; signe de l'engouement populaire, elles sont reprises à l'atelier, dans la rue, sont entonnées par le public dans les théâtres, ponctuent les séances des réunions politiques.

▶ **Les paroles**, écrites par des poètes renommés ou des chansonniers amateurs dont certains sont restés anonymes, sont chantées le plus souvent **sur des airs traditionnels**, connus de tous, toujours faciles à retenir. Pour certains chants cependant, une musique originale est composée. Ainsi, Rouget de Lisle écrit-il en 1792 les paroles et la musique pleines d'énergie du *Chant de guerre pour l'armée du Rhin* ; un hymne devenu très vite populaire sous le nom de *Marseillaise*.

1 Rouget de Lisle compose *La Marseillaise*

Le Chant de guerre pour l'armée du Rhin *composé à Strasbourg par le capitaine Rouget de Lisle connait un succès immédiat ; il est repris de nombreuses fois, notamment par les soldats marseillais lorsqu'ils arrivent à Paris en juillet 1792. Il triomphe alors comme* Marche des Marseillais, *notamment lors de l'insurrection du 10 août, puis est déclaré « chant national » par la Convention le 14 juillet 1795. Il devient* La Marseillaise, *hymne national depuis 1879.*

Allons enfants de la Patrie,
Le jour de gloire est arrivé !
Contre nous de la tyrannie,
L'étendard sanglant est levé, (*bis*)
Entendez-vous dans les campagnes
Mugir ces féroces soldats ? Ils viennent jusque dans vos bras
Égorger vos fils, vos compagnes !

Refrain :
Aux armes, citoyens
Formez vos bataillons
Marchons, marchons !
Qu'un sang impur
Abreuve nos sillons !

Extrait de *La Marseillaise*, paroles de Rouget de Lisle, musique de Rouget de Lisle et Gossec.

Auguste Pinelli, « Rouget de Lisle composant le chant de guerre pour l'armée du Rhin, avril 1792 », *1875, musée de la Révolution française, Vizille.*

2 La *Carmagnole* des royalistes, 10 août 1792

LA CARMAGNOLE des ROYALISTES

Chez Frere Passage du Saumon

2

Monsieur veto avait promis (bis
Detre fidelle a sa patrie (bis
Mais il ly a manqué
Ne faison plus cartié
Dansson la carmagnolle &.c.

3

Antoinette avait resolu... (bis
De nous faire tomber sur cu. (bis
Mais son coup est manqué
Elle a le nez cassé... Dansson &.c.

4

Son mari, se croyant vainqueur. (bis
Connaissait peu notre valeur. (bis
Vas louis gros paour.
Du temple dans la tour. . Dansson &.c.

5

Les suisse avaient tous promis (bis
Qu'ils feraient feu sur nos amis. (bis
Mais comme ils ont sauté
Comme ils ont tous dansé
Chantons notre victoire, vive le son. &.c.

6

Quand antoinette vit la tour. (bis
Elle voulut faire de mi tour. (bis
Elle avait mal au cœur
De se voir sans honneur... Dansson &.c.

7

Lors que louis vit fossoyer. (bis
A ceux qu'il voyait travailler. (bis
Il disait que pour peu
Il etait dans ce lieu Dansson &.c.

8

Le patriote a pour amis. (bis
Tout les bonnes jens du pays. (bis
Mais il se soutiendrons
Tous au son des canons. Dansson &.c.

9

Laristocrate á pour amis. (bis
Tout les royalistes á paris. (bis
Il vous les soutiendrons
Tous comme des vrais poltrons. Dansson &.c.

10

La Gandarmris avait promis (bis
Quélle soutiendrait la patris. (bis
Mais il non pas manqué.
Au sont du canonié. Chantons &.c.

11

Amis restons toujours unis. (bis
Ne craignons pas nos ennemis. (bis
S'ils viennent attaquer.
Nous les ferons sauter. Chantons &.c.

12

Oui je suis sans culote moi. (bis
En dépit des amis du roi; (bis
Vivent les Marseillois.
Les Breton, et nos lois. Dansson &.c.

13

Ooi nous nous souviendrons toujours. (bis
Des sans culotes des fauxbourgs. (bis
A leur santé buvons
Vivent ces bons lurons. Dansson &.c.

Cette chanson est née de la journée du 10 août 1792 mais on ne sait rien de l'auteur et de l'origine de la musique. Cet air vise à tourner en dérision le roi et la reine (« M. et Mme Veto » en référence au droit de veto que la Constitution accorde au roi), accusés de complicité avec les ennemis de la France. *Auteur et compositeur anonymes, BNF, Paris.*

3 *Ça ira*, une chanson patriotique

Créée à l'origine pour la fête de la Fédération, le 14 juillet 1790, cette chanson a tout de suite du succès. Des couplets nouveaux s'y ajoutent au fur et à mesure des événements plus violents de la Révolution.

Ah ! Ça ira
Ah ! ça ira, ça ira, ça ira
Les Aristocrates à la lanterne
Ah ! ça ira, ça ira, ça ira,
Les Aristocrates on les pendra.
Le Despotisme expirera,
La Liberté triomphera ;
Ah ! ça ira, ça ira, ça ira,
Nous n'avons plus ni nobles ni prêtres.
Ah ! ça ira, ça ira, ça ira,
L'égalité partout régnera,
Le brigand prussien tombera,
L'esclave autrichien le suivra,
Et leur infernale clique s'envolera.

QUESTIONS

Présenter les œuvres

1. Présentez les documents, en insistant, pour chacun d'eux, sur le contexte politique et militaire de leur réalisation.

Analyser les œuvres

2. **DOCS 1 ET 2** Qu'est-ce qui fait de ces chansons un moyen d'expression collectif ?
3. **DOCS 1 ET 2** Quels éléments, dans les paroles et la musique, doivent donner énergie et ferveur à ceux qui chantent ?
4. **DOCS 1 ET 3** Quel est le contexte de ces chants ? Pourquoi peut-on parler de chants patriotiques ?
5. **DOC 2** Qui est visé par cette chanson ? Quels acteurs révolutionnaires sont au contraire mis en valeur ?

Faire le lien entre art et histoire

6. **DOC 2** D'après ce tableau, qu'est-ce qui inspire Rouget de Lisle pour écrire son hymne ?
7. **DOCS 2 ET 3** Montrez que ces chansons sont inspirées par des événements précis de la Révolution.

MÉTHODE Composition : rédiger le devoir

Après avoir analysé le sujet et élaboré le plan (> Méthode p. 182-183), il faut rédiger la composition, c'est-à-dire l'introduction, le développement et la conclusion. Il est nécessaire de concevoir l'ensemble comme une démonstration structurée et logique, en réponse à la problématique définie.

SUJET 1789, une année de révolutions

À la fin du XVIIIe siècle, la France est confrontée à de grandes difficultés économiques et financières qui aggravent le mécontentement social et la contestation politique. Au vu des événements de l'année 1789, de nombreux Français ont alors le sentiment de vivre la fin d'un monde et le début d'une ère nouvelle.

Le terme de « révolutions » renvoie ici aux profonds bouleversements politiques, sociaux, économiques, juridiques qui marquent une rupture avec la France d'Ancien Régime et posent les bases d'une France nouvelle.

Méthode générale

1 Rédiger l'introduction

L'introduction est une entrée dans le sujet qui annonce la façon dont il va être traité dans le développement ; elle est donc essentielle et doit être soigneusement rédigée.

- Utiliser le travail préparatoire d'analyse du sujet et d'élaboration du plan.
- L'introduction doit comporter trois éléments, dans l'ordre suivant.

1. **L'entrée en matière** : présenter le sujet et montrer qu'il est compris en explicitant son libellé, ses limites chronologiques et géographiques (à justifier) et en le replaçant dans son contexte.
2. **L'énoncé de la problématique adoptée.**
3. **L'annonce explicite du plan** : faire apparaître l'idée générale de chaque partie sous forme rédigée.

Application guidée

1. Dans l'exemple proposé ci-dessous, identifiez les trois moment de l'introduction.

Proposition d'introduction

À la fin du XVIIIe siècle, la France est confrontée à de très grandes difficultés économiques et financières, qui aggravent le mécontentement social et la contestation politique. C'est pour cela que les États généraux sont convoqués. Dès lors, en quelques mois, au cours de l'année 1789, le royaume connaît une succession de bouleversements profonds, politiques et sociaux qui entraînent une rupture définitive avec l'Ancien Régime et justifient l'emploi du terme révolution.

Comment ces événements de 1789, par la diversité de leurs acteurs et l'ampleur de leurs conséquences, constituent-il un véritable tournant révolutionnaire ?

Si les députés aux États généraux font une révolution politique en renversant la monarchie absolue, ce sont les insurrections populaires dans les villes et les campagnes qui réalisent la révolution sociale. Sont alors élaborées, dès l'été 1789, les bases juridiques et politiques d'une société nouvelle.

2 Rédiger le développement

- Suivre le plan élaboré au brouillon, qui comporte le plus souvent deux ou trois parties, subdivisées en sous-parties.
- Au **début** de chaque partie, énoncer le **thème général** qui va être traité.
- Développer ensuite ce thème dans les sous-parties (**un paragraphe = une idée**) en respectant l'ordre chronologique et logique.
- Veiller à être **précis** : chaque paragraphe doit être argumenté et proposer un **exemple** précis, un ou quelques noms, dates, localisations…
- À la fin de chaque partie, rédiger une **phrase de transition** qui est à la fois un bilan de ce qui vient d'être dit et une ouverture sur la partie suivante.
- Il est important de soigner la présentation et la rédaction :

– la **structure** de la composition doit être visible : sauter des lignes entre l'introduction et le développement, le développement et la conclusion, entre les parties ; aller à la ligne en retrait de la marge pour faire apparaître les sous-parties… ;

– une composition d'histoire s'écrit de préférence au présent, jamais au futur ;

– accorder de l'importance à l'expression écrite et à l'orthographe.

2. En vous appuyant sur le plan proposé ci-dessous, rédigez la partie de votre choix.

3. Rédigez ensuite les phrases de transition permettant de passer d'une partie à une autre.

Proposition de plan

I. Une révolution politique

1. L'ouverture des États généraux : les premières difficultés.
2. Les coups de force des députés : l'Assemblée nationale, le serment du Jeu de paume.
3. L'attitude du roi : entre fermeté et concessions.

II. Une révolution sociale

1. Le contexte : la crise économique et la disette ; les débuts de la politisation.
2. L'insurrection parisienne : les provocations royales. Le 14 juillet et son retentissement.
3. La Grande Peur et les violences contre les seigneurs.

III. Les bases juridiques et politiques d'une société nouvelle

1. La nuit du 4 août : la fin de la société d'Ancien Régime.
2. La Déclaration des droits de l'homme : une révolution juridique.
3. Vers la monarchie constitutionnelle : les travaux de la Constituante.

3 Rédiger la conclusion

La conclusion est un moment important du devoir. Elle est la dernière impression laissée au correcteur.

- Faire un **bilan** du développement et **répondre à la problématique** énoncée dans l'introduction.
- **Ouvrir des perspectives** en liant le sujet traité à une problématique plus générale.

4. Rédigez une conclusion à la composition.

Conseil

Pour ouvrir des perspectives, éviter les interrogations maladroites comme « Que va-t-il se passer ensuite ? » ou les fausses questions « En 1789, la révolution va-t-elle avoir lieu ? » ou encore « À la fin 1789, la révolution est-elle terminée ? »

exercice d'application

Utilisez la méthode ci-dessus, celle des p. 182-183 et les exemples fournis pour rédiger la composition répondant au sujet « Les Français et la monarchie, 1789-1793 ».

Chronologie indicative

20 juin 1789 : serment du jeu de Paume
5-6 octobre 1789 : les Parisiens ramènent la famille royale à Paris.
14 juillet 1790 : fête de la Fédération, communion de la nation autour du roi
21 juin 1791 : arrestation du roi à Varennes
20 avril 1792 : déclaration de guerre à l'Autriche
10 août 1792 : prise des Tuileries et arrestation de la famille royale
21 septembre 1792 : abolition de la monarchie, proclamation de la République
21 janvier 1793 : Louis XVI est guillotiné.

RÉVISIONS Vérifier ses connaissances

Les points clés du cours

Répondez en quelques phrases aux questions suivantes.

1. 1788-1789

a. Quels sont les deux événements clés qui se déroulent à Versailles et aboutissent au renversement de la monarchie absolue ?

b. À quels moments le peuple entre-t-il en scène ?

c. Quels sont les deux textes fondamentaux qui mettent fin à la société d'Ancien Régime ?

2. L'échec de la monarchie constitutionnelle (1790-1792)

a. Pourquoi parle-t-on de monarchie constitutionnelle ?

b. Citez et expliquez des réformes adoptées entre 1790 et 1791.

c. Quels sont les événements qui mènent au renversement de la monarchie ?

3. La Première République (1792-1799)

a. Quand la République est-elle proclamée ?

b. Quels sont les deux périls qui mettent en danger la République ?

c. À quel groupe politique, quelle personnalité, quelle catégorie sociale est associée la Terreur ?

d. Comment s'appelle le régime à partir de 1795 ?

e. Comment est-il renversé ?

4. Le Consulat (1799-1804)

a. Qui a le pouvoir ?

b. Sous quelle forme le suffrage universel est-il conservé ?

c. Citez les « masses de granit ».

Les dates clés

Recopiez la frise chronologique ci-dessous et complétez-la à l'aide des éléments suivants :

la période de la Terreur – la Déclaration des droits de l'homme et du citoyen – le coup d'État de Bonaparte – la mort de Louis XVI – la prise de la Bastille le Code civil – l'abolition de la monarchie.

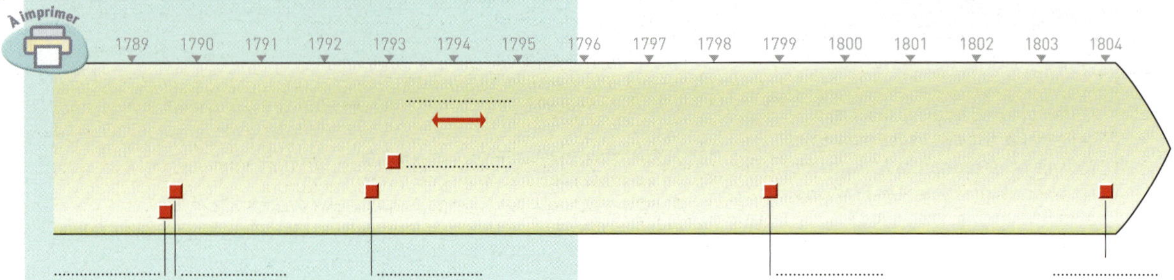

Les personnages clés

Qui suis-je ?

1. 
Je deviens roi de France en 1774, mais je peine à réformer le pays. Je suis exécuté en 1793.

2. 
Héros de l'indépendance américaine, j'organise la fête de la Fédération.

3. 
Principal animateur du Comité de salut public, je passe pour le chef de file des Montagnards.

4. 
Je dirige les expéditions en Italie et en Égypte et réussis un coup d'État en 1799.

Les mots clés

Retrouvez à quelle définition correspond chaque mot.

1. Nation	**A.** Révolutionnaire issu du peuple
2. Coalition	**B.** Prise du pouvoir par la force
3. Sans-culottes	**C.** Alliance militaire entre plusieurs États
4. Suffrage censitaire	**D.** Droit de s'opposer à une décision
5. Droit de veto	**E.** Ensemble des citoyens
6. Constitution	**F.** Loi fondamentale qui définit les pouvoirs d'un État
7. Coup d'État	**G.** Droit de vote déterminé par l'impôt

Exercices

La Révolution française vue par des historiens

La Révolution française est toujours d'actualité. Toute réflexion en profondeur sur la politique nous y ramène. Sans doute n'est-elle pas unique. Les historiens aujourd'hui la situent dans le contexte du grand bouleversement qui de l'Amérique aux Provinces-Unies[1], de la Grande-Bretagne à l'Italie ébranle le monde. Mais elle reste un des plus grands événements de l'histoire contemporaine.

Elle nous fascine à la fois par ses lumières et par ses ombres ; sa face glorieuse : l'avènement de la liberté et la promesse de l'égalité entre les hommes. Sa face ténébreuse : la Terreur. [...]

L'historien qui retrace les dix années de son existence prend la mesure du hasard qui y préside en même temps que des nécessités qui dépassent les volontés humaines. La machine lancée, on ne la contrôle plus. Les députés de la Constituante voulaient fonder une monarchie constitutionnelle ; leurs successeurs finissent par proclamer la République. Les révolutionnaires déclarent la paix au monde ; ils s'engouffrent dans une guerre sans fin. Les libérateurs emplissent les prisons et les guillotineurs finissent sous la guillotine.

Les collections de L'Histoire, n° 25, 2004, avant-propos de la rédaction.

1. *Les Pays-Bas.*

QUESTIONS

1. Présentez le document.
2. Quels sont les régimes politiques qui ont été expérimentés en France entre 1789 et 1799 ?
3. À quelles réformes fondamentales la phrase soulignée renvoie-t-elle ?
4. Pourquoi parler pour la Terreur de « face ténébreuse » ?

Pour aller plus loin

Livres

Romans

- Honoré de Balzac, *Les Chouans*. La révolte dans l'Ouest et la guerre civile.
- Victor Hugo, *Quatrevingt-treize*. La Révolution aux heures de la Terreur ; les affrontements entre deux systèmes de valeurs.
- Stéphane Zweig, *Marie-Antoinette*. Une biographie de la reine, de la frivolité de la cour à la prise de conscience des réalités.

Livres d'histoire

- *Les collections de L'Histoire*, « **La Révolution française** », n° 25, décembre 2004. Un numéro spécial qui évoque les grandes phases de la Révolution jusqu'à la fin de la Terreur.
- *L'Histoire*, « **La Révolution et le peuple** », n° 342, mai 2009.

Films

- ***Danton***, d'Andrzej Wajda, 1983. Danton sous la Terreur, sa confrontation avec Robespierre.
- R. Enrico, ***La Révolution française ; les années-lumière*** (chroniques des années 1789-10 août 1792) ; ***les années terribles*** (1792-27 juillet 1794) ; réalisé à l'occasion du bicentenaire en 1989.

Site Internet

- www.histoire-image.org/ L'histoire par l'image. Un site de la Réunion des musées nationaux qui fournit une très riche banque d'images classées par thème ou chronologie et analysées par des historiens.

Musées à visiter

- Musée Carnavalet, Paris : www.carnavalet.paris.fr
- Musée de la Révolution française, Vizille : www.domaine-vizille.fr
- Musée national de Versailles : www.chateauversailles.fr
- Musée du Louvre, Paris : www.louvre.fr

CHAPITRE 12

Libertés et nations en France et en Europe (1815-1848)

Dès 1792, la France révolutionnaire combat les monarchies européennes au nom de la liberté, exportant ainsi ses principes. Mais en menant ces guerres de conquête, elle provoque l'hostilité et la naissance de sentiments nationaux. 1815 semble assurer un retour à l'Europe d'avant la Révolution. Pourtant, aspirations à la liberté et sentiments nationaux demeurent et sont à l'origine de mouvements politiques qui contestent l'Europe des rois.

Pourquoi et comment les idées libérales et nationales engendrent-elles des mouvements révolutionnaires en Europe entre 1815 et 1848 ?

1 Du retour à l'ordre des rois…

Le Congrès de Vienne (1815)

● Napoléon vaincu (1) vomit ses conquêtes, distribuées par le ministre anglais Castlereagh (2) et l'empereur de Russie Alexandre Ier (3). Le roi de France Louis XVIII (4), le roi d'Espagne Ferdinand VII (5), le roi de Prusse Frédéric-Guillaume III (6) et l'empereur d'Autriche François Ier (7) s'en emparent.

« La Restitution, ou chacun son compte », *estampe, 1814, BNF, Paris.*

2 … à la révolte contre les monarchies

Les Trois Glorieuses (1830)

• **Ce combat se déroule lors de la dernière des « Trois Glorieuses », journées révolutionnaires qui entraînent la chute du roi Charles X. Ici, des Parisiens, ouvriers et bourgeois mêlés, affrontent des soldats du roi.**
« Combat de la rue de Rohan, le 29 juillet 1830 » *(1831), détail, huile sur toile (43 x 60 cm), musée Carnavalet, Paris.*

REPÈRES

L'Europe, du Congrès de Vienne à l'échec du « Printemps des peuples » (1815-1848)

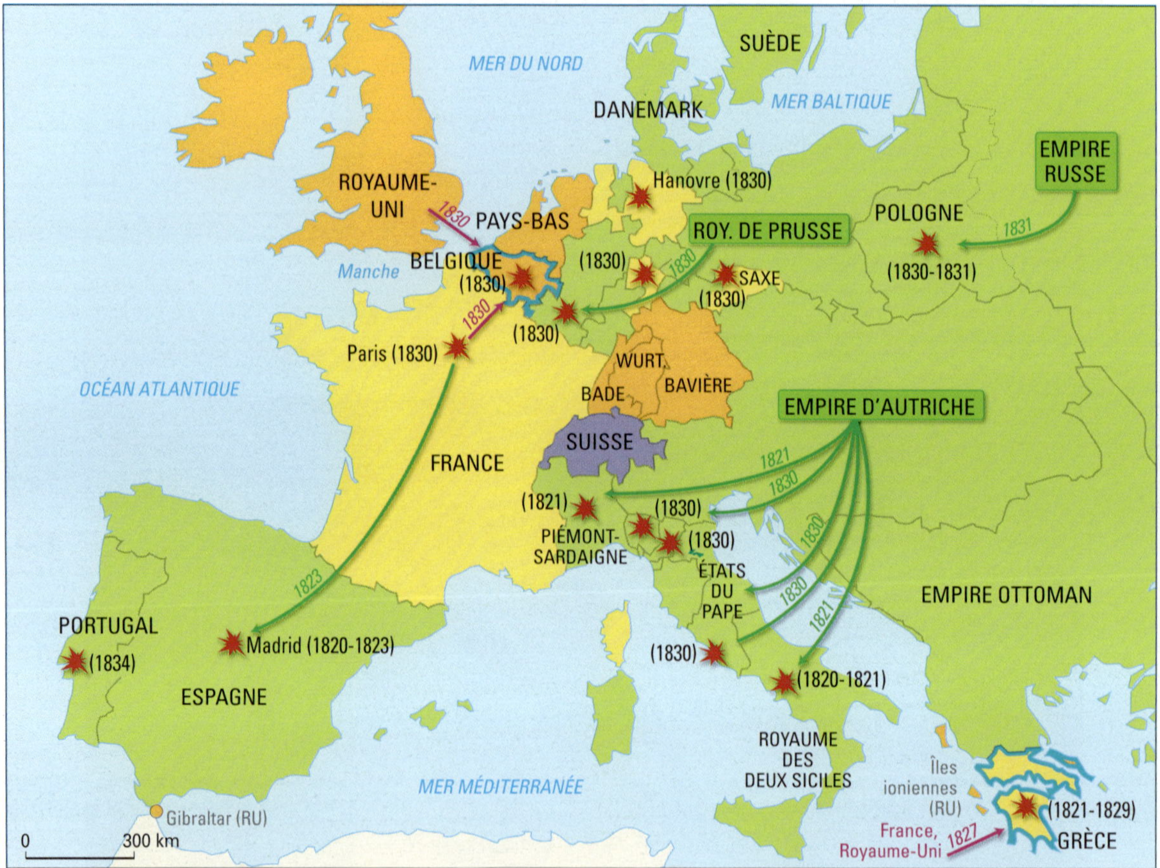

Régimes politiques

- Monarchie autoritaire et conservatrice
- RUSSIE Monarchie signataire de la Sainte-Alliance en 1815
- Monarchie libérale
- Monarchie devenue libérale en 1830
- République

Mouvements révolutionnaires

- Insurrection
- Répression étrangère
- Aide étrangère
- État devenu indépendant

1 L'Europe entre révolutions et répressions (1820-1831)

Questions

DOC 1 **1.** Quel régime politique domine l'Europe en 1820 ?
2. Montrez que 1830 est une année de révolutions en Europe.
3. Ces révolutions connaissent-elles toutes le succès ?

DOC 2 **4.** Quels pays sont touchés par la vague révolutionnaire de 1848 ?
5. Les révolutions de 1848 ont-elles été un succès ?

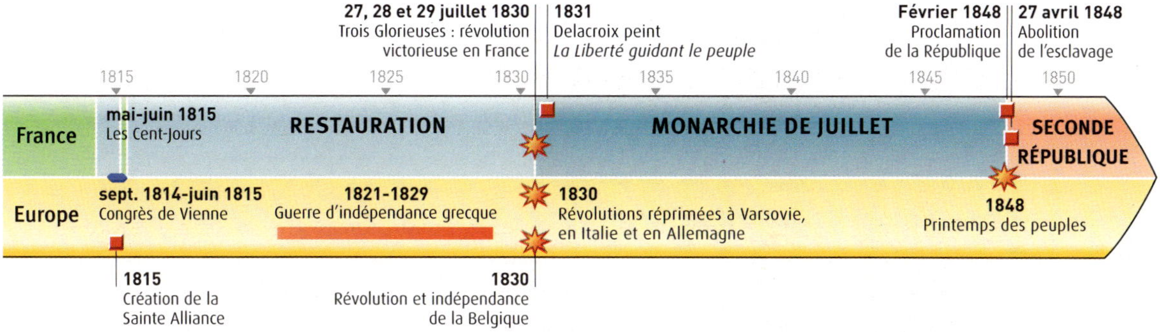

Les révolutions de 1848

- Pays ayant connus des insurrections en 1848
- Foyers de révolutions libérales
- Foyers de libérations nationales
- Propagation des mouvements révolutionnaires

La répression du printemps des peuples (1848-1849)

- Berlin : Centre de la Contre-Révolution après l'été 1848
- Interventions des armées contre-révolutionnaires
- PRUSSE : Pays ayant conservé une Constitution

2 Le « Printemps des peuples » (1848-1849)

ÉTUDE

Un mouvement national et libéral : les *carbonari*

COURS p. 294-295

En 1815, le **congrès de Vienne** décide d'un retour à l'ordre ancien : les principes révolutionnaires sont niés et une **Sainte-Alliance** est conclue pour imposer cette politique. Mais très vite, des mouvements favorables au respect des libertés se développent en Europe. En Italie, les ***carbonari*** conspirent pour détruire l'ordre des princes. Pour échapper à la censure et à la répression, ils constituent des sociétés secrètes. Ils sont un modèle pour des libéraux français : ceux-ci, en 1821, créent la Charbonnerie pour lutter contre les Bourbons, revenus au pouvoir en 1814-1815.

Pourquoi et comment les* carbonari *luttent-ils, en Italie et en France, contre l'ordre politique instauré par le congrès de Vienne ?

VOCABULAIRE

• ***Carbonari***
Membres de société secrète italienne et française, qui luttent pour l'application des principes libéraux et nationaux.

• **Congrès de Vienne**
Conférence réunie en 1815 entre les principaux souverains d'Europe pour régler les problèmes nés de la chute de l'Empire de Napoléon Ier.

• **Sainte-Alliance**
Traité signé en 1815 par la Prusse, l'Autriche et la Russie, puis par la France en 1819, qui affirme l'origine divine du pouvoir des rois et l'obligation faite aux peuples de leur obéir. Il prévoit des interventions communes pour réprimer tout mouvement révolutionnaire.

1 Une réunion secrète de *carbonari*

• **Les *carbonari* italiens se réunissent d'abord pour lutter contre les armées napoléoniennes, puis, après 1815, contre l'ordre des princes.**
Chromolithographie, XIXe siècle.

2 Les *carbonari* italiens vus par Stendhal

Vers minuit, une nouvelle se répandit (...), et fit assez d'effet. Un jeune *carbonaro*, détenu au fort Saint-Ange[1], venait de se sauver le soir même, à l'aide d'un déguisement (...).

Ce carbonaro, *Pietro Missirilli, est caché par une jeune fille, Vanina Vanini, dont il tombe amoureux ; il hésite alors entre la lutte et l'amour :*

– Je vous aime avec passion, lui dit-il ; mais je suis un pauvre serviteur de la patrie ; mais plus l'Italie est malheureuse, plus je dois lui rester fidèle. (...) La patrie et la liberté, c'est comme mon manteau, c'est une chose qui m'est utile, que je dois acheter, il est vrai, quand je ne l'ai pas reçue en héritage de mon père ; mais enfin j'aime la patrie et la liberté (...).

C'est à cette époque que finit de s'organiser l'une des moins folles conspirations qui aient été tentées dans la malheureuse Italie. Je n'entrerai point ici dans des détails déplacés. Je me contenterai de dire que si le succès eût couronné l'entreprise, Missirilli eût pu réclamer une bonne part de la gloire. Par lui, plusieurs milliers d'insurgés se seraient levés à un signal donné, et auraient attendu en armes l'arrivée des chefs supérieurs. Le moment décisif approchait, lorsque, comme cela arrive toujours, la conspiration fut paralysée par l'arrestation des chefs. (...). Le procès des *carbonari* de Forli ne fut pas long. (...) Non seulement leurs juges les condamnèrent à mort, mais plusieurs opinèrent pour des supplices atroces, le poing coupé, etc.

Stendhal, *Vanina Vanini*, 1829.

1. Prison de Rome, capitale des États ayant comme souverain le pape.

3 La création de la société secrète « Jeune Italie »

Giuseppe Mazzini (1805-1872) est un carbonaro *italien qui lutte pour l'application des principes révolutionnaires à l'Italie. Pourchassé puis emprisonné, il se réfugie à Marseille et crée en 1831 une nouvelle société secrète.*

La Jeune Italie est la confraternité des Italiens [qui] consacrent leur pensée et leur action intimement associées au grand dessein de refaire de l'Italie une nation « Une, Indépendante et Souveraine » de citoyens libres et égaux (...).

La Jeune Italie est républicaine et unitaire.

Républicaine, parce que théoriquement tous les hommes d'une nation sont appelés, par la loi de Dieu et de l'humanité, à être libres, égaux et frères, et que la forme républicaine est la seule qui assure ce dessein (...).

La Jeune Italie est unitaire, parce que sans unité il n'y a pas vraiment de nation ; parce que sans unité il n'y a pas de force et que l'Italie, entourée de nations unitaires, puissantes et jalouses, a besoin avant tout d'être forte ; parce que le fédéralisme[1], la condamnant à l'impuissance de la Suisse, la placerait nécessairement sous l'influence de l'une ou l'autre des nations voisines.

Giuseppe Mazzini, *Manifeste*, 1831.

1. Projet consistant à conserver les différents États italiens, en les plaçant sous l'autorité du pape.

4 La création de la Charbonnerie en France

En 1820, les carbonari *italiens provoquent une révolution à Naples. Malgré leur échec, ils sont un modèle pour les Français qui ont combattu à leurs côtés et qui créent en 1821 la Charbonnerie française.*

La pensée dominante de l'association n'avait rien de précis, rien de déterminé : (...) « Attendu que force n'est pas droit, et que les Bourbons ont été ramenés par l'étranger, les charbonniers s'associent pour rendre à la nation française le libre exercice du droit qu'elle a de choisir le gouvernement qui lui convient ». (...)

Il fut convenu qu'autour d'une association-mère, appelée la *haute vente*, on formerait, sous le nom de *ventes centrales*, d'autres associations au-dessous desquelles agiraient des *ventes particulières*. (...)

On avait bien prévu l'impossibilité de déjouer complètement les efforts de la police : pour en diminuer l'importance, on convint que les ventes agiraient en commun, sans cependant se connaître les unes les autres (...).

Les devoirs du charbonnier étaient d'avoir un fusil et cinquante cartouches, d'être prêt à se dévouer, d'obéir aveuglément aux ordres de chefs inconnus.

Louis Blanc, *Histoire de dix ans, 1830-1840*, 1842.

5 La répression de la Charbonnerie en France

● **Cette gravure représente l'exécution, le 20 septembre 1822, de quatre sergents du 45e régiment d'infanterie stationné à La Rochelle. Membres de la Charbonnerie, ils sont accusés d'avoir voulu soulever leur régiment contre le roi Louis XVIII.** « Exécution des quatre sergents de La Rochelle », *gravure d'H. Philippoteaux, fin du XIXe siècle.*

QUESTIONS

▶ Lutter pour des principes

DOC 3 **1.** Comment Mazzini justifie-t-il sa volonté d'unifier l'Italie ? **2.** Quel régime politique souhaite-t-il voir adopté ? Pourquoi ?

DOCS 2 ET 3 **3.** Relevez une phrase qui montre que le *carbonaro* italien imaginé par Stendhal lutte pour les mêmes principes que Mazzini.

DOC 4 **4.** Quel principe la Charbonnerie française veut-elle voir appliqué ?

▶ Les moyens de la lutte

DOCS 2, 3, 4 ET 5 **5.** Comment les *carbonari* italiens et français pensent-ils atteindre leurs objectifs ? Justifiez votre réponse grâce à chacun des documents.

DOCS 1 ET 4 **6.** Comment les *carbonari* essaient-ils d'échapper à la police ?

▶ La répression

DOCS 2, 4 ET 5 **7.** Expliquez quels sont les moyens utilisés par les gouvernements pour lutter contre les *carbonari*.

▶ BILAN

Exposez les caractéristiques de l'action des *carbonari*, expliquez leurs principes, leurs moyens et la répression qui les touche.

Peinture et politique : Eugène Delacroix

Autoportrait d'Eugène Delacroix (1798-1863), *huile sur toile (65 x 54,5 cm), 1837, musée du Louvre, Paris.*

Comment, par sa peinture, Delacroix contribue-t-il au débat politique ?

L'ESSENTIEL SUR...

Peinture et politique (1re moitié du XIXe siècle)

Art et commanditaires

Un peintre, pour obtenir des commandes, doit attirer l'attention du pouvoir. L'État, la famille royale, la cour sont, avec de riches collectionneurs, les principaux acheteurs. Le **Salon** est donc un moment central. Cette **exposition officielle**, souvent inaugurée par le roi, attire un large public. **Eugène Delacroix, chef de file des romantiques**, y connaît le succès : plusieurs de ses œuvres sont achetées par les rois Charles X (1824-1830) et Louis-Philippe (1830-1848).

Une révolution artistique

Dans les années 1820, **le romantisme fait scandale**. Il s'oppose en effet au néo-classicisme, caractérisé par des compositions équilibrées et un dessin soigné. Il privilégie au contraire **mouvement et couleurs audacieuses**, pour **susciter l'émotion**.

Romantisme et politique

Cette émotion peut être mise au service d'idées politiques. Delacroix, par ***Scènes des massacres de Scio***, contribue en 1824 à l'enthousiasme de l'opinion publique pour l'**indépendance grecque**. ***La Liberté guidant le peuple*** **glorifie la révolution de 1830**. Le gouvernement de la monarchie de Juillet, qui en est issue, l'achète mais la cache au public, ne voulant pas exposer une œuvre qui exalte et légitime la révolte contre le pouvoir.

I Delacroix dénonce les massacres de Scio

En 1821, des Grecs, soumis à l'autorité de l'Empire ottoman, se révoltent pour obtenir leur indépendance. En 1822, dans l'île de Chio (ou Scio), les Ottomans massacrent 23 000 personnes et déportent femmes et enfants. Cet événement connaît un grand retentissement en Europe.
« Scènes des massacres de Scio : familles grecques attendant la mort ou l'esclavage », *exposé au Salon et acheté par l'État, huile sur toile (4,19 x 3,54 m), 1824, musée du Louvre, Paris.*

2 Delacroix glorifie la Révolution de 1830

Les 27, 28 et 29 juillet 1830, les Parisiens se révoltent et chassent le roi Charles X. Lors de ces « Trois Glorieuses », les insurgés dressent des barricades pour se défendre contre l'armée. C'est l'une d'elles que peint Delacroix. On y voit :
(1) une femme, symbole de la liberté,
(2) un enfant du peuple,
(3) un paysan venu travailler en ville,
(4) des soldats morts,
(5) un étudiant à l'École polytechnique, membre de la bourgeoisie,
(6) un artisan,
(7) un ouvrier, les armes à la main.
« Le 28 juillet 1830 : la Liberté guidant le peuple », *exposé au Salon de 1831 et acheté par l'État, huile sur toile (2,60 x 3,25 m), 1830, musée du Louvre, Paris.*

@ Pour aller plus loin
Pour vos recherches sur les peintres romantiques : www.louvre.fr

Questions

Présenter les œuvres

1. Recherchez des œuvres d'autres peintres romantiques, français et européens.

2. Présentez les documents en montrant que ces tableaux ont été peints sous des régimes politiques différents, et qu'ils représentent des événements contemporains.

Analyser les œuvres d'art

3. **DOC 1** Par quels moyens Delacroix cherche-t-il à susciter l'émotion ?

4. **DOC 2** Par quels moyens picturaux Delacroix met-il en valeur le personnage central et le drapeau ?

Faire le lien entre art et histoire

5. **DOC 2** Comment Delacroix affirme-t-il l'unité de la France pendant la révolution de 1830 ? Quels sont les éléments qui rappellent la Révolution française ?

COURS

1. Les princes face aux revendications nationales et libérales

ÉTUDE p. 290-291
HISTOIRE DES ARTS p. 292-293

Comment l'ordre issu du congrès de Vienne tente-t-il de lutter contre les aspirations nationales et libérales ?

A Le retour à l'ordre des princes

Le congrès de Vienne

- **De septembre 1814 à juin 1815**, le **congrès de Vienne** réunit les souverains européens pour définir le sort du continent après la chute de Napoléon. Il s'emploie à effacer toute trace de la Révolution : l'Europe doit retrouver son visage d'avant 1792.
- Les **aspirations libérales et nationales** sont donc **niées**. Les souverains retrouvent toute autorité sur leurs États. En France, Louis XVIII monte sur le trône. Il accorde certes une Constitution, mais réserve le suffrage aux riches propriétaires : très peu de Français peuvent voter.
- Le **droit des peuples à disposer d'eux-mêmes** n'est pas respecté. Ainsi, la Pologne est à nouveau partagée entre la Prusse, l'Autriche et la Russie. L'Italie, divisée en plusieurs États, passe en partie sous domination autrichienne.

La Sainte-Alliance contre les peuples

- Pour les vainqueurs de Napoléon, le seul moyen de préserver la paix est de **lutter contre les idées révolutionnaires.** Ils veulent empêcher toute modification de l'ordre mis en place à Vienne.
- Pour cela, les souverains russe, prussien et autrichien signent en septembre 1815 le **traité de la Sainte-Alliance** (doc 1). Ils y affirment l'origine divine du pouvoir des rois et l'obligation faite aux peuples de leur obéir. Ils se donnent comme but d'intervenir ensemble pour réprimer d'éventuels troubles dans leurs États.

1. *La Sainte-Alliance*
- **De gauche à droite, Alexandre Ier de Russie, François Ier d'Autriche et Frédéric-Guillaume III de Prusse.** *Gravure, 1815.*

B La répression des mouvements libéraux et nationaux

La persistance des aspirations libérales et nationales

- Pourtant, les revendications libérales ne s'éteignent pas. Dès 1815, des mouvements exigent l'octroi de **constitutions** et la reconnaissance des **libertés individuelles**.
- Le **sentiment national** se développe également. Il se construit par la référence à une langue, une histoire ou une religion communes. En Italie, les patriotes font référence à la Rome antique et à la Renaissance. En Allemagne, la lutte contre les armées napoléoniennes et la langue allemande sont exaltées. En Grèce, l'héritage culturel, la langue et le christianisme fondent l'opposition aux Ottomans. Le **principe des nationalités** est ainsi affirmé.
- Devant le refus des souverains d'accorder des réformes, ces mouvements s'organisent. En Italie, les **libéraux**, appelés ***carbonari***, se réunissent dans des sociétés secrètes. Dans les années 1820, des Français les imitent et créent **la Charbonnerie contre Louis XVIII**. Leur objectif est de parvenir, par des **soulèvements armés**, à renverser l'ordre de Vienne.

Les opérations de maintien de l'ordre

- **Ces mouvements sont réprimés**. Ainsi, l'Autriche et la Prusse définissent en 1819 un système commun de censure. En France, un complot de la Charbonnerie est découvert en 1822, ses principaux meneurs exécutés.
- Ces États interviennent aussi hors de leurs frontières. Ainsi, en 1821, les armées autrichiennes rétablissent le pouvoir absolu des rois de Piémont et de Naples, forcés par une insurrection d'accorder des constitutions libérales.

VOCABULAIRE

- **Aspirations libérales**
Volonté de voir appliqués les principes révolutionnaires (Constitution, libertés individuelles et politiques, égalité de droits, souveraineté du peuple...).
- ***Carbonari***
Membres de société secrète italienne et française, qui luttent pour l'application des principes libéraux et nationaux.
- **Droit des peuples à disposer d'eux-mêmes**
Principe selon lequel un peuple a le droit de se doter d'un État et du régime politique de son choix.
- **Principe des nationalités**
Principe selon lequel une nation consciente d'elle-même a le droit de former un État indépendant.
- **Sentiment national**
Sentiment d'appartenir à une nation, constituée d'individus partageant les mêmes caractéristiques (langue, religion, histoire, volonté de vivre ensemble...).

C Les premières atteintes à l'ordre des princes

L'indépendance de la Grèce

• En 1821, des Grecs se soulèvent contre l'Empire ottoman. Ils proclament leur **indépendance en janvier 1822** et demandent l'aide des Européens car les Ottomans sont d'abord victorieux. Des artistes comme Delacroix contribuent à mobiliser l'opinion publique (doc 2).

• Les puissances européennes se divisent alors. Si l'Autriche condamne cette révolte contre un souverain légitime, la Russie la soutient pour accroître son influence dans la région. Le Royaume-Uni s'en inquiète, et propose à la France une intervention conjointe. Les Ottomans, battus à Navarin en 1827, **doivent reconnaître l'indépendance de la Grèce en 1829**.

Les révolutions de 1830

• Roi de France depuis 1824, **Charles X**, frère de Louis XVIII, est hostile aux principes de 1789. Il veut renforcer son pouvoir au détriment de la Chambre des députés. Le 25 juillet 1830, il restreint encore le droit de vote et rétablit la censure de la presse. La révolution des **Trois Glorieuses** (27, 28 et 29 juillet) le chasse du pouvoir. Le nouveau roi, **Louis-Philippe**, instaure un régime libéral, **la monarchie de Juillet** (doc 3).

• **En août 1830, les Belges** se soulèvent contre les Pays-Bas et proclament leur indépendance. **L'Italie et l'Allemagne** sont secouées par des **mouvements révolutionnaires**. En novembre, **les Polonais** se révoltent pour obtenir leur indépendance.

• Ces révolutions marquent l'**éclatement de la Sainte Alliance**. Si Autrichiens et Russes répriment les révolutions allemande, italienne et polonaise, la Belgique obtient l'aide de la France et du Royaume-Uni. Indépendante, elle se dote d'une constitution libérale.

2. *La Grèce, un motif d'engagement pour Delacroix*

• **Le peintre rend hommage aux insurgés grecs de la ville de Missolonghi, assiégée trois fois entre 1822 et 1827 par les Ottomans.**
« La Grèce sur les ruines de Missolonghi », *huile sur toile d'Eugène Delacroix, (2,13 x 1,42 m), 1826, musée des Beaux-Arts, Bordeaux.*

3. *La monarchie de Juillet : un régime politique né d'une révolution*

• **Le 31 juillet 1830, Louis-Philippe, parent de Charles X, quitte le Palais-Royal pour se rendre à l'hôtel de ville de Paris où des députés lui offrent le pouvoir. Il devient roi des Français le 9 août.**
Huile sur toile d'Horace Vernet, 1832, musée des châteaux de Versailles et de Trianon.

ÉTUDE

Les abolitions de la traite et de l'esclavage

COURS p. 304-305

Depuis le XVIe siècle, l'économie des colonies européennes est fondée sur les esclaves qui travaillent souvent dans des plantations. L'apport régulier de cette main-d'œuvre venue d'Afrique est assuré par un commerce maritime, la traite. Au XVIIIe siècle, des penseurs des Lumières condamnent ces pratiques. Les esclaves eux-mêmes combattent pour leur liberté. Il faut pourtant attendre le milieu du XIXe siècle pour que les abolitions soient définitives en France et au Royaume-Uni.

En quoi les abolitions de la traite et de l'esclavage sont-elles l'aboutissement d'un combat difficile pour la liberté et l'égalité ?

A Une longue lutte

Chronologie

1794	La Convention abolit l'esclavage dans les colonies françaises.
1802	Bonaparte rétablit l'esclavage dans les colonies françaises et organise une terrible répression dans l'île de Saint-Domingue contre des esclaves révoltés.
1807	Le Royaume-Uni interdit la traite.
1815	Le congrès de Vienne condamne la traite.
1833	Le Royaume-Uni abolit l'esclavage dans les colonies britanniques.
1848	La France abolit définitivement l'esclavage dans ses colonies.

1 La philosophie des Lumières contre l'esclavage

Les hommes et leur liberté ne sont point un objet de commerce ; ils ne peuvent être ni vendus, ni achetés, ni payés à aucun prix. (…) Il n'y a donc pas un seul de ces infortunés que l'on prétend n'être que des esclaves, qui n'ait droit d'être déclaré libre, puisqu'il n'a jamais perdu la liberté.

On dira peut-être qu'elles seraient bientôt ruinées, ces colonies, si l'on y abolissait l'esclavage des nègres[1]. Mais quand cela serait, faut-il conclure de là que le genre humain doit être horriblement lésé[2], pour nous enrichir ou fournir à notre luxe ? (…) Peut-il être légitime de dépouiller l'espèce humaine de ses droits les plus sacrés, uniquement pour satisfaire son avarice, sa vanité, ou ses passions particulières ? Non… Que les colonies européennes soient donc plutôt détruites, que de faire tant de malheureux !

Louis de Jaucourt, « Traite des nègres », article de l'*Encyclopédie*, 1763.

1. Au XVIIIe siècle, synonyme de « noir », sans intention péjorative.
2. Atteint.

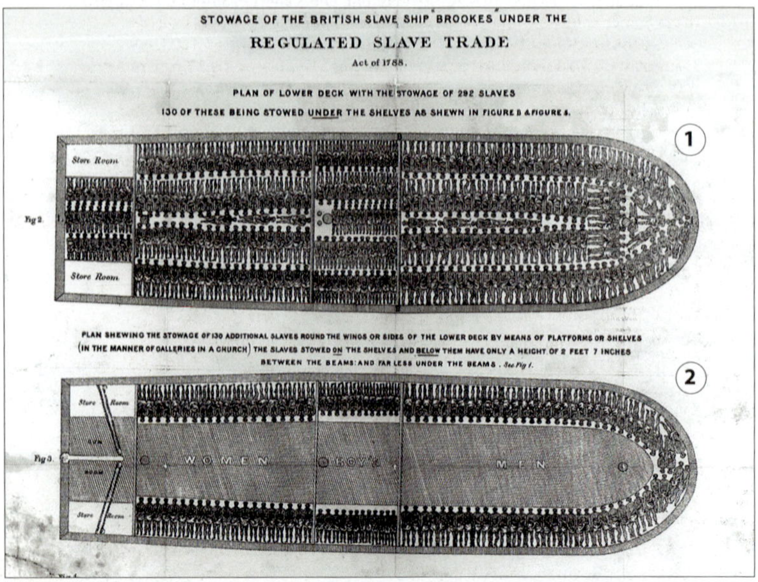

2 Une affiche dénonçant les conditions de la traite esclavagiste

• En 1788, l'Anglais Thomas Clarkson, membre de la Société pour l'abolition de la traite, obtient les plans du navire négrier *The Brookes* et dénonce, dans des affiches, la manière dont les esclaves venus d'Afrique traversent l'Atlantique.
(1) Plan du pont inférieur où sont arrimés 292 esclaves ; 130 d'entre eux sont arrimés sous des rayonnages. (2) Plan du pont inférieur montrant l'arrimage des 130 esclaves supplémentaires sur les ailes ou côtés. Les esclaves bénéficient d'une hauteur de seulement 2 pieds et 7 pouces (environ 70 cm). « Manière dont on entasse les esclaves sur le négrier *Le Brookes* », *gravure anonyme, 1788.*

3 Les esclaves luttent pour leur liberté à Saint-Domingue

• Dès août 1791, 15 000 esclaves se révoltent. Leurs chefs profitent de la guerre de la France contre l'Angleterre et l'Espagne (1793-1798) pour faire de l'île un territoire autonome. Les troupes envoyées par Bonaparte, en 1802, ne parviennent pas à reprendre le contrôle de Saint-Domingue. Le 1er janvier 1804 est créée Haïti, première République noire née de la lutte contre l'esclavage.

« Révolte des nègres à Saint-Domingue », *gravure, 1791, musée Carnavalet, Paris.*

4 Toussaint-Louverture — Biographie

1746-1803

• Né esclave à Saint-Domingue en 1746, Toussaint-Louverture est **affranchi en 1776**.

• **En 1793**, il rejoint des Noirs révoltés depuis 1791 contre les colons français.

• Après l'abolition de l'esclavage par la France **en 1794**, il profite de la guerre contre l'Angleterre pour asseoir sa domination sur l'île.

• **En 1798**, il est **gouverneur de l'île** et se débarrasse progressivement de ses adversaires.

• Il **contrôle** militairement **l'île en 1800** et promulgue **en 1801** une **constitution** pour ce premier État noir dont il est le dirigeant.

• Bonaparte envoie une armée pour rétablir l'autorité de la France. La reprise en main est violente. Toussaint-Louverture est **arrêté en 1802** et **meurt en France en 1803**.

« Toussaint Louverture, chef des Noirs insurgés de Saint-Domingue », *gravure, fin du XVIIIe siècle, BNF, Paris.*

5 Le congrès de Vienne veut abolir la traite

Le Royaume-Uni, qui a aboli la traite en 1807, est à l'origine de ce texte.

Les plénipotentiaires des puissances[1] (...) réunis en conférence, ayant pris en considération que le commerce connu sous le nom de traite des nègres d'Afrique a été envisagé (...) comme répugnant aux principes d'humanité et de morale universelle ;

Que depuis que le caractère et les détails de ce commerce ont été mieux connus, et les maux de toute espèce qui l'accompagnent, complètement dévoilés, plusieurs des gouvernements européens ont pris en effet la résolution de le faire cesser (...) ;

En conséquence, (...) ils déclarent à la face de l'Europe, que, regardant l'abolition universelle de la traite des Nègres comme une mesure (...) conforme à l'esprit du siècle et aux principes généreux de leurs augustes souverains, ils sont animés du désir sincère de concourir à l'exécution la plus prompte et la plus efficace de cette mesure, par tous les moyens à leur disposition.

Déclaration des puissances sur l'abolition de la traite des Nègres, 8 février 1815.

1. *Ambassadeurs des principaux États réunis lors du congrès de Vienne.*

Questions

▶ Une longue lutte

DOCS 1 À 5 **1.** Quels sont les différents acteurs de la lutte contre la traite et l'esclavage avant 1815 ? **2.** Quels moyens utilisent-ils pour obtenir la fin de la traite et de l'esclavage ?

DOC 1 **3.** Pourquoi l'auteur de ce texte condamne-t-il l'esclavage ?

DOCS 3 ET 4 **4.** Comment ces documents montrent-ils que les esclaves luttent pour leur liberté ?

DOC 5 **5.** Pourquoi le congrès de Vienne veut-il abolir la traite ?

B L'abolition progressive de l'esclavage

6 L'abolition au Royaume-Uni : l'*Abolition Act* (1833)

Considérant que divers individus sont retenus en état d'esclavage dans plusieurs colonies de Sa Majesté ; qu'il est juste et opportun de les affranchir, et qu'en même temps il convient d'accorder aux personnes, qui ont eu droit jusqu'à présent aux services de ces individus esclaves, une indemnité raisonnable pour la perte de ce droit ; considérant qu'il y a lieu de prendre des mesures pour exciter l'industrie[1] des individus destinés à être émancipés[2], et pour s'assurer de leur bonne conduite pendant un certain laps de temps après leur émancipation ; (...) le roi (...) a décrété ce qui suit :

Article 1er. – Tout [esclave] deviendra apprenti travailleur (...).

Art. 2. – Auront droit au travail de chaque apprenti travailleur pendant la durée de l'apprentissage, les personnes qui auraient eu droit au travail du même individu comme esclave, si le présent acte n'eût pas été rendu. (...)

Art. 4. – (...) Le temps d'apprentissage des apprentis travailleurs (...) ne pourra se prolonger au-delà du 13 août 1840. Pendant cette période, les personnes qui emploieront ces apprentis travailleurs ruraux ne pourront exiger d'eux plus de quarante-cinq heures de travail par semaine.

Parlement du Royaume-Uni, *Abolition Act*, loi du 28 août 1833.

1. *Le travail.*
2. *Libérés de l'esclavage.*

7 La première abolition de l'esclavage en France (1794)

• **Le 4 février 1794 (16 pluviôse an II), la Convention abolit l'esclavage et fait citoyens tous les habitants des colonies. En 1802, sous la pression des planteurs, Bonaparte rétablit l'esclavage dans les colonies.** « Moi Libre », *gravure, 1794, bibliothèque des Arts décoratifs, Paris.*

8 L'interdiction de la traite : une mesure inefficace ?

Néanmoins, les lois prohibitives de la traite furent constamment éludées ; elle continua, surtout par les bâtiments portugais mais aussi, il faut bien le dire, sous le pavillon français. La Restauration ne réprima jamais sincèrement et sérieusement cette infâme industrie ; c'est depuis 1830 seulement qu'elle a cessé d'être pratiquée par nos compatriotes. (...)

M. Ashton, ambassadeur à Madrid, écrivait dans une dépêche du mois de décembre 1841 concernant les nègres de Cuba : « Malgré la coopération franche et loyale que l'Espagne a donnée à l'abolition de la traite, il est incontestable que l'abus, au lieu de diminuer, n'a fait qu'augmenter. » (...)

On a proposé la création d'une marine neutre, formée et entretenue à frais communs par les États maritimes (...). Cette gendarmerie de l'Océan exercerait le droit de visite[1] (...) et d'arrestation. (...) Mais les grandes puissances (...) ne seraient-elles pas assez fortes pour frapper le mal dans sa racine, pour abolir l'esclavage lui-même ?

Hippolyte Carnot, *De l'esclavage colonial*, 1845.

1. *Visite d'un navire pour vérifier qu'il ne transporte pas d'esclaves.*

9 La peur de l'abolition en Martinique

Les députés de la Chambre (...) cherchent à [précipiter] cette grande question d'émancipation (...).

L'histoire, l'impartiale histoire stigmatisera un jour ces hommes d'État, ces législateurs qui (...) veulent sacrifier leurs frères d'Outre-mer, compromettre le commerce de la France, sa marine (...). Ils viendront dire que le travail libre est possible aux colonies ; (...) nous savons tous que, dans les colonies émancipées, les cultures ont été en grande partie abandonnées ; le malheureux colon ne peut obtenir du travail des nouveaux libres qu'au poids de l'or ; et souvent, il arrive que (...), soit par caprice, soit par paresse, ils abandonnent le travail et laissent le propriétaire avec une perte réelle.

Si l'Angleterre a obtenu ce résultat après vingt ans de préparation, quel est celui que la France obtiendrait, si elle se décidait à suivre cet exemple ? Vous le devinez facilement : abandon de culture, incendie, massacre et pillage, voilà ce que nous aurions en perspective.

M. Dufougeray, discours devant le conseil colonial de la Martinique, 15 novembre 1839.

10 La proclamation de l'abolition de l'esclavage (1848)

● **Ce tableau montre un représentant de la Seconde République proclamant dans une colonie le décret d'abolition qu'il tient à la main, face à d'anciens esclaves et des membres de la communauté blanche.**
« L'Abolition de l'esclavage dans les colonies françaises en 1848 » *(détail), huile sur toile de François Auguste Biard (2,6 x 3,9 m), 1849, châteaux de Versailles et de Trianon.*

11 La révolution de 1848 abolit l'esclavage

Le gouvernement provisoire, considérant que l'esclavage est un attentat contre la dignité humaine ; qu'en détruisant le libre arbitre de l'homme, il supprime le principe naturel du droit et du devoir ; qu'il est une violation flagrante du dogme républicain : Liberté, Égalité, Fraternité (...), décrète :

Art. 1er. – L'esclavage sera entièrement aboli dans toutes les colonies et possessions françaises, deux mois après la promulgation du présent décret dans chacune d'elles. À partir de la promulgation du présent décret dans les colonies, tout châtiment corporel, toute vente de personnes non libres, seront absolument interdits. (...)

Art. 5. – L'Assemblée nationale réglera la quotité[1] de l'indemnité qui devra être accordée aux colons. (...)

Art. 8. – À l'avenir, même en pays étranger, il est interdit à tout Français de posséder, d'acheter ou de vendre des esclaves, et de participer, soit directement, soit indirectement, à tout trafic ou exploitation de ce genre. Toute infraction à ces dispositions entraînera la perte de la qualité de citoyen français.

Décret du 27 avril 1848.

1. Montant d'une quote-part, d'une contribution.

QUESTIONS

▶ **Les réticences et les peurs**

DOC 7 **6.** Comment l'auteur de cette gravure montre-t-il que l'abolition est un acte révolutionnaire ?

DOC 8 **7.** D'après l'auteur, la décision du congrès de Vienne est-elle appliquée ? Que préconise-t-il alors ?

DOC 9 **8.** Pour les colons de la Martinique, l'abolition de l'esclavage est-elle envisageable ?

▶ **Appliquer l'abolition de l'esclavage**

DOC 11 **9.** Au nom de quels principes la République interdit-elle l'esclavage ?

DOCS 6 ET 11 **10.** Quelle situation les gouvernements britannique et français veulent-ils éviter dans leurs colonies ?
11. Qu'obtiennent les anciens maîtres ?

DOC 10 **12.** Montrez que, pour le peintre, l'abolition doit permettre la réconciliation entre les anciens esclaves et leurs anciens maîtres.
13. Analysez les attitudes et les vêtements. La fin de l'esclavage signifie-t-elle l'égalité entre ces deux groupes ?

▶ **BILAN**

Construisez une fiche de synthèse sur les abolitions de la traite et de l'esclavage en indiquant les dates importantes, les acteurs de ces abolitions, les arguments de leurs partisans et de leurs opposants, les moyens utilisés pour mener ces luttes et la manière dont ces abolitions sont appliquées.

ÉTUDE

La révolution de 1848 en France

COURS p. 304-305

Sous la monarchie de Juillet, censure et **suffrage censitaire** interdisent à une large majorité de Français de participer à la vie politique. À partir de 1846, une crise économique accroît les tensions. Le 22 février 1848, des manifestations éclatent, Paris se couvre de barricades et, le 24, la République est proclamée. Dans l'euphorie, le suffrage universel masculin est adopté et le droit au travail reconnu. Mais les républicains se divisent sur la politique à mener en faveur des ouvriers. En juin, un soulèvement ouvrier est violemment réprimé par le nouveau pouvoir. Cette situation troublée empêche la République de s'enraciner. Son premier président, Louis-Napoléon Bonaparte, la renverse par un coup d'État, le 2 décembre 1851.

Pourquoi peut-on affirmer que la révolution de 1848 en France est une révolution politique et sociale ?

VOCABULAIRE

- **Suffrage censitaire**
Entre 1815 et 1848, le droit de vote est réservé aux citoyens payant un certain montant d'impôts (le cens).

1 Les combats de février 1848 à Paris

- **Cette gravure populaire, destinée à une large diffusion, montre les insurgés de février, protégés par une barricade, rejoints par les troupes envoyées par Louis-Philippe.**
« Combat du peuple parisien dans les journées des 22, 23, 24 février 1848 », *gravure, 1848, musée Carnavalet, Paris.*

2 Une révolution républicaine et fraternelle

Le poète Alphonse de Lamartine, républicain, devient en février ministre des Affaires étrangères du gouvernement provisoire.

Eh quoi ! citoyens, leur dit-il[1], si on vous avait dit, il y a trois jours, que vous auriez renversé le trône, (...) obtenu le suffrage universel au nom du titre d'homme, conquis tous les droits du citoyen, fondé enfin la république ! (...) Et quelle république ? (...) Une république égalitaire, où il n'y a plus ni aristocratie, (...) ni grands, ni petits, (...) ni maîtres, ni ilotes[2] devant la loi ; où il n'y a qu'un seul peuple, composé de l'universalité des citoyens (...). Si l'on vous avait dit tout cela il y a trois jours, vous auriez refusé de le croire ! Trois jours ? Auriez-vous dit, il faut trois siècles pour accomplir une œuvre pareille au profit de l'humanité. (...) Eh bien, ce que vous avez déclaré impossible est accompli ! (...) Ah ! oui, embrassons-nous, aimons-nous, fraternisons comme une seule famille de condition à condition, de classe à classe, d'opulence à indigence[3].

Alphonse de Lamartine, *Histoire de la révolution de 1848*, 1849.

1. *Lamartine rapporte ici un discours qu'il prononce le 25 février.*
2. *Esclaves.*
3. *De richesse à pauvreté.*

3 L'adoption du suffrage universel masculin

• Cette gravure montre un ouvrier révolutionnaire de février 1848, abandonnant son arme pour le vote après l'adoption en mars du suffrage universel masculin.
« Ça, c'est pour l'ennemi du dehors, pour le dedans, voici comme l'on combat loyalement les adversaires », *gravure anonyme, 1848, BNF, Paris.*

4 Les émeutes de juin 1848, une insurrection sociale

En mars 1848, au nom du droit au travail, le gouvernement provisoire crée les ateliers nationaux pour donner un emploi aux chômeurs. Leur suppression en juin provoque un soulèvement réprimé par l'armée.

Me voici arrivé à cette insurrection de juin, la plus grande et la plus singulière peut-être qui ait eu lieu dans notre histoire (...). Ce qui la distingua (...), c'est qu'elle n'eut pas pour but de changer la forme du gouvernement, mais d'altérer l'ordre de la société. Elle ne fut pas à vrai dire une lutte politique (dans le sens que nous avions jusque-là donné à ce mot), mais un combat de classe, une sorte de guerre servile[1]. (...)

En poursuivant ma route, je rencontrai, à l'ouverture de la rue Saint-Honoré, une foule d'ouvriers qui écoutaient avec anxiété le canon. (...) J'augurais que, déjà, toute la classe ouvrière était engagée, soit de bras, soit de cœur dans la lutte ; cela me le prouva. (...)

Telles furent les journées de juin, journées nécessaires et funestes (...). Elles délivrèrent la nation de l'oppression des ouvriers de Paris et la remirent en possession d'elle-même.

Alexis de Tocqueville, *Souvenirs*, 1850.

1. *Dans l'Antiquité, révolte d'esclaves contre leurs maîtres.*

5 Des réformes pour les ouvriers

Et, quand je dis que le prolétariat[1] est l'esclavage, je dis un mot dont j'ai approfondi la portée, croyez-le bien. On a proclamé le suffrage universel – est-il l'expression de la volonté du peuple ? Oui, dans une société où toutes les conditions seraient égales ; oui, dans une société où chacun aurait le libre développement de son esprit et de son cœur. Dans la société actuelle, non ! non ! mille fois non ! (...)

Mes amis, sachez-le, vous serez non seulement puissants, vous serez non seulement riches, vous serez rois – car tous les hommes sont égaux, tous les hommes sont rois ! (...)

Vive la République ! qui fera qu'il n'y aura plus de riches ni de pauvres. (...) Au point de vue moral comme au point de vue matériel, le système sur lequel est basée la société, est un système infâme !

Louis Blanc, extraits de discours tenus devant des ouvriers dans les premiers mois de 1848, rapportés par la commission d'enquête de l'Assemblée nationale sur l'insurrection de juin.

1. *Désigne les ouvriers les plus pauvres.*

QUESTIONS

▶ Combattre pour des principes

DOC 2 **1.** Au nom de quels principes les révolutionnaires de février combattent-ils ?

DOC 1 **2.** Quels sont les moyens pour obtenir l'application de ces principes ? Dans quelle ambiance cette révolution se déroule-t-elle ?

▶ Quelles réformes entreprendre ?

DOCS 2 ET 3 **3.** Quelle réforme politique la révolution de 1848 entraîne-t-elle ? **4.** D'après la gravure, pourquoi l'ouvrier peut-il déposer son fusil ?

DOCS 3 ET 5 **5.** D'après ces documents, à quel groupe social la révolution doit-elle bénéficier ? **6.** Pour Louis Blanc, le suffrage universel est-il suffisant pour cela ? Quelle autre réforme est d'après lui nécessaire ?

▶ L'échec de la révolution sociale

DOC 4 **7.** Quelles sont, d'après Tocqueville, les raisons de l'insurrection de juin ? **8.** Expliquez pourquoi Tocqueville est hostile à cette insurrection.

▶ BILAN

Pour comprendre la révolution de 1848 en France, rédigez un texte qui montre :
– que les réformes politiques correspondent aux principes de la révolution ;
– mais que les acteurs se divisent sur les réformes sociales à entreprendre.

ÉTUDE

Les révolutions de 1848 en Europe

REPÈRES p. 288-289
COURS p. 304-305

Au printemps 1848, la révolution qui a secoué la France en février est un exemple pour le reste de l'Europe. Les révolutionnaires exigent de leurs gouvernements des réformes libérales. En Italie et en Allemagne, ces revendications se doublent de mouvements en faveur de l'unité nationale. C'est le « Printemps des peuples ». Pourtant, malgré l'espoir des révolutionnaires et les concessions arrachées à certains souverains, ces mouvements échouent. La répression empêche, en 1849, l'Europe des peuples de se substituer à l'Europe des rois.

Pourquoi les révolutions de 1848 ne parviennent-elles pas à remettre en cause l'Europe du congrès de Vienne ?

1 Verdi soutient les révolutions en Italie

Tu imagines comment j'aurais pu rester à Paris après avoir appris que la révolution éclatait à Milan[1] ! Dès que j'ai reçu les nouvelles, je suis parti, mais je n'ai pu voir que ces extraordinaires barricades et non les combats. Honneur à ces héros ! Honneur à toute l'Italie, vraiment grande désormais !

Voici l'heure de sa libération, sois-en sûr. Le peuple le veut, et quand le peuple le veut, nul pouvoir absolu ne saurait y résister. Ceux qui entendent nous régir par la seule force peuvent bien faire tout ce qu'ils veulent, conspirer autant qu'ils veulent, ils ne parviendront pas à priver le peuple de ses droits. Oui, oui, quelques années encore, peut-être seulement quelques mois, et l'Italie sera libre, unie et républicaine. Comment pourrait-il en être autrement ?

Giuseppe Verdi, musicien italien,
lettre à Francesco Maria Piave, 21 avril 1848.

1. Entre le 18 et le 22 mars 1848, les Milanais se révoltent et chassent de la ville les troupes autrichiennes.

3 La répression dans le royaume des Deux-Siciles

• Cette caricature met en scène Ferdinand II, roi des Deux-Siciles, confronté dans ses États à des mouvements nationaux et libéraux.
« Je vois avec satisfaction que tout commence à être parfaitement tranquille dans ma bonne ville de Naples », *gravure d'Honoré Daumier, 1849, BNF, Paris.*

2 Le roi de Prusse refuse les réformes libérales

En 1848, des députés issus des États allemands constituent le Parlement de Francfort. Ils proposent en 1849 au roi de Prusse Frédéric-Guillaume IV de devenir empereur d'une Allemagne unifiée et libérale ; il refuse.

D'abord « cette » couronne n'est pas une couronne. La couronne que pourrait prendre un Hohenzollern[1], si les circonstances permettaient que cela fût possible, ce n'est pas, même avec l'assentiment des princes, la couronne fabriquée par une assemblée d'un germe révolutionnaire, une couronne « dans le genre de la couronne des pavés de Louis-Philippe[2] » ; c'est la couronne qui porte l'empreinte de Dieu, la couronne qui fait souverain par la grâce de Dieu celui qui la reçoit (...).

Celle-là au contraire, celle dont vous vous occupez (...) pour votre malheur, elle est déshonorée surabondamment par l'odeur de charogne que lui donne la révolution de 1848, la plus niaise, la plus sotte, la plus stupide, et non pas cependant, Dieu soit loué, la plus criminelle des révolutions de ce siècle. Quoi, cet oripeau[3], ce bric-à-brac de couronne pétri de terre glaise et de fange, on voudrait la faire accepter à un roi légitime, bien plus, à un roi de Prusse (...). L'assemblée n'a ni à donner ni à offrir une couronne.

Frédéric-Guillaume IV, lettre à l'ambassadeur
de Prusse à Londres, 21 avril 1849.

1. Nom de la dynastie qui règne sur la Prusse, dont Frédéric-Guillaume IV est issu.
2. Allusion à la révolution de 1830 qui donne le pouvoir à Louis-Philippe.
3. Ici, qui n'a que l'apparence d'une couronne.

4 Le peuple allemand lutte pour sa liberté

● **En mars 1848, une révolution éclate à Berlin. Cette affiche rend hommage au peuple allemand.** « Au peuple allemand », *lithographie de Johann Kirchnoff, mars 1848, Bibliothèque d'État de Berlin.*

5 Les révolutions de 1848, un échec ?

a. Un échec…

Vingt révolutions ont eu lieu. La France a brisé la dernière formule de la monarchie, la monarchie bourgeoise[1]. L'Allemagne, la calme et studieuse Allemagne, a vu dix foyers d'insurrection ouverts à la fois sur son sol. Vienne a rugi des colères du peuple, l'empereur a fui, le pape[2] a fui. De Milan à Budapest, de Venise à Berlin, de Rome à Poznan, la lave révolutionnaire a coulé. Le drapeau qui porte écrit « Droit, Liberté, Indépendance » a flotté, et tout cela est tombé. La Victoire a déserté notre camp (…). Pourquoi donc la réaction triomphe-t-elle aujourd'hui ? La cause est en nous, elle est dans notre manque d'organisation, dans nos défiances, (…) dans le manque absolu de cet esprit de discipline qui seul accomplit les grandes choses, dans l'éparpillement de nos forces en une multitude de petits foyers.

Giuseppe Mazzini, *Foi et avenir*, 1850.

b.… provisoire ?

L'Italie veut être une nation d'hommes égaux et libres (…). Elle croit en Dieu et au peuple (…). Et pour que le peuple soit, il faut qu'il conquière par l'action et le sacrifice la conscience de ses devoirs et de ses droits. L'indépendance (…) doit donc s'obtenir non seulement pour le peuple, mais par le peuple. La guerre par tous, la victoire pour tous.

Giuseppe Mazzini, *République et royauté en Italie*, 1850.

1. Monarchie de Juillet. – 2. Le pape règne comme souverain sur les États de l'Église, au centre de l'Italie ; Mazzini y proclame la République en février 1849.

QUESTIONS

▶ Combattre pour la liberté et l'unité

DOCS 1, 4 ET 5 **1.** Relevez tous les éléments qui montrent que ces révolutions éclatent au nom des principes libéraux. **2.** Relevez tous les éléments qui montrent que, en Allemagne et en Italie, les révolutionnaires luttent pour l'unité nationale.

DOCS 1, 2, 4 ET 5 **3.** Par quels moyens les révolutionnaires tentent-ils d'atteindre leurs buts ?

▶ Les répressions : la fin de l'espoir ?

DOCS 2, 3 ET 5 **4.** Pourquoi les révolutions de 1848 échouent-elles ?

DOC 2 **5.** Quel principe le roi de Prusse défend-il en refusant la couronne d'Allemagne ?

DOC 5 **6.** D'après Mazzini, pourquoi l'échec de ces révolutions n'est-il que provisoire ? **7.** Par quel moyen la lutte pour l'indépendance de l'Italie doit-elle se poursuivre ?

▶ BILAN

Pour comprendre les révolutions de 1848 et leur échec à remettre en cause l'Europe du congrès de Vienne, identifiez les acteurs, les principes défendus et les moyens utilisés pour la révolution de 1848 et pour sa répression.

COURS

2. Le « Printemps des peuples » de 1848

➡ ÉTUDE p. 296-299
➡ ÉTUDE p. 300-301
➡ ÉTUDE p. 302-303

Pourquoi les révolutions de 1848 échouent-elles à remettre en cause l'Europe du congrès de Vienne ?

A Une Europe en effervescence

La montée des revendications libérales et nationales

• L'échec partiel des révolutions de 1830 n'a pas mis un terme à la diffusion des idées libérales et nationales. **Les régimes autoritaires restent contestés**. Le principe des nationalités gagne des partisans en Italie et en Allemagne.

• Dans les régimes libéraux, les revendications portent sur la fin des **suffrages censitaires** et l'extension du droit de vote. En France, l'opposition républicaine veut l'instauration du suffrage universel masculin.

L'impact des transformations économiques

• L'industrialisation d'une partie de l'Europe favorise les idées libérales : elle permet le développement de **groupes sociaux nouveaux**, qui demandent des droits spécifiques. Ainsi, dans les monarchies autoritaires, la bourgeoisie, forte de sa puissance économique, dispute à la noblesse le pouvoir politique.

• Cette industrialisation provoque aussi des **tensions sociales**. Chez les ouvriers, les idées socialistes se diffusent : ils réclament une meilleure protection des travailleurs, et leur plus grande participation à la vie politique.

• À partir de 1846, une **crise économique** accroît ces tensions. De mauvaises récoltes touchent les campagnes. Dans les villes, le chômage des ouvriers augmente.

L'insurrection parisienne, un détonateur

• Le 22 février 1848, les Parisiens se soulèvent contre Louis-Philippe (1830-1848). Le 24, **la Seconde République est proclamée** dans l'allégresse. **Elle adopte le suffrage universel masculin** et, le 27 avril, **abolit l'esclavage**. Au nom d'un idéal de fraternité, elle affirme le droit au travail et crée des ateliers nationaux pour donner du travail aux chômeurs (doc 1).

• Pour de nombreux Européens, **la révolution en France montre le chemin à suivre**.

1. *La Seconde République en France*

• Les principes qui fondent ce régime sont mis en valeur par des symboles :
(1) égalité et justice,
(2) prospérité et solidarité,
(3) puissance.

« La République », *huile sur toile de Jules Ziegler, 1848, musée des Beaux-Arts, Lille.*

B Le « Printemps des peuples » en Europe

Des révolutions en cascade

• **À partir de mars, les insurrections se multiplient**. Dans l'Empire d'Autriche, Prague se soulève le 11 et Vienne le 13. Le 22, les armées autrichiennes sont chassées de Venise, de Milan et d'Italie centrale (doc 2). En Prusse, les Berlinois se révoltent le 18.

• **Les mots d'ordre sont à la fois libéraux et nationaux** : les insurgés réclament davantage de liberté, et les nations soumises à l'Autriche exigent leur reconnaissance – pour certaines, leur indépendance.

Des réformes concédées

• La plupart des souverains ne parviennent pas à rétablir l'ordre. Ils doivent **concéder des réformes**. L'empereur d'Autriche, le roi de Prusse, le pape sont ainsi contraints d'accorder des constitutions et de reconnaître les libertés individuelles.

• **Les révolutionnaires préparent la naissance d'une Europe nouvelle**. En Italie, le roi de Piémont prend leur tête, et déclare la guerre à l'Autriche pour permettre l'unité du pays. En Allemagne, des députés élus au suffrage universel masculin se réunissent le 18 mai à Francfort pour préparer la constitution d'un **État unitaire**.

VOCABULAIRE

• **État unitaire**
État où l'autorité est exercée par un gouvernement central unique.

• **Suffrage censitaire**
Le droit de vote est réservé aux citoyens payant un certain montant d'impôts (le cens).

C Le retour à l'ordre

Les révolutionnaires divisés

• Bientôt, **les révolutionnaires se divisent sur l'ampleur des réformes** à réaliser. Les plus radicaux effraient la bourgeoisie libérale, qui ne veut pas de bouleversements trop profonds. En France, l'Assemblée élue en avril s'inquiète de l'agitation ouvrière et des appels à plus d'égalité sociale : elle ferme les ateliers nationaux le 22 juin. Le 23 éclate une insurrection, violemment réprimée.

• Les peuples s'opposent également. Ainsi, les représentants des États allemands au Parlement de Francfort se divisent entre partisans d'une « grande Allemagne » englobant l'Autriche, et partisans d'une « petite Allemagne » dominée par la Prusse.

Défaites et répressions

• Ces divisions facilitent **l'écrasement des révolutions**. En Autriche, l'armée reconquiert Prague en juin et Vienne en octobre 1848. Cette répression fragilise le Parlement de Francfort. Le roi de Prusse peut alors refuser la couronne d'Allemagne que lui offre cette assemblée : il montre ainsi son rejet du suffrage universel.

• En Italie, le roi de Piémont est battu par l'armée autrichienne en mars 1849. Peu à peu, les révolutions sont réprimées dans les États italiens, qui retrouvent leurs souverains. Ainsi, le pape retourne à Rome où la République proclamée en février 1849 a été renversée en juillet.

Un bilan nuancé

• Si les révolutions sont un échec, **le retour à l'ordre ancien n'est pas complet**. Ainsi, le Piémont conserve sa Constitution et la France reste une République démocratique.

• Surtout, 1848 est pour beaucoup un **échec provisoire**. En Italie, en Allemagne, dans l'Empire d'Autriche, les aspirations nationales et libérales demeurent.

2. *Les combats pour l'unité de l'Italie*

• **Du 18 au 22 mars 1848, les Milanais se révoltent et chassent les troupes autrichiennes de la ville.** *Huile sur toile de Baldassare Verazzi, 1848, musée du Risorgimento, Milan.*

3. *L'espoir suscité par 1848*

• **Les peuples européens défilent devant une statue de la République. Au premier plan gisent des symboles de royauté alors que, dans le ciel, le Christ bénit le défilé.** « La République universelle, démocratique et sociale », *lithographie de F. Sorrieu, 1848, musée Carnavalet, Paris.*

MÉTHODE Expliquer une caricature

Une caricature est une représentation volontairement déformée de personnes ou d'événements. Elle a pour but de porter un message, souvent critique, sous une forme humoristique.

Honoré Daumier, « Ah ! Ne vous y frottez pas... », caricature parue dans L'Association mensuelle*, mars 1834, BNF, Paris.*

Ce supplément au journal *La Caricature* publie des gravures sur feuilles volantes.

QUESTIONS

1. Présentez le document.
2. Quels sont les personnages représentés ?
3. Quels éléments sont utilisés pour permettre leur identification ?
4. Qui est responsable de l'état de Charles X ? Quel risque Louis-Philippe court-il ? Pourquoi ?
5. Contre qui cette caricature est-elle dirigée? Pourquoi ?
6. Expliquez que, par cette caricature, Daumier met en garde Louis-Philippe contre sa volonté de censurer la presse.

Méthode générale

Application guidée

DOC p. 306

1 Présenter la caricature

La caricature est un moyen de diffuser un message.

- Indiquer son **auteur** et son **support**, qui doit permettre une **large diffusion** (affiche, presse).
- Rechercher à quel **public** elle s'adresse.
- Préciser la **date** et le **contexte** de sa production, le **thème** traité.

Question 1. Présentez le document.

Info

– Honoré Daumier (1808-1879), artiste français et républicain convaincu, est célèbre pour ses caricatures politiques et sociales parues dans *La Caricature* et *Le Charivari*.
– Les caricatures se multiplient au XIXe siècle, en liaison avec le développement de la presse et l'instauration de régimes politique libéraux. Elles contribuent à façonner l'opinion publique et alimentent l'imaginaire d'une époque.

2 Identifier les personnages caricaturés

Ils peuvent être des personnes, mais aussi des groupes personnifiés (symbolisés par un personnage) ou des allégories représentant une idée abstraite.

- Relever les **traits physiques** accentués, les objets symboliques et, éventuellement, les indications textuelles.

Question 2. Quels sont les personnages représentés ?

Question 3. Quels éléments sont utilisés pour permettre leur identification ?

Info

Pour éviter un procès pour outrage au roi, Daumier cache le visage de Louis-Philippe et utilise des objets qui lui sont associés, le parapluie et le chapeau à cocarde.

3 Analyser la caricature

Une caricature doit être facilement et rapidement comprise. Il faut analyser sa composition et interpréter son message.

- Les éléments dessinés ne sont pas choisis au hasard : expliquer leur **rôle**, la façon dont l'auteur les met en **relation**, ceux qui sont **mis en valeur**.
- **Mettre en relation** l'image, le titre et le texte éventuel.
- **Interpréter la caricature** en résumant le message que l'auteur veut faire passer (dénonciation d'un homme, d'une politique, d'idées...). Ce message se réfère à une situation connue du public (à rappeler en mobilisant ses connaissances).

Question 4. Qui est responsable de l'état de Charles X ? Quel risque Louis-Philippe court-il ? Pourquoi ?

Info

La décision de Charles X de supprimer la liberté de la presse est l'une des raisons de la révolution de 1830, menée par les ouvriers des imprimeries.

Question 5. Contre qui cette caricature est-elle dirigée ? Pourquoi ?

Info

En mars 1834, des débats ont lieu sur la liberté de la presse ; elle est limitée en avril, et la censure sur les dessins est rétablie en septembre 1835.

4 Conclure

Pour conclure, il faut montrer l'intérêt de la caricature.

- Montrer comment elle traduit les **opinions** de son époque.

Question 6. Expliquez que, par cette caricature, Daumier met en garde Louis-Philippe contre sa volonté de censurer la presse.

exercice d'application Utilisez la méthode et l'exemple fourni pour expliquer le document 3 p. 302.

RÉVISIONS Vérifier ses connaissances

Les points clés du cours

Répondez en quelques phrases aux questions suivantes.

1. Les princes face aux revendications nationales et libérales

a. Quels objectifs le congrès de Vienne poursuit-il ?

b. Comment la Sainte-Alliance lutte-t-elle contre les mouvements nationaux et libéraux ?

c. Comment, entre 1820 et 1830, l'ordre des princes commence-t-il à être contesté ?

2. Le « Printemps des peuples » de 1848

a. Quelles sont les causes des révolutions de 1848 ?

b. Quels sont les buts des révolutionnaires ?

c. Pourquoi ces révolutions échouent-elles en partie ?

Les personnages clés

Qui suis-je ?

1.

Je suis un peintre, chef de file des romantiques. Pour moi, la peinture doit susciter l'émotion ; dans certains de mes tableaux, je mets mon art au service de causes politiques, comme l'indépendance de la Grèce ou la révolution de 1830.

2.

Né esclave, je prends la tête de la révolte des esclaves de Saint-Domingue.
Bonaparte m'emprisonne, mais ne peut empêcher la création d'Haïti, premier État noir né de la lutte contre l'esclavage.

Les mots clés

Quel terme correspond à chacune des définitions suivantes ?

1. Principe selon lequel tout pouvoir politique émane du peuple, et seulement de lui.

2. Traité signé en 1815 entre la Prusse, la Russie et l'Autriche ; il a pour but de lutter contre toute agitation révolutionnaire en Europe.

3. Conscience qu'a un peuple de partager les mêmes caractéristiques : histoire, langue, religion...

4. Principe selon lequel un peuple a le droit de choisir l'État dans lequel il veut vivre.

5. Mouvement révolutionnaire touchant une grande partie de l'Europe en 1848.

Les dates clés

Recopiez la frise chronologique ci-dessous et complétez-la à l'aide des éléments indiqués.

– « Trois Glorieuses » en France
– Indépendance de la Belgique
– Guerre d'indépendance de la Grèce
– Le « Printemps des peuples »
– Création de la Sainte-Alliance
– Date de la proclamation de la République en France

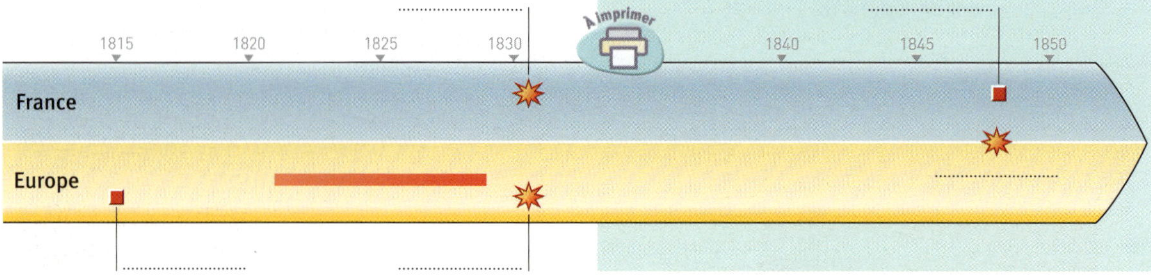

Exercices

La révolution de 1848 en France

Une allégorie de la République française en 1848

- **Cette gravure montre le peuple français jurant fidélité à la République ; devant le piédestal qui la porte, jetés à terre, les symboles de la monarchie et de la violence.**

Illustration des paroles d'une chanson dédiée aux ouvriers, lithographie, 1848, musée Carnavalet, Paris.

QUESTIONS

1. Expliquez avec précision le contexte dans lequel est réalisé ce document.
2. Montrez que pour l'auteur de la gravure, les révolutionnaires de 1848 combattent pour les mêmes principes que ceux de 1789 et 1830. Pour cela, relevez tous les éléments (objets, inscriptions...) qui font allusion à 1789 et 1830.
3. D'après le document, sur quels principes s'appuie le nouveau régime politique français ?
4. Décrivez les personnages représentés autour de la figure centrale pour montrer que l'auteur veut mettre en avant l'unité des Français.

Pour aller plus loin

Livre

- Stendhal, *La Chartreuse de Parme*, 1839 ; *Vanina Vanini*, 1829.

Film

- *Le Guépard*, de Luchino Visconti, 1963, adaptation du roman de G. T. di Lampedusa (1958).

Site Internet

- Site de la **Bibliothèque nationale de France** : « Daumier et ses héritiers », exposition virtuelle consacrée à l'œuvre d'Honoré Daumier, dessinateur de presse et caricaturiste
http://expositions.bnf.fr/daumier/index.htm

Aristophane
v. 445-385 av. J.-C.

Célèbre poète athénien, il écrit des comédies. Ces œuvres entretiennent un rapport étroit avec l'actualité de la cité d'Athènes : la guerre, la paix, la justice sont des thèmes récurrents, mais c'est la parodie ou la caricature des institutions qui tiennent la place la plus importante. Les personnages de ces pièces sont souvent des contemporains. Ce poète se présente comme le conseiller de la cité.

Aristote
384-322 av. J.-C.

Disciple de Platon puis précepteur d'Alexandre le Grand, il fonde à Athènes sa propre école, le Lycée. Il est l'auteur d'un grand nombre de traités de logique, de politique (*Éthique à Nicomaque*, *Politique*), de biologie, de physique et de métaphysique. Son œuvre a exercé une influence majeure sur la science et la philosophie de l'islam à leurs débuts ainsi que sur la pensée chrétienne médiévale.

Auguste
63 av. J.-C.-14 ap. J.-C.

Fils adoptif de César, il s'impose dans les guerres civiles de la fin de la République contre son rival Antoine (31 av. J.-C.). Il devient alors le premier personnage de l'État romain. Le Sénat de Rome lui attribue le nom d'Auguste en 27 au moment où il fonde un nouveau régime, l'Empire. Il est à l'origine de la première dynastie impériale, les Julio-Claudiens.

Bernard de Clairvaux
1090-1153

Noble né en Bourgogne, il rentre au nouveau monastère de Cîteaux vers l'âge de 20 ans. Il est séduit par la recherche d'une vie monastique rude loin des agitations du monde. Il diffuse rapidement l'ordre de Cîteaux (les cisterciens) et devient l'un des hommes les plus écoutés de la chrétienté du XIIe siècle.

Jean Calvin
1509-1564

Jean Cauvin (son vrai nom) est le fils d'un notable de Noyon. Rallié aux thèses de Luther, il doit fuir la France en 1534 quand commencent les persécutions contre les protestants. Réfugié à Bâle, il publie en 1536 *L'Institution de la religion chrétienne*, ouvrage essentiel constituant une sorte de charte de la religion réformée. Il s'installe ensuite à Genève dont il réforme les mœurs pour en faire la citadelle du protestantisme.

Caracalla
188-217 ap. J.-C.

Proclamé empereur en 211 avec son frère, Geta, il le fait assassiner en 212. La même année, il accorde le droit de cité romaine à tous les habitants libres de l'Empire. Il mène des guerres de conquêtes, en particulier en Germanie. Il fait construire à Rome de nombreux monuments, dont les thermes qui portent son nom.

Claude
10 av. J.-C.-54 ap. J.-C.

Né à Lyon, il est empereur romain de 41 à 54 ap. J.-C. Grand bâtisseur, il mène aussi une politique extérieure active (conquête de la Bretagne) et ouvre le Sénat aux provinciaux issus de Gaule notamment. Il développe les bureaux impériaux à Rome pour améliorer le gouvernement de l'Empire. Il meurt assassiné en 54.

Charles Quint
1500-1558

Il incarne pour le XVIe siècle, le rêve d'une monarchie universelle chrétienne. En effet, par le hasard des successions et des alliances, il accumule les héritages : l'héritage bourguignon (Pays-Bas, Flandre, Franche-comté), l'héritage autrichien, l'héritage espagnol (Espagne, Amériques, Sicile et Naples). En 1519, il est même élu empereur. Principal souverain d'Europe, il doit combattre sur de multiples fronts notamment contre la France que sa puissance inquiète. En 1555, il partage ses possessions entre son frère Ferdinand et son fils Philippe.

Christophe Colomb
1451-1506

Navigateur expérimenté, cartographe, il expose dès 1483 son projet au roi Jean II du Portugal : atteindre les Indes par l'Ouest, en traversant l'Atlantique, pour commercer et convertir les populations locales au christianisme. Après plusieurs refus, il obtient en 1492 soutien et navires des rois d'Espagne, Isabelle de Castille et Ferdinand d'Aragon. Le 12 octobre 1492, après plus d'un mois en mer, Colomb touche terre. Il est convaincu jusqu'à sa mort en 1506 que les territoires qu'il visite encore trois fois appartiennent à l'Asie. Il s'agit pourtant d'un nouveau continent, l'Amérique, qu'il ouvre à la conquête des Européens.

Nicolas Copernic
1473-1543

Né dans l'actuelle Pologne en 1473, de langue allemande, il poursuit des études de droit et de médecine en Italie. C'est à Bologne qu'il est mis en contact avec l'astronomie par le biais de son professeur Novara. De retour chez lui au début du XVIe siècle, il construit un observatoire et poursuit ses propres recherches. Il avance le premier la thèse de l'héliocentrisme. Mais son ouvrage majeur, *De la révolution des orbes célestes*, n'est publié qu'en 1543 et ne connaît pas une large diffusion. En fait, la théorie de Copernic est à l'origine d'une révolution des savoirs qui se développe au siècle suivant.

Hernán Cortés
1485-1547

Conquistador espagnol, il fait la conquête de l'Empire aztèque entre 1519 et 1521 pour le compte de Charles Quint. Il mène notamment une lutte très violente contre le dernier empereur Cuauhtémoc pour prendre la ville de Tenochtitlan, en s'appuyant sur les Indiens hostiles aux Aztèques.

Georges Danton
1759-1794

Avocat, il est élu aux États généraux de 1789 et fonde en 1790 le club des Cordeliers. Principal artisan de la journée du 10 août 1792, puis député à la Convention où il siège parmi les Montagnards, il participe à la création du Tribunal révolutionnaire et préside en avril 1793 le premier Comité de salut public. Il est jugé trop modéré et en est éliminé en juillet 1793. Il réclame la fin de la Terreur mais, accusé de trahison par Robespierre, il est guillotiné avec Camille Desmoulins en avril 1794.

Eugène Delacroix
1798-1863

Fils d'un haut fonctionnaire de la République et de l'Empire, il entre aux Beaux-Arts en 1815. Son engagement pour les Grecs notamment par des toiles comme *Scènes des massacres de Scio* (1824) en fait, pour la France, un chef de file du nouveau courant romantique qui triomphe alors en Europe. Il exalte la révolution de 1830 dans *La liberté guidant le peuple*. Il décore aussi de nombreux bâtiments publics.

Denis Diderot
1713-1784

Philosophe des Lumières, il dirige l'*Encyclopédie* avec d'Alembert dont le premier volume est publié en 1751. Parallèlement, il écrit des pièces de théâtre et des critiques d'art. Sur le plan politique, il revendique la liberté d'expression. Contrairement à Rousseau, il pense que le bonheur individuel et le bien général peuvent coïncider. Sa renommée lui vaut d'être reçu par tous les princes d'Europe, du roi de Prusse Frédéric II à l'impératrice de Russie Catherine II.

Érasme
1469-1536

Humaniste hollandais, il fait des études de théologie à l'université de Paris et reste fidèle au catholicisme toute sa vie. Il consacre sa vie à la publication des œuvres de l'Antiquité. Sa traduction la plus célèbre reste celle du texte grec du *Nouveau Testament*. Connu pour son érudition et la diversité de son œuvre, il voyage et enseigne dans différentes universités d'Europe.

François Ier
1494-1547

Roi de France à partir de 1515, il est l'un des grands princes de la Renaissance en Europe. Il s'entoure d'humanistes et fonde le Collège des lecteurs royaux. Il fait venir auprès de lui des artistes italiens, comme Léonard de Vinci. Il fait construire ou aménager des châteaux selon le nouveau style de l'époque (Chambord, Blois, Fontainebleau...). Il contribue aussi à accroître le pouvoir royal en France et lutte contre le protestantisme à partir de 1535.

François d'Assise
v. 1182-1226

Issu d'une riche famille d'Ombrie, il abandonne toute sa fortune et se consacre au service des pauvres. Fondateur des franciscains, il est considéré comme un saint par l'Église catholique depuis 1228.

Galilée
1564-1642

Mathématicien et astronome italien, il complète et diffuse le système copernicien. En 1610, son ouvrage *Le Messager des étoiles,* dans lequel il défend la thèse de l'héliocentrisme, nourrit les critiques. Cette thèse lui vaut d'être condamné en 1633 à la prison à vie. Après avoir renié ses idées, il voit sa peine commuée en résidence surveillée à vie.

Vasco de Gama
1469-1524

Navigateur portugais, il est le premier à atteindre les Indes en longeant l'Afrique par le Cap de Bonne-Espérance (contourné dès 1487 par B. Diaz). Il arrive en Inde en 1498. Il y retourne en 1502. Nommé vice-roi des Indes en 1524, il meurt à Calicut.

Olympes de Gouges
v. 1748-1793

Olympe de Gouges est une femme de lettres qui s'engage en faveur des droits des femmes et de l'abolition de l'esclavage. Hostile à la condamnation à mort de Louis XVI, elle est guillotinée en 1793 car elle s'oppose aux Montagnards.

Hérodote
v. 488-425 av. J.-C.

Grec originaire d'Halicarnasse en Asie mineure, Hérodote est le premier historien dont nous ayons conservé l'œuvre. Son ouvrage, *Histoires*, est centré sur les guerres médiques qui opposent les Grecs aux Perses dans la première moitié du Ve siècle av. J.-C. Il y livre aussi l'histoire de nombreuses cités et expose les manières de vivre de peuples grecs et non grecs.

La Fayette
1757-1834

Général, il participe à la guerre de l'indépendance américaine. En 1789, élu député de la noblesse aux États généraux, il est favorable à la Révolution. Il devient commandant de la garde nationale. Il est au sommet de sa gloire lors de la fête de la Fédération en juillet 1790. Mais partisan de la monarchie constitutionnelle, il cherche à défendre le roi après la fuite de Varennes et se coupe ainsi du peuple de Paris. Suspect à partir du déclenchement de la guerre, il se livre aux Autrichiens à l'été 1792. Sous la Restauration, il est le chef de file de l'opposition libérale aux Bourbons. Il participe à la Révolution de 1830 mais est vite déçu par Louis-Philippe.

Alphonse de Lamartine
1790-1869

Poète romantique, il incarne l'opposition à Louis-Philippe sous la monarchie de Juillet. Pendant la révolution de 1848, il proclame la République à l'Hôtel de Ville et devient membre du gouvernement provisoire. Mais, écrasé aux élections présidentielles de décembre 1848, il se retire de la vie politique.

Louis XVI
1754-1793

Petit-fils de Louis XV, il devient roi en 1774. Contraint de convoquer les États généraux en 1788, il incarne un pouvoir monarchique hésitant et incapable de faire des réformes. Son hostilité à la révolution le pousse à fuir Paris en juin 1791. Arrêté à Varennes, il est rétabli dans ses fonctions mais en 1792, la guerre finit par révéler son double jeu. Arrêté le 10 août 1792, il est guillotiné le 21 janvier 1793.

Louis XVIII
1755-1824

Frère de Louis XVI, il émigre en 1791 et prend le titre de roi en 1795, après l'exécution de Louis XVI et la mort de son fils Louis XVII. Il rétablit la monarchie en 1814, puis en 1815, après l'épisode des Cent-Jours, en « octroyant » aux Français une Charte qui est un compromis entre l'Ancien Régime et les principes de 1789.

Martin Luther
1483-1546

Né en Thuringe (Allemagne), il entreprend des études de droit. Pris dans un orage en 1505, il promet de se faire moine s'il en réchappe. Devenu moine, il enseigne la théologie à Wittenberg. Il rompt en 1517 avec l'Église catholique dont il dénonce les abus. Dès lors, il écrit beaucoup et s'emploie à fixer les bases spirituelles et matérielles de la réforme en Allemagne et en Scandinavie.

Fernand de Magellan
v. 1480-1521

Depuis la fin du XVe siècle, Portugais et Espagnols multiplient les expéditions maritimes pour découvrir de nouvelles routes vers l'Asie et ses épices. Cependant, l'entreprise de Magellan, un Portugais au service du roi d'Espagne, marque une étape exceptionnelle : parti en 1519, son équipage (dirigé après sa mort par Elcano) réalise le premier tour du monde après un périple de trois ans.

Alde Manuce
1450-1515

Célèbre imprimeur-éditeur de la Renaissance. Il installe à Venise son atelier en 1494 et se rend très vite célèbre par ses impressions en grec. Il invente le caractère italique (1501) et cherche à produire des livres plus petits et donc plus maniables. Très proche des humanistes, il publie en particulier des traductions importantes d'Aristote.

Jean-Paul Marat
1743-1793

Avocat virulent des intérêts du peuple dans la Révolution, fondateur de *L'Ami du peuple*, journal préféré des sans-culottes. Élu député de Paris parmi les Montagnards en 1792, il contribue de façon décisive à la chute des Girondins. Malade, il suspend ses activités de député en juin 1793. Il est assassiné en juillet par une jeune fille proche des Girondins, Charlotte Corday.

Giuseppe Mazzini
1805-1872

Carbonaro italien qui lutte pour la création d'une Italie unitaire et démocratique. Pourchassé puis emprisonné, il se réfugie à Marseille et crée en 1831 une nouvelle société secrète, « Jeune Italie » et consacre sa vie à l'organisation de conspirations. Peu à peu cependant, son influence décline dans le mouvement national italien.

Laurent de Médicis
1449-1492

Membre de la famille Médicis, banquiers italiens à la tête de Florence du XVe au XVIIIe siècles. Laurent de Médicis est le petit-fils de Cosme l'Ancien, qui a fait de Florence la capitale de l'humanisme. Il dirige lui-même Florence de 1469 à 1492. Protecteur des arts et des lettres, il est le modèle du prince mécène de la Renaissance.

Mehmet II
1432-1481

Surnommé *Fatih*, « le Conquérant », il devient empereur en 1451 et s'empare de Constantinople le 29 mai 1453. Il dote l'empire d'une armée puissante et étend son territoire. Il réorganise l'Empire ottoman par des lois qui permettent l'intégration et la coexistence de populations de cultures et de religions différentes.

Michel-Ange
1475-1564

Il passe son enfance en Toscane (Italie) et fait son apprentissage dans l'atelier du peintre Ghirlandaio. Par son invention artistique permanente, par les commandes que lui adressent les Médicis à Florence et les papes à Rome, par sa maîtrise technique et sa parfaite connaissance du corps humain acquise par la pratique des dissections, il est l'un des artistes majeurs de la Renaissance.

Mirabeau
1749-1791

Il s'est d'abord fait connaître par ses écrits hostiles à l'absolutisme ; ainsi, bien que noble, il est élu en 1789 député du tiers état d'Aix (en Provence). Il s'impose par ses discours enflammés capables d'emporter la décision. Il participe à l'élaboration de toutes les réformes, à la Déclaration des droits de l'homme, à la Constitution où il affirme son soutien à la monarchie constitutionnelle et devient le conseiller secret de Louis XVI.

Montesquieu
1689-1755

Principal théoricien d'une monarchie tempérée. Juriste et écrivain, né dans une famille de la noblesse de robe, près de Bordeaux, il se fait connaître en 1721 par ses *Lettres persanes* dans lesquelles il décrit avec beaucoup d'humour les institutions, les lois et les mœurs du royaume de France. Son œuvre majeure, *De l'esprit des Lois*, est publiée en 1748.

Isaac Newton
1642-1727

Mathématicien et physicien anglais. Son ouvrage *Philosophiæ Naturalis Principia Mathematica* (1686) est considéré comme une œuvre majeure dans l'histoire de la science. Il y expose la théorie de la gravitation universelle. En optique, il développe une théorie de la couleur. Il invente le télescope à réflexion (avec un miroir concave). En mathématiques, il partage avec Leibniz la découverte du calcul infinitésimal.

Périclès
v. 495-v. 429 av. J.-C.

Homme politique athénien, il domine la vie politique pendant quinze ans de 443 à sa mort en 429 av. J.-C. Il développe la puissance athénienne et stimule la vie intellectuelle et artistique, notamment en ordonnant de gigantesques travaux sur l'Acropole (Parthénon). En 431, la crainte de la puissance athénienne provoque la guerre du Péloponnèse contre Sparte et ses alliés et les premières défaites lui sont reprochées. Réélu stratège en 429, il est emporté par la peste.

Christophe Plantin
v. 1520-1589

Relieur et imprimeur de la Renaissance. Originaire du Val de Loire, il apprend le métier de relieur à Paris mais s'installe à Anvers en 1549. Blessé à l'épaule, il change de métier et ouvre un atelier d'imprimerie en 1555, il devient très vite célèbre. On lui doit en particulier l'impression entre 1568-1572 d'une Bible polyglotte en huit volumes.

François Rabelais
v. 1494-1553

Né près de Chinon dans le royaume de France, médecin et humaniste français. Il est l'auteur de *Pantagruel* (1531), dont le succès est tel (sept éditons en trois ans) qu'il ajoute un début à l'histoire avec *Gargantua* et une suite le *Tiers livre*, et enfin le *Quart livre*. Dans ces récits, il exprime l'enthousiasme des humanistes pour l'éducation et la connaissance.

Maximilien de Robespierre
1758-1794

Avocat, il est représentant du tiers état aux États généraux de 1789. En 1792, il prend parti contre la guerre. Élu à la Convention, il siège parmi les Montagnards et vote la mort du roi. Il évince les Girondins et entre au Comité de salut public. En 1794, il renforce la Terreur, impose le culte de l'Être suprême.

Ses adversaires le renversent le 9 Thermidor an II (27 juillet 1794). Il est guillotiné le lendemain.

Jean-Jacques Rousseau
1712-1778

Il entre en contact avec Voltaire et Diderot à Paris dans les années 1740. Il rédige des articles pour l'*Encyclopédie* mais c'est son *Discours sur les Sciences* en 1750 qui le rend célèbre. Il écrit ensuite un *Discours sur l'origine de l'inégalité* (1755) et *Du contrat social* (1762) dans lequel il critique le pouvoir monarchique. La condamnation de ce dernier ouvrage par le Parlement de Paris le pousse à fuir en Suisse puis en Angleterre. Il rentre en France en 1770.

Saint-Just
1767-1794

Fils d'un officier, il est élu député à la Convention en 1792, il siège parmi les Montagnards. Il vote la mort de Louis XVI et s'oppose fortement aux Girondins. Membre du Comité de Salut public, il s'illustre dans l'organisation des armées révolutionnaires (victoire de Fleurus, notamment). Proche des sans-culottes, il prend une part active à la chute des amis de Danton. Arrêté avec Robespierre, il est guillotiné le 10 Thermidor an II (28 juillet 1794).

Toussaint-Louverture
1746-1803

Né esclave à Saint-Domingue en 1746, Toussaint-Louverture est affranchi en 1776. En 1793, il rejoint des Noirs révoltés depuis 1791 contre les colons français. Après l'abolition de l'esclavage par la France en 1794, il profite de la guerre contre l'Angleterre et l'Espagne pour asseoir sa domination sur l'île. Il contrôle militairement l'île en 1800 et promulgue en 1801 une constitution pour ce premier État noir dont il est le dirigeant. Bonaparte envoie une armée pour rétablir l'autorité de la France et Toussaint-Louverture est arrêté en 1802. Il meurt en France en 1803.

Thucydide
V. 460-V. 395 AV. J.-C.

Considéré comme un des premiers historiens. Auteur de l'*Histoire de la guerre du Péloponnèse*, il relate avec rigueur les faits et en explique les causes profondes.

Léonard de Vinci
1452-1519

Artiste et savant aux talents multiples, Léonard de Vinci naît en 1452 en Toscane. Il commence sa carrière à Florence, après un apprentissage dans l'atelier du peintre Andrea Verrochio. Il se rend ensuite de cour en cour chercher la faveur et la protection des puissants, comme celle du duc Ludovic Sforza à Milan, du pape à Rome ou du roi de France, François Ier. Il meurt à Amboise, dans le Val de Loire, en 1519. Il symbolise de façon remarquable l'esprit et les avancées de la Renaissance.

Voltaire
1694-1778

Écrivain et philosophe, il incarne le penseur des Lumières. Sa production littéraire est considérable (contes comme *Zadig*, *Candide*, ou le *Dictionnaire philosophique*) et son influence est immense. Il se présente comme le défenseur de la justice et de la tolérance et comme le promoteur de la liberté individuelle.

James Watt
1736-1819

Étudiant et réparateur d'appareils de physique à l'université de Glasgow, cet inventeur écossais perfectionne la machine à vapeur dans les années 1780, ce qui entraîne un progrès considérable des techniques.

LEXIQUE

A

Absolutisme : régime politique dans lequel le roi exerce tous les pouvoirs. (p. 238)

Académie : assemblée de savants, de gens de lettres ou d'artistes reconnus qui entendent promouvoir leurs disciplines respectives. La *Royal Society*, créée à Londres en 1662, sert de modèle pour la fondation, en France, de l'Académie des sciences en 1666. (p. 216 et 220)

Accroissement naturel ou solde naturel : différence entre le taux de mortalité et le taux de natalité. (p. 14 et 18)

Adoubement : cérémonie par laquelle un jeune homme est armé chevalier. (p. 126)

Affranchissement : au Moyen Âge, pratique par laquelle un seigneur limite ou supprime les droits qu'il exerçait auparavant sur une terre et ses habitants, les serfs. (p. 116)

Aspirations libérales : volonté de voir appliqués les principes révolutionnaires (Constitution, libertés individuelles et politiques, égalité de droits, souveraineté du peuple...). (p. 294)

Assolement : pratique culturale qui consiste à diviser les terres arables en plusieurs parcelles – ou soles – qui sont soumises à une rotation des cultures dans le but d'améliorer les rendements. (p. 120)

Astrolabe : instrument de navigation permettant de se repérer grâce à la position du Soleil ou des étoiles. (p. 168)

Aztèques : nom donné par les Européens au peuple des *Mexicas*, installé dans la vallée de Mexico à partir du XIIIe siècle. (p. 172)

B

Ban/banalité : vient de *bannum*, pouvoir de commandement et de contrainte appartenant autrefois au roi et accaparé par le seigneur. Les banalités sont les redevances exigées par le seigneur. (p. 116)

Bourgeois : habitant d'une ville ayant obtenu une charte de franchise. (p. 136)

C

***Carbonari* :** membres de société secrète italienne et française, qui luttent pour l'application des principes libéraux et nationaux. (p. 290 et 294)

Catharisme : pour l'Église, hérésie qui affirme l'existence de deux principes éternels, le bien et le mal, en lutte pour le monde. Le mal provient de tout ce qui existe matériellement, le bien du monde invisible des esprits. (p. 90)

Charte de franchise : acte émis par un roi ou par un seigneur, permettant aux habitants d'une ville de profiter de libertés ou de droits particuliers. (p. 136)

Cité : en grec, *polis*. État indépendant composé d'un centre urbain principal et du territoire qui l'entoure. (p. 42)

Citoyen : désigne à Athènes celui qui bénéficie du droit de cité et participe, à ce titre, à son gouvernement. (p. 42)

Clercs : hommes qui consacrent leur vie à Dieu et à l'Église. L'ensemble des clercs forme le clergé. On distingue le clergé régulier qui vit dans les monastères et le clergé séculier, au contact des laïcs. (p. 84)

Club : association dont les adhérents débattent des questions politiques. (p. 263)

Colonie : **1.** cité fondée par Rome après transfert de population et attribution des terres aux futurs habitants. (p. 64) – **2.** Territoire possédé et administré par un pouvoir étranger à ce territoire. (p. 172 et 176)

Comité de salut public : principal organe du gouvernement de la République institué par la Convention en avril 1793. (p. 268 et 272)

Comités révolutionnaires (ou comités de surveillance) : créés par la Convention le 21 mars 1793, ils sont formés de 12 membres. La loi des suspects (17 septembre) leur confie le soin de dresser des listes et de procéder éventuellement à des arrestations. (p. 268)

Commune : association d'habitants d'une ville en vue d'obtenir du seigneur des libertés et des droits particuliers. (p. 134 et 136)

Concile : assemblée d'évêques et d'abbés réunis pour délibérer sur des questions religieuses. (p. 86 et 198)

Concordat : traité entre le pape et un État définissant les relations entre l'Église et cet État. (p. 278)

Congrès de Vienne : conférence réunie en 1815 entre les principaux souverains d'Europe pour régler les problèmes nés de la chute de l'Empire de Napoléon Ier. (p. 290)

Conquistador : terme espagnol désignant les hommes qui se lancent au début du XVIe siècle à la conquête de l'Amérique, pensant se couvrir de gloire et d'or. (p. 176)

Constitution : texte de loi fondamental fixant le régime politique, l'organisation des pouvoirs et leurs rapports dans un État. (p. 238 et 263)

Constitution civile du clergé : loi de 1790 qui réorganise l'Église catholique ; les membres du clergé deviennent des fonctionnaires. (p. 270 et 274)

Contre-révolution : mouvement hostile à la Révolution par attachement au roi ou à la religion. (p. 270)

Contrebande : commerce illégal qui ne respecte pas les règlements officiels. (p. 180)

Coup d'État : action visant à prendre ou conserver le pouvoir de façon illégale. (p. 272)

Croisade : expédition militaire et religieuse organisée par les chrétiens pour délivrer les Lieux saints et défendre la foi chrétienne contre les hérétiques. (p. 86, 90 et 160)

Culte impérial : à Rome, à la fois les hommages rendus à l'empereur de son vivant et le culte rendu aux empereurs morts, divinisés sur une décision du Sénat. (p. 64)

D

Démagogie : fait de manipuler le peuple (*démos*) en tenant le discours qu'il souhaite entendre et en faisant semblant de défendre ses intérêts. (p. 52)

Démocratie : du grec *démos*, le « peuple » et *kratos*, « le pouvoir ». Régime politique où le pouvoir appartient à l'ensemble des citoyens. Au Ve siècle avant J.-C., le régime politique athénien est une démocratie directe dans laquelle chaque citoyen participe par son vote à la prise de décision, sans aucun intermédiaire. (p. 52)

Diaspora : dispersion d'un peuple hors de son espace d'origine. (p. 180)

Dîme : taxe d'environ 10 % des revenus versée à l'Église pour l'entretien du clergé, des lieux de culte et l'assistance aux pauvres. (p. 86)

Dogme : doctrine religieuse fondamentale. (p. 94)

Droit de veto : droit de s'opposer à l'application d'une loi. (p. 270)

Droit des peuples à disposer d'eux-mêmes : principe selon lequel un peuple a le droit de se doter d'un État et du régime politique de son choix. (p. 294)

E

Ecclésia : assemblée du peuple qui se réunit quarante fois par an à Athènes, sur la colline de la Pnyx, et à laquelle tous les citoyens peuvent participer. (p. 52)

Échevins : magistrats municipaux des villes du Nord. (p. 136)

Églises d'Orient et d'Occident : elles désignent les Églises orthodoxe et catholique, qui se séparent en 1054 en raison de désaccords sur le dogme et la pratique de la religion chrétienne. (p. 160)

Émigration : action de quitter son pays natal. (p. 26)

Empereur : à l'origine, surnom que les soldats romains décernent à leur général victorieux. Depuis Auguste, titre donné au détenteur du pouvoir suprême dans l'Empire romain. (p. 64)

Empire byzantin : héritier de l'Empire romain d'Orient n é en 395. De langue grecque, sa religion est le christianisme orthodoxe, séparé du christianisme d'Occident depuis le XIe siècle. (p. 156 et 160)

Éphébie : à Athènes, période de formation militaire et civique de deux ans (entre 18 et 20 ans) marquant le passage à l'âge adulte et l'accès à la citoyenneté. Elle n'est attestée avec certitude que pour le IVe siècle. (p. 42)

Espérance de vie : indicateur qui mesure la durée probable d'existence d'un être humain en fonction des conditions d'existence de la population dans laquelle il vit. (p. 18)

État unitaire : État où l'autorité est exercée par un gouvernement central unique. (p. 304)

États généraux : assemblée des représentants des trois ordres du royaume (clergé, noblesse et tiers état) chargée de conseiller le roi lors d'une crise. (p. 252 et 263)

Eucharistie : sacrement de la communion, délivrée lors de la messe : partage du pain et du vin, symbole du corps et du sang du Christ, rappel de son dernier repas (la Cène). (p. 94)

Évangélisation : annonce des Évangiles (« la Bonne nouvelle ») pour convertir au christianisme. (p. 92 et 94)

Excommunication : exclusion de l'Église catholique. (p. 198)

Exode rural : départ des populations des campagnes vers les villes. (p. 18)

F

Fédérés : en 1792, soldats récemment recrutés dans les provinces et regroupés à Paris pour protéger la capitale des attaques étrangères. (p. 264)

Féodalité : système politique où l'autorité centrale partage le pouvoir avec des principautés, à la tête desquelles se trouvent des seigneurs. (p. 126)

Fermage : mode d'exploitation agricole dans lequel le propriétaire cède la jouissance de son bien moyennant une redevance en argent ou en nature. (p. 120)

Fief : au Moyen Âge, bien concédé par un seigneur à son vassal en échange de sa fidélité pour assurer sa subsistance. (p. 126)

Foire : grande réunion marchande se tenant dans une ville à date fixe. (p. 136)

Forum : à Rome, place publique où se trouvent rassemblés les édifices correspondant aux pouvoirs sous la République, dont la Curie, lieu de réunion des sénateurs. (p. 66)

G

Garde nationale : milice de citoyens armés organisée à Paris puis en province en juillet 1789. (p. 263)

Géocentrisme/héliocentrisme : le géocentrisme défend la thèse selon laquelle la Terre est au centre de l'univers ; l'héliocentrisme affirme au contraire que la Terre, comme d'autres planètes, tourne autour du Soleil, qui occupe la position centrale dans l'univers. (p. 220)

Girondins : députés républicains modérés. (p. 266 et 272)

H

Habsbourg : famille de souverains qui, par mariages et héritages, règnent au XVIe siècle sur une grande partie de l'Europe chrétienne. (p. 160)

Hanse (ou guilde) : association des grands marchands d'une ville ou d'une région. (p. 136)

Hérésie : doctrine religieuse condamnée par l'Église catholique. (p. 90, 94 et 198)

Heures : prière quotidienne du chrétien organisée en sept ou huit temps. (p. 86)

Hommage : au Moyen Âge, cérémonie librement consentie qui fait entrer des hommes dans la dépendance d'un seigneur. (p. 126)

Hoplite : à Athènes, citoyen-soldat à pied, armé d'un bouclier (*hoplon*), d'une lance et d'une épée. (p. 52)

Humanisme : mouvement intellectuel des XVe-XVIe siècles, caractérisé par l'étude des textes de l'Antiquité, l'affirmation de la dignité humaine, l'importance accordée au savoir et à l'éducation. (p. 190 et 194)

I

Immigration : action d'arriver dans un pays d'accueil. (p. 26)

***Imperium* :** dans l'Empire romain, pouvoir sacré, fondement du pouvoir de l'empereur. (p. 65)

Indien : nom donné aux habitants de l'Amérique par les premiers navigateurs, qui pensaient avoir atteint l'Asie (appelée aussi Indes). (p. 176)

Indulgences : pardon accordé contre de l'argent à des pécheurs, ce qui diminue ainsi le temps passé au purgatoire. (p. 198)

Industrialisation : passage d'une économie reposant sur l'artisanat et l'agriculture à une économie qui fonde sa richesse sur la production industrielle réalisée dans des usines grâce à des machines. (p. 218)

Inquisition : tribunal ecclésiastique créé par le pape et chargé d'enquêter et d'éliminer l'hérésie. (p. 90, 94 et 198)

L

Laïcs : chrétiens n'appartenant pas au clergé. (p. 84)

Levée en masse : recrutement de soldats, volontaires ou tirés au sort. (p. 272)

Libéralisme : théorie qui défend la libre entreprise et la libre circulation. (p. 270)

Liturgie : ensemble des pratiques du culte. (p. 198)

Lumières : mouvement intellectuel né au XVIIIe siècle qui veut libérer l'homme et lui permettre d'accéder au bonheur par la raison. (p. 221)

M

Magistrat : à Athènes, dirigeant de la cité exerçant une partie du pouvoir exécutif. Il est élu ou tiré au sort parmi les citoyens de plus de trente ans pour un an. (p. 51)

Magistrature : dans l'Empire romain, fonction politique chargée du pouvoir exécutif. (p. 65)

Masses de granit : mesures prises pour réorganiser la société française. Selon Bonaparte, les Français sont alors comme « des grains de sable » qu'il faut stabiliser en jetant « sur le sol quelques masses de granit ». (p. 276 et 278)

Mécénat : protection et financement donnés aux artistes, savants ou hommes de lettres par des souverains, les papes ou de riches personnages, les mécènes. Du nom de Mécène (Ier s. avant J.-C.), conseiller de l'empereur Auguste, ami d'Horace et de Virgile. (p. 206)

Métayage : mode d'exploitation dans lequel le preneur – le paysan – s'engage à verser au propriétaire du bien – le seigneur – une part de la récolte. (p. 120)

Métèque : à Athènes, étranger de condition libre n'ayant pas le statut de citoyen mais autorisé à résider sur le territoire de la cité, moyennant le versement d'une taxe de résidence, le *metoikion*. (p. 42)

Métier : organisation d'artisans impliquant une surveillance stricte des règles de fabrication mais aussi des conditions d'accès au métier. (p. 136)

Migration : déplacement de population. (p. 18)

Missions : voyages de clercs ayant l'évangélisation et la conversion pour objectifs. (p. 92)

Monarchie parlementaire : régime politique dans lequel les pouvoirs du roi sont limités par ceux du Parlement. (p. 238)

Mongols : peuple nomade des plaines du nord de la Chine. (p. 180)

Montagnards : députés républicains favorables à l'égalité sociale, qui incarnent la lutte contre les ennemis de la République. Soutenus par les sans-culottes, ils siègent sur les gradins les plus hauts de l'Assemblée, la « Montagne ». (p. 266 et 272)

Mortalité infantile : nombre de décès des enfants nés vivants avant qu'ils aient atteint l'âge de 1 an. (p. 14 et 18)

Municipe : cité promue par Rome au droit latin ou romain. (p. 65)

N

Nation : communauté d'hommes possédant une certaine unité (langue, culture, etc.) et souhaitant vivre ensemble. (p. 263)

Noble, noblesse : statut social qui devient progressivement un ordre juridiquement défini. La noblesse se dégage progressivement entre les XIe et XIIIe siècles. Le noble jouit de privilèges personnels d'ordre public et privé. (p. 124 et 126)

O

Œuvres : actions charitables qui permettent, chez les catholiques, de gagner le salut. (p. 198)

Ordre : communauté de moines ou de frères qui obéissent à la même règle. (p. 86)

Ordre monastique : communauté religieuse reconnue et instituée par le pape. (p. 98)

Ordres : dans l'Ancien Régime, clergé, noblesse et tiers état regroupent la totalité des Français. Clergé et noblesse sont très minoritaires. (p. 238)

Ordres militaires : ordres religieux armés destinés à la protection du clergé et des fidèles chrétiens contre les Infidèles ou les païens à partir du XIe siècle. (p. 92 et 94)

Ostracisme : à Athènes, procédure qui consiste à appeler une fois par an l'ensemble des citoyens athéniens à se réunir sur l'Agora. Chacun des présents doit inscrire sur un tesson de poterie (*ostrakon*) le nom de l'homme dont les ambitions semblent menacer la démocratie. Celui qui recueille le plus grand nombre de suffrages est exilé pour dix ans. (p. 51)

P

Panthéon : église parisienne transformée en 1791 en « temple de la patrie », où sont enterrés les grands hommes de la Révolution. (p. 260)

Parlement : composé, en Angleterre, de la Chambre des lords (non élus, grands propriétaires et hommes d'église) et de la Chambre des communes (membres élus), il contrôle les pouvoirs du roi et fixe les impôts. (p. 238)

Patriotes : partisans des réformes de la Révolution. (p. 263)

Perspective : art de représenter l'espace en trois dimensions sur une surface plane, tel qu'il est perçu par l'œil humain, théorisé par les artistes de la Renaissance. (p. 206)

Plébiscite : vote sur une question à laquelle les électeurs répondent par « oui » ou par « non ». (p. 278)

Podestat : dans l'Italie du Moyen Âge, personne chargée d'assurer la paix publique pendant un temps limité. Le podestat est recruté à l'extérieur de la ville pour être le plus impartial possible. (p. 136)

Portulan : carte maritime indiquant avec précision le tracé des littoraux et l'emplacement des ports. (p. 168)

Prédication : parole d'un clerc à destination des laïcs pour enseigner les vérités de la foi et la manière de vivre en bon chrétien. (p. 95)

Principe des nationalités : principe selon lequel une nation consciente d'elle-même a le droit de former un État indépendant. (p. 294)

Privilèges : droits, avantages réservés à certaines personnes ou à certains groupes. (p. 239)

R

Raison : pour les philosophes des Lumières, faculté au moyen de laquelle l'homme peut connaître et juger. (p. 221)

Réforme : mouvement religieux qui, au XVIe siècle, rompt avec le catholicisme, et donne naissance aux Églises protestantes. (p. 199)

Réforme grégorienne : du nom du pape Grégoire VII (1073-1085). Politique menée entre le Xe et le XIIIe siècles par la papauté pour améliorer le fonctionnement et la moralité de l'Église. (p. 87)

Règle : texte qui définit strictement la vie des moines : heures de lever, de prière, de lecture, de travail manuel, de coucher. Depuis le IXe siècle, les moines suivent la règle de Saint-Benoît (p. 87 et 98)

Relique : restes du corps d'un saint (ou d'un martyr) vénéré par les chrétiens. (p. 95)

République : régime politique où le pouvoir est exercé par des élus, représentants de la nation. (p. 270)

République des Lettres : ensemble des écrivains qui, en échangeant et diffusant leurs idées, ont le sentiment de construire ensemble la pensée des Lumières. (p. 239)

Révolution copernicienne : passage d'une conception géocentrique de l'univers (thèse de Ptolémée selon laquelle la Terre est au centre de l'univers) à une vision héliocentrique : la Terre, comme d'autres planètes, tourne autour du Soleil, qui occupe la position centrale dans l'univers. (p. 214)

Révolution industrielle : passage d'une société agraire et artisanale à une société industrielle et commerciale. (p. 18)

Romanisation : processus par lequel Rome intègre progressivement les provinces conquises et qui passe par l'accès à la citoyenneté des élites et l'adoption de la civilisation romaine. Cela permet à Rome de contrôler un vaste empire avec un nombre réduit de soldats. (p. 72)

S

Sacrement : rite permettant la rencontre entre Dieu et le fidèle par l'intermédiaire du prêtre. L'Église a institué sept sacrements : le baptême, l'eucharistie, la confirmation, la pénitence (pardon accordé après un péché), le mariage, l'ordre (pour devenir prêtre) et l'onction des malades (pour se préparer à la mort). (p. 87, 88 et 199)

Sainte-Alliance : traité signé en 1815 par la Prusse, l'Autriche et la Russie, puis par la France en 1819, qui affirme l'origine divine du pouvoir des rois et l'obligation faite aux peuples de leur obéir. Il prévoit des interventions communes pour réprimer tout mouvement révolutionnaire. (p. 290)

Salut : accès de l'homme à la vie éternelle après la mort. (p. 84)

Sans-culotte : nom donné aux révolutionnaires, issus du peuple parisien, qui portent des pantalons et non des culottes comme les riches bourgeois et les nobles (p. 264 et 271).

Seigneur : qu'il soit la traduction de *senior* (« plus âgé, ancien ») ou de *dominus* (« maître »), le terme implique toujours l'idée d'une supériorité. Il désigne le maître du sol et celui qui est propriétaire du ban. (p. 116)

Seigneurie : territoire sur lequel le seigneur exerce son pouvoir. Un seigneur peut être un noble, un bourgeois ou bien une institution religieuse (un monastère par exemple). (p. 110 et 117)

Sénat : assemblée formée d'anciens magistrats. Organe essentiel du fonctionnement de la République à Rome, il donne son avis par des *senatus-consulte*. (p. 65)

Sentiment national : sentiment d'appartenir à une nation, constituée d'individus partageant les mêmes caractéristiques (langue, religion, histoire, volonté de vivre ensemble...). (p. 294)

Serf : personne qui dépend étroitement de son seigneur. Au XIIIe siècle, il doit des charges spécifiques : le chevage (redevance individuelle), le formariage (payé au seigneur par un serf se mariant hors de la seigneurie ou avec une personne de condition libre), la mainmorte (droit perçu par le seigneur sur les biens du serf après son décès) et la « taille à merci » (redevance liée à la terre exploitée). (p. 110 et 117)

Sociabilité : ensemble des pratiques qui favorisent les relations humaines (travail, fêtes, échanges) et permettent à un groupe – ici, les villageois – de construire une identité collective. (p. 110)

Souveraineté nationale : principe selon lequel la source de tout pouvoir est la nation et s'exprime dans une assemblée élue. (p. 263)

Suffrage censitaire : système où le droit de vote est réservé aux citoyens payant un certain montant d'impôts (le cens). (p. 271, 300 et 304)

T

Taux d'urbanisation : rapport entre la population résidant en ville et la population totale. (p. 16)

Terroir : étendue de terre limitée, au caractère homogène, qui présente des aptitudes agricoles spécifiques. (p. 120)

Tiers état : troisième ordre ou état de la société regroupant ceux qui ne sont ni nobles, ni membres du clergé. (p. 252)

Traite des Noirs : commerce d'esclaves africains à destination des Amériques, d'abord assuré par les Portugais, présents sur les côtes de l'Afrique. (p. 176)

Transition démographique : passage d'un régime démographique stable (taux de mortalité fort, taux de natalité fort et accroissement naturel faible) à un autre régime démographique stable (taux de natalité faible, taux de mortalité faible et accroissement naturel faible). (p. 18)

Typographie : composition de texte à partir de caractères mobiles métalliques ayant la forme d'une lettre en miroir. (p. 194)

V

Vassal : homme libre entré en dépendance auprès d'un seigneur plus puissant que lui par la cérémonie de l'hommage. (p. 126)

X

Xénophobie : haine de l'étranger. (p. 26)

Crédits photographiques

Couverture : hg (Bas-relief de 460 av. J-C.) : Picture Desk/G. Dagli-Orti ; hmh, hmm, hmb (illustrations des mois d'août, octobre et novembre, manuscrit du XIVe s.) : Leemage/Costa ; hd (arrivée d'immigrants italiens à Ellis Island, V. 1900) : Rue des Archives/The Granger Collection ; bg, bm (gravure XVIIIe s.) : Archives Larbor ; bd (reconstitution d'un calendrier solaire aztèque) : Bridgeman-Giraudon/Jean-Pierre Courau

10 : RMN/Jean-Gilles Berizzi ; 11 : Getty/Hulton Archive/APIC ; 12 : Bibliothèque Nationale de France, Paris ; 13 : Picture Desk/G. Dagli-Orti ; 15h : Leemage/North Wind Pictures ; 15b : Kharbine-Tapabor/Coll. Perrin ; 17 : Akg-Images ; 19h : Bibliothèque Nationale de France, Paris ; 19b : Corbis/Loeffler ; 20 : Bridgeman-Giraudon ; 21 : Getty/Hulton Archive/Jacob A. Riis ; 22 : Federazione Italiana Lavoratori Emigranti e Famiglie ; 23h : Courtesy of The American Museum in Britain, Bath ; 23b : Scala ; 24 : Corbis ; 25b : Cercle pour la Promotion et l'Histoire de Joeuf ; 25h : Coll. Kharbine-Tapabor ; 26 : Rue des Archives/Mary Evans P. L. ; 34 : Altitude/Yann Arthus-Bertrand ; 35h : Hémis.fr/Jean du Boisberanger ; 35b : Akg-images/John Hios ; 36 : Akg-images/Erich Lessing ; 37 : Picture Desk/G. Dagli-Orti ; 40 : The Metropolitan Museum of Art/Dist. RMN ; 41h : RMN/BPK/Johannes Laurentius ; 41b : Department of Classical and Near Eastern Antiquities/National Museum of Denmark ; 42 : Akg-images/Erich Lessing ; 43h : Archives Nathan ; 43b : Akg-images/Erich Lessing ; 45h : Archives Larbor ; 45b : The Trustees of the British Museum/Dist. RMN ; 46 : Musée des Beaux-Arts, Dijon ; 47hg, hd, b : Archives Nathan/The American School of Classical Studies of Athens ; 48g : Archives Larbor ; 48d : Picture Desk/G. Dagli-Orti ; 49g : Akg-images/Nimatallah ; 49d : Akg-images/Erich Lessing ; 50h, b : Akg-images/Nimatallah ; 51 : Altitude/Yann Arthus-Bertrand ; 52 : Martin von Wagner Museum/Université de Würzburg ; 56h : Archives Nathan ; 56b : Archives Larbor ; 57 : Archives Larbor/G. Dagli-Orti ; 58 : Corbis/Jose Fuste Raga ; 59 : Bridgeman-Giraudon/Alinari ; 63 : Leemage/Luisa Ricciarini ; 64 : Akg-images/Erich Lessing ; 65g, d : Akg-images/Andrea Jemolo ; 66 : Picture Desk/G. Dagli-Orti ; 67h : Musées de la Ville de Strasbourg/N. Fussier ; 67b : Picture Desk/G. Dagli-Orti ; 68h : Picture Desk/G. Dagli-Orti ; 68b : Picture Desk/G. Dagli-Orti ; 69 : Picture Desk/G. Dagli-Orti ; 70h : Bridgeman-Giraudon ; 70b : Bridgeman-Giraudon ; 71h : Photononstop/Rosine Mazin ; 71b : Bridgeman-Giraudon ; 72 : Leemage/Prisma Archivo ; 73h : Corbis/Sergio Pitamitz ; 73b : Akg-images/Erich Lessing ; 76h : Akg-images/Erich Lessing ; 76m : Picture Desk/G. Dagli-Orti ; 76b : Bridgeman-Giraudon ; 78 : Bridgeman-Giraudon ; 79h : Leemage/Luisa Ricciarini ; 79b : La Collection/Jean-Paul Dumontier ; 82 : Archives Larbor ; 83 : RMN/Gabriel Ojéda ; 84 : IRHT-CNRS/Bibliothèque municipale d'Autun ; 85 : Bibliothèque Sainte-Geneviève, Paris, cliché Dupif Photo ; 87 : Akg-images/De Agostini Picture ; 88 : Bridgeman-Giraudon ; 89h : The Trustees of the British Museum ; 89b : La Collection/Jean-Paul Dumontier ; 91h : AGE/Toni Vilches ; 91b : Akg-images/The Trustees of the British Museum ; 93 : Corbis/Robert Harding W. I./Bruno Morandi ; 94 : Bridgeman-Giraudon ; 95h : Akg-images/Erich Lessing ; 95b : Picture Desk/G. Dagli-Orti ; 96 : La Collection/Jean-François Amelot ; 97 : La Collection/Jean-François Amelot ; 98h : Archives Larbor/Photo Josse ; 98b : Rapho/Top/Hervé Champollion ; 99h : Franck Lechênet ; 99b : Rapho/Top/Hervé Champollion ; 100 : Leemage/Aisa ; 101h : Hémis.fr/Bertrand Gardel ; 101b : AGE/Sylvain Grandadam ; 102-103 : Leemage/Electa ; 104 : Picture Desk/G. Dagli-Orti ; 106h : Archives Larbor ; 106b : Archives Larbor/Photo Josse ; 107 : Bibliothèque Vaticane ; 108hg, hm, hd, bg, bm, bd : Bibliothèque Nationale de France, Paris ; 109 : Archives Bordas ; 110 : Archives Larbor ; 111 : Baron de Wismes ; 112 : Leemage/Heritage Images ; 113 : Hoa Qui/Jacana/J. Cedre ; 114 : Bibliothèque Nationale de France, Paris ; 115h : Archives Nathan ; 115b : Archives Nathan ; 116 : Akg-images/Visions ; 117 : Bibliothèque Nationale de France, Paris ; 118 : Leemage/Heritage Images ; 119 : Leemage/Heritage Images ; 120 : Picture Desk/G. Dagli-Orti ; 121 : Bridgeman-Giraudon/Alinari ; 122g : Photo12.com/Oronoz ; 122d : Archives Nathan ; 123 : Bridgeman-Giraudon/Avec l'autorisation de la ville de Bayeux ; 124 : Archives Larbor ; 125h : Archives Larbor ; 125b : Hoa Qui/Sylvain Grandadam ; 127h : Bibliothèque Nationale de France, Paris ; 127b : Archives Nathan ; 131 : Bridgeman-Giraudon ; 132 : Archives Nathan ; 133 : Photononstop/SIME ; 134h : Archives Larbor ; 134b : Archives Larbor/Jeanbor ; 135 : Scope/Franck Lechênet ; 137 : Leemage/Raffael ; 139h : AGE/Heiner Heine ; 139b : Kharbine-Tapabor/Jean Vigne ; 140 : Leemage/Costa ; 141 : Bridgeman-Giraudon/Sarah Quill ; 143h : Archives munivipales, Provins © Jean-François Bénard/Ville de Provins ; 143b : Hémis.fr/Patrick Escudero ; 144 : Photononstop/Tips ; 150 : Corbis ; 151h : Picture Desk/G. Dagli-Orti ; 151b : Akg-images ; 152 : Scala ; 153 : Akg-images ; 156 : Archives Larbor ; 157 : Akg-Images ; 158g : Picture Desk/G. Dagli-Orti ; 158d : Bridgeman-Giraudon ; 159 : Bridgeman-Giraudon ; 160 : Akg-images/Erich Lessing ; 161 : Bibliothèque Nationale de France, Paris ; 162 : RMN/Droits Réservés ; 163 : Akg-images ; 164h : Leemage/Photo Josse ; 164b : Leemage/Costa ; 165 : Bridgeman-Giraudon/Royal Geographical Society ; 166 : Photo12.com/Oronoz ; 167 : Akg-images ; 168 : Archives Larbor ; 169h : Bridgeman-Giraudon/Lauros ; 169b : Archives Larbor ; 170 : Picture Desk/G. Dagli-Orti ; 171 : Photo12.com/Oronoz ; 172 : Bridgeman-Giraudon ; 173 : Picture Desk/G. Dagli-Orti ; 174 : Leemage/Photo Josse ; 175hg : Picture Desk/G. Dagli-Orti ; 175hd : The Trustees of the British Museum/Dist. RMN ; 175b : The Trustees of the British Museum/Dist. RMN ; 176 : Leemage/Fototeca ; 177h : Bridgeman-Giraudon/Glasgow University Library ; 177b : Akg-images ; 178g : Picture Desk/Art Archive/British Museum ; 178d : Google Map ; 179 : The Trustees of the British Museum ; 180 : Musée National Chinois, Pékin ; 181 : Bridgeman-Giraudon ; 184h : RMN/Droits Réservés ; 184b : Leemage/Photo Josse ; 186 : Picture Desk/G. Dagli-Orti ; 187 : Bridgeman-Giraudon ; 190 : Bibliothèque Nationale de France, Paris ; 191 : Bridgeman-Giraudon/Alinari ; 192 : Musée Plantin-Moretus, Anvers/Kunstuitgeveris Fotografie P. Maes ; 193h : Bridgeman-Library/British Library Board ; 193b : Bridgeman-Giraudon/Archives Charmet ; 194 : Bridgeman-Giraudon/Alinari ; 195h : Archives Larbor/Photo Josse ; 195b : Picture Desk/G. Dagli-Orti ; 196 : Akg-Images ; 197 : Bridgeman-Giraudon ; 198 : Archives Larbor/Scala ; 199 : Akg-images ; 200 : Scala ; 201h : Leemage/Imagina ; 201b : La Collection/Artothek ; 202h : Bridgeman-Giraudon ; 202b : RMN/Frank Raux ; 203 : RMN/Institut de France/Gabriel Ojéda ; 204h : Bridgeman-Giraudon ; 204bg : Akg-images/Erich Lessing ; 204bd : Scala ; 205 : Musées du Vatican ; 206 : Scala ; 207h : La Collection/Artothek ; 207b : Bridgeman-Giraudon/Alinari ; 208 : RMN/Christian Jean ; 210h : Bridgeman-Giraudon/Alinari ; 210mh : Archives Larbor/Photo Josse ; 210mb : Archives Larbor/Scala ; 210b : Bridgeman-Giraudon ; 211 : Bridgeman-Giraudon ; 212 : Akg-images/Erich Lessing ; 213 : Akg-images/Erich Lessing ; 214h : Akg-images/Orsi Battaglini ; 214bg : Bridgeman-Giraudon ; 214bd : Archives Larbor ; 215 : Archives Larbor/Scala ; 216 : Akg-images/SPL ; 217h : Bridgeman-Giraudon ; 217b : RMN/MNHN, Bibliothèque centrale ; 219h : Cosmos/SSPL/Science Museum ; 219bg : Bridgeman-Giraudon ; 219bd : Musée National de la Marine ; 220h : Archives Nathan ; 220b : Archives Nathan ; 221h : Leemage/Photo Josse ; 221b : Leemage/Electa ; 222 : Bridgeman-Giraudon ; 224h : Akg-images/Orsi Battaglini ; 224mh : Bridgeman-Giraudon ; 224mb : Leemage/Photo Josse ; 224b : Bridgeman-Giraudon ; 225 : Akg-images/Erich Lessing ; 226 : Archives Larbor ; 227h : Archives Labor/Photo Josse ; 227b : Akg-images ; 228 : National Portrait Gallery, Londres ; 229 : Leemage/Photo Josse ; 232 : Archives Larbor ; 233hg : Archives Labor/Photo Josse ; 233hd : Archives Labor/J. Tarascon ; 233b : Archives Nathan ; 234g : Bibliothèque Nationale de France, Paris ; 234d : Archives Labor/Photo Josse ; 235 : Bridgeman-Giraudon/The Stapleton Collection ; 236 : Bridgeman-Giraudon ; 237 : RMN/Jean-Gilles Berizzi ; 238 : Archives Bordas ; 239 : Leemage/Photo Josse ; 240 : Kharbine-Tapabor/Coll. Vav ; 241h : Archives Larbor ; 241b : Archives Labor ; 242 : Rue des Archives/Tal ; 244h : Archives Labor/Photo Josse ; 244m : Archives Larbor ; 244b : Leemage/Photo Josse ; 246 : RMN/Bulloz ; 247 : Archives Nathan ; 251 : Rue des Archives/Tal ; 252 : Archives Larbor ; 253h : Roger-Viollet/Musée Carnavalet ; 253b : Archives Bordas ; 254 : Archives Larbor ; 255 : Archives Nathan ; 256 : Bridgeman-Giraudon ; 257hg : Archives Larbor ; 257hd : Archives Larbor ; 257b : Bibliothèque Nationale de France, Paris ; 258 : Archives Larbor/Jeanbor ; 259h : Bridgeman-Giraudon ; 259b : Archives Larbor/Photo Josse ; 260 : Leemage/Aisa ; 261h : Bridgeman-Giraudon ; 261b : Leemage/Jean Bernard ; 262h : Bridgeman-Giraudon ; 262b : Bridgeman-Giraudon ; 263 : Bridgeman-Giraudon ; 264 : Leemage/Photo Josse ; 265 : Archives Larbor/Photo Josse ; 266g : Leemage/Photo Josse ; 266d : Bridgeman-Giraudon/Lauros ; 267hg : Leemage/Photo Josse ; 267hd : Roger-Viollet/Musée Carnavalet ; 267b : Roger-Viollet/Musée Carnavalet ; 268 : Leemage/Photo Josse ; 269 : Archives Nathan ; 270 : Archives Larbor ; 271 : Leemage/Photo Josse ; 272 : Bridgeman-Giraudon ; 273h : Roger-Viollet/Musée Carnavalet ; 273b : RMN/Musée de l'Armée ; 274 : Bibliothèque Nationale de France, Paris ; 275 : Bibliothèque Nationale de France, Paris ; 276 : RMN/Droits Réservés ; 277h : Bridgeman-Giraudon/Lauros ; 277b : Bibliothèque Nationale de France, Paris ; 278 : Leemage/Photo Josse ; 279h : Bridgeman-Giraudon ; 279b : La Collection/Jean-Paul Dumontier ; 280 : Domaine de Vizille-Musée de la Révolution Française ; 281 : Bibliothèque Nationale de France, Paris ; 284h : Bridgeman-Giraudon ; 284mh : Bridgeman-Giraudon ; 284mb : Leemage/Photo Josse ; 284b : Bridgeman-Giraudon ; 286 : Bibliothèque Nationale de France, Paris ; 287 : Bridgeman-Giraudon ; 290 : Bridgeman-Giraudon ; 291 : Coll. Kharbine-Tapabor ; 292h : Archives Nathan ; 292b : RMN/Hervé Lewandowski ; 293 : RMN/Hervé Lewandowski ; 294 : Roger-Viollet/Ullstein Bild ; 295h : Akg-images/Erich Lessing ; 295b : RMN/Gérard Blot ; 296 : Bridgeman-Giraudon ; 297h : Bridgeman-Giraudon/Archives Charmet ; 297b : Archives Larbor ; 298 : Bridgeman-Giraudon/Archives Charmet ; 299 : RMN/Gérard Blot ; 300 : Bridgeman-Giraudon/Archives Charmet ; 301 : Archives Nathan ; 302 : Archives Nathan ; 303 : BPK ; 304 : Bridgeman-Giraudon ; 305h : Leemage/Costa ; 305b : Bridgeman-Giraudon/Archives Charmet ; 306 : Archives Bordas ; 308h : Archives Nathan ; 308b : Archives Larbor ; 309 : Bridgeman-Giraudon ; 310hg : Archives Larbor ; 310hm : Archives Larbor ; 310hd : Bridgeman-Giraudon ; 310mg : Akg-images ; 310mm : Archives Nathan ; 310md : Picture Desk/G. Dagli-Orti ; 310bg : Picture Desk/G. Dagli-Orti ; 310bd : Archives Larbor/Scala ; 311hg : RMN/Droits Réservés ; 311hm : Picture Desk/G. Daglir-Orti ; 311hd : Archives Larbor/Photo Josse ; 311mm : Leemage/Photo Josse ; 311bg : Leemage/Photo Josse ; 311bm : Archives Nathan ; 311bd : Bridgeman-Giraudon/Alinari ; 312hg : Archives Nathan ; 312hm : Akg-images ; 312hd : Bridgeman-Giraudon ; 312mg : Archives Larbor/Photo Josse ; 312mm : Bridgeman-Giraudon ; 312md : Bridgeman-Giraudon/Lauros ; 312bg : Akg-images/Orsi Battaglini ; 312bm : Archives Larbor/G. Dagli-Orti ; 312bd : Leemage/Photo Josse ; 313hg : Leemage/Photo Josse ; 313hm : Leemage/Photo Josse ; 313hd : Picture Desk/G. Dagli-Orti ; 313mm : Archives Nathan ; 313md : Picture Desk/G. Dagli-Orti ; 313bg : Archives Larbor/Scala ; 313bm : Archives Larbor ; 313bd : Bridgeman-Giraudon ; 314hg : Bridgeman-Giraudon ; 314hm : Bridgeman-Giraudon ; 314hd : Bridgeman-Giraudon ; 314mg : Leemage/Aisa ; 314mm : Archives Nathan ; 314md : Archives Larbor/Photo Josse ; 314bg : Archives Larbor/Photo Josse ; 314bd : Leemage/Photo Josse ; 315hg : Archives Labor/J. Tarascon ; 315hm : Archives Larbor ; 315hd : Archives Nathan ; 315mg : Roger-Viollet/Musée Carnavalet ; 315mm : Akg-images/Erich Lessing ; 315md : Bridgeman-Giraudon ; 315bm : Bridgeman-Giraudon

Édition : Carole Greffrath, Céline Ullas et Valérie Antoni

Conception graphique et couverture : Laurence Durandau

Mise en page : Christine Chenot

Iconographie : Électron libre – Valérie Delchambre

Cartographie : Légendes Cartographie

Frises et schémas : Renaud Scapin

Relecture : Isabelle Macé

N° d'éditeur : 10168199 - Key Graphic - Septembre 2010

Imprimé en Italie par «La Tipografica Varese S.p.A.»